교회와 세상을 향한 칼빈주의 삶과 개혁 신앙

존 칼빈의
신학 사상과 설교

박 세 환 저

도서
출판 **영문**

The Theological Thought and Sermon of John Calvin

by

SE WHAN, PARK

Young Moon Publishing Co.,
Seoul, Korea. All rights reserved.
Printed in Korea.
2001

추천하는 글

이 천년 기독교 역사에 있어서 칼빈만큼 위대한 신학자는 없다. 칼빈은 신학은 말할 것도 없고, 정치, 경제, 사회, 문화, 예술, 교육 전 분야에서 영향을 끼치지 않은 부분이 없었다. 최근에 칼빈에 관한 저서들이나 번역 서들이 수없이 쏟아져 나오고 있지만 거의 전문가들을 위한 책일 뿐이고 평신도들이 쉽게 접근할 수 있는 책들은 많지 않다.

그런데 이번에 박세환 목사가 쓴 「요한 칼빈의 신학사상과 설교」란 책을 평신도들에게 칼빈의 신학과 신앙을 맛볼 수 있는 좋은 자료라고 생각한다. 우선 박세환 목사님은 군목으로도 일한 바도 있지만 최근에 그는 총신대학교 대학원에서 신학박사과정을 이수하고 왕성한 학문활동을 하는 분으로서 기대가 된다. 이 책의 제 1부인 칼빈의 생애와 신학을 간단히 다루면서 칼빈의 제자이며 또 동역자인 베자의 「칼빈의 생애」를 참조하였으며, 제 2부는 칼빈의 이사야 53장에 나오는 7편의 설교를 번역하여 실었다.

물론 더 많은 연구를 위해서는 전문서적이 필요하겠지만 평신도들이 칼빈의 사상을 접근하는데 큰 도움이 되리라고 본다. 아무쪼록 이 책을 읽는 독자들에게 주님의 은혜와 축복이 넘치기를 기원하고 몇 자 적어 추천에 대하는 바이다.

주후 20001년 6월 15일
총신대학교 대학원 교수
한국칼빈주의학회 회장
정 성 구

머리말

　　2001년을 맞이하여 여름을 맞이하면서 답답한 일들이 국내외 적으로 많습니다. 그런데 근간에 가뭄으로 인해서 모두가 걱정과 괴로움을 당하고 있습니다. 왜 우리나라가 가뭄의 시련이 찾아오는 것입니까? 하나님의 섭리론에서 본다면 우리 국민과 지도자가 우상숭배를 하는 범죄 때문입니다. 근간에 단 군상을 철거했다는 이유로 목사와 장로가 구속당했습니다. 이처럼 국가의 지도자들이 아직도 우상숭배의 죄악을 단절하지 못하고 있습니다. 또 하나의 우상숭배는 하나님을 사랑하기보다는 자기를 사랑하는 인간이 우상이 되고 있습니다. 그러므로, 우리 모든 지도자와 국민은 하나님 앞에 우상숭배의 죄를 회개하고 하나님께 가뭄가운데서 하나님의 긍휼을 구하고 기도합시다. 우리가 우상숭배를 벗어나지 않는 한 진정한 행복과 축복과 평화를 누릴 수 없습니다. 우상숭배는 우리로 하여금 인간이 아닌 동물처럼 부패한 삶을 추구하게 합니다. 존 칼빈은 16세기에 로마교가 미신화로 빠져가는 우상주의를 철저하게 성경의 진리와 성령의 인도를 통해서 철저하게 모든 삶과 영역가운데서 하나님의 주권을 세워서 하나님께 영광을 드러내는 진정한 그리스도의 개혁자의 소명을 보여주었습니다. 이 같은 사역을 그는 설교를 통해서 그리스도의 교회를 회복하고 또 가르치고 또 훈육함으로써 하나님의 성도들에게 진정한 그리스도의 세계를 이루도록 그리스도를 중심으로 하는 삶을 제시했습니다. 그것이 하나님을 떠난 인간은 부패한 동물의 본능에 빠지기 때문에, 예수 그리스도께서 우리들의 참된 인격(人格)인 겸손을 가르쳤으며 또 영격(靈格)인 그리스도가 십자가에서 죽으신 사랑을 회복하도록 가르쳤습니다. 진정한 개혁자는 인격인 겸손과 영격인 사랑이 내실(內實)에 기하도록 경주합시다. 그리스도가 보여주는 내실은 바로 예수 십자가를 지는 삶인데 자기 십자가인 인격적인 자기부인인 겸손과 예수 십자가는 영격적인 자기부인(自己否認)인 희생(犧牲)에서 진정한 그리스도의 열매를 맺게 합니다. 우리는 이 시대적인 개혁이 이루어지지 않아 신음하고 고통하고 절망하고 모든 비전조차 포기하고 삽니다. 그러나, 우리는 개혁에 대한 비전을 스스로가 포기 하다면 우리의 미래는 암담합니다. 우리에게 마지막 비전이 있다면 예수 그리스도로 말미암는 인격과 영격을 회복하여 내실 있는 한 알의 밀알같은 삶과 신앙과 가치관을 실천해 나가는 일입니다. 이 역경 가운데 개혁의 비전을 실천한 인물이 바로 로마교의 개혁자인 존 칼빈이었습니다. 제 1부 존 칼빈의 생애와 신학사상에서는 칼빈의 제자인 Theodore, Beza., [*The Life of John Calvin*. In "Tracts relating to the Reformation,V., 1. Edinburgh: The Calvin Translation Society, 1844]. 또한 칼빈의 연구가인 T. H. L, Parker., [*Portrait of Calvin*, The Westminster Press, Philadelphia, 1954], [*Calvin's Preaching*, T. & T. Clark, 1996]을 참조했습니다. 특히, 신학자 칼빈과 신학사상 은 칼빈의 강요를 중심으로 명확하게 이해하도록 제시했습니다. ① 섭리론 ② 예정론 ③ 소명 ④ 성경신학 ⑤ 믿음신학 ⑥ 회개 ⑦ 칭의 ⑧ 삶의 신학(십자가) ⑨ 기도신학 ⑩ 교회신학 ⑪ 예배신학 ⑫ 말씀신학 ⑬ 성례신학 ⑭ 성경해석학 ⑮ 설교신학 ⑯ 교회목양관 ⑰ 정치신학 ⑱ 문화관

제 2부에서 칼빈의 이사야 53장의 7편 설교를 칼빈의 저작집 35권을 참조했습니다(Calvini Opera. Corpus Reformatorum, volume 35, 595-688). 특히, 21세기를 맞이하여 칼빈의 설교를 통해서 예수 그리스도의 중보 신앙과 본문 연속 원고 없는 구속사적인 성령의 설교에 대한 모델을 제시하여 주었다는 점은 너무나도 귀한 하나님의 선물이며 축복입니다. 2001년은 정말로 뜻깊은 해입니다. 한국교회에 초대 선교사인 언더우드 선교사와 마포삼열 선교사를 통해서 심겨진 칼빈주의 정통 개혁 장로교 신앙을 계승한 총신대학교가 100주년을 맞이하여 오는 7월10일은 존 칼빈 목사의 출생 제 492주년을 맞이하여, 하나님께 바칩니다. 21세기를 맞이해 한국 장로교 교회가 칼빈주의 개혁신앙을 되찾아 우리 민족과 세계를 개혁 교회가 되기를 바랍니다.

이 글을 나오기까지 물심양면으로 수고하시고, 한국 기독출판계의 칼빈주의 개혁의 비전을 제시하기 위해서 칼빈주의의 개혁 설교자들을 연속 간행물로 한국 교회와 성도들에게 헌신적으로 섬기는 영문 도서 출판 급수관 장로님과 출판사 직원들에게 감사드립니다. 이어서 제3권, [스펄전의 생애와 설교]가 출간될 것입니다. 독자의 많은 기도를 부탁드립니다.

특별히, 저는 칼빈처럼 한국과 민족을 구원하도록 준비하며 하나님의 인도를 받아 개혁의 비전을 설교의 사역으로써 매진하는 분들에게와 저를 끝까지 사랑하는 은인과 저를 돕는 제자에게 이 글을 바칩니다. 추천의 글을 써 주신 은사이신 총신대학교 대학원 설교학 교수이며 현, 한국칼빈주의학회 회장이신 정성구 목사님께 진심으로 감사를 드립니다. 이 책을 읽는 자마다 심령에 개혁의 비전을 내려주시기를 기도합니다.

"지금 내가 너희를 주와 및 그 은혜의 말씀께 부탁하노니 그 말씀이 너희를 능히 든든히 세우사 거룩케 하심을 입은 모든 자 가운데 기업이 있게 하시리라"(행전 20:32).

주후 2001년 6월 6일
한국실천신학연구소
은암 박 세 환

목 차

추천하는 글 ··3
머리말 ··4
존 칼빈(John Calvin 1509-1564) ································10

제 1 부 존 칼빈의 생애와 신학사상 ························11

제 1 장 성장과정 ··13
제 2 장 제네바 개혁자로서의 시련 ·····························21
제 3 장 설교자, 칼빈 ···34
제 4 장 말씀의 전사 ··46
제 5 장 교회 연합운동자 ··63
제 6 장 신학자 칼빈과 신학사상 ································75
제 7 장 칼빈의 말년과 유서 ····································146
제 8 장 진정한 인간과 지도자 ·································163

제2부 존 칼빈의 설교 · 167

서론: 칼빈의 이사야 53장 설교에 대한 이해와 분석 · 169
1. 예수 그리스도 고난의 신비(사52:13-15, 53:1) · 185
2. 예수 그리스도의 경멸(사53:1-3) · 204
3. 예수 그리스도의 보혈(사53:4-6) · 222
4. 예수 그리스도의 어린양(사53:7-9) · 244
5. 예수 그리스도의 희생(사53:10-11) · 262
6. 예수 그리스도의 영적인 죽음(사53:11) · 280
7. 예수 그리스도의 중보(사53:12) · 300

부 록 · 321
인용 및 참고도서 · 323

존 칼빈(John Calvin 1509-1564)

1509년	7월 10일 프랑스 노용에서 출생
1523년	파리 대학교에 입학
1528년	법학을 연구
1531년	부친의 사망으로 시련을 겪음
1532년	법률학 박사 학위논문을 마치고 처음으로 출판
1533년	개혁자들과의 교분 때문에 파리로 피신
1534년	신앙적인 회심을 체험
1534년	프랑스를 전국여행.
1536년	기독교 강요 첫판을 출간했고 또 제네바에서 사역
1538년	제네바에서 추방되어졌고, 스트라우스부르그에 거주
1540년	이데레트 데 뷰르와의 결혼
1541년	9월 13일에 제네바로 귀환
1553년	세르베투스에 대한 사형선고를 인준
1555년	제네바에서 방종 파의 몰락을 목도했고 그 도시에서 개혁
1559년	기독교강요 최종 판을 출간했고 제네바 대학을 설립
1564년	5월 27일에 제네바에서 소천

　세상에서 칼빈처럼 각인 된 인물들은 거의 없습니다. 그의 영향에 대하여 부정할 사람이 없습니다. 윌 두란트(Will Durant)는 이렇게 기록했습니다. "우리가 오랫동안 하나님에 대한 가장 어리석고도 참람된 개념을 지배받는 어두워진 심령을 가진 자를 사랑하기가 어려웠던 것이 사실이지만 사랑하고 또 비상식적인 역사를 영예롭게 했습니다." 그는 신앙, 신학, 정치, 사회학과 경제에 있어서 그의 영향력은 다른 개혁자보다 훨씬 더 컸습니다.

제 1 부

존 칼빈의 생애와 신학사상

제 1 장
성장과정

칼빈의 할아버지는 일개 평민에 불과했으며 그 당시에 사람들은 그를 꼬벵(Cauvin)으로 불렀습니다. 또 그는 노용(Noyon)에서 3.5km 떨어진 항구로서 외스(Oise) 강을 가로지르는 돌다리가 있는 마을인 뽕-레베끄(Pont-l'Evêue)에서 살았습니다. 그곳에서 사공과 제조업자로서 생활을 꾸렸습니다. 그런데 칼빈의 아버지인 제라르(Géad)는 전문직에 종사할 만큼 충분한 교육을 받았습니다. 1497년에 그는 중산층으로서, 칼빈의 아버지는 40세쯤에 시의회의 의원이었습니다. 그들이 살던 집이 1552년 대 화재에서는 무사했으나 1614년에 없어지고 말았습니다. 둘째로 태어난 아들인 쟝(Jean)이 1509년 7월 10일에서 태어나서 세례를 받은 교회가 성 고드베르뜨의 교구 교회이었습니다. 그의 대부(代父)는 성당 참사회 의원인 쟝 데 바띠네(Jean des Vatines)이었습니다. 칼빈은 제신느(La Gésine)의 성직 록의 1/3을 받았습니다. 결국 칼빈은 12세 나이로 성직자가 되어 안수를 받지 아니했으나 삭발을 하게 됩니다. 주교에 의해 채용된다는 것은 힘있는 가문과 연결을 맺는 것을 의미했습니다. 아버지 제라르 꼬뱅은 아들을 위해서 주교의 후원을 얻어 냈을 뿐만 아니라 몽모르(Montmors)가문에 들어가 살게 했습니다. 1520년경에 장 코뱅인 칼빈은 몽모르가의 자녀들과 함께 파리로 유학했습니다. 그는 문학사 과정을 밟기 위해서 갔습니다. 칼빈은 1년도 채 안되어 학예과정인 철학을 시작할 수 있는 평가를 받았습니다. 이 때에 그는 마르슈 대학에서 몽떼규 대학으로 전학했습니다. 이 대학은 공동생활 형제 단의 복음주의 적이며 또한 신비주의의 교육을 받았습니다. 또 이곳은 형제 단의 창시자인 흐라르트 흐로테(Gerad Groote)의 정신과 목표에 큰 감화를 입었습니다. 그가 배운 핵심과목은 논리학이었는데 유명론적 철학과 신학의 영향을 받았습니다. 1525년경에 칼빈은 학예과정을 마치고 석사학위를 획득하자, 아버지의 마음이 급변해서 칼빈을 파리에서 떠나서 법률 공부를 시키기 위해서 오를레앙 대학에 입학시켰습니다. 그는 약 3년에 걸쳐 학사를 획득한 후 그의 목표인 법률 면허증을 따는 과정에 들어갔습니다. 그는 이 기간동안 특별 과목 강사로도 활동했습니다. 그는 오를레앙 대학에서 오락을 경멸하고 공부에만 전념하는 동안 그의 아버지와 성당 참사회 사이에는 갈등과 불화가 심화되었습니다. 1526년 4월 16일 쟝과 샤를르는 교구 성직자로서 참사회 총회에 참석하지 않는다는 이유로 '반항적인 인물'로 지목을 받았습니다. 이로 인해서 다시 그들은 칼빈의 아버지를 징계했습니다. 이 와중에 칼빈은 1529년 초에 칼빈과 그의 친구들은 부르줴 대학에 인기 있는 교수가 있다는 소식을 접하고 그 대학으로 전학했습니다. 이 학교에서 법학 이외에도 헬라어를 접하게 되었습니다. 칼빈은 이 대학교에 재학시인 1529년이나 1530년 초 무렵에 회심한 것으로 봅니다. 그러기에 그는 아스니에르라는 마을에서 가끔 설교를 했습니다. 이 당시에 그의 첫 설교를 들었던 필베르 드 보죄는 칼빈의 설교가 주는 새로운 내용에 대하여 매료당했습니다. 칼빈은 1530년 10월 학기 시작 초에 오를레앙으로 되돌아왔습니다. 그는 1532년 4월에 자비로 [관용론]이라는 h책을 출판했습니다. 이 때부터 포르테 대학의 공식적인 강사로 첫 출발을 했습니다.

1533년에 파리 대학의 학장으로 취임하였던 니콜라스 콥의 연설문이 개혁주의 연설문의 작성자로 알려진 칼빈은 파리 대학의 신학부인 로마교 보수신학자들로부터 공격을 받게 되었습니다. 이로 인해서 콥 학장은 파문되고 그는 피난을 떠났으며 칼빈도 혐의를 받습니다. 이로 인해서 포르테 대학의 방은 수색 당했고 그의 책들과 서신들을 압류 당했습니다. 이로 인해서 그는 파리로 피신했습니다. 칼빈은 1533년에 추기경 사돌렛이 자신을 개혁신앙으로 개종하는 것을 막아보려고 했을 때에 추기경에게 자신의 신앙을 피력하는 글 가운데 익명의 회심자로서 자신의 변화에 대하여 이렇게 수록했습니다.

"오, 주여, 저는 소년 시대로부터 언제나 동일한 신앙을 고백했습니다. 그러나 제가 그런 신앙을 갖게 된 이유는, 온 천하가 그런 신앙을 갖고 있었기 때문입니다. 마치 등불처럼 모든 하나님의 백성에게 비쳐질 하나님의 말씀은 숨겨지고 말았습니다. 그래서 누구나 더 영적인 큰 빛을 사모하는 자에게는 저 감추인 하나님의 계시를 탐구하기 위해서는 하나님의 계시를 받은 소수의 사람에게 문의할 수밖에 없었습니다. 보통 신자의 마음에는 교회에게만 맹종케 하는 주입된 신앙의 지식뿐이었습니다. 그러기에, 제가 배운 교리들은 엄위하신 하나님을 바르게 또 참되게 예배하는 길로 저를 합당하게 훈련시킬 수가 없었습니다. 더욱이 저에게는 구원의 소망으로 이끌어 줄 수도 없었기에, 그리스도인의 합당한 삶으로도 이끌 수 없었습니다. 저는 단지 하나님께만 예배드리는 삶으로 일관했습니다. 그러나 저는 참된 예배의 의미를 모른 채, 저는 예배당의 문턱만 밟고 다녔습니다. 저는 로마교에서 배운 대로 그리스도의 대속을 통하여 영원한 심판에서 구속을 받아야 한다는 것을 알고 있었습니다.

그러나 제가 바라는 진정한 구원의 역사가 내 안에서 이루어지지 않은 막연한 구원에 대한 염원에 불과했습니다. 그러기에 저는 장래의 부활도 소망해왔습니다. 그러나 그것은 가장 끔직한 사건이어서 제가 생각하기도 싫었던 그런 일이었습니다. 이런 내 감정이 사사로운 것만이 아니었습니다. 그 당시 그리스도교 교사들이 전했던 설교의 가르침에서 흔히 모든 사람들에게 전해진 같은 주제들이었습니다. 그들은 사람들에게 긍휼을 설교했습니다. 그러나 그것은 그 긍휼을 베풀 수 있는 자들에게만 국한되었습니다. 그 자격이라는 것은 의로운 행위를 말합니다. 즉, 각 사람의 의로운 행위로 말미암아 하나님과 화목하게 된 사람들만이 하나님의 긍휼에 참여할 수 있었습니다. 그러나 그들은 인간이 비참한 죄인들이라는 점과 육신의 연약함으로 말미암아 자주 범죄 한다는 사실을 전적으로 다루지 않았습니다. 오히려 하나님의 긍휼로 인해서 구원의 항구를 찾으려는 노력으로써 우리의 범죄에 대한 보상(報償)을 인간의 행위로 말미암아 하나님을 만족시키는데 주력하도록 가르쳤습니다. 그래서 죄인들에게 주시는 하나님의 은혜라는 것은 우선 신부(神父)에게 모든 우리 죄를 고백하고, 겸손하게 용서와 회개 식을 거행하고 난 다음에 선행을 쌓음으로써 우리의 악행을 하나님의 기억에서 지워버리고, 나중에는 아직도 부족한 것을 보충하기 위하여 희생제물과 엄숙한 속죄제물을 드려야 하다고 가르쳤습니다. 또 하나님께서는 준엄하신 심판관이요 불법에 대하여 엄격하게 보복하시는 신이기 때문에 주의 임재는 얼마나 무서운 것이라는 사실을 우리들에게 성직자들은 가르치고 보여주었습니다. 그러므로 그들은 성도들에게 먼저 성자(聖者)들에게로 피신하여 안주하도록 명령합니다. 이는 성자(聖子)들의 중보로 말미암아 당신의 마음을 돌이켜, 우리에게 대한 하나님의 호의를 얻어보라는 것이었습니다.

그러나 저는 이 모든 것을 다 실행한 뒤에도 여전히 저의 양심에는 참 평화를 얻을 수가 없었습니다. 언제나 저는 제 영혼이 속깊이 내려가든지 또는 제 마음이 하나님께로 더 높이 끌려 올릴 때에도 저는 여전히 극도의 공포에 사로잡혔습니다. 아무런 속죄나 어떤 만족으로도 대신할 수 없는 고칠 수 없는 두려움이었습니다. 더 자세하게 저 자신을 검토한다면, 저의 양심에 찌르는 가시가 너무나 날카로웠습니다. 그러기에 제게 유일한 위안이 된 것은 이 모든 일을 잊음으로써 나 자신을 속이는 일이었습니다. 그럼으로써 더 나은 길이 없었기에, 저는 이미 시작한 그 신앙의 길을 계속해서 걷고 있었습니다. 그러나 그 때에 아주 다른 형태의 교훈을 깨달았습니다. 그것은 우리를 그리스도교의 직책에서 떠나는 것이 아니라, 오히려, 우리를 진정한 교회의 샘터로 돌아오게 하는 일이었습니다. 그리고 그 샘터를 더럽히고 있는 찌꺼기를 정화함으로써 그 샘터를 본래의 청결로 돌이키는 일이었습니다. 이것이 너무나 새로운 것이었기에 저는 처음에는 귀를 기울이려고 하지 않았습니다. 그리고 저는 완강하게 또 열정적으로 이에 항거했습니다. 사람이란 자기가 지금까지 해오던 일을 고집하려는 버릇이 자연스럽웠기 때문이었습니다. 지금까지 제가 살아왔던 전 생애가 잘못되었다는 것을 고백하는 일은 가장 어려운 일이었습니다. 이 새 교사(敎師)들에 대하여 제가 특별히 언짢게 여긴 한 가지 점은, 그들이 로마교회에 대해 존중히 여기는 마음이 미흡하다는 점이었습니다.... 그러나 결국, 제 마음은 이런 사태의 추이에 대하여 깊은 관심을 갔었습니다. 저는 그들을 주시하여 왔습니다. —마치 빛이 내 위에 막 쏟아져 비취는 것같이— 저 자신이 지금까지 얼마나 과오(過誤)의 돼지우리에서 뒹굴고 살아왔으며, 얼마나 부정하고 또 더러워졌는가를 밝히 보게 되었습니다. 제가 빠져있는 그 비참한 영적 상태에 대한 나의 두렵고 떨리는 심정과 영원한 죽음에 대한 더 무서운 위기가운데서, 더 이상 이런 상태로는 저는 한 시간도 더 견딜 수가 없었습니다. 그래서 즉시로 저는 하나님이 지시하는 길을 바로 걷게 되었습니다. 저는 많은 통곡과 눈물로 저의 과거를 저주하며 회개하면서 그릇된 신앙의 길에서 벗어났습니다."

칼빈은 근본적이고 또 결정적인 개혁주의 신앙의 정도(正道)를 찾아 걸었습니다. 그는 개혁자의 길을 서서히 하나님을 향하여 걸어 나갔습니다. 그는 수다한 친구들에게 신세를 지며 피난생활을 하던 중에 그는 바젤에 도착하여 거기서 연구하는 일을 시작했습니다. 칼빈이 1533년 11월경에 끌레나 앙굴렘에서 루이 두 틸레트(Louis du Tillet)의 집에 유숙했었습니다. 그 집에는 굉장한 도서관이 있었기에, 그는 거기서 교부들에 대한 더 광범위하고도 자세한 지식을 얻었습니다. 암부로시우스와 키프리안 목사에 대하여 더 잘 알게 되었으며 또한 크리소스톰과 터툴리안에 대한 많은 이해와 특히, 어거스틴에 대한 많은 연구가 있었습니다. 그래서 루터처럼 그도 어거스틴에게서 신학적인 동질 감을 발견했습니다. 그리고 칼빈은 바젤에서 히브리어 공부에 열중했습니다. 그러나 언제나 그는 자신의 게으름을 고백했습니다. 그는 프랜시스 다니엘에게 이렇게 편지했습니다.

"형께서 잘 아시는 대로, 저는 신체적인 허약성을 극복하면서, 얼마간 학문적 진보를 가질 수 있었습니다." 그리고 뉴샤텔의 크리스토퍼 리베르텟에게 적어 보낸 서신가운데 바젤에 온 후로 자신이 만성적인 우울증에 빠졌노라고 하였습니다. 그는 육체적인 연약성을 극복하면서 교부들의 많은 문집들을 읽으면서 히브리어 연구에 치중하면서 '그리스도교의 제원리(The Principles of the Christian Religion - Christiane Religions Institutio - 우리가 말하는 '기독교강요'를 쓰기 시작하여 1535년 여름에 원고를 출판사에 내어주었습니다. 이로써 칼빈은 개혁자로서의 자격을 갖추었습니다. 이제 그는 장래를 준비하는 인물이 되어가기 시작했습니다. 그러나 그 자신도 저술가로서 활동할 인물로만 알고 있었습니다. 그러나 몇 해동안 칼빈은 그가 배운 가장 어려운 과목이 있었습니다. 그것은 자신의 뜻이 바로 하나님의 뜻이 아니었다는 점과 하나님의 뜻을 거역하기가 어렵다는 것을 칼빈은 배웠습니다. 그는 1534년에 그가 신뢰하던 친구인 프랜시스 다니엘에게 편지하여 이렇게 말했습니다.

"나는 우리 앞길을 얼마도 내다보지 못한다는 것을 경험을 통해서 배웠습니다. 제가 안일하고도 고요한 생활을 한다고 느끼는 그 순간, 전혀 기대하지 않았던 사건이 저를 기다렸습니다."

칼빈은 오랜 후에 자신의 경험을 회고하면서 자신의 성격을 마태복음 8장19절에 있는 서기관에게 비유했습니다.

"우리가 명심할 점은, 그 서기관이 고요하고 안일한 생활에 길들여진 사람이었으며, 또 한 영예를 좋아하는 사람이기에,, 치욕과 빈곤과 핍박과 그리고 십자가를 지기에 합당치 않은 사람이었습니다. 그도 그리스도를 따르기를 원하는 것은 사실이지만, 그와 동시에 그는 안일과 평안한 생활과 온갖 편리한 것으로 충만한 주택을 요구했습니다. 이에 반면에 그리스도의 제자는 가시밭길을 걸어야 하며, 또 계속적인 고난 속에서 십자가를 향하여 전진해야 합니다. 그가 열심을 내면 낼수록 그만큼 더 준비가 부족한 것입니다. 그는 땀과 먼지에 시달리지 않고 단지 전쟁의 폭화가 미치지 않는 피난처에 숨어 평안하게 싸우기를 원합니다"

그는 그 동안 몸을 담아왔던 로마교회에서 개인적인 정리 차원에서, 1534년 5월에 자기 고향인 노용에 방문해서 로마교 성직자를 반납하는 조치를 취했습니다. 그리고 나서 그는 프랑스 내에서 불안하게 숨어 다니던 중, 10월 중순에 플래카드 사건이 일어남으로써 프랑스 정부는 로마교 성찬에 반대하는 개혁파 무리들을 제보하는 자에게 현상금을 내걸었습니다. 이로 인해서 프랑스에서는 개혁교도들이 11월 중순까지 200명이나 체포되었고, 그 후에도 3개월 동안 약 20여명이나 사형을 집행했습니다. 또한 1535년 1월에는 칼빈이 파리에 거주했을 때 그의 절친한 친구인 상인 에띠엔느 드 라 포르즈(Etinne de la Forge)가 화형을 당했습니다. 그리고 1월말에는 '루터파'를 잡아들이라는 칙령이 반포되었습니다.

제 2 장

제네바 개혁자로서의 시련

    이 때에 칼빈은 프랑스에서 떠나서 피난하던 중에 기대하지 못했던 하나님의 뜻에 복종하는 개혁자로서의 큰 시련이 다가왔습니다. 그 이유는 스위스 전쟁으로 인해서 우회로 가던 중에 제네바에서 하루 밤을 자고 스트라우스부르그로 가려고 했습니다. 그 이유는 그는 안이한 학자생활을 계속하기 위함이었습니다. 그러나 제네바에는 개혁자인 윌리암 파렐(William Farel)이 칼빈을 기다리고 있었습니다. 칼빈은 1557년 7월 22일에 제네바에서 파렐과의 만남에 대하여 회고하면서 시편 주석 서문에서 자서전적인 이야기를 하고 있습니다.

    "저는 어디 가든지, 제가 저술했던 기독교 강요의 저자인 사실을 감추려고 했습니다. 윌리엄 파렐이 제네바에다가 저를 붙잡아 두려고 상의와 권면이 아니라 하늘로부터 하나님의 강한 손에 의해서 꼼짝할 수 없도록 저를 두려운 저주로써 질책하여도 기독교 강요의 저자인 사실을 애써 들어내지 않으려고 했습니다. 그 당시에 제가 칩거하려고 했던 스트라스부르그로 가는 최단의 노정이 전쟁으로 인해서 막힘에 따라 제네바에서 하룻밤만 머물다가 떠나려는 참이었습니다. 앞서 제가 거명했던 뛰어난 인물인 파렐과 삐에르 비레(Pierre Viret)는 로마교를 제네바 시에서 축출하며 개혁운동을 하던 인물들이었습니다. 그러나 이 사태는 아직도 결말이 나지 않았으며 그럼으로 제네바 시는 불 경건한 자들과 로마교도들의 위험한 파당으로써 나누어졌습니다. 안타깝게도 로마교도로 변절해서 되돌아 간 한 사람이 저를 알아차리고서는 다른 사람들에게 제게 대한 소문을 퍼뜨렸습니다. 이 소식을 접한 파렐은 복음을 전하는데 남다른 열정을 갖었던 그가 즉각 나를 찾아와서 붙잡고자 전력을 다했습니다. 제가 다른 일에는 전혀 매이지 않고 자유롭게 개인적인 연구에 전념하고 싶어하는 것을 알아챈 것같이 파렐의 간청은 너무나 긴급한 제네바의 개혁에 대한 도움을 주지 않고 제가 물러선다면 파렐은 제가 학문적인 연구에만 추구하여 안정과 한거(閑居)로 거한다면, 하나님께서 나를 저주하실 것이라고 강력하게 촉구했습니다. 파렐의 이 강렬한 저주로 인해서 저는 두려움으로 사로잡혔으며 또한 제네바를 떠나려는 계획을 포기했습니다. 저는 선천적으로 수줍음과 소심했기에 어떤 중요한 직책을 맡아서 일하지 않기로 했습니다. 이 후로부터 4개월이 지나서, 재침례파들이 우리들을 공격했으며 또 다른 편에서는 악한 배교자가 제네바의 몇몇 관리들의 후원아래 은밀하게 많은 괴로움을 주었습니다. 동시에 제네바 시에서 의견충돌이 계속해서 일어나자 이상스럽게도 우리들에게 책임을 전가하면서 괴롭혔습니다. 제가 알기로도 선천적으로 겁이 많고 또 온순하며 소심한 성품이었지만, 제네바에서 초기부터 받은 시련을 맞이하면 할수록 강력한 태풍을 맞대응 할 정도가 되었습니다. 또한 제가 시련으로 인하여 넘어지지 않았지만 저로 인해서 생긴 분란으로 한 때는 제네바에서 추방되어졌을 때 참담한 심령을 가누기가 어려웠습니다. 그래서 저는 이로 인해서 부르심의 매임에서 벗어나서 공적인 책무와 염려에서 벗어나서 자유롭게 은밀한 거처를 마련하여 살기로도 결정했었습니다.

그런데 가장 뛰어난 그리스도의 종인 마틴 부서(Martin Bucer)는 과거에 파렐이 항의와 단언을 통해서 나를 꽉붙잡았던 것처럼 그도 저를 스트라스부르그에서 새로운 사역지로 인도했습니다. 부서는 나에게 요나 선지자의 예를 들어 나로 하여금 경종을 주면서 계속해서 가르치는 사역을 하도록 권면했습니다. 그래서 저는 저 자신이 좋아하던 일을 계속할 수 있었지만 애써 명성을 피하려고 노력했습니다. 제가 자신을 들어내지 않으려고 노력했지만 자의이든지 아니면 타의이든지 의회의 회합 과정에서 저는 많은 사람들 앞에 서게 되었습니다. 이후에는 주님께서 스트라스부르그 시를 긍휼히 여기사 한 때 심한 분란과 난투를 벌였던 악한 사람들의 계교와 제네바 공화국을 소요케 하는 피비린내 나는 싸움가운데서 주의 놀라운 권능에 의해서 승리케 하심으로써 위안을 받았습니다. 저의 바램과 욕구와는 반대로 다시 저의 직무로 되돌아가도록 강압했습니다. 이 개혁 교회의 안녕이 제 마음에 끌리는 바이었지만 제 생명을 바쳐서라도 이 일을 수행하려는데 주저하며 자원하지 않았습니다. 그러나 저의 소심함에도 불구하고 저 자신이 여러 가지 핑계로 교회의 책무를 맡지 않으려고 했지만, 다시 무거운 짐을 어깨에 매고 말았습니다. 결국, 저의 직무에 대한 엄정하고도 양심적인 심정에서 저를 찢었던 양무리로 또다시 되돌아오기로 승낙했습니다. 그러나 제가 이렇게 돌아가는데는 너무나 많은 아픔과 슬픔과 곤고함 가운데서 결정하는 과정들이 얼마나 고통스러웠던가를 주님만이 저의 최후 증인이십니다. 그리고 이 같은 제네바 시의 영적인 고통상태에서 구원되기를 바라면서 저를 초빙했던 많은 경건한 사람들로 인해서 제가 그토록 두려워하며 또 싫어했던 제네바로 다시 돌아가는 간청을 수락함으로써 저를 훼방했던 악한 무리들의 입을 다물어 놓았습니다. 그 때 이후로 제가 주님께서 저를 풀무가운데서 정금같이 인간의 불시험가운데서 단련시켰던 여러 가지 갈등 속에서 겼었던 수많은 시험과 시련들을 기술하자면 긴 역사책이 될 것입니다.

그러나 저는 독자들에게 많은 말로 피곤케 하기보다는 이미 언급한대로 제가 겪은 시련들은 다윗의 생애와 견줄 수 있습니다. 다윗의 생애에 걸어갔던 발자취는 제가 경험했던 그 체험 이였기에 저는 많은 위로를 받았습니다. 성군(聖君)인 다윗도 블레셋과 다른 외적들로부터 계속 진행되는 전쟁으로 시달리면서 나라 안에서는 백성가운데 패 역하고 또 악한 무리들의 궤계로 인해서 너무나 심한 고통을 받았습니다. 이같이 다윗의 처지는 바로 제가 사방으로부터 공격을 받는 것처럼 마치 똑같습니다. 그래서 저도 한 순간도 휴식을 누릴 수 없을 정도이었습니다. 또 교회 밖에서든지 아니면 안에서든지 대적 자들로부터 오는 훼방으로 항상 반목이 지속되었습니다. 사단은 제네바 개혁교회를 넘어뜨리려고 수많은 시도를 해왔습니다. 그래서 이로 인해서 저는 너무나도 연약하고 또 겁약하기에 저 자신이 부서지는 듯했으며 또 위험 중에 저의 생명에도 치명적인 위해를 당했으며 또 저를 반대하는 사람으로부터 저주를 받았습니다.

5년이 지난 후, 악한 방종 파들은 부당한 영향력을 행사하여 보통시민가운데 유혹 물과 패 역한 속임수로 무절제하게 자신들이 기뻐하는 일이라면 무슨 일이라도 행사하는 것이 자유인양 선전해 왔습니다. 그러나 저는 교회의 훈계로써 수호하고 또 그것을 지탱하기 위해서 끊없는 싸움을 해왔습니다. 이 같은 불신앙자들과 천국의 가르침을 경멸하는 자들은 전혀 하나님에 대하여 관심이 없었습니다. 오직 그들이 바라는 일이란 오직 교회를 파멸하는 일입니다. 그래서 많은 이들이 가난과 배고픔을 통해서 위협을 당하거나 혹은 채워질 수 없는 야망이나 혹은 탐욕과 부정직한 소유욕으로 인해서 너무나 광적인 존재가 되어버렸습니다. 그래서 그들은 평화스럽고 정직하게 살기보다는 모든 일들이 혼란에 빠져서 결국에는 일시에 파멸하는 길을 좇았습니다. 이 긴 시련기동안, 제가 생각하기로는 사단의 공장에 있는 용광로에서 그들의 목적을 취하기 위해서는 수단과 방법을 가리지 않는 어떤 무기라도 만들어서 저를 공격하는 것을 알았습니다. 그래서 마침내 대적 자들은 온갖 음모를 다 동원해서 수치스런 최후의 죽음을 재촉했습니다. 이 같은 시험하는 공격으로 저는 가장 고통스러웠으며 또한 정말로 가련한 신세가 되었습니다. 하나님을 대적하는 무리들은 가장 중한 징벌을 받아야 하지만, 오히려 저는 그들에게 항상 형통하고 안전한 삶이 되기를 바랬습니다. 그러나 그들은 전혀 교정할 수 없는 자가 되어서 결국 완강하게 진정한 권면을 듣기를 거절했습니다.

이처럼 제가 겪었던 5년간의 시련은 너무나 가혹해서 견디기가 힘이 들었습니다. 저 자신과 저의 사역에 대한 독설로 가득한 중상모략으로 말미암아 악한 자들로부터 받은 고통은 견딜 수 없는 고뇌로 변하고 말았습니다. 수많은 험담의 내용들은 사실을 전적으로 모함과 곡해로 인위적으로 조작했기에, 험담하는 자신조차도 큰 불명예인데도 불구하고 무분별하게 처신을 해왔습니다. 그들은 너무나 간교하고 또 공교롭게 자신의 양심에 대한 가책을 느끼거나 또한 자신들의 불명예를 공공연하게 들어냈습니다. 그러기에 저를 대적하는 자가 백번 공격하는 동안 단 한번이라도 순수한 점이라도 있었더라면 좋았을 것입니다. 그들은 아무런 원인이나 사건과도 상관없는 저를 싸잡아서 공격하니 제게 복받쳐 오르는 분노는 견딜 수 없었습니다. 제가 확인하고 또 주장하는 바는 세상은 하나님의 은밀한 섭리에 의해서 지배되고 또 통치됩니다. 저를 대적하여 일어나는 수많은 염치없는 무리들이 저를 치려고 달려드나 하나님께서 모든 죄악을 막아주십니다. 이 같은 대적들의 험담은 너무나 어리석은 일이기에 곧바로 허무한 것으로 드러나며 더욱이 한갓 말장난에 불과하기 때문입니다. 많은 사람들의 마음에는 시기와 악의이나 감사치 않음과 악함이 있기에 심지어는 자신들이 속이는 말조차 속이는 괴상한 짓거리를 자행합니다.

어떤 사람들은 유기된 자와 선택 한 자를 구별하시는 하나님의 예정의 영원한 목적을 무너뜨리려고 합니다. 어떤 이들은 자유의지를 옹호하고 들지만, 그들조차도 자신들의 패 역한 무지한 열정으로 인해서 자신들의 입장정리도 제대로 하지 못하기에 저도 그들을 구분을 짓기에 어려울 때가 있습니다. 대적 자들이 공공연하게 또 맹세하고 저를 괴롭히고자 달려드는 일은 어느 면에서는 선천적입니다. 그들은 그리스도의 거룩한 떡을 나누며 또 다른 사람들을 섬길 형제우애로써 용서하라고 큰 소리로 외치는 복음의 설교자라고 자처하면서 유독 저에 대하여 간악한 대적 자로 대하니 참으로 얼마나 혐오스러운 일이 아니겠습니까? 이 문제에 관련해서 저도 다윗처럼 탄원하고 싶었습니다.

"나의 신뢰하는 바 내 떡을 먹던 나의 가까운 친구도 나를 대적하여 그 발꿈치를 들었나이다."(시40:9). "나를 책망하는 자가 원수가 아니라 원수일진대 내가 참았으리라 나를 대하여 자기를 높이는 자가 나를 미워하는 자가 아니라 미워하는 자일진때 내가 그를 피하여 숨었으리라 그가 곧 너로다 나의 동류, 나의 동무요 나의 가까운 친우로다 우리가 같이 재미롭게 의논하며 무리와 함께 하여 하나님의 집안에서 다녔도다."(시55:12-14).

어떤 이들은 저의 집안에 대하여 우스운 소문을 퍼뜨립니다. 어떤 이들은 제가 월권하여 극악무도한 권한 행사를 한다고 말하고, 또 어떤 사람들은 제가 허약하고 또한 호화롭다고 말합니다. 그런데 한 사람이 빈약한 음식과 보통 옷을 입으면서 살아가는 가장 겸손하게 살려는 사람에게 너무 거창하게 산다는 억측으로써 빈축을 사야 하겠습니까? 저는 그들이 저를 시기하는 영향력과 권위에 대하여 조금도 책망하고 싶지 않습니다. 그들은 수많은 일에 관련되어 있는 저의 역할에 대하여 과대평가를 하면서 격무에 시달리는 저를 비아냥거립니다. 제가 살아있는 동안 부자가 아니라는 사실을 설득할 수는 없지만 저의 죽음이 마침내 밝혀줄 것입니다. 실제로 제가 고백하건대 저는 가난하지 않습니다. 저는 갖고 싶은 것이 더 아무 것도 없기 때문입니다. 이 모든 이야기들이 조작되었으며 또 꾸며진 이야기에 불과한데도 많은 사람들이 그 말들이 오히려 쉽게 받아들이고 또 비난하기를 좋아했습니다. 대부분 사람들은 험담하는 자의 소리에 흔들리고 마니, 참으로 혼돈과 흑백 원리에 빠져들고 말았습니다. 그래서 그들이 생각하기로는 자유롭게 사는 길은 오직 그리스도 종들의 권위를 말살하는 것이 지름길이라고 알았습니다.

이에 대하여 다윗도 시편에서 고백한 대로 동일한 탄식이 저에게도 적용되었습니다.

"저희는 연회에서 망령되이 조롱하는 자같이 나를 향하여 그 이를 갈도다"(시35:16).

제가 의미하는 바는 자기 배를 배불리는 식기를 핥는 무리들이며 거짓된 소문을 퍼뜨림으로써 위대한 인물이 되는 것처럼 자만합니다. 저는 이러한 해악들로 인해서 삼켜지는 생활에 익숙하다보니 제 마음도 담담해졌습니다. 이런 악한 자들의 무례로 인해서 종종 제 마음은 천갈래로 찢기었습니다. 제가 이웃들로부터 비인간적인 대우를 받을 이유가 없습니다. 또 한 가지는 추운 지역에 살다가 보니 한파가 몰아쳐 올 때는 많은 사람들이 너무 여가가 많이 생기니 모여서 교회의 함양을 위해서 사역하는 자들에 대한 훼방하는 발언을 아끼지 않습니다. 저는 그리스도의 복음을 담대히 말하는 자들 가운데 교회의 내적인 적들이 있으니 교회를 향하여 공공연한 대적자들보다 더욱 저를 향하여 충동적으로 대적하여 덤벼듭니다. 저는 성찬식에서 그리스도의 육체를 육신 방식으로 먹는다는 괴이하고 또 어리석은 생각을 수용하지 않습니다....제가 아직도 바램이 있다면 저의 사역에 대하여 각 사람이 공평과 솔직함으로 평가하여 주시길 바라며 유익한 사역의 열매가 맺기를 바랍니다. 제가 주석서문에서 언급했던 내용들은 제 자신의 입장을 피력하여 만족을 얻으려는 것이 아니라 동시대에 사는 저같이 시련을 받는 다른 성도들에게 유익을 위함입니다. 그래서 저는 단지 가르치는 형태로 수식하였기에 가급적으로 모든 수식(修飾)은 가능한 피하도록 했습니다.... 저는 이 글로 인해서 교회의 함양이 되는 것보다 더 중요한 일이 있다고 생각하지 않습니다. 저의 마음에 바램이 있다면 하나님께서 이 주석사역을 통해서 하나님의 은혜로 힘입어서 교회의 바로 세우기가 이루어지기를 바랍니다!

1557년 7월 22일 제네바에서"

(John Calvin, Commentary on The Book of Psalms, Vol. I., Trans., James Anderson, Grand Rapids Michigan: WM. B. Eerdmans Publishing Company, 1963, 42-50).

칼빈은 1537년 7월 3일자 제네바 시의회 록의 기록에는 "설교자, 파렐과 칼빈"이라고 기록되어 있습니다. 그는 제네바 교회의 목사로서 그의 목회 사역을 특징짓는 교회의 정치원리가 하나님의 영광과 교회의 덕을 세우는 일로 중심을 두었습니다. 그래서 그는 교회의 세움을 위해서 제네바 사역에서 크게 시련을 겪었습니다. 교회의 권위와 그리스도인의 자유는 복음 안에 공통된 동기를 가집니다. 교회의 권세는 엄격히 정의하면 하나님의 말씀을 섬기는 일입니다. 교회의 권세는 목회자들 자신에게 있는 것이 아니라 목회자라는 직위에 있습니다. 사실상 직위에 있다기 보다는 그들이 섬기는 하나님의 말씀에 둡니다. 칼빈은 목회자의 권위를 성경의 영감에서 찾지 않습니다. 하나님에 의해서 말씀되어진 성경이 바로 하나님의 권위를 가진 하나님의 말씀으로 받아드립니다. 그래서 그는 그리스도 중심적인 논증입니다. 그러므로 하나님의 말씀을 섬기고 전하는 것이 교회의 권세입니다(T. H. H. 파커, 존 칼빈의 생애와 업적, 김지찬 역, 서울: 생명의 말씀사, 1986, 130).

교회의 직무는 하나님의 말씀을 섬기는 것입니다. 교회의 임무는 하나님의 말씀을 선포하는 것입니다. 교회의 권세는 교회가 선언하는 말씀의 절대적인 권위에 놓여 있습니다. 교회의 임무는 하나님의 심판과 용서의 말씀을 사람들에게 선포합니다. 교회의 권위는 죄인들에게 죄의 용서를 확신시키고 교리와 개인윤리와 사회윤리에 관한 하나님의 확실한 진리를 가르치는데 있습니다. 그래서 권징은 교회의 생명에 본질적이었습니다. 1537년 1월 16일 파렐과 칼빈은 의회에다가 "제네바 교회의 조직과 그 예배에 관한 조문(Articles on the Organization of the Church and its Worship at Geneva)"를 제출했습니다. 이 제안은 온당했지만 이 조문이 함축하는 내용은 심각했습니다. 이 조문에는 매 주일마다 한 번씩은 성찬식을 거행하고자 했습니다. 로마교 당시에도 일년에 두 세 번밖에 성만찬 식을 시행하지 않았으니, 이는 혁명적인 조치이었습니다. 더욱이 출교의 권징은 성도에게 성만찬의 순결성을 보존하고, 타락한 자에게 회개를 시키며, 또 다른 이들에게는 경고가 되기 위해서 주님 자신께서 제정했습니다. 또한 회중들의 예배를 위해서 시편 찬송을 부르는 일과 신앙고백을 제정하여 후대에 신앙을 전수하는 일과 관례와 전례를 참고한 혼례법의 개정을 부가하여 제안했습니다. 제네바 시의회의 소의 회는 1537년 1월 16일에 제출한 제네바의 교회조직과 예배에 관한 조문을 검토해서 한 가지만 제외하고 모든 조문을 통과시켰습니다. 자주 성찬을 집행해달라는 건의에 대하여 한 달에 한번에서 3개월에 한번으로 감축되었습니다. 그러나 권징에 대한 문제가 시간이 걸리는 문제였던 것은 바로 법률학자들 사이에 조율이 필요로 했습니다. 목사들은 3월에 의회들에 통보하여 신앙고백의 조문을 통과시켰습니다. 그러나 4월 17일까지도 시민들의 서명을 확보하는 제도적 장치는 마련되지 않았습니다. 결국 목사들은 7월 29일에 다시 200인 의회를 상기시켜줄 필요를 느꼈습니다. 200인 의회는 이제야 비로소 시민들은 성 삐에르 교회에서 한 구역씩 서명해야 한다고 결정을 내렸습니다. 이 일이 11월까지 지연되었습니다. 11월 26일의 모임에서는 몇몇 의원들 가운데 성만찬에 대한 불손한 언사로 인해서 죄목으로 피소되었습니다. 이로 인해서 의회와 목사들 사이에 거리감이 생기며 또 의회는 이를 신중을 기하기 위해서 연구위원회를 설치할 것을 가결하고 해산했습니다. 그러나 파렐과 칼빈은 해명하기 위해서 베른 시로 떠나갔지만 그러나 신앙고백에 서명한 자는 그리 많지 않았습니다. 1538년 2월에 새로 선출된 4인의 행정관은 제네바 목사들의 교회정치에 대하여 반대하려고 했습니다. 이로 인해서 목사들과 의회 사이의 관계는 극도로 긴장되었습니다. 칼빈은 설교 시에 그들을 가르쳐 "사단의 의회"라고 비난했습니다. 칼빈의 절친한 시각장애자 프랑스인 목사 꾸로(Courauld)는 의회의 부정적인 태도에 대하여 그들을 가르쳐 "술주정꾼들의 의회"라고 말했다고 그를 투옥하고 말았습니다. 또한 의회는 성금요일(Good Friday)에 부활절 성만찬 때 무교병을 사용해 줄 것을 요청했는데 그들이 미봉책을 썼습니다. 그 다음날인 부활절에 의회의 요구대로 순종하지 않을 경우에는 설교금지를 당할 것이라고 예고했습니다. 그러나 칼빈과 파렐은 부활절 날 그들은 전과 같이 설교했으나 성만찬 식을 거행하지 아니했습니다. 폭도들은 이것을 기화로 폭력으로 칼빈과 파렐을 위협을 가했습니다. 그 다음날에는 200인 의회는 제네바 교회의 목사를 찾는 즉시로 제네바를 떠나라는 추방령을 명령했으나 화요일에는 후임을 기다릴 것도 없이 3일 이내에 떠날 것을 종용받았습니다. 칼빈과 파렐은 제네바를 떠나 곧장 베른에 가서 제네바가 로마교로 다시 돌아가지 않도록 베른 시의회가 그들의 주장을 들어주기로 했으나 그만 허사가 되고 말았습니다. 그런데 베른 시가 중재에 나서서 목사들을 복직시켜 줄 것을 요청하기 위해서 5월에 제네바에 사절을 파견했으나 목적을 이루지 못했습니다. 1538년 6월이 시작될 때에 칼빈과 파렐은 이제 집도 없고 일자리도 얻지 못한 채 바젤로 향했습니다. 칼빈은 제네바에 머문 것이 처음부터 잘못이 아니었던가를 생각도 해보았습니다. 그는 저의 목회사역이 비참하게 실패한 것으로 보았기에 그 시련을 당한 후로부터 주께서 명확하게 부르시지 않는 이상 다시는 교회와 관련된 일은 하지 않기로 결심했습니다 (Opera Calvini (Corpus Reformatorum) II, 165; Herminjard 7, 39; English Translation of Calvin's Letters 1, 211).

그래서 칼빈은 하나님께서 자신에게 무엇을 하기를 원하시지 깨달을 때까지는 당분간 바젤에 머물기로 했습니다. 이미 파렐은 뇌샤텔의 교회를 담임하고자 바젤을 떠났습니다. 부서(Bucer)와 카피토(Capito)는 칼빈이 스트라스부르그에 와서 프랑스인 피난민 교회의 목사로 부임해서 목회와 함께 신학도 강의해주기를 간청했습니다. 그는 9월에 이르러서 부서의 초청대로 스트라스부르그에 있는 프랑스 교회에서 목회를 했습니다. 그가 스트라스부르그에 체류하면서 슬픈 일들이 연속해서 일어났습니다. 칼빈의 지도와 병간호를 해왔던 파렐의 조카가 흑사병으로 죽었으며, 또 제네바에서 동료목사였던 오르브(Orbe)에서 목회 하던 시각장애 목사인 꾸로드가 1538년 10월에 소천했습니다. 게다가 1538년에 페라라에서 삐에르 로베르가 죽었다는 소식에 슬픔을 가누기가 어려워서 편지를 쓸 수 없을 정도이었습니다. 그는 스르리에 성경(Serriéres Bible)을 번역할 때 모아 두었던 훌륭한 장서를 남기고 떠났습니다. 이 사건들은 칼빈에게서는 죽음보다 더 고통스러운 이별이었습니다. 끌레(Claix)에서 그에게 은신처를 제공해 주었으며 같이 프랑스에서 피신했던 루이 두 틸레가 갑자기 기별도 없이 프랑스와 로마교로 되돌아 가버렸습니다. 그는 제네바 사역에서 자신의 실수와 무지로 인한 징계라는 점을 인정하면서도, 제네바에서의 반대와 자신을 추방하는데 앞장선 자들에 대하여 자신의 무죄를 주장했습니다. 또한 로마교로 되돌아 간 틸레트가 재정적으로 돕고 싶다는 제안에 대하여 칼빈은 일종의 뇌물로 여기고 정중하게 거절했습니다. 칼빈의 친구들이 결혼할 것을 종용함으로써, 1540년 8월에 들어서 한 때 재세례파 교도의 아내로서 아들과 딸 두 자녀를 거느린 미망인인 이델레트 드 뷔르(Idelete de Bure)와 결혼식을 올렸습니다.

 1539년 7월말까지 새 개정판 기독교 강요는 증보인 동시에 재구성이었습니다. 각 장이 각기 "율법, 믿음, 기도, 성례, 그리스도인의 자유"로 짜여진 처음의 형식은 대부분 그대로 보존되었으나 새로운 장들이 첨가되었으며 전체 분량은 1536년도 판의 세배 가량이나 되었습니다. 전체 17장 가운데서 6장은 전혀 새로운 것이고 5장은 기존 절(節)들을 장(章)들로 증보 확대한 것이며 나머지 6장은 나름대로 약간 수정해서 그대로 놓아둔 것입니다. 칼빈은 로마서 주석을 1539년 8월 1일에 쓰여진 것을 보건대 로마서 주석 헌정사가 10월 18일에 쓰여진 것을 보건대 1538년 6월 바젤에 거주할 때부터 집필했으며 제네바 시에서 1536-37년에 로마서 강의를 했습니다. 이 책은 1540년 3월에 스트라스부르그에서 그의 친구 벤델린 리헬(Wendelin Riehel)에 의해 출판되었습니다. 그는 본문을 결정하고 번역을 한 후에는 주석과 주해를 했습니다. 그 당시 성경 고전 학계에서는 두각을 나타내지 못했지만 그래도 그는 능숙한 언어학자이며 역사가이었습니다. 그는 자신이 취할 수 있는 믿을만한 자료들을 무엇이든지 이용했습니다. 그는 문맥과 좌우 문맥에 따라 성경기자의 마음에 더 가까이 접근하는 주석을 했습니다. 그는 창조주와 피조물의 관계와 구속 주와 구속받은 백성의 관계를 계시하고 있습니다. 그는 기술적인 이해의 수단으로서 문자 적인 해석과 영적인 본문 적인 해석을 선호했습니다.

한편 제네바는 1538년에 성직자들의 추방정책이 정치적으로나 교회 적으로도 큰 불행임을 깨달았습니다. 1540년 9월 21일 의회는 의회원인 아미 뻬렝(Ami Perrin)을 통해서 칼빈을 모셔오도록 조치를 취했습니다. 그러나 스트라부르그에서 칼빈을 제네바로 보내려고 하지 않았습니다. 1541년 여름에야 비로소 스트라스부르그에서는 6개월간 칼빈을 제네바에 양보한다는 결정을 합의에 이르렀습니다. 칼빈의 제네바의 입성 장면은 5년 전에 추방되었던 경우와는 판이하게 달랐습니다. 그는 1541년 9월 13일 화요일에 제네바로 다시 돌아왔습니다.

제 3 장

설교자, 칼빈

칼빈은 제네바로 다시 돌아와서 개혁을 일으킵니다. 이 개혁은 교회를 세우는 일입니다. 그래서 그는 "그리스도교의 질서를 위한 칙령(Ordinances for the ordering of the Christian Religion)"를 제네바 의회에 제안하여 통과할 때, 의회에로 보내면서 제안했던 칼빈의 입장은 정부가 의견을 동조하지 않는 한 교회는 하나님의 말씀에 바로 서 있는 초대 교회 같은 교회를 세울 수 없다는 조건을 내세웠습니다. 칼빈은 에베소서 주석에서 4장 11-13절을 주석하면서 교회의 개혁이 바로 설교에 있음을 확인시켰습니다.

"하나님께서 먼저 선언한 사실은 교회는 말씀의 설교에 의해서 다스림을 받습니다. 설교는 인간이 고안해서 나온 것이 아니라, 그리스도의 지상 명령에서 기인합니다. 사도들이 스스로 사도가 된 것이 아닌 것처럼 그리스도에 의해서 선택되어집니다. 그래서 오늘날에도 참된 목사는 자신의 뜻대로 돌진해서 되는 것이 아닙니다. 오히려 주님에 의해서 세움을 입는 것입니다. 간단히 말하자면, 주께서 가르치는 교회의 통치는 사람에 의해서 고안되지 않은 말씀의 사역을 통해서 가르쳐집니다. 그러기에 설교의 직무는 하나님의 아들에 의해서 세워졌습니다. 설교사역은 하나님께서 세우신 침범할 수 없는 제정이시기에 우리들에게는 동의할 뿐입니다. 만일 하나님의 설교사역에 대하여 거절하거나 아니면 무시하는 처사는 곧 설교의 제정 자이신 그리스도를 욕되게 하는 일이며 또 거역하는 처사가 됩니다. 그가 친히 설교 권을 주었기에 우리가 스스로 세운 것이 아닙니다. 그가 없이는 아무 것도 아닙니다. 그리스도께서 직무를 친히 만드셨고 또 세우지 않은 직무란 적합하거나 또 합당할 수 없습니다. 그러기에 우리가 복음의 사역 자들을 얻는다는 것은 하나님의 은사입니다. 설교의 사역은 필요로 은사들 가운데 가장 뛰어난 하나님의 은사입니다. 설교자들에게 설교를 위탁하는 신임은 마치 하나님의 은사이기 때문입니다.....우리가 복음의 사자가 된 것은 그리스도가 하신 일이며 거기에 필요로 하는 모든 자격을 갖춤도 그리스도가 하신 일입니다. 그리하여 우리가 맡은 바 직책을 다 하게 하십니다. 모든 것이 다 그의 은사입니다. 성도의 참 완성과 완전은 그리스도의 한 몸에 연합되는데서 이루어집니다. 말씀의 사역에 있어서 이보다 더 중요한 일은 없습니다. 그리스도의 참된 교회를 형성하는데 올바르고, 온전하고 또 건전한 교회를 세우는 것보다 더 뛰어난 일이 무엇이 있겠습니까? 이 사역이야말로 정말로 흠모할만한 것이며 또한 신령한 사역이기에, 사도는 말씀의 외적인 사역을 수행할 것을 선언하십니다. 이 말씀을 전파하는 은혜의 수단을 경시하면서도 그리스도의 온전함을 입는다는 것은 미친 일로 봅니다. 이런 환상 가들은 성령의 은밀한 계시들을 스스로 고안해 냅니다. 교만한 자가운데는 성경을 개인적으로 읽음으로써 영적인 충만에 빠져서 교회의 공통 사역의 필요를 느끼지 않는 자도 있습니다. 만일 교회가 그리스도만을 위해서 세워진다고 하면, 교회가 그리스도를 위한 것처럼 이런 식으로 세워져야 할 것입니다. 그러나 바울이 명확하게 진술하는 바는 그리스도의 명령에 따라서만, 연합을 통해서 온전케 되는 것이 아니라, 하나님이 세우신 사람들에 의해서 다스림과 가르침을 받으면서 스스로 어려움을 겪으면서 때에 따라 전해지는 설교를 통해서 온전케 이릅니다. 이것은 보편적인 법칙이어서 가장 높은 사람으로부터 가장 낮은 사람까지 포용합니다. 교회는 모든 경건한 자의 공통되는 어머니로서 왕이나 농노라도 주안에서 낳고 양육하고 다스립니다. 그래서 이것은 목회의 사역에서 이루어집니다. 이 사역의 질서를 태만하게 여기는 자이나 혹은 경멸하는 자는 그리스도보다 더 자신이 지혜롭게 여기는 자입니다. 이런 자만심에 빠져 있는 자에게 화가 있으리로다! 우리는 인간의 도움이 없이도 하나님의 권능만으로도 온전함을 입는 것을 부인하지 않습니다. 그렇지만 우리가 지금 하나님의 뜻과 그리스도의 지명에 힘입어서 사역하는 것이지, 결코 하나님의 권능만을 취급하지는 않습니다. 하나님께서 인간들의 구원을 성취하는 인간들의 사역을 사용하심은 평상적인 영예를 위함이 아닙니다. 그래서 우리가 일치를 이룰 수 있는 최상의 길은 모든 가르침이 한 지도자이신 예수 그리스도의 표준으로 삼아 이끄는 것입니다. 교회에 네 가지 직분이 있는데, 목사와 박사(교사)와 장로와 집사가 있습니다. 목사의 할 일은 하나님의 말씀을 선포하여 공적으로나 사적으로나 가르치고 훈계하고 책망하는 것이며, 또한 성례를 집행하는 일과 장로들과 함께 교인들을 형제 사랑으로 치리 하는 것이며 박사는 건전한 교리를 신자들에게 가르치며, 또한 복음의 순수성이 무지 또는 거짓된 이론에 의하여 더러워지지 않게 합니다."(John Calvin, Calvin's New Testament Commentary on the Galatians, Ephesians, Philippians and Colossians., Trans., T. H. L. Parker, Grand Rapids Michigan: WM. B. Eerdmans Publishing Company, 1974, 178-181).

칼빈은 복음의 설교사역에 인간을 설교자로 사용하심은 그들의 머리되신 그리스도아래 하나님 면전에서 목사들을 세우시사 말씀의 사역을 통해서 교회를 먹이도록 보좌합니다. 이로 보건대 그리스도께서 베드로에게 자신의 양무리를 지명하여 맡겨 다스리게 하시는 사역을 알 수가 있습니다. 그러므로 주님은 내 양을 먹이라 하심은 주의 양이 아닌 짐승도 있기에 사역 자는 잘 분별하며 사역해야 됩니다. 그러나 설교자의 사역에는 늘 부족과 한계가 있기에 하나님의 성령께서 본질상 곰과 사자 같은 사나운 심령들을 순화시켜서 하나님의 백성을 삼으십니다. 그러기에 설교자는 첫째로, 그리스도의 가르침을 선포하는 자입니다. 둘째로, 설교자 자신이 확신 있는 올바른 성경 관에 따라 학생이 되어야 하고 가르치는 교사가 됩니다. 셋째로, 설교자는 성경을 믿고 신뢰하는 사람입니다. 이러한 신뢰는 전심입니다. 파커는 칼빈의 설교 목적을 첫째로, 하나님을 영화롭게 하는 것과, 둘째로, 삶을 변화시키는 것, 셋째로, 진리를 증거 하는 것인 구원을 증거 하거나 제시하는 것으로 보고 있습니다(73). 그러면서 그는 칼빈이 말하는 설교자의 자격에 대하여 첫째, 겸손입니다. 성경에 대한 믿음 또는 신뢰로 순복을 의미합니다. 그가 설교 시에 거의 전부 1인칭 복수형을 사용하고 2인칭을 사용하지 않음은 홀로 고고한 영적인 수준에서 회중에게 설교하는 것이 아니라 성도들과 동등한 입장에서 성경 메시지의 위엄에 복종함을 보여 준다고 파커는 지적했습니다.(T. H. L. 파커, 칼빈과 설교, 김남준 역, 서울: 도서출판 솔로몬, 1993, 64).

스토페르(Richard Stauffer) 교수의 글 가운데 칼빈의 설교에 나타난 1인칭 화법에 대한 내용에서 선지자적, 논쟁적, 자서전적, 그리고 신비적 "나"로서 설교자의 입을 통해서 표현되는 신앙 인으로서, 그는 자신의 죄를 자백하고 은혜의 사역을 높이며 하나님의 섭리에 맡기는 것으로 보았습니다(박건택 편, 칼빈과 설교, 서울: 도서출판 나비, 1988, 180).

둘째로, 파커 교수는 설교자의 자격을 내적인 순복과 외적인 실천으로 보았습니다. 설교자는 자기가 회중에게 외치고 있는 그 가르침에 스스로 순종해야 합니다. 셋째로, 설교자는 믿을 용기만이 아니라 아무리 불쾌하더라도 진리를 선포하고 책망이 필요하면 꾸짖을 수 있는 용기를 필요로 합니다. 넷째로, 권위는 설교자 개인의 것이 아니라 전적으로 그 메시지에 있습니다. 그가 가질 수 있는 모든 인간적인 권위인 장로권, 지식, 지배의 경험이 아니었습니다. 설교자에 의해서 전해지는 메시지는 하나님의 말씀에 그치는 것이 아니라 하나님의 말씀의 권위, 곧 하나님 자신의 권위를 지닙니다. (박건택 편, 64-66).

그러므로 설교자와 회중은 설교에 귀를 기울이면서 분명한 목적을 마음에 두어야 합니다. 물론 그 목적이 일반적인 것일 수 있으며 또는 회중과 설교자가 모두 훌륭하지만 서로 다른 특별한 목적을 가지고도 서로 다를 수도 있습니다. 그러기에 그 특별한 목적은 특정한 성경 본문에 의해 결정될 것이고, 여기에서 설교자와 회중은 설교하는 본분에 따라 마음이 달라지는 변덕쟁이가 되기도 합니다. 설교자와 회중이 공유하는 일반적인 목적은 교육인데, 곧 하나님의 사랑과 지식가운데 믿는 자를 세우고, 교회를 하나님의 성전으로 지어 가는 것입니다. 그러나 주목할 점은 칼빈은 회중의 모든 구성원이 완전히 거룩하게 되거나 시편119편에서 인격화되어 있는 하나님의 말씀을 전심으로 사랑하는 자라는 이상주의적 믿음을 가지고 있지 않습니다. 그래서 칼빈은 회중이란 이번 주에는 성경을 사랑하다가도 다음 주에는 냉담하고 무관심해질 수 있으며, 가장 위험한 것은 이미 성경을 잘 알고 있기 때문에 권태로움을 느낍니다. 칼빈은 회중이 마땅히 할 일은 하나님의 부르심과 가르침을 따라 그들 자신의 반역과 무관심, 그리고 오만한 일생에 걸친 끝없는 싸움을 하는 것입니다. 그러기에 설교자와 마찬가지로 회중의 구성원들은 성령이 임재하시도록 간절히 기도해야 합니다.(파커, 81-

82).

파커는 1549년 10월부터 칼빈의 설교 빈도가 바뀌어서 주단 세 번에서 매일 한번의 설교를 했습니다. 모든 사역자가 주일에 두 번, 평일마다 한번의 설교하도록 과중하게 떠맡은 일이 아니었습니다. 칼빈도 주일에 두 번, 격주로 매일 설교하는 것으로 제한하였으며 오히려 이것이 그의 일반적인 설교관례이었습니다. 신명기 강해 설교처럼, 때로는 격주로 월요일부터 금요일까지 설교하기도 했습니다. 수요일에는 매주 설교를 했습니다. 일요일에는 뻬에르에서 설교하였으나 평일에는 다른 교회에서 설교한 때도 있었던 것같습니다. 각 설교는 약 한 시간이 걸리고, 그의 설교는 목회사역의 일부를 이루고 있었을 뿐임을 기억한다면 설교자로서의 칼빈의 수고를 올바로 평가하게 될 것입니다. 금요일 성경공부시간에 리더가 시작을 선언한 후에 칼빈은 거의 강의로 보충하였습니다. 그는 반드시 병자를 방문하였고 개인적 충고와 권면, 그 외 목회활동 중 통상 생길 수 있는 수많은 문제들을 해결하는데 진력했습니다. 이제 설교들이 기록되었고 상세한 목록도 만들어졌습니다. 칼빈의 설교가 1549년 이전에는 영적인 성장을 위해서 메모가 생겼습니다. 이때에 공공서기들인 쟝 커진(Jean Cousin), 니콜라스 갈라스(Nicolas des Gallars)와 프랑스와 부르죵(Francois Bougoin)이 단편이나 연속 설교를 기록했습니다. 칼빈의 신학강의를 기록했던 사람은 챨스 조인 빌리에르(Charles Joinvillier), 앙드레 스피파메(Andre Spifame), 앙드레 세스나예(Andre de la Chesnaye), 쟉크 달리샹(Jacques Dallichant), 그리고 로랑 노르망디(Laurent de Normandie)가 있습니다. 그들은 설교나 강의를 전부 기록한 것이 아니라 중요한 내용만을 기록했습니다. 칼빈은 주일 설교는 신약성경에서 본문을 중심으로 설교했으며, 평일 설교는 구약 성경에 대한 설교이었습니다. 유일한 예외인 경우에는 일정기간에는 주일 오후에 시편을 설교했으며, 1549년의 수난 주간에 일요일부터 토요일까지 마태복음 26장과 27장을 설교하였고 부활절에는 마태복음 28장을 설교하였습니다. 1553년과 1554년에 걸쳐서 요한 복음과 여러 복음서에서부터, 그리고 그 다음해에는 다시 마태복음에서부터 유월절과 부활절에 관한 이야기를 택하여 설교했습니다. 성령강림절의 모든 설교는 사도행전 2장에서, 성탄절 설교는 누가복음 2장에서 본문으로 설교했습니다. 그의 설교는 연속적인 강해설교이며 원고 없는 설교이었습니다. 성경 한 부분의 1장1절에서 시작하여, 한 구절 때로는 몇 구절 또는 많은 성경구절로 설교하여 그 책을 끝낼 때까지 계속 강해했습니다. 그리고 그 다음날이나 그 다음 주일에 또 다른 성경을 시작했습니다. 칼빈의 15년간 설교했던 성경을 살펴봅시다. 1549년 연초 주일 설교는 히브리서와 시편이었으며 평일 설교는 예레미야이었습니다. 히브리서 다음에는 사도행전을 강해하여 1554년 3월까지 계속하였고, 예레미야서 다음에는 1550년에 애가를 강해하였다가 그것을 끝낸 후에 1552년에는 소선지 서 8권을 설교했습니다. 1554년 2월 26일에 욥기로 시작한 후에 사도행전과 시편으로 끝을 내었습니다. 이후에는 아침에는 데살로니가 전후서를 설교하고 오후에는 디모데 전서를 강해했습니다. 다시 1555년 10월 20일부터 1557년 2월까지는 고린도 전서가 계속되었고, 반면에 1556년 7월 15일에는 신명기 강해설교가 끝나고 7월 16일에는 두 번째로 이사야 설교가 시작했습니다. 1558년-1559년 서이의 겨울에는 몸이 아파서 설교하는 일을 일시 중단하였으나 봄에 건강이 회복되어 설교 단에 다시 섰습니다. 고린도 전서부터 에베소까지 칼빈은 신약성경의 순서대로 강해하기를 1559년까지 계속하였으며 그해 7월에 복음서를, 9월에는 창세기를 설교했습니다. 이와 동시에 평일에는 1561년에 사사기, 1561년 8월부터 1562년 5월까지는 사무엘상, 1563년 2월까지는 사무엘하, 그리고 마지막으로 열왕기상을 설교했습니다. 칼빈은 1564년 2월 2일 수요일에 열왕기상에 관한 마지막 설교를 했으며, 오후 2시에 학교에서 에스겔서에 관한 마지막 강연을 했습니다. 그리고 2월 6일 주일에는 공관복음서 설교를 마지막으로 그후에는 다시. 강단에 서지 못했습니다. 우리는 흔히 요한 칼빈은 자기 책상에서 설교를 꼼꼼히 준비하면서 앉아있는 모습을 상상하기 쉽습니다. 그리고 그가 설교문을 작성하기 위해서 끊임없이 보충하고 또 수정하고, 부적절한 말들을 빼어버리고 또 잘 가다듬은 문구들을 보충하는 것으로 생각합니다. 또한 그가 논증과 수사학적인 표현을 연구하여 설교를 작성하는 줄로 흔히 여깁니다. 게다가 그는 위대한 신학자이며 지성인으로서 최종적으로 정리하면서 조심스럽게 자신이 작성한 설교문을 조심스럽게 읽어 본 설교자로 생각하는 것은 칼빈의 설교와 설교자로서 삶을 잘 이해하지 못해서 생긴 것입니다. 그러면 그는 어떻게 원고 없는 설교를 할 수가 있었습니까? 그는 평시에 성경연구를 통해서 언제든지 설교할 준비를 갖췄습니다. 칼빈은 치밀한 학자이지만 또한 치밀한 원고를 쓰는 기록자는 아니었습니다. 개혁주의자들이 다 그러했듯이 그는 원고 없는 설교에 탁월했습니다. 또 자주 특별한 준비도 없이 메시지를 자유롭게 전했습니다. 이 점에 우리는 유의해야 합니다. 또한 우리는 그의 설교만이 아니라 설교자로서 그의 인격에 대하여 그릇된 인상을 내던져 버려야 합니다. 칼빈은 인격적이기에 그는 애정과 따뜻한 그리스도의 심정과 심장을 갖은 정열적인 하나님의 사람이며 인격자이었습니다. 그러기에 항간에 그에 대하여 냉담함, 고집 불통, 융통성이 없다든가, 현학적이라는 평가는 전적으로 부당한 평입니다.

칼빈은 설교할 때에 서서히 그리고 조심스럽게 설교했습니다. 그러면서도 그는 원고 없이 즉석 적이며 또 직접적인 설교를 했습니다. 그러면서도 그의 설교는 논리적이고, 그의 설교에는 힘과 열정과 신뢰가 담겨져 있었습니다. 칼빈은 십 수년간 거의 매일 설교하다시피 했습니다. 그래서 끊임없는 포괄적인 성경연구가 있었기에, 설교에 대하여 특별한 준비가 자주 없었습니다. 설교자로서 칼빈의 설교가 너무 약하고 또 힘이 없다고 보는 것은 잘못 아는 것입니다. 그를 잘 알았던 동역 자이며 또 그의 제자인 베자는 칼빈의 설교에 대하여 언급하길, "한 마디마다 위엄이 있었다"고 술회했습니다. 그의 설교들은 강한 표현들로 나타났기에, 때로는 오히려 루터보다도 더 거친 말을 사용한 경우도 있습니다. 칼빈의 설교는 실제적인 일들과 연관되어져서 설교를 했습니다. 신비주의자들이 그랬듯이 철학적인 사색들을 잃어버린 경우 없었습니다. 그는 매일 설교에 경청하는 보통사람들에 적합했던 단어를 사용했습니다. 그가 특별한 설교 준비가 없음에도 불구하고, 설교가인 브로더스는 그를 평하기를 일 천년 기간에 가장 유능하고, 가장 건전하고, 가장 명확한 성경의 주해들이라고 했습니다. 그는 강단에서 성경만을 가지고서 설교했습니다. 그는 풍부한 기억력을 갖고 있었습니다. 베자는 칼빈이 일년에 설교를 286편을 설교했으며 또 신학 강의는 186 강좌를 했습니다.

    칼빈의 설교에 있어서 수사학적인 우아 성을 피하고 매우 단순함과 간결함으로 설교를 했습니다. 그의 설교는 조용하고도 천천히 설교했기 때문에 후에는 칼빈이 설교가 인쇄가 나올 수 있도록 청중들에게 기억될 수 있었습니다. 칼빈은 설교 연구에 오랜 시간을 투자했습니다. 그가 이 같은 지속되는 연구로 인하여 보충적인 준비 없이도 설교했습니다. 그래서 그는 매일 새벽 5시나 혹은 6시에 자기 침실로 책들을 가져오게 한 후 그의 비서가 조경이나 강회를 기록하도록 대기시켰습니다. 그는 대부분 시간을 병실에서 지냈던 것은 본래 병약하고 천식이 있었을 뿐만 아니라 과중하게 일했습니다. 칼빈의 생애 후반에는 하루에 한 끼식 먹고 반 시간정도 산책한

다음에 자기 서재로 다시 돌아오곤 했습니다. 칼빈의 설교 문체는 명확하고, 격려 적이고, 또 요점적이며, 또한 통렬했습니다. 부세트(Bossuet)는 칼빈의 문체는 슬프고도 침침하다라고 평했지만, 그의 설교들은 미사여구가 필요로 하지 않는 강력한 확신에 찬 설교로 평했습니다. 존 칼빈에 대하여 가장 정통한 학자이었던 에밀 듀메르그(Emile Doumerge)는 칼빈이 설교했던 제네바에 있는 베드로 교회에서 1909년 7월 2일에 칼빈의 탄생 400주년 추모 강연회에서, 칼빈의 설교를 예를 들어가면서 설교했습니다.

아침 6시와 오후 3시에 설교하는 시간을 알리는 종이 울립니다. 칼빈이 예배당에 들어올 적에 한 친구의 손에 어깨를 부축 힘을 받고서 나온 것은 그가 자주 병과 과로로 인해서 고통을 받았기 때문입니다. 많은 사람들이 많은 긴 의자에, 줄을 지어서 앉아서 설교자를 기다리는 것은 목사 위원회의 검증을 받으려 함이 아니라, 오히려 청중들이 칼빈의 설교에 대하여 지적하고자 모여들었습니다. 그렇지만 칼빈의 설교를 비방하고자 하는 이들이 그가 강단에 서자마자 침묵하고 맙니다. 칼빈의 얼굴은 넓은 이마와 평범하면서도 뚜렷한 인상은 인상을 풍기는데, 모든 사람의 시선을 집중시킬 만큼 양쪽 눈이 완전한 타원체이었습니다. 그의 눈빛은 불타오르 듯한 빛나고 있었습니다. 그의 옅은 입술은 치밀 감을 주며 또한 유순함을 보여주었습니다. 그의 몸은 가날프게 보이지만 영적인 시련으로 인하여 쉼임 없이 도전을 받아왔지만 그는 담대하게 처신했습니다. 그리고 그의 전 인격에는 권위적인 요소가 전혀 없어 보였지만 불가항력인 그는 시대적인 인물임을 엿보였습니다. 그는 폐병으로 인해서 숨을 가쁘게 쉬면서 천천히 설교하였지만 칼빈의 신앙적인 열정과 전력투구하는 노력 때문에 사람들의 시선은 집중되었습니다. 이 같은 가날픈 숨소리에 찬 그의 설교에는 분명한 하나님의 소리가 증거 되고 있었습니다. 칼빈은 우리가 아는 것보다 더욱 다채로운 설교자이었습니다.

존 칼빈의 설교들은 1549년부터 칼빈의 설교 서기이었다가, 1560년에 죽은 가난한 프랑스 피난민 출신이었던 뎅니 레구앙니에 (Denis Reguenier)의 기록으로 인해서 대체로 칼빈의 설교들이 많이 남겨졌습니다. 그는 설교를 기록했던 유능한 속기사이었습니다. 그의 작업은 칼빈의 천식으로 인하여 천천히 그리고 사려 깊은 설교를 했기에 더 많은 설교 집으로 남게되었습니다 레구앙니에는 온 생애를 이 작업에 바쳤습니다. 그는 칼빈의 설교를 조심스럽게 속기한 후에 전체적인 한 사본을 써 가지고서 전체적으로 2절판 책으로 묶어서 집사들이 보관하도록 건네주었습니다. 이 설교 사본을 읽기를 바라는 자는 누구든지 레구앙니에의 허락이면 읽을 수 있었습니다. 그의 수고로 인해서 상당한 양의 칼빈의 설교를 후대에 남겼습니다. 칼빈의 설교들의 목차에 따라서 제네바에는 2300 여편의 설교 사본들이 있지만, 존 낙스의 경우는 생존했을 적에 남겨진 설교는 극소에 불과합니다. 칼빈의 설교 신학은 단순했습니다. 그는 성경을 하나님의 말씀이라는 점을 증거 했습니다. 그는 설교자가 강단에 서게 되면 설교자 자신의 생각이 아닌 하나님의 말씀만으로 선포되기를 바랬습니다. "그래서 설교가 설교답게 되려면, 우리들의 꿈들이나 환상들을 이끌어 와서는 안됩니다…"

그래서 그는 설교자로서 하나님으로부터 부여받은 말씀만 가감 없이 충실하게 전파했습니다. 그는 성경 안에서 논의되지 않는 걸 설교해서는 않된다고 보았습니다. 그래서 그의 설교입장은 메시지는 기록된 하나님의 말씀에서 기초로 하는 성경 적인 설교이었습니다. 이런 점에서 칼뱅은 칼 바르트에게도 영향을 끼쳤습니다. 그래서 바르트는 칼빈에 대하여 이렇게 언급했습니다.

"간결하게 사도 바울은 우리에게 알려준 것은 우리 자신의 환상에 따라서 성경을 뽑아서 또는 골라내서 설교하지 않고 오히려 예외 없이 성경 전체에서 설교해야 합니다." 그리고 칼빈은 설교자는 자신의 두뇌로는 아무 것도 할 수 없음을 믿었습니다. 그는 설교자는 인간들의 선한 교정 자로서 먼저 설교자가 먼저 자신을 교정을 한다는 입장입니다. 또한 그는 "자기가 증거한 성경 적인 교리에 부합된 설교에서 확증하고 또 인친 설교를 시도했습니다. 그래서 그는 자신이 말한 설교를 '마치 하나님 앞에서 말하는 것처럼' 자신의 마음에서 우러나오고 또 하나님의 말씀으로 인쇄되고 또 각인된 것"을 전하는 것이라고 말했습니다.

칼빈의 설교자의 직무가 얼마나 중요한가를 모르는 자에게 충분히 설교의 중요성을 일깨워주었습니다. 그래서 그는 설교자에게 당부했습니다. 설교자는 사람들에 의해서 놀래지 말고 하나님의 서기관처럼 모든 피조물들이 무릎을 꿇고 고개를 숙이라는 위탁된 하나님의 말씀을 전하는데 담대합니다.... 모든 만물에 담대하게 명하고 또 모든 영광과 높음과 이 세상의 권세가 하나님의 위엄 앞에 순종하고 또 복종케 하는데 있습니다. 이와 같은 하나님의 말씀이 모든 사람 위에 명령이 되는 것입니다. 하나님의 말씀로써 사단의 왕국을 무너뜨리고 그리스도의 집을 세우는데 있습니다. 양떼를 푸른 초장으로 인도해내고 또 이리 떼를 죽이는 말씀이었습니다. 하나님 앞에 모든 사람을 부르실 때에, 말씀으로 천둥번개를 치기도 하고 피하기도 합니다... 칼빈이 기술한 말씀의 사역 자들에 대한 소명을 설명하는 내용입니다. 칼빈이 주장하는 설교자들에 대한 하나님의 말씀에 대한 설명은 그의 시대 이후 몇 세기 동안에 지나면서 연구결과로 더욱 증명되어진 것입니다. 항상, 칼빈은 최후에도 말씀을 지녔습니다.

제 4 장
말씀의 전사

　파브르(Favres)의 친우로서 '댄스' 사건에 관련되었던 쟈크 그루에(Jacques Gruet)가 야비하고 저속한 플래카드를 써서 성 베드로 교회 강단 위에 놓았습니다. 칼빈은 이 글을 읽고서 자신의 설교에 대하여 직접적으로 도전하는 줄로 알았습니다. 그리하여 칼빈은 비레(Viret)에게 그 쓰여진 내용이 "잠잠하지 않으면 죽을 것이다."라는 위협적인 말이라고 전했습니다. 시의회에서도 이 사건이 반역의 사건으로 인정되어 그 후에 그루에는 잡혀서 고문을 당하자 자신의 잘못된 처사에 대하여 자백했습니다. 이로 인해서 제네바 안에 방종파을 따르던 자들에게 경종을 주었기에 제네바에는 반개혁 세력들이 잠잠해지기 시작했습니다. 파브르와 팡데실리아(Penthesila)가 칼빈과 악수하는 극적인 장면도 연출했습니다. 그러나 자신이 스스로 무덤을 파는 어리석은 길을 가고 있는 줄을 몰랐습니다. 그는 프랑스와 정치적인 밀 거래를 하다가 상원 의원에게 발각되어서 반역죄로 몰렸습니다. 이로 인해서 그는 면직 당하고 말았습니다. 그러나 일부 그의 추종자들은 그를 영웅으로 치켜올리면서 항거하기 위해서 시의사당에 난입했습니다. 이로 인해서 시가지에는 그의 난동 자들로 인해서 난동을 피며 싸움을 걸어왔습니다. 특히, 칼빈의 집 주위로 몰려들어 팡데실리아의 구속사건을 칼빈에게 책임을 돌리려고 그의 자택을 습격했습니다. 그 당시 상황을 칼빈은 비레에게 적어 보냈습니다. 반역적인 폭동의 소리를 듣고서 저는 곧 그리로 달려갔습니다. 그 사태는 심각했습니다. 저는 군중들이 가장 빽빽하게 몰려 있는 속으로 뛰어들어갔습니다. 그러자 폭도들은 저를 보고서 깜짝 놀랬습니다. 그러자 그들은 저를 보자 내게로 몰려들었습니다. 저는 하나님과 사람들을 불러 증인으로 삼아 저의 몸을 칼로 치는 한이 있더라도 무고한 선량한 시민들의 피를 흘리게 할 수 없다고 간곡하게 만류했습니다. 군중들 가운데 안면이 있는 자들과 무뢰한들까지도 차츰 냉정을 찾아갔습니다. 결국 저는 군중사이에 휩싸여 군중가운데를 통하여 상원 의사당에까지 갔습니다. 그런데 거기서 새로운 싸움이 또 벌어졌습니다. 저는 그 싸움판에 끼여들어 또 제 몸을 던졌습니다. 결국에는 위기촉발의 위험에서 피하게 되었습니다. 그러는 동안 저의 동지들이 군중들 사이에 섞어 들어갔습니다. 저는 군중에게 종용하도록 안정시키는데 성공했습니다. 그들의 격한 감정과 행동을 저의 연설을 통해서 난동을 그치게 했습니다. 그러나 여전히 폭도들은 상원을 위협해서 얼마 후에는 팡데실리아를 복직을 시켰습니다(파커, 칼빈의 모습, 김재준 역, 서울: 대한기독교서회, 1950, 105-106).

    이외에도 1545년에는 시의회에서 목사들의 승낙 없이 쟝 트롤리에(Jean Trolliet)를 목사로 임명했습니다. 그러자 목사 회에서 그의 목사 임명을 정식으로 거절하자, 시의회에서는 그를 시의회의 비서로 쓰겠다고 제안하여 칼빈과의 사이를 무마하려는 타협안이 제기되었습니다. 그러나 목사 회에는 완강하게 의회의 목사 임명권을 거부해 버렸습니다. 이로 인하여 트롤리에 목사 임명사건은 수포로 돌아갔지만 칼빈을 괴롭히는 계획은 일단 성공했던 것입니다. 트롤리에는 평생 칼빈을 사적으로나 공적으로 원수처럼 대했던 것입니다. 1546년에는 시의회의 의원이 피에르 아모(Pierre Ameax)가 같은 의원들 앞에 소환되었습니다. 그가 소환된 이유는 그가 칼빈에 대하여 모함과 명예 훼손하는 혐의로 인한 것이었습니다. 그는 칼빈을 악한 사람이며 거짓교리를 설교한다는 것이었습니다. 이로 인해서 그는 의회 앞에서 칼빈에게 공식으로 사과하는 것으로 귀착되었습니다. 그러나 이 사건은 그리 큰 사건이 아닐지라도 칼빈 자신을 훼손하는 큰 모욕적인 사건이었습니다. 이 때 이 사건으로 인해서 칼빈은 시의회나 아모의 사건에 대하여 강력한 설교로 책망을 했습니다. 이로 인해서 칼빈의 설교에 대한 반응을 시의회의 회의록에 이렇게 기록했습니다. M. 칼빈 목사, 그는 오늘 결력한 노한 마음을 갖고서 행정부가 여러 가지 횡포를 허용하고 있다고 말했습니다. 의회는 그를 불러 왜 그런 설교를 하는가를 설명하도록 했습니다. 칼빈의 답변은 시가 어떤 횡포가 자행될 때에 그 일의 옳고 그름에 대한 시비를 가려야 한다고 말했습니다. 두달 후인 그가 서른 아홉째 맞이하는 생일에 다시 시의회에서 혐의를 받아 소환되었습니다. 이 때 시의회에게 시정 요구를 받은 것은 목사들은 복음만을 설교할 것이며 시사(時事)를 설교에 섞지 말아야 한다는 통고를 받았습니다.

그런데 칼빈은 3년 전에 비레에게 보낸 편지 내용가운데 방종파들이 의회와 행정부를 장악하여 개혁운동을 조직적으로 거부하는 인사들에게 대하여 그들이 얼마나 악한 성품의 소유자들이라는 내용이 쓰여진 편지를 칼빈의 대적자인 트롤리에의 수중에 들어가자 그 편지 내용을 제네바 시내에다가 배포해버렸습니다. 이 사건을 시의회에서 칼빈을 소환하여 심의하였습니다. 이 의회에 참석했던 파렐은 칼빈에 대하여 이렇게 변론을 강력한 연설로 호소했습니다. "도대체 칼빈을 대적하는 그들은 지금 무엇을 하고 있다고 생각하십니까? M. 칼빈을 이렇게 대접하는 것이 강당한 일입니까? 칼빈은 그들 같은 보통 사람이 아닙니다. 그는 위대한 학자입니다. 그는 루터나 멜랑히톤이나 그 밖에 그들과 동등 되는 사람들을 충고하고 시정(是正)한 사람입니다." 이로부터 한 달 후에는 칼빈은 무죄로 처리되었습니다. 이로 인해서 칼빈의 개혁 반대세력인 방종 파는 당황하기 시작했습니다(107-108).

이제는 정치적인 공세로는 칼빈의 개혁운동을 제지할 수 없음을 알게 되었습니다. 칼빈의 진리운동을 그에 대한 인식공격으로부터 칼빈에게 불리한 요소가 되는 설교에 대한 비판과 고소를 통해서 개혁자이며 설교자이며 말씀의 전사를 넘어뜨리려고 했습니다. 그러나, 하나님은 그럴 때마다 큰 시험과 큰 사망의 위험과 위협 가운데서도 피할 길을 열어주었습니다.

이제는 신학적인 논쟁을 통해서 칼빈을 공격하는 자들을 뒤에서 지원하는 반 개혁세력인 방종 파들이 있었습니다. 사바스티안 카스텔레오(Sabastian Castellio 1515-1563)는 구약의 아가서는 '음란하고 추잡스러운 시'이기에 신령한 성경으로 볼 수 없다고 아가서의 정경 성을 부인함으로써 1545년 바젤로 쫓겨갔습니다. 그곳에서 그는 초기에는 출판사 교정사원으로 일하다가 1553년부터 바젤 대학에서 그리스어를 가르쳤습니다. 1553년에 세르베투스가 화형 당하자, 카스텔레오는 「이단론」(De haeretics an sint persequent, 1554)을 마르틴 벨리우스(Martin Belius)라는 이름으로 출판하여 이단에 대한 정통 그리스도인들의 박해가 부당함을 지적했습니다. 이 책은 이단 처벌 문제에 대한 유명인 들의 글들을 초대교회에서부터 당대까지 편집하여 엮어 놓은 일종의 모음집입니다. 그는 맨 마지막에 자신의 이름으로 된 글과 클라인베르크(George Kleinberg)와 몽포르(Basil Montfort)라는 가명으로 자신의 견해를 밝혔습니다. 카스텔리오는 이 글을 출판하고 나서야 비로소 칼빈의 글인, 「정통신앙의 변증」(Defenso orthodoxae fidei)이 먼저 출간된 사실을 알게 되었습니다. 그러자 그는 칼빈의 변증 서에 대하여 조목조목 반박하는 글을 썼으나, 당대에는 알려지지 않았다가 뒤늦게 1612년에야 출판이 됩니다. 「칼빈 소책자에 대한 논박」(Contra libellum Calvini). 이에 대하여 칼빈의 후계자인 베자가 카스텔레오의 칼빈에 대한 논박에 대하여 사정없이 카스테레오의 글인 「이단에 대한 응징(De haeretics an sint persequendi)」비판했습니다. 베자의 비판서가 「이단은 통치자로부터 징벌을 받아야 한다」(De haereticis a civil magistratu puniendis, 1554)는 내용이었습니다. 카스텔레오는 그의 저서인 이단론에서 이단에 대한 박해에 대하여 거부하고 오히려 이단에 대한 관용을 위한 내용의 결론부분을 살펴보고자 합니다. "그리스도를 용기 있게 말하는 사람들을 회당에서 추방했던 서기관과 바리새인의 힘이 바로 그런 경우입니다. 우리 시대에 그 실체가 드러나서 즉시로 혐오를 받고 있는 독재자의 폭정이 그 결과입니다. 이 독재자는 만약 그가 종교를 자유롭게 두었더라면 절대로 이 폭정을 할 수 없었을 것입니다. 그가 재판의 힘을 가진 이들을 제거하지 않았더라면 그렇게 맘놓은 실수를 범하지 않았을 것입니다. 마지막으로, 민사 문제조차도 권력에 의존하는 것은 자기 입장의 정당함에 대한 신뢰의 부족이며 유죄를 고백하는 것입니다. 결론적으로 말해서, 만일 당신이 진실한 목자와 거짓 목자를 구분할 수 없으면 다음과 같은 테스트를 사용하라. 선한 군대와 악한 군대의 그림을 그려라. 좌측에는 붉은 깃발과 이리를 상징으로 가지고 있는 "가인"이라는 힘센 왕을 그리면, 그의 계략은 "사람의 피를 흘리자(잠 1:11). 표어는 "십자가에 못박으라"이다. 방패는 불신이며, 허리띠는 거짓말이고, 가슴받이는 불의이며, 정강이는 흘리는데 빠르며, 그리고 그의 검은 폭력입니다. 이 그림에 불과 검으로 무장한 그의 후손들은 아낙 자손, 소돔인, 이스마엘, 이집트인, 사울, 거짓 선지자들,

바벨로니아인들, 서기관들, 바리새인들, 폭군들, 그리고 이 세상의 모든 강한 자들이 따를 것입니다. 그리고 오른쪽에는 하얀 깃발과 양의 상징을 가지고 있는 "아벨"이라고 이름하는 어리고 연약한 왕을 그려보자. 그의 좌우명은 "무릇 그리스도 예수 안에서 경건하게 살고자 하는 자는 핍박을 받으리라."(딤후 3:12)입니다. 표어는 "인내"이며, 방패는 믿음이며, 허리띠는 진리이며, 가슴받이는 정의이고, 정강이는 이웃을 돕는데 빠르며 그리고 그의 검은 하나님의 말씀입니다. 두 군대의 왕에게 한 재판관을 세워 재판하여 보시라. 좌측에 있는 왕은…"저주받은 자들아 나를 떠나 영영한 불에 들어가라"(마 25:41). 그러나, 오른쪽에 있는 왕은 "빈약한 자를 권고하는 자가 복이 있다"(시 41:1).... 위 구절을 보면 그리스도의 무기와 적그리스도의 무기가 무엇이며, 누가 박해 자이며 누가 박해를 받는 자인지를 충분히 알게 됩니다. 만약 지금까지의 설명에도 만족할 수 없는 이가 있으시다면 나는 그 무엇으로도 그 사람을 만족시킬 수가 없습니다. 오 주여! 일어나셔서 주의 소송을 판결하소서(시 7:6)(370-371).

이처럼 카스텔레오는 오히려 세르베투스를 지지하여 이단으로 정죄하는 공권력과 권력자에 대하여 깊은 반감과 반항을 제기했습니다. 결국, 칼빈을 악한 왕의 무리로 매도해버리고 그리스도의 무기로 이단자를 박해한 것이 아니라, 도리어 적그리스도의 무기로 이단자를 박해하는 처사에 대하여 하나님이 최후 심판하기를 바란다는 입장이었습니다. 테오르즈 베자(1519-1605)는 1572년 성 바돌로매 학살 사건을 통해서 쓴 「위정자의 권한(De jure magistratuum, 1573」에서 개혁파의 저항신학을 보여줍니다. 그러기에 카스텔레오가 말한 이단자에 대하여 권력이나 권력자에 의존하여 공권력이나 독재를 통해서 박해한다는 그의 입장과는 전혀 별개라는 사실입니다. 종교로 인해 박해를 받을 경우, 선한 양심으로 무기를 들고 자신을 방어할 수 있습니까? 이 물음에 주된 근거는 다음과 같습니다. 신앙은 결코 강요될 수 없는 양심에 관련되기 때문에 무력에 의해 좌우될 수 없습니다. 우리가 보기로는 신앙은 하나님의 말씀의 설교에 의해, 기도와 인내에 의해서 진전됩니다....선한 위정자의 주된 직무는 하나님이 그에게 주신 모든 방법을 사용해서, 하나님으로 하여금 그에게 위임한 신하들 사이에 왕 중 왕으로 인정하고 섬겨야 합니다. 따라서 그는 이 효과를 위해서 교회의 권고와 검열에 해당되지 않는, 참된 종교의 교란자들에 대해 사법권의 힘을 사용할 뿐만 아니라 달리는 억제하지 못할 자들에 대해 무력의 힘을 사용해야 합니다. 이를 입증하기 위하여 우리는 성경의 명백한 근거와 증거들을 갖고 있습니다. 잘 세워진 정부의 참 목적은 어떤 이교도 철학자들이 말한 대로 이 세상생활의 평온함에만 있지 않고 하나님의 영광으로서, 현재의 모든 삶이 마땅히 지향해야 합니다(458).

볼세크(Bolsec) 박사는 칼빈이 주장하는 예정론을 반박했으며 그는 후에 칼빈을 비방하는 전기를 썼습니다. 그는 정죄를 받기는 했지만 신학자인 칼빈의 권위를 손상시키는데는 성공한 셈이었습니다. 트롤리에는 칼빈을 도전하여 개혁세력을 약화시키기 위해서 의회의 지지를 얻어 칼빈의 기독교 강요에 대한 재확인을 받게 했습니다. 이로서 칼빈이 의회로부터 기독교 강요의 재확약을 받는데 고심하도록 만들었습니다. 이로 인해서 칼빈은 다시 재확인을 의회로부터 받기에 이르렀습니다. "이 책은 선하고 거룩한 책이며 이 가르침은 거룩한 하나님의 교리이다. 그리고 칼빈은 제네바 도시의 선하고 참된 목사이다." 그러나 시의회에는 칼빈에게 오른 손을 들어주는 동시에 트롤리에에 대한 신임투표를 통과시켰던 것입니다.

그러나, 세르베투스(Micael Servetus)의 신학논쟁은 칼빈에게는 다른 면으로 발전되었습니다. 세르베투스는 스페인 사람으로서 다재다능한 천재이었습니다. 그는 의사이며 법률가이며 동시에 신학자이었습니다. 그는 인본주위적인 문예부흥의 모본적인 인물로 볼 수 있습니다. 그는 삼위일체론이 정통적인 신학입장에서 비정통적인 입장으로 인정을 받으려고 외코란파디우스(Oecolampadius), 부서(Martin Bucher), 또 칼빈에게서 지지를 받으려고 했으나 그러나 칼빈에게서 지지를 받으려고 했던 것은 치명적인 오산이었습니다. 세르베투스는 1553년에 자기 견해를 진술한 저서로 출판했습니다. 이 책은 '강요(Institutio)'를 읽은 사람으로서는 '재강요(Restitutio)'이라고도 부릅니다. 그는 의도적으로 제네바의 개혁주도세력인 칼빈을 일격에 가하기 위해서 제네바 서점에 이 저서를 많이 보내왔습니다. 서점 주인이었던 로버트 에스티에느(Estione)는 신속하게 이 불온서적을 없애버렸습니다. 칼빈이 자신의 기독교 강요 제1권 13장에서 성경에 나타난 하나님의 본질에는 삼위에 대한 가르침과 삼위일체의 진리를 가르쳐 준다고 보았습니다. 그래서 칼빈은 첫째로, 하나님의 본질은 측량할 수 없으며 영적이기에 성경의 가르침은 일반적인 망상을 추방해버리며 세속적인 철학의 간사함에서 논박케 합니다. 둘째로, 하나님 안에 삼위를 통해서 하나님이 친히 정확하게 다른 우상들로부터 자신을 구별하도록 또다른 특별한 표식을 세우셨습니다. 이런 연유는 하나님 자신을 삼 위 안에서 분명하게 자신을 숙고할 수 있음을 통해서 유일하신 하나님을 알게 합니다. 만약 우리가 이 삼위의 진리를 바로 파악하지 못한다면 우리 머리에 떠도는 빈 껍데기의 하나님의 이름을 떠오르게 되며 참 하나님을 배제하게 됩니다. 아무도 삼중(三重)으로 된 하나님이라고 공상하거나 또는 한 본질이 삼위를 분할하지 못하도록 하기 위해서는 간단하고 명확한 저의를 찾아 설명함으로써 오류에 빠지지 않아야 합니다. 셋째로, 삼위일체에 나오는 위(位)는 성경에 나오지 않는 어휘이지만 거짓교훈들을 물리치기 위해서 삼위일체과

위라는 새용어를 사용할 필요를 주장합니다. 넷째로, 신학적인 새용어를 사용하는데는 한계가 있는 것을 시인하면서도 가장 중요한 용어의 뜻을 설명하면서 페르소나(persona)라는 위(位)는 하나님의 본질 가운데 있는 실재를 뜻합니다. 다른 두 실재와 서로 관계를 갖고 있으면서도 교류할 수 없는 교유성에 의하여 구별되어 있다는 뜻입니다. 여기서 실재(subsistence)는 본질(essence)과 다른 어떤 뜻으로 보는 것이 바람직합니다. 그런데 칼빈은 그의 그리스도교 강요에서 세베르투스의 삼위일체에 대한 부정하는 그릇된 신학과 이단 사상에 대한 반론을 다음과 같이 제기하고 있습니다. 세베르투스는 삼위를 주장하는 사람을 미워하고 증오하는 것은 삼위위체론자들을 도리어 무신론자들처럼 취급했습니다. 이에 대하여 칼빈은 그의 잘못된 신관을 이렇게 지적하고 있습니다. 하나님은 그 본질 안에서 세 인격들이 있다는 세분으로 나누어진 것으로 봅니다. 이는 하나님의 유일성과 모순이 되는 상상적인 삼인조(三人組)가 됩니다. 그는 위격들이 어떤 외적인 개념들로써 붙잡는 것은 참으로 하나님의 본질에서 존재하는 것이 아니라, 하나님께서 우리 인간들에게 이런 모양으로든지 혹은 저런 모양으로 표현합니다. 그러기에 그의 삼위에 대한 신론은 처음부터 하나님에 대한 구별이 없습니다. 그러기에 말씀과 성령이 전에도 하나이고 또한 같은 존재로 봅니다. 그는 그리스도가 하나님으로부터 오신 하나님처럼 성령은 다른 하나님으로부터 나오시는 것입니다. 중보자 그리스도의 위격에 대하여 하나님의 영광이 눈으로 보인 모습에 지나지 않는다는 기괴한 허구에 대하여 더 이상 논박할 가치도 없습니다. 그는 하나님의 본질 가운데는 부분과 구분이 있어서 그 각각이 모두 하나님이라 보았기 때문입니다. 그는 공공연하게 말하기를 하나님의 본질에는 부분들과 분활들이 있는데 각 부분이라는 것은 하나님으로 봅니다. 게다가 그가 특별하게 진술하기를 신자들의 영들은 하나님과 함께 영원히 공존하고 또 동체로 봅니다. 실체적인 신성을 사람의 영혼이나 또다른 피조물에다가 적용시키고 말았습니다(Inst., I.13.22). 이 문제는 결론적으로 삼위일체를 부인하고 유일하신 하나님을 중심으로 하는 유일 신론적인 신론을 주장하고 있으니 그의 이단성과 그릇된 교리와 신학사상은 결국, 아리우스의 견해보다 더 터무니없는 신관을 갖고 있었습니다. 칼빈은 세베르투스의 삼위 일체에 대한 부인에 대하여 독일 교회 개혁자 루터의 신학자인 멜랑히턴에게 신학적인 검증과 공증에 대한 감사의 글을 보낼 정도로 삼위일체를 부인하는 사건이 적지 않은 많은 교회가 당면한 교리적인 사건인 것을 엿볼 수가 있습니다.

1555년 4월 5일 제네바에서

귀하의 편지로 인해서 전해진 소식에 대하여 감사를 드리며 또한 우리의 교제를 나눌 적부터 변치 않는 형제우애의 교제에 대하여 진심으로 고마움을 전합니다. 무엇보다도 저는 세베르투스의 불신앙에 대하여 귀하가 정죄하심에 대하여 크게 찬사를 보내는 바입니다. 저는 저의 충고하는 바를 깊이 유념하여 주심을 진심으로 고맙게 여깁니다. 이 문제에 대하여 많은 문제점이 결점이 더 많이 밝혀지기를 바라는 마음입니다. 귀하에게 바라건대 제가 기록했던 문제에 대하여 꼭 유념해두시면 고맙겠습니다. 제가 신뢰하고 또한 귀하에게 감사하게 여기는 것은 더욱 정통적인 가르침의 입장에서 경건한 자의 선택 교리에 대하여 서로 동의하고 있다는 점입니다. 성만찬 식에 대하여 귀하가 보낸 서신에 기록된 내용이 서로 상의하는 바가 있지만 가장 접근된 견해를 피력하심에 대하여 잘 알게 되었습니다. 귀하의 성만찬에 대한 입장에 대하여 너무 늦게 소식을 접하니 저의 심기가 불편했지만 매일 교회를 파괴하는 미친 무리들이 날로 지속되어 증가되는 형편입니다. 귀하도 이같은 들짐승들을 고삐를 잡는 일에 적지않은 어려움이 있으심을 잘 알고 있습니다. 그렇다고 해서 제가 생각하기로는 담대히 나아가는데 근거 없는 두려움에 빠져서는 아니 됩니다. 귀하도 알다시피 우리들의 직무들은 우리 성공의 소망에 의존하기보다는 우리가 그 결과에 대하여 가장 큰 실망에 처해 있을 때에라도 하나님께서 우리들에게 요구하시는 것을 성취하도록 주의해야 합니다. 귀하를 압도하려는 간악한 사람들에게 만족시켜서는 아니 됩니다. 그러기에 그들은 그럴듯한 핑계로 삼습니다. 그렇지만 우리가 그리스도의 종들이 진정으로 바란다면 아무리 악의찬 흠을 잡는 간악한 소문들이 떠돌지라도 사단을 통한 방해 공작으로 끊임없는 승리를 구가하는 것을 극복해야 되지 않겠습니까? 확실한 것은 현재에 처해 있는 자리가 추방될 수밖에 없을 정도로 더욱 잔인하게 미친 듯이 공격해올지라도, 귀하는 극단적인 위기에 처해서 두려워하겠지만 영단 번으로 우리를 위해서 죽으신 그리스도의 은혜에 힘입어서 결단할 필요가 있습니다. 진리의 진솔한 고백을 억압하기 위해서 교회를 억압하는 악한 대적 자들이 일어납니다. 이 같은 소요들을 억제하기 위해서는, 저는 다시 간략한 대요(大要)로 교리의 요약을 축약합니다. 모든 스위스 교회들은 이에 대하여 동의했습니다. 쥬리히 사람들도 순전한 마음으로 승인해주었습니다. 저는 귀하의 견해를 알고자 기다렸습니다. 귀하의 국민 대다수가 생각하고 말하는 바를 저는 진심으로 알고 싶습니다. 그런데 혼란을 종식시키지 않는다면, 우리들에게도 적지 않게 오명을 씌게되며, 또한 전 세계 사람이 우리들에게 대하여 불평하는 것에 대하여 주의를 요망하는 바입니다.

　　가장 저명하시며 또 존경하시는 분에게 안녕 하시기를 바랍니다. 주께서 그의 성령으로서 귀하를 붙잡아주시며, 보호하시고 또한 그의 능력으로 지탱케 해주시길 바랍니다. 그리고 그의 나라가 임하여 마침내 하나님께서 우리들을 다시 모으시는 날까지 거룩한 연합 안에서 항상 지켜 주시기를 바랍니다(Selected Works of John Calvin Tracts and Letters, Editor., by Henry Beveridge and Jules Bonnet, Vol 6., Letter, CCCXCIII., Part 3(1554-1558), Grand Rapids, Michigan: Baker Book House, 1983, 157-158).

 1553년 8월 21일에 소 의회는 세르베투스 사건의 재판 결과를 1553년 10월 20일에 답신이 의회에서 낭독되었습니다. 취리히, 바젤, 베른, 새프하우젠이 한결같이 세르베투스의 견해를 이단이요 불경스러우며 유해하다고 정죄를 했습니다. 이것이 실제로 종교재판의 종결이었습니다. 동년 10월 26일에 소 의회는 결정을 내렸으나 마지막으로 뻬렝은 세베르투스를 구하기 위한 노력으로 그 사건을 200인 의회에 넘겼습니다. 그 다음날 판결이 내려졌는데 비엔느와 동일한 판결이었습니다. 칼빈은 이단자 세르베투스의 죽음에 대하여 자신의 입장을 이렇게 밝히고 있습니다.

 "사실 그가 사형의 소식을 접하자, 잠시 얼빠진 듯이 있다가 온 방이 울려 퍼지도록 한숨을 쉬었고, 때로는 마치 정신나간 사람처럼 울부짖기 시작했습니다. 마치 귀신들린 사람 같았습니다. 그가 처형장소에 이르렀을 때, 우리의 형제인 기욤 파렐을 통해서 세르베투스는 백성들이 각자가 자신을 위해서 기도해주었으면 했습니다. 하지만 저는 그런 상태에서 무슨 양심으로 그런 말을 하는지 모르겠습니다. 그 이유는 그가 제네바의 신앙생활을 일컬어서 마귀적이라고 자신의 글로 표현했기 때문입니다. 그는 유아세례를 베푸는 것은 결국 하나님, 교회, 그리스도교를 부인하는 것이라고 말했습니다. 자신이 성도의 교제를 회피하고 심지어 증오까지 했던 그가 자신을 위해서 기도해달라는 것이 온당한 처사이겠습니까? 이 모든 처사는 우리가 고백하는 동일한 신앙고백을 모독하는 기만이 아니겠습니까? 우리 형제인 파렐이 가증한 그를 위해서 시민들에게 기도를 요청하였던 것은 바로 저주를 받아 망할 한 피조물을 향하여 하나님의 긍휼을 간청을 위한 것입니다. 그는 정작 회개의 징표를 보이지 않았습니다. 또한 자신이 주장하는 교리에 대한 선한 증거조차도 변증하려고 들지 아니했습니다. 그는 고목처럼 아무런 자신의 입장을 변백하지 않습니다. 그는 사형 집행인 가운데서도 여전히, 예수 그리스도를 하나님의 영원하신 아들로 여기지 아니했으니 누가 그의 죽음이 순교자의 죽음이라고 말하겠습니까? 어떤 교리를 위해서 피흘리기까지 싸운다고 하면서 뒷전에 숨겨놓고서 그 내용을 위장하거나 혹은 자기 멋대로 그것을 부인할 수 있겠습니까? 그가 전혀 처벌받지 않고서도 자신의 불순한 교리를 너무도 대담하게 말하여 왔지만, 자신의 책임을 묻게 되었을 때는 마치 불신자처럼 절망에 사로잡혀 온통 제정신을 잃고 있습니다(박건택 편역, 종교개혁사상선집, 서울: 개혁주의신행협회, 2000, 308-309).

칼빈은 제네바 목사들과 세르베투스의 여러 책들 가운데서 그의 이단 성을 드러내는 38가지의 조목을 글로써 추출하여 제시하고 있습니다. 세르베투스의 이단교리는 다섯 가지로 요약하여 볼 수 있습니다. 첫째로, 성부중심의 유일신론적인 신관에 따르고 있습니다. 둘째로, 세 위(persons)로 분할된 삼위 일체를 거부하며 정통 삼위일체가 아닌 변형적인 신론입니다. 셋째로, 인간 능력을 인정하고 원죄의 효과를 부인하며 은총의 필요성을 부분적으로 제거한 펠라기우스적 영향을 드러냅니다. 넷째로, 영에 대한 강조에 있어서는 신령 자유파 (Libertins)요, 유아세례의 반대와 사후 영혼에 대한 입장은 재세례파와 유사합니다. 그러나, 칼빈과 다른 목사들은 그를 화형 시키지 말고 참수시켜줄 것을 청원했습니다. 그러나 이 요청은 받아들여지지 않았고 칼빈과의 마지막 인터뷰를 한 후에 파렐이 참석한 자리에서 세르베투스는 화형에 처해졌습니다. 16세기에는 질서 의식이 강했기 때문에 거짓 교리에 오는 영혼과 교회의 피해에 대한 정죄는 이로 인한 하나님의 진노로 전쟁과 전염병과 기근이 임할 것으로 생각하여 이단 사상을 전적으로 배격했던 것입니다.

이탈리아인 도피자인 발렌틴 젠틸르(Valentin Gentile)는 세베르투스와는 대조를 이루는데 매우 교훈적입니다. 제네바의 이탈리아인 교회는 삼일일체 교리로 인해서 분열했습니다. 따라서 신앙고백을 작성하고 서명을 하지 않으면 추방을 당할 것이라고 선언했습니다. 두 사람을 제외하고는 모두가 서명했습니다. 젠틸르는 서명을 해놓고서 계속해서 삼위일체와 그리스도론에 대한 이단설을 전파했습니다. 그는 성부는 참으로 타당하고 유일하신 하나님이기 때문에 아들과 성령을 만드시고 그들 속에 자신의 신성을 주입해 주었다고 했습니다. 또 성부 하나님은 유일하신 본질 자이기 때문에 아들과 성령과 구분된다는 몸소리 칠 소리를 서슴치 않는다고 칼빈은 반박했습니다. 이에 대하여 칼빈은 그의 이단성에 대하여 분명하게 잘라 말합니다. 본질은 전체적으로 성부와 성자와 실질적으로 공유(共有)한다는 결론입니다. 이것이 만일 사실이라면 본질의 문제에 있어서 양자 사이에 아무 차별이 없다는 것입니다. 그렇다면 그리스도는 결국 가상적인 신이며 이름뿐이며 그리고 외관뿐이요 실재의 하나님이 아니라는 뜻입니다. 이로 인해서 젠틸르의 삼위일체를 부인하는 이단 설로 인해서 1558년 7월 체포되어 투옥 당했습니다. 그는 세르베투스와 같은 꼴을 당하고 싶지 않다고 회개하였다 하나, 그의 회개의 합당성을 살피려고 법률가 위원들이 심사하러 8월 15일에 조사한 후에 판결은 그를 참수시켜야 한다고 주장했습니다. 그러나 다른 사람들이 그의 회개에 대한 증거를 내놓음으로써 감형이 되었습니다. 8년 후에 젠틸르가 베른에서 자신의 이단교리를 공개적으로 말하며 전혀 양심의 가책을 느끼지 않자, 그는 1566년 9월 10일에 참수되었습니다. 이처럼 진리의 싸움은 성경 적인 삼위일체에 대한 논란은 결국 비진 리는 그 죄악을 인하여 죽음으로써 처벌을 받았습니다. 우리는 이 사건이 늘 가혹한 사건으로 현대인은 수용하지만 사실은 진리의 왜곡과 진리의 이단 사설화에 대한 진리의 선한 싸움이 개혁의 걸림돌이 되었던 것입니다.

세베르투스가 사형 당하기 한달 전에 '방종 파'는 이 사건으로는 칼빈을 공격해도 별 소용이 없는 줄 알고 다른 각도에서 공격을 시작했습니다. 이 공격을 위해서 베르데리에(Berthelier)가문의 한 사람으로서 조정자의 역할을 담당했습니다. 그는 얼마 전에 법정에서 출교 선언을 받은 사람이었습니다. 그는 '방종 파'의 사주를 받아 다시 성찬에 참예할 수 있도록 재심을 청구했습니다. 그러나 이 신청을 법원에 드리지 않고 시의회에서 제출했습니다. 칼빈은 이에 대한 재심청구에 대하여 수 차례 강력하게 반대했으나 결국 칼빈의 면전에서 그가 신청한 대로 재심의 청구가 허락되었습니다. 1553년 9월 3일은 성찬을 베푸는 날이었으며 동시에 최후의 결전의 날이었습니다. 만일 칼빈이 베르데리에를 성찬에 참예시킨다면, 그가 시의회가 교회생활을 지배하는 권리를 양도하는 셈이 됩니다. 더욱이 그 동안 칼빈이 제네바 시에서 개혁의 역사를 많은 시련을 통해서 이루어 놓은 업적을 한순간에 저버리는 최후의 위기가 다가왔습니다. 칼빈의 중대한 행동의 여부에 따라서 칼빈의 영적이고도 교회의 성경 적인 입장이 참패당하는 귀로에 처했습니다. 이제 그는 제네바 교회에서 다시 사임하고 모든 개혁교회의 진리성에 무너지는 영적인 붕괴할 자리에 처했습니다. 그는 이런 최악의 결과를 맞이하려고 진리의 선한 싸움을 해왔던 것은 아닙니다. 그 때 그는 사도행전 20장에 서 설교를 했습니다. 그는 설교한 후에 의회가 성찬식에 참여문제를 개입할 수 없을 뿐만 아니라 출교 당한 사람은 참석하지 말 것을 경고했습니다. 그는 너무나 확신 차게 말했기에 사임을 받아주거나 즉시로 쫓겨날 것으로 믿고 말했습니다. 그는 오후 설교 중에 사도행전을 설교하면서 사도 바울이 에베소 교회 장로들에게 바닷가에서 작별하는 감격스런 장면을 설교하는 차례에 이르렀습니다. "지금 내가 너희를 주와 및 그 은혜의 말씀께 부탁하노니 그 말씀이 너희를 능히 든든히 세우사 거룩케 하심을 입은 모든 자 가운데 기업이 있게 하시리라"(32절). 그런데 의회에서는 칼빈을 해고하는 대신에 칙령이 무엇이라고 말하는지 세심히 연구해보자는 결정을 내렸습니다. 결국 서기 트롤리에(Trolliet)는 원본을 찾아냈고 2주일동안 토의가 계속되었습니다. 1553년 9월 18에 "의회가 치리법원 앞에서 회개의 표시를 보이지 않은 사람에게 성찬에 참여시키도록 하라고 명령할 수 있는지"를 결정하는 숙명적인 제안을 표결에 붙였습니다. 과반수 이상이 "우리가 과거 그대로의 법을 지키는 것이 옳다", 즉 "칙령은 1541년 이래로 시행되어 오던 대로 법을 해석되어한다는데 찬성표를 던졌습니다. 출교는 교회의 목사 회를 주축으로 하는 치리법원의 권한으로 결론이 났습니다. 결국 1553년 11월부터는 방종 파는 세르베투스를 이용하여 칼빈의 위신을 실추시키려고 했으나 오히려 칼빈을 '신앙의 수호자'로 인정하게 되었고, 그리스도교의 용사이며 전사이며 투사이며 승리자가 되었습니다. 더욱이 제네바 시민들조차 방종 파들이 제네바를 다스리는 것보다는 목사들이 다스리는 것이 오히려 더 낫다는 결론이 나자, 제네바는 개혁파의 승리를 가져오는 것 같았습니다. 그러나 방종 파들은 1555년에도 프랑스 이민들에 대한 제네바 시민들에게 반감을 일으키도록 선동했습니다. 이로 인해서 폭동을 통해서 제네바의 개혁세력을 타도하려는 음모가 이뤄졌으나, 상원의원인 보나(Bonna)의 용기와 결단에 의해서 좌절되었습니다. 시의회는 무장 폭동에 대한 강력한 대책을 세우면서 방종 파의 지도자인 뻬렝(Perrin), 방델(Vandel), 쎄뜨(Sept), 프랑스와 베르트리에(François Berthelier)들이 겁을 먹고 베른(Berne)으로 도망가버렸습니다. 칼빈은 제네바에서 1536에 처음으로 사역을 시작하여 1538년에 스트라스부르그으로 가서 사역하다가 1541년 9월 13일에 다시 돌아왔습니다. 칼빈은 제네바에서 1555년까지 무려 20여년간 연단과 진리의 싸움은 고독했습니다. 그는 1555년부터 1564년에 소천하기까지 10여년 동안 전력투구하여 목회와 설교와 강의와 저술에 기울였습니다. 그러나 이 승리는 한 교회정치나 훈련체계의 승리뿐만 아니라, 하나님 말씀의 승리였습니다. 제네바에서는 복음이 바로 전파되고, 성례전이 바로 집례가 되는 두 가지의 사역이 이루어지도록 교회 훈련과 권징이 강화되었습니다. '방종 파'와의 선한 싸움은 교회의 순결과 자유를 위한 투쟁이었습니다. 그 결과로 인해서 제네바는 전 유럽에서 가장 경건한 도시로 알려지게 된 것은 진리 안에서 승리의 개가이었습니다.

제 5 장

교회 연합운동자

칼빈은 그리스도교 강요에서 제4권 1장에서 밝힌 것처럼 하나님은 그리스도의 사회로 우리를 초청하시사 우리들을 그 안에 있게 하시는 외적인 방안이든지 목적을 갖고 계십니다. 그 것이 바로 교회입니다. 그래서 그는 참 교회는 모든 경건한 우리의 어머니로서 하나됨을 지켜주는 것으로 보았습니다. 이처럼 칼빈에게 있어서 교회 관은 모든 경건한 우리의 어머니로서 하나됨을 지켜주는 것처럼 교회의 일치와 교회의 연합에 대한 바른 칼빈의 입장을 보여줍니다. 그는 로마 교회로부터 분열하여 제네바 개혁교회를 세운 것이 아니라, 로마교회가 그를 정죄하고 진정한 교회의 일치를 파괴함으로써 칼빈은 성경 적인 교회로 다시 돌아가는 참 교회를 다시 찾아간 것입니다. 칼빈이나 루터는 혁명가들이 아니었습니다. 성경의 가르침에 부응하는 교회로 개혁하기 위해서 부름을 받은 인물이었습니다. 로마교회가 그들의 가르침을 받아들일 수만 있었다면 로마교회와 개혁교회가 분리되는 비극이 생기지 않습니다. 칼빈이 무대에 등장한 때는 루터가 출교를 당한지 15년 후이고, 개혁교회는 유럽에서 정치, 군사, 외교, 교회의 박해를 당하면서 토대를 마련해 나가고 있었습니다. 때때로 로마교회와의 신앙문제 회의를 통해서

합의점을 도달하지 못했을지라도,

적어도 가협정(modus vivendi)에 이르고자 노력했으나, 토의가 성례 전에 이를 때는 결국 결렬되고 말았습니다. 독일의 신학자이며 개혁자인 멜랑히톤은 합의를 도출하기 위해서 우회하여 대화와 타협점을 모색하려고 암중모색했습니다. 그러나 칼빈은 성경 적인 믿음과 교리와 신학에 대하여 무조건적인 양보나 조건적인 양보로 얻는 비진리적인 타협보다는 진리 안에서 연합을 더 중요시 여겼습니다. 1541년 라티스본(Ratisbon)에서 거의 합의를 볼 뻔한 경우도 있었습니다. 개혁 교회측에서는 부서(Bucer)와 멜랑히톤과 무명인사인 피스토리우스(Pistorius)란 사람이 참석했습니다. 로마교회 측에서는 루터와 신학논쟁에서 격렬하게 싸웠던 에크(Eck)와 별로 말이 없는 두 인사가 참석했었습니다. 로마교 대표들은 신부가 결혼할 것과 평신도가 성찬식에서 신부만 독점했던 그리스도의 피를 상징하는 포도주를 이제는 성도이면 누구든지 참여할 수 있도록 허락하는 합의가 이루어졌으나, 성례 전에 이르러서 멜란히톤과 부서의 타협책에도 불과하고 결국 결렬되고 말았습니다. 칼빈은 고문으로서 참석해서 회담의 결과를 파렐에게 이렇게 밝혔습니다. "제 짐작으로는 우리가 절반만의 그리스도로 만족할 수 있었더라면, 쉽사리 합의가 이루어졌을 것입니다. 멜랑히톤과 부서는 로마교회의 성찬의 화체설에 대하여 변질론으로 대안을 내놓고서 애매하고 부적절한 타협안을 제시하고자 했습니다. 그들이 그렇게 하는 이유가 있다는 것을 저도 알지만 저는 그런 술책에 대하여 동의할 수가 없습니다. 그들은 얼마동안 교리문제에 대하여 개방화 정책으로 밀고 나가면 언젠가 로마교 측에서 밝히 깨달을 때가 오리라는 기대로 타협하고자 했습니다. 저는 그들이 했던 모든 처사에 대하여 불문에 붙이고자 합니다. 그리고 저는 양심의 문제를 애매하게 만드는 타협에 대하여 두려워하지는 않습니다. 그러나 신앙 양심을 제한하는 진리의 타협안은 유해(有害)하지 않을 수 없습니다."(파커, 칼빈의 모습, 김재준 역, 서울: 대한기독교서회, 1950, 118).

　칼빈은 교회들 사이에 연합이 있기를 열망했습니다. 그는 교회의 온 정성을 위한 평화와 존경은 칼빈이 바랬던 바이기에, 교회의 연합을 위한 구심점과 타협안을 제안했습니다. 그러나 복음의 진리를 희생시켜가면서 교회의 연합을 목적으로 삼지 않았습니다. 그는 교회의 분리와 분열보다는 교회의 연합으로 오는 그리스도의 평화를 진심으로 사모해왔습니다. 그러나 진정한 경건을 무너뜨리면서 교회의 연합을 추구하는 것은 도리어 더 큰 혼돈과 혼란의 극치가 되는 것임을 잘 인식했습니다. 개혁교회와 로마교회의 연합의 합의점은 바로 교회의 전통과 회의를 넘어서서 바로 전적으로 그리스도 안에서 기초되어야 합니다. 로마교회로부터 분리의 시발은 로마교회가 교회개혁을 거부하는데서 생긴 일인지라 불가피했습니다.

제 1 절 개혁 루터 교회와의 연합

　그런데 개혁교회 내에 있는 분파는 별개의 문제입니다. 루터파와 쯔빙글리파와의 반대의식이 처음부터 내연하고 있는 사실 이외에는 별 다른 것이 아닙니다. 쯔빙글리는 루터 같은 시기에 개혁 활동을 전개했는데 그 자신이 독자적으로 복음에 대한 이해가운데 스위스 교회개혁의 기수가 되었습니다. 그는 인문주의자들에게서 심원한 감화를 받았지만, 스콜라 학파의 영향을 받지 아니했습니다. 이 점이 루터의 신학에서 다른 점이 되었습니다. 1529년 마르부르크에서 본질적인 합의에 도달하고서는 성찬에 대한 불합의가 오히려 두 개혁 진영에 거리를 두게 만들었습니다.

　또한 아쉬운 점은 칼빈과 루터가 생전에 서로 한번도 상명하지 못했던 점입니다. 칼빈이 루터보다 더 먼저 태어났다면 어쩌면 더 나은 합의와 연합이 이루어졌을 것입니다. 그들은 신학적으로나 영적으로나 친밀한 처지이며 입장이었습니다. 두 개혁자들의 접촉들은 그들의 친구들의 주선으로 이루어지고 더 이상 진전되지 못한 점이 크게 안타까움으로 남습니다. 그들은 서로 알기는 했지만 우정은 깊어지는 일이 없었습니다. 루터의 말년에는 스위스 쥬리히에 있는 신학자들이 못마땅하게 생각한 것은 바로 그들의 선배가 쯔빙글리이었으며 또한 그들의 성만찬의 교리에 대한 상이한 이해로 더욱 루터가 격분하는 일에 대하여 칼빈은 루터를 향한 권면할 정도로 담담한 관계로 이어져 나갔습니다. 쥬리히 신하자인 불링거(Bulliger)는 루터의 이 같은 비판에도 불구하고 겸손과 인내로 참아 나왔습니다. 그러기에 칼뱅은 그에게 루터의 처사에 대하여 늘 근신과 격려를 아끼지 않는 서신을 보냈습니다. "제가 듣기로 루터가 분노가 폭발한 모양입니다. 그것은 다만 형에게만 그러는 것이 아니라 우리 전체에게 그러는 것입니다...그러나 제가 진정 형에게 원하는 것은 루터가 유명한 분이시고, 탁월한 능력이 있는 분이시고 그의 마음과 의지대로 진술한 교리에 대한 이해와 확신, 적그리스도의 통치인 로마교회를 전복시킨 그의 열정, 그리고 구원의 교리를 천하에 전파했던 위업을 통찰해주시길 바랍니다. 저는 그가 나를 악마라고 부른다고 해도 그를 존경하며 하나님의 위대한 종이라고 높이는 것을 꺼려하지 않을 것입니다. 그러나 그가 탁월한 능력을 갖고 있지만 동시에 엄청난 과오를 저지르고 있는 것은 다 아는 사실입니다....형께서는 그와 싸우는 것이 아무 유익이 없다는 것을 유념하기를 바랍니다. 그렇지 않으면 악에게 기회를 주어 그들이 우리를 이기는 것보다는 복음을 이기는데 이를까 염려하는 바입니다. 그가 우리들을 격동케 하는 일이 있더라도 우리는 그와 맞대고 싸워서는 안됩니다. 이로 인해서 해독이 심화되어서 교회의 전면적인 파탄을 가져올 우려가 있기 때문입니다."(123).

이 같은 서신을 통해서 스위스 신학자들이 루터와의 교리 적인 갈등이나 오해에 대하여 서로 비난하는 것을 자제토록 종용했습니다. 또한 칼빈 자신도 루터와의 교분과 교제를 나누고자 노력했지만 루터의 입장은 냉랭했습니다. 그는 루터 "나의 지극히 존경하는 아버지"라고 불렀습니다. 그리고 그는 루터에게 자신의 서한과 2, 3권의 소책자를 멜랑히톤의 손을 통해서 전달하도록 보냈지만 멜랑히톤이 루터에게 전달하지 못했던 것은 루터가 보는 스위스 개혁자들이나 신학자들에게 대하여 부정적이고 또 의구심을 품고 있었던 것입니다. 그러나 멜랑히톤은 독일 개혁자 루터의 동역자이기에 칼빈의 스위스 개혁자들 사이에 교감을 나누도록 도왔지만 루터 사후에 제 2세대 루터파 신학자들은 완고한 태도로 인해서 개혁교회들 사이에 연합의 구심점을 더 멀어지게 만들었습니다. 제 2세대 루터파 신학자들은 루터 신학에 대하여 무비판적이고 더 나아가서 멜랑히톤같은 신학자를 칼빈주의의 비밀당원으로 매도할 정도이었습니다. 1555년에 아우스부르크의 평화조약에서 독일에 있는 루터 개혁교회와 로마교회 사이에 동일한 권리를 나누어 갖는 협상이 이루어지고 나서는 칼빈의 개혁교회 사이에 협동할 기회가 더욱 멀어지고 말았습니다. 교회개혁 초기에서 개혁교회의 공동의 적인 로마교회에 대하여 대처할 때는 개혁교회의 연합의 실마리가 보였지만, 날이 갈수록 개혁 교회의 연합은 소원해지고 말았습니다.

제 2 절 스위스 개혁 교회와의 연합

스위스 내에 교회연합을 위한 투쟁이 필요로 했습니다. 이곳의 교회 상황은 독일교회의 상황보다 더 혼란했습니다. 정치적으로 독립된 도시나 촌락은 자신들이 신앙을 자유로 선택했습니다. 그렇지만 전반적으로 여전히 스위스는 로마교회에 머물러 있었습니다. 개혁신앙을 받아들인 도시마다 신앙이 각기 다양했습니다. 쥬리히는 쯔빙글리의 활동무대이었고, 그후에는 그의 제자 불링거의 지도아래에 있었습니다. 베른(Berne)은 루터 파로 기울어져 있었습니다. 바젤은 마르틴 부서의 영향력에 있었고, 루터와 쯔빙글리의 영향을 양쪽에서 수용했습니다. 더욱 더 안타까운 것은 교리와 예배와 교회 조직이 다른 것이 오랜 봉건제도와 도시 또는 유명한 가문끼리의 질투로 인해서 혼란이 야기되었습니다.

처음부터 칼빈은 스위스 교회들의 연합을 달성하려고 노력했습니다. 1538년 초에 그는 불링거에게 이런 편지를 보냈습니다. "오, 우리들 사이에 순수하고 진실한 합의가 성립되는 날이 온다면, 각자가 교회를 위해서 가장 좋다고 생각되는 것을 제의하는 대회를 막을 자가 누가 있겠습니까? 공동심의에 의하여 함께 연구, 노력하면 어떤 길이 발견될 수도 있을 것입니다. 그리고 필요한 경우에는 시와 군주들도 함께 도와서 서로 권면하고 의논해야 합니다. 이미 합의된 제안들을 그들의 권위로 보장해주어야 합니다. 그러기에 어떤 곤경에 처할지라도 주님께 문의하면서 하나님의 인도를 구한다면 틀림없이 교회 연합의 길이 열릴 것입니다."(125).

그러나 스위스 개혁교회들 사이에 연합은 아직도 지체되고 있었습니다. 쯔빙글리와 루터 사이에와 마찬가지로, 쯔빙글리의 후계자들과 칼빈, 마르틴 부서 사이에도 주의 성찬에 대한 교리가 합의점을 이루지 못한 주요 쟁점이 되었습니다. 심지어 쯔빙글리의 제자인 불링거까지도 칼빈을 몹시 의심할 정도이었습니다. 그는 칼빈을 반 이상은 루터 파로 보았습니다. 그러기에 칼빈은 불링거의 마음을 돌릴 수 있는 방도가 없었습니다. 또한 칼빈은 부서의 친구이었기에 더욱 성만찬의 교리에 대하여 정죄받기에 알맞았습니다. 그러기에 쓸데없는 소모전이 지속되는 스위스 개혁교회들 안에 교리 논쟁에 대하여 칼빈은 "개혁 교회의 부흥을 가져오는 적당한 시기"를 놓치고 만다고 탄식했습니다. 1549년에 이르러서 칼빈의 스위스 개혁 교회 연합을 위한 인내와 수고가 결실을 맺었습니다. 불링거와 칼빈이 초안한 "쥬리히 합의서"에 서명했습니다(126). 이 조치는 루터 개혁교회와의 불일치로 오는 개혁교회의 진영에 대한 공백을 메꾸는 건전하고도 놀라운 업적이었습니다. 이때부터 스위스는 오직 하나의 개혁 교회가 뿌리를 내리게 되었습니다.

제 3 절 프랑스 개혁 교회의 연합

1535년 7월 15일, 꾸시 칙령(Edict of Coucy)에서 프란시스 왕은 프랑스로 돌아오고자 하는 자들에게 조건을 제시하면서 쯔빙글리파를 제외한 모든 자들에 대한 박해를 중지하라고 명령했습니다. 바로 이 때 박해자들을 위해서 프란시스 왕에게 강력하게 호소를 담은 칼빈의 「강요」가 출판되어 나왔습니다. 1536년 3월에 이 책이 나옴으로써 프랑스 개혁교회의 성도들은 자기들의 신앙에 대한 논리적이고 성경 적인 답변을 제시할 수 있는 토대를 마련해 주었습니다. 이 저서로 인해서 개혁 신앙에 대한 오해를 불식시키고 회심 자들에게 성경 적인 교리를 가르칠 수 있는 교범이 나왔던 것입니다. 지금까지 개혁교인들에게는 신학적인 통일성이나 기반이 없이 단지 복음의 재발견과 성경에 근거한 경건에 불과했습니다. 윌리암 파렐(1525)과 프랑소와 랑베르(Lambert, 1529)가 신앙의 간략한 진술들이 널리 출간되었으나 프랑스에는 별로 영향을 주지 못했습니다. 꾸시 칙령은 신뢰하지 않았던 프링스 추방자들로부터 거의 호응을 얻지 못했으며 프란시스는 성장하고 있는 개혁교도들에게 대한 공격을 재개했습니다. 이로 인해서 1540년에는 개혁교인들을 향한 재판과 처형을 위해서 많은 법적인 장치들을 마련했습니다. 1545년 4월에는 추기경 드 뚜르농의 착안으로 메린돌(Merindol)과 인근 촌락들의 평화로운 왈도파교인들을 3,000명이나 학살을 자행했습니다. 그들 중 일부는 스위스로 탈출했습니다. 왕은 그들이 무장반란을 일으켰다는 허위 보고를 받았습니다. 1546년 개혁교회가 프랑스에 있는 모(Meaux)에 세워졌으나 곧 폐쇄 당하고 말았습니다. 교회 지도자인 14명이 고문을 당하고 화형을 당했으며 또 다른 사람들은 다양한 방법으로 처벌을 받았습니다. 프랑스 니므(Nimes)에서는 교회를 조직하려는 또 하나의 시도가 초기에 짓밟히고 말았습니다. 프랑시스 왕이 생존하는 동안 개혁교회가 프랑스 내에 존속할 수가 없었습니다(존 T. 맥닐, 칼빈주의 역사와 성격, 서울: 크리스챤다이제스트사, 1990, 279).

그러나 집회는 은밀한 가운데 진행되었으며 개혁교회 문서가 유포되었으며 복음 적인 형제우애가운데 서로 개혁교인들 간에서 협력이 이루어져 나갔습니다. 그런데 프란시스 왕을 대신하여 앙리 2세(1547-59)도 역시 "박멸"정책을 썼습니다. 그는 자기 아버지가 실패한 곳에서 성공하기를 원했습니다. 그는 파리 의회에다가 '불타는 방' 이라 불리는 종교재판소를 통해서 새로운 개혁교인들에 대한 박해를 가했습니다. 그래서 감옥은 차고 넘치고 화형이 흔히 처해졌습니다. 이 박해가운데서도 가정집으로부터 개혁교인들이 모여 예배를 드림으로써 개혁교인들은 성례에서 사제들의 봉사를 거부하고 세례와 성찬을 집행할 목사들을 원했습니다. 그 당시에 프랑스 개혁교인들은 칼빈을 프랑스의 수석 목사이자 또 신앙의 아버지로 여겼습니다. 프랑스를 위한 칼빈의 정열은 18, 19세기 외국 선교운동과 일치했습니다. 이미 칼빈은 선교운동을 스위스 제네바에서 시작했습니다. 그의 선교기지인 제네바에서 불어 성경과 개혁신앙 서적들을 제공했으며 매서 인과 목사들의 생활비도 담당했습니다. 그는 1555년부터 1564년인 자신이 하나님의 부르심을 받을 때까지 100명 이상의 목사를 프랑스에 파송했습니다. 그래서 프랑스에는 모(Meaux), 오르레앙(Orleans), 루엥(Rouen), 보르도(Bordeaux), 뚜루스(Toulouse), 그리고 다른 십여 도시에 교회는 늘어갔습니다. 1558년에는 로마교회의 나라인 프랑스에 개혁교인이 30만 명이 있다고 말했습니다. 목사가 없는 교회나 집회에서는 성경을 읽거나 칼빈이 설교했던 속기록을 낭독하는 것을 들었습니다. 그들은 작은 모임 체이었지만 칼빈의 강요대로 교회를 조직했습니다. 칼빈은 한번은 이 핍박받는 교회들을 위해서 스위스를 통과하여 베른, 쥬리히, 샤프하우젠, 바젤, 스트라스부르그 등지를 전도 여행하면서 보조를 청했습니다. 그가 얼마나 프랑스를 위하며 그 핍박받는 교회를 사랑하는가를 리용(Lyons) 감옥에 갇혀있는 다섯 명의 개혁교인에 대한 염려하는 글에서 잘 보여줍니다. 다섯명의 프랑스 청년이 로잔(Lausanne)에서 목사 후보생으로 훈련을 받고서 1552년 프랑스로 전도여행을 가다가 곧바로 투옥되고 말았습니다. 얼마 후 그들에게 칼빈은 서신을 보냈습니다. "그대들이 어떻게 투옥되었다는 소식을 곧바로 접했습니다. 신속한 도움을 조치하는 중이오니 그 결과를 저도 기다리고 있습니다. 하나님께서 그대들의 생명을 맡긴 군주들에게 영향을 줄 수 있는 사람들이 그대를 위해서 백방으로 수고하고 있지만 그 결과는 알 수가 없습니다. 이와 동시에 하나님의 모든 자녀들이 그대들을 위해서 기도해주고 있습니다. 이렇게 기도하는 것은 당연한 도리이지만, 더욱이 그대들이 구원의 길을 끝까지 지켜나가기 위한 일군임을 알기 때문입니다. 하나님께서 어떤 방법으로든지 옥에 갇혀 있는 형제들이 석방되는 기쁨을 함께 누리고 싶습니다." 오랫동안 심문을 거친 후에 스위스 교회의 노력에도 불구하고 그들을 화형에 처하리라는 판결이 내려졌습니다. 그래서 칼빈은 기도와 탄원과 함께 베른(Berne)을 움직여서 프랑스 왕에게 탄원을 냈으나 그것조차도 물거품이 되고 말았습니다. 결국 그리스도의 형제들이 순교 당하는 결과만이 기다리고 있었습니다. 1553년 4월 23일에 칼빈은 자신의 괴로운 심정을 비레(Viret)에게 더 이상 그들을 도울 수 없는 처지를 말했습니다. 그리고 나서 그는 옥중에 있는 다섯명의 목사 후보생들에게 이렇게 고별의 편지를 보냈습니다. "이제는 여러 분의 심령이 천국을 바라보아야 하겠습니다. 아직 이 사건이 어떻게 귀결될 지는 알지 못하지만, 하나님께서 그대들의 피로 그의 진리를 인봉하시려는 것이 하나님이 기뻐하시는 뜻이라면 그대들은 최후를 위해서 자신들이 준비하는 것이 더 나은 길일 수도 있습니다. 어떤 경우에서든지 하나님의 부름에 따라 가는데 방해자가 없기를 바랍니다.... 하나님께서 그대들을 불러, 죽음으로 거룩한 싸움을 이어 가게 하시기를 원하시는 한, 그가 친히 그대들의 싸우는 손을 붙잡아 강하게 하시며, 그대들이 흘리는 단 한 방울의 피라도 결코 헛되게 하지 않으심을 저는 진심으로 확신합니다. 그대들의 미천한 형제, 존 칼빈"이라고 서명했습니다. 그는 순교자들 가운데서 순교자의 정신으로 칼빈 자신도 살아있는 순교자로 살아왔던 것입니다. 칼빈은 스위스, 독일, 영국, 프랑스, 폴란드, 이탈리아, 네덜란드까지 그는 사도적인 권위를 가지고 교회의 연합을 위해서 노력을 아끼지 않았습니다. 각 나라 지도자들이 칼빈의 말을 다 순종하지 않았지만 그의 의견에 대하여 주의를 기울였던 것은 사실이었습니다. 그는 개혁교회들을 위해서 많은 업적을 남겼습니다. 스위스와 프랑스에서는 개혁교회들이 하나로 연합했습니다. 그가 스코트랜드의 개혁교회인 장로교회와 연합도 그의 동역자인 개혁자 존 낙스를 통해서 지속적인 관계를 유지해나갔습니다. 또한 영국 교회는 스코틀랜드에서 이루어지는 낙스의 개혁 교회 운동을 견제하지만 칼빈은 크래머를 통해서 영국 개혁교회의 연합을 추구했지만 다 결실을 맺지 못한 채로 소천했습니다. 한 때 로마교 측에서 세계적인 회의인 트렌트회의의 소집에 자극을 받아 개혁교회에서도 전체적인 개혁교회 연합대회를 개최할 뻔하다가 그치고 말았으니 참으로 안타까웠습니다. 크랜머는 칼빈과 같은 개혁자로서 로마교회의 트렌트 회의에 영국 대표를 보내지 말도록 건의했으나 영국 왕은 거부하고 말았습니다. 후에 크랜머는 독일의 멜랑히톤을 영국에 초청하여 개혁교회의 교제와 연합을 추구했으나 그 계획도 중간에 취소되고 말았습니다. 칼빈은 국제적인 개혁교회의 연합대회를 위해서라면 열 개의 바다를 건너는 한이 있더라도, 그런 회의에 참석하겠고 교회의 연합을 위해서 그는 포용적이고 또 적극적인 교회 연합 자이었습니다. 개혁교회는 이후로 계속해서 갈라져 왔으나 복음주의 연맹(The Evangelical Alliance)은 부분적으로 웨스트민스터 총회 200주년 기념의 결과로 생겨나 1846년 런던에 조직되었습니다. 그 기초는 인간 본성의 전적부패, 그리고 오직 믿음에 의한 칭의 등 성경 복음주의적 정통을 증거했습니다. 복음주의 연맹은 유기적인 연합보다는 영적인 연합에 중심을 두었습니다. 1864년에는 제네바에서의 모임 주에 칼빈의 서거를 기념했습니다. 이 모임에 지도자들 가운데 '전 세계에 걸쳐 장로교 조직을 가진 개혁교회 연맹(The Alliance of Reformed Churches throught the World Holding the Presbyterian System)의 창설자들이었습니다. 그것을 기화로 1875년 런던에서 윤곽이 형성되어 1877년 제 1차 총회를 갖었습니다. 윌리암 블레이키(William G. Blaikie) 교수는 제1차 연맹의 개회식에서 '총회(General Council)'라는 말을 칼빈과 베자의 방식을 따라 채택했습니다. 제 16차 총회가 1948년 제네바에서 열렸습니다. '서구 지역(미국)' 모임이 1888년에 시작하여 대개 해마다 열렸습니다. 또한 에큐메니칼 운동에서 새로운 변환은 1910년 에든버러에서 개최된 세계 선교사의 대회에서 이루어졌습니다. 1947년 9월 27일 마드라스 성 조지 교회에서 남인도 교회가 참가하면서, 칼빈주의 계열의 교회들이 분열해온 다른 교회들과의 교제를 회복하기 시작했습니다. 현재는 스위스 제네바에 본부를 둔 세계교회협의회가 현재는 활동 중입니다. 그러나, 그 교회 회의회가 한국 장로교교회 안에서 정통주의 신학과 자유주의 신학과의 갈림으로 인한 한국 개혁교회가 아직도 일치와 연합과 합력이 되지 못함에 대하여 더 많은 대화와 연구와 합의가 도출하는 장로교 범교단의 협의체가 발전되기를 바랍니다.

제 6 장
신학자 칼빈과 신학사상

제 1 절 칼빈의 신학사상

신학자로서 칼빈을 생각해볼 때, 1536년에 출판했던 칼빈의 강요에서 밝혀진 그의 신학사상체계와 신학자로서의 삶을 통해서 보여줍니다. 특히, 그가 시대적인 풍랑과 시련가운데도 하나님의 위대한 사자로서 삶을 살펴보면 섭리론 가운데서 그의 개인적인 신앙고백과 신학과 신학자의 삶을 이해할 수 있습니다. 먼저 칼빈의 강요는 4권의 책으로 구성되었는데 1권은 창조주 하나님의 지식에 대한 내용입니다. 여기에서 칼빈은 이미 개혁주의 신관을 보여주었습니다. 하나님을 아는 지식이 인간에게 구원에 이르게 하는 지식이지만 인간의 타락으로 인한 인간의 무지를 지적하고 있습니다. 인간의 무지를 넘어서 하나님의 진리를 계시한 것이 성경을 통해서 진정한 하나님을 발견합니다. 삼위일체이신 하나님은 인간뿐만 아니라 우주와 만물의 창조자로서 거짓된 신들과 구별되시고 참 신이시기에 삼위일체 하나님으로 존재하십니다(Inst., I.14.).

하나님은 참된 신이시며 만물만이 아니라 인간도 창조하시되, 하나님의 형상과 자유의지와 인간본성의 근본적인 순전함으로 지으셨습니다(Inst., I.15). 그 위에다가 하나님은 자신의 권능으로써 창조한 세계와 인간을 보양하시고 또 유지하시는데, 하나님의 섭리에 의해서 하나님의 피조물에 각 영역에서 다스리십니다(Inst., I.16). 칼빈은 신론에서 시작하여 하나님의 창조역사를 통한 인간론이 나오고 인간론을 이어서 하나님의 섭리론이 나오고 있습니다. 칼빈은 섭리론에서 창조적인 섭리론과 구속적인(특별) 섭리인 예정(Inst., III.21-24장)에 대하여 섭리론에서 언급합니다. 칼빈은 하나님의 창조사역에서부터 섭리가운데 보존하시고 다스리십니다.

그러기에 에피큐리안들처럼 운명이나 우연이란 존재하지 않습니다. 더욱이 궤변론자들을 반박하면서 하나님의 섭리는 만물을 주관하십니다. 섭리의 본질은 세상의 일에 대하여 안일하게 관망하는 것이 아니라 선장이 배의 키를 잡고 조정하는 것같이 세상 만사를 다스립니다. 칼빈은 특별섭리는 성경의 확증을 얻는다고 보았습니다. 첫째로, 하나님의 섭리는 개인을 지도합니다. 둘째로, 각별히 사람가운데 관련을 맺습니다. 셋째로, 하나님의 섭리는 "자연적인" 일상사들을 조절하십니다. 넷째로, 섭리는 스토익 철학처럼 운명론에 비롯되지 않습니다. 다섯째로, 모든 사건들의 참된 원인들은 우리 인간들에게 숨겨져 있습니다.

1. 섭리론

가. 섭리론이 우리에게 주는 유익

1. 하나님의 섭리를 과거사나 미래사에 모두 관련시켜서 고찰해야 합니다.
2. 만물의 결정적인 원리에서 때로는 중간과정을 거치는 경우

도 있고 또 중간과정을 거치지 않는 경우도 있고 이와 전혀 반대로 모든 과정과 상관없는 기이한 역사를 이루실 때도 있습니다.

3. 하나님은 전 인류를 향한 자신의 관심을 계시하려는 목적으로 자신의 성실하심으로 교회를 통치하심은 더욱 긴밀하게 우리를 감찰하시는 것입니다(Inst., I.17.1).

그러므로, 첫째로, 인간으로 하여금 인간의 삶에 대한 심사숙고하는 삶의 자세를 갖게 합니다. 둘째로, 하나님의 법칙을 외경 심으로 준수해야 할 것입니다. 셋째로, 하나님의 섭리는 인간의 책임에서 배제하지 않습니다. 넷째로, 하나님의 섭리로 인해서 우리 악함에서 면죄되는 것이 아닙니다(Inst, I. 17.2-5).

나. 하나님의 섭리를 묵상하는 즐거움

1. 신자들에게 위안을 줍니다.
    ① 만사가 하나님의 작정가운데 이루어집니다.
    ② 만사가 경건한 자녀들의 유익을 줍니다.
    ③ 만사를 위한 인간의 마음과 노력은 하나님의 손안에 있습니다.
    ④ 하나님의 섭리는 의인의 안전을 언제나 보살펴 줍니다.
    ⑤ 하나님은 그의 택한 백성을 각별히 보호해줍니다(Init., I.7.6).

2. 하나님의 섭리는 하나님의 종에게 약속들과 실 예들을 통해서 그의 권능가운데 모든 사람들을 가르치는 증거들을 붙잡게 하고 강건케하며 더욱이 더 해함을 받지 않도록 행악을 억제하십니다.

3. 하나님은 섭리가운데 형통케 하십니다.
    ① 하나님께서는 여러 가지 방도로 진리 위에 선 교회의 원수들을 억제하시고 패배케 하십니다.
    ② 하나님은 자기 백성을 위해서라면 모든 피조물뿐만 아

니라 사단까지도 주관하십니다.
4. 하나님의 섭리를 확실히 믿는 자에게 모든 역경들 가운데서 도와주십니다.
   ① 하나님께서는 경건한 자녀들을 인내와 온유로 입혀주시려고 연단 합니다.
   ② 하나님은 우리의 무기력을 차버리고 회개하도록 분발시켜 주십니다.
5. 어떤 중간 원인들이라도 무관해서는 않됩니다.
   ① 은인(恩人)들에게 감사를 돌리며 하나님의 은사로 알고 하나님의 사자로 보고 그로 하여금 하나님의 뜻을 이루도록 하십니다.
   ② 성도가 태만과 무분별로 인해서 자신의 실책을 깨우쳐 주십니다. 이것을 하나님의 뜻으로 돌리지 않고 자신의 탓으로 돌려야 합니다.
   ③ 섭리는 악한 자들의 죄를 정죄하여 하나님의 의로움을 알게 합니다.
   ④ 장래 일에 대한 저급한 방해들에 대하여 숙고함으로써 인간이 돕는 수단을 의존하지 않고 하나님의 손에 붙잡혀서 하나님의 신령한 합법적인 도구로 쓰임을 받게 합니다.
   ⑤ 섭리는 하나님의 놀라운 지식과 전능하신 능력에 전적으로 맡기고 하나님의 부르심에 성실하게 해줍니다.
6. 하나님의 섭리에 대하여 확실성이 없다면 우리 삶은 견딜 수 없습니다. 경건한 자의 지고한 행복은 인간의 삶에 직면한 헤아릴 수 없는 많은 악이 따를지라도 하나님의 섭리를 믿고 절대 안전함을 갖고 승리해 나갑니다.
7. 하나님의 섭리에 대한 확실성은 우리 마음이 하나님을 신뢰함으로써 기쁨을 줍니다.

8. 하나님께서 결정하신 것은 결코 후회하지 않습니다. 9. 하나님이 견고하게 자신의 계획을 집행하십니다(Inst., I.17.7-14).

다. 하나님의 섭리가 주장하는 범위

하나님은 불경한 자의 행위들을 사용하십니다. 또한 그들의 악한 판단까지 주장하시어 모든 추악한 악에서 자신을 순전하게 지켜 보존하십니다.

1. 하나님의 통치를 단지 하나님의 허용으로만 보지 말아야 합니다. 오히려 공공연하게 하나님의 명령을 수행하는 자이십니다.

2. 하나님은 모든 사람의 심령가운데 역사 하십니다.

3. 하나님의 의지는 통일성이 있습니다.

4. 하나님은 자신의 목적을 위해서 불 경건한 자의 행위를 사용하실 때에라도 부끄러움을 당하시지 않습니다(Inst, I.18.1-4).

2. 하나님의 특별섭리인 예정론

칼빈의 신학은 섭리론에서 특별한 섭리로써 하나님의 영원한 작정론을 전개합니다. 하나님은 어떤 이들은 구원하기로 하시고, 다른 이들은 멸망하도록 예정하셨습니다. 그러기에 예정론은 억측이나 침묵을 강요하기보다는 인간의 호기심으로 오는 위험을 물리치고 오히려 선택론의 필연성과 유익한 결과를 가져다줍니다. 칼빈은 예정교리는 성경에서만 찾아야 함을 강조했습니다. 그렇지 않으면 이 교리에 대한 침묵이나 잘못된 오용될 우려를 나타냈습니다. 경건하게 생각하는 자는 하나님이 어떤 이들은 생명의 소망을 주시며 또 다른 이들에게는 영원한 죽음을 주심을 감히 부인하려고 들지 않습니다. 그러나 우리의 대적 자들인 예정은 예지의 원인에서 나온다고 생각하는 자들은 잡다한 일들로 예정에 대한 바른 이해를 훼손하려고 듭니다. 예지는 생각을 통해서 우주로부터 전 세계의 피조물 전반에 걸쳐서 현재 지각하시는 것입니다. 이에 반하여 하나님의 영원한 작정인 예정은 하나님께서 친히 자신이 각 사람이 원하시는 바대로 계약하십니다. 모든 인간이 동등한 상태로 피조된 것이 아닙니다. 그러기에 영생으로 예지된 사람도 있고 다른 이들에게는 영벌로 예지된 자들도 있습니다. 그러므로, 어떤 사람이든지 전자이든지 혹은 후자의 목적대로 피조되었기에, 우리가 하나님 편에서 말할 적에 생명으로든지 혹은 죽음으로든지 예정되었다고 말합니다. 하나님은 자신의 예정을 단지 개개인에게 나타내실 뿐만 아니라 아브라함의 자손 전체를 본보기로서 보이셨듯이 그의 결정에 모든 민족의 장래가 하나님에게 달려 있습니다. 그러면서도 아브라함의 자손인 이스라엘 민족가운데도 개개인의 선택과 유기를 말하면서 실제적인 선택으로써 개인 선택에 대해서 칼빈은 명확하게 말합니다. 성경에서 분명하게 보여주는 바는 하나님이 이미 하나님은 자신의 영원하고도 변치 않는 계획을 세우사 오래 전에 영단 번으로 구원을 얻을 자와 멸망을 받을 자를 정하셨습니다. 이 계획은 인간의 가치로 인한 것이 아니고 자유롭게 부어주시는 하나님의 자비를 근본으로 합니다. 그런데 파멸에 넘겨 준 자들에게는 하나님의 공정하고 비난할 수 없고, 또한 이해가 불가능한 하나님의 판단가운데서 생명의 문이 잠겨진 것입니다. 이제 선택자 가운데 선택의 증거로써 여기는 것이 바로 소명(召命)입니다. 그런데 선택이 놓여져 있는 성취에 이르도록 영화(靈化)에 또다른 확증이 칭의를 잡아야 합니다. 그러나 주님은 소명과 칭의로써 그의 선택한 자를 인치듯이 유기된 하나님의 이름도 알지 못하게 하며 또는 성령의 성화(聖化)으로부터 차단해 버림으로써 그들을 기다리는 심판이 어떤 것인가를 밝히 나타납니다(Inst., III.21.7).

3. 소명(召命)

　선택은 하나님의 소명에 의해서 확증됩니다. 더욱이 악한 자들은 자신들이 정해진 정당한 멸망에 이릅니다. 그리고 선택은 유효적인 소명이며 그리스도와의 교제에 편입하는 것입니다. 첫째로, 소명은 선택에 의존합니다. 따라서 오직 은혜의 역사로만 이루어집니다. 둘째로, 소명 방법 그 자체가 은혜만 의존하는 것을 분명하게 보여줍니다. 셋째로, 신앙은 선택의 역사이지, 선택이 믿음에 의존하는 것이 아닙니다. 선택에 확신에 이르는 확실한 길은 말씀가운데 질서 있게 바로 연구하는 자에게 거기서 특별한 위로의 열매를 얻습니다. 우리가 살펴보는 예정은 하나님의 부르심으로 시작하여 하나님의 부르심으로 끝맺는 것이 좋습니다. 그러기에 넷째로, 선택과 소명은 그리스도 안에서 이해되어져야 하며 또 인식되어야 합니다. 다섯째로, 그리스도는 자신의 자녀들에게 그들의 선택은 다시 취소할 수 없는 영속적인 것이라는 확신을 줍니다. 여섯째로, 참으로 믿는 자에게는 결코 버림당하지 않습니다. 일곱째로, 소명에는 보편적인 소명과 특별 소명(마22:2)이 있습니다. 먼저, 보편적인 소명은 하나님은 외면적인 말씀의 전파를 통해서 모든 사람을 똑같이 자기에게로 부르십니다. 특별 소명은 하나님께서 신자에게만 허락하십니다. 즉, 전파된 말씀을 그들의 마음에 뿌리박게 하기 위하여 성령의 내면적인 조명을 실현합니다. 소명 이전에 선택이 있습니다. 선택의 씨란 따로 있지 않습니다. 선택된 소명은 씨에서부터 자라는 것이 아니라 하나님의 구속에서 기인합니다. (Inst., III.24.1-11).

4. 성경신학

칼빈의 성경 관을 통해서 교회 개혁이 성경에 기초로 하는 개혁인지를 명확하게 기독교 강요에서 잘 보여주고 있습니다. 그 당시에 로마교회가 프랑스뿐만 아니라 온 유럽 일대를 교황주의로 세력 화하여 개혁운동을 핍박했던 것은 바로 교회의 전통이 바로 성경의 정통성을 넘어서 있기 때문이었습니다. 칼빈의 신학사상과 그의 설교를 이해하기 위해서는 먼저 칼빈이 철저하게 성경 신학과 성경 적인 설교를 했는가를 이해하는 것이 그의 신학과 설교를 이해하는데 큰 도움이 됩니다. 칼빈이 보았던 성경의 필요성은 몇 가지로 살펴 볼 수 있습니다.

가. 성경의 필요성

① 칼빈의 강요 제 1권 6장에서 칼빈은 성경은 창조자 하나님께로 오는 자에게 인도와 교사로서 필요합니다(Calvin, Institutes of the Christian Religion, I., Editor., John T. McNeill, Philadelphia: The Westminster Press, 1967, 69).

칼빈은 제 1절에서 하나님은 성경 안에서만 실제적인 지식을 우리들에게 부여하는 내용을 이렇게 말했습니다. 하나님은 구원에 이르도록 알게 하심은 자신의 말씀의 빛가운데 이루심이 틀림이 없습니다. 또한 하나님은 더욱 긴밀하게 교제를 나누고자 나오는 자에게 자신을 드러내심은 가치 있는 성경의 계시로 나타내십니다. 게다가 사망에서 생명으로 구원하기 위해서, 창조자로서의 하나님만이 아니라 구속 자로서 인식할 필요가 있음은 의심할 나 위없이 이 두 가지의 확신이 그 말씀에서 나오기 때문입니다. 이처럼 하나님을 아는 지식은 차례 상 먼저, 하나님이 우주를 세우시고 또 통치하심을 아는 자에게 임합니다. 그런 다음에 내적인 지식이 더욱 필요로 함은 죽은 심령을 다시 살리는 역사를 주시는 하나님만이 우주의 근원 자이시며 모든 만물의 창조자이시며 또 통치자일 뿐만 아니라, 구속 자로서 중보자의 인격을 아는데 이릅니다.... 우리는 신약의 많은 증거들과 또다른 증거들인 율법과 예언서들을 통해서 언급되는 내용은 그리스도께 이르게 합니다. 그러기에 만물은 이 목적을 향하는데, 즉 우주를 만드시는 자인 하나님이 성경 안에서 우리들에게 명확하게 나타내집니다. 게다가 우리가 하나님에 대하여 마땅한 생각을 갖게 함으로써 어떤 불확실한 신성을 따라 어긋난 길로 빠지지 않도록 유의하는데 있습니다(Inst., I.6.1).

② 하나님의 말씀인 성경을 통해서 하나님의 가르침과 신앙을 보존하여 전수하십니다.

하나님은 자신의 말씀을 통해서 진리가 이 세상에 영원히 존속하게 하시므로 지속적인 가르침으로 세세 에 하나님의 계시로 말미암아 생존하게 하십니다. 참 신앙이 우리 위에 비춰기 위해서, 우리가 처음부터 천국의 교리를 붙잡고 고수할 뿐만 아니라 성경의 학생이 되고자 하는 자가 되지 아니하는 한은 올바르고 건전한 가르침을 조금이라고 맛 볼 수 없습니다. 그런고로 참된 이해로 접근하자면 하나님이 기뻐하시는 바가 스스로 증거자가 되시도록 경외함으로 하나님의 말씀을 가슴으로 붙잡아야 합니다. 믿음만이 아니라 온전하고 또 모든 면에서 온전케 되고 또한 하나님의 올바른 모든 지식은 바로 순종에서 태어납니다. 그래서 이 점에 대하여 하나님께서 자신의 독특한 섭리 가운데 모든 시대를 넘어서서 죽을 인생을 깊은 배려하심에서 역사 하십니다(Inst., I.6.2).

③ 성경이 없이는 우리는 오류에 빠집니다.

칼빈이 말하기를 하나님의 말씀으로 나아가야 함은 하나님께서 참되고 또 생생하게 그의 사역가운데서 기술하는 바, 이 모든 역사들이 우리의 타락된 판단에서보다는 영원한 진리의 법칙에 따라

평가되기를 바라십니다....오류들은 하나님의 참 지식이 우리 심령에 입혀지기까지는 인간 마음에서부터 뿌리가 못 박힐 수가 없기 때문이라고 보았습니다(Inst., I.6.3).

④ 성경은 창조 가운데서 계시할 수 없는 것을 우리들에게 전해줍니다(Inst., I.6.4).

나. 성경의 권위

칼빈은 성경의 필요성을 먼저 살핀 다음에 성경의 권위에 대하여 변증합니다. 그 이유는 성경의 권위가 바로 로마교회 교황의 독재 권보다 더 중요한 사실과 모든 인간과 온 세계의 존재 기반이 되기 때문입니다. 그래서 그는 성경의 권위를 한 마디로 성령의 증거로 말미암는 것을 분명히 선포했습니다. 성경은 성령의 증거에 의해서 확증되어야 합니다. 성경의 권위는 확실한 것이며 또한 성경의 신빙성을 교회의 판단에 의존하는 것은 사악한 거짓 임입니다(Inst, I. 7.1). 칼빈은 성경의 권위를 철저하게 하나님의 중심으로 보았습니다.

① 성경은 교회에서 나오는 것이 아니라 하나님으로부터 권위가 나옵니다.

칼빈은 성경의 권위가 있다는 사실을 통해서 우리의 마음이 성경에 대하여 경외케 할뿐만 아니라 모든 의심을 추방케 한다고 보았습니다. 하나님의 말씀을 대신하는 상식이나 인간성 자체로는 해결할 수 없다는 사실을 명확하게 보여주었습니다. 그러므로, 성경이 충분한 권위를 갖게 될 때에 신자들이 하늘로부터 임한 신령한 말씀으로써 듣는 이들에게 하나님의 살아있는 말씀으로 여기게 됩니다. 더욱이 성경의 권위가 없다면 타락한 사람들에게 인간들의 즐거운 재미에 따라 성경의 위험스런 태도로 무시를 당하게 될 것입니다(Inst., I.7.1).

② 교회 자체는 성경 위에 근거합니다(Inst, I.7.2).
③ 성경의 가장 강력한 증거는 성령의 증거입니다.

성경의 권위에 대한 신뢰성은 하나님이 저자이심을 의심하지 않고 이루어집니다. 성경이 하늘로부터 나온 가르침이 명확해야 합니다. 성경의 모든 책들은 모든 다른 가르침들 보다 더욱 능가합니다. 성경에 대하여 순전하고 또 올바른 이해를 갖고 대한다면, 하나님의 위엄 아래로 직접을 보게 됨으로써, 우리의 뻔뻔스러운 배척은 굴복되어 순종하도록 강권케 하십니다. 그러기에 어거스틴이 그의 소책자인 [신앙의 유용성]에서 말한 대로 우리는 단지 의견으로 성경의 권위를 인정하는 것이 아니라 확신이 있고 또한 견고한 진리에 전적으로 신뢰케 만듭니다(Inst., I.7.4).

④ 성경은 그 자체로 권위를 스스로 증거 합니다.

칼빈은 이 점에 대하여 분명히 말합니다. 성령의 내적인 가르침을 입는 자들은 성경 위에 머무릅니다. 게다가 성경 자체가 인증합니다. 그러므로, 증거로나 합리성으로 그 성경에 복속하는 것은 바람직하지 않습니다. 우리에게 확인케 하는 성경의 확실성은 성령의 증거에서 얻어집니다. 성경 자체의 위엄으로 인해서 경외 심을 갖게 함으로써, 성령을 통해서 우리 마음에 인 침을 입을 때에 우리들에게 강력하게 영향을 줍니다. 그럼으로써, 성령의 권능에 의해서 성령의 비춤을 입기 때문에 성경이 하나님으로부터 오심에 대하여 우리 자신의 판단이나 그 어느 다른 사람의 판단대로 믿는 것이 아닙니다. 우리가 확언하는 성경의 확실성은 인간 판단을 넘어서 있는 하나님 자신의 위엄에서 비롯하기에 사역 자들에 의해서 하나님의 바로 그 입을 통해서 우리들에게서 흘러나옵니다(Inst., I.7.5).

다. 성경의 신빙성

칼빈은 성경의 필요와 성경의 권위를 말하면서 성경의 신빙성에 대하여 구약과 신약의 성경에 대한 분석을 통해서 내증과 외증을 내세우고 있습니다. 먼저, 그는 인간 이성이 작용하는 데까지 성경의 신빙성이 충분히 세워진다고 주장합니다.
① 성경의 내용은 모든 인간 지혜를 초월합니다.
② 성경은 문체보다 내용이 결정적입니다.
③ 구약 성경
④ 모세 오경의 신뢰성
⑤ 기적들은 하나님의 사자들의 권위를 강력하게 확증합니다.
⑥ 모세의 기적들은 절대적 기사들로 인증됩니다.
⑦ 모든 인간 기대에 반대되는 예언들이 성취되어져야 합니다.
⑧ 하나님은 예언적인 말씀들로 확증합니다.
⑨ 율법은 분명히 계승되었습니다.
⑩ 하나님은 기적적으로 율법과 선지서 들을 보존했습니다.
⑪ 신약의 단일성과 신령한 특색과 권위
⑫ 성경에 대한 교회의 변함없는 증거
⑬ 순교자들은 성경 교훈대로 확신하며 죽었습니다(Inst., I.8.1-13).

라. 성경의 적용성

① 성경을 배척하는 광신자들은 계시를 직접 받으면서 경건의 모든 원리들을 무너지게 하는 그릇된 성령의 인도와 그릇된 신앙을 성경으로만 시정할 수 있습니다. 성경을 떠난 자들 가운데 하나님에 이르는 어떤 길이든지 혹은 다른 길에서든지 광증으로 사로잡혀서 적지 않게 실수를 일으킵니다. 그들은 새로운 교리를 날조하여 한번 받은 복음의 가르침에서 우리들을 이탈케 만듭니다. 복음에 의해서 이루어진 바로 그 가르침은 우리 마음에 성령에 의해서 인쳐진 것입니다(Inst., I.8.1).

② 성령께서 성경과 일치하도록 알게 하십니다.

이 점에 대하여 우리가 쉽게 이해할 수 있는 바는 우리가 하나님의 성령으로부터 어떤 소득과 유익을 받기 원한다면 우리 자신에게 열심히 성경을 읽고 또 들음으로써 적용시켜야 합니다. 또한 사단의 영에 지시에 따라 굴복하여 사단의 형상에 따라 살지 않기 위해서도 성령으로 성경 안에 도장이 찍힌 바가 되어야 합니다. 성령은 성경의 저자이십니다. 그래서 그는 자신이 스스로 변덕부리거나 달라지지 않습니다. 그러므로 그는 자신이 한번 계시했던 대로 머뭅니다. 우리가 성령께 거역하거나 혹은 타락하는 삶이 아니고는 성령은 자신에게 모욕을 돌리는 일이 없습니다(Inst., I.9.2).

③ 말씀과 성령은 서로 떼어놓을 수 없는 관계입니다.

광신자들이 문자는 죽이는 것이라고 주장하면서 우리들을 혹평하는 문제는 성경을 무시하기 때문에 징벌을 받을 만합니다. 만약 성령이 실제로 마음에 감명을 주며 또 그리스도를 들어낸다면 성경의 말씀은 생명의 말씀이 됩니다(참조, 빌2:16).

"심령을 회개케 만들며, ... 우매한 자에게 지혜를 주십니다"(벌게이트 성경 시편18:8;영어성경 19:7). 그러기에 같은 위치에서 볼 적에 사도는 설교를 "성령의 직무"로 불렀습니다(고후3:8). 의심할 나위 없이 설교는 성령께서 그의 말씀에 내재하심을 성경으로 표현하심으로써 말씀에 대한 경외와 위엄을 적당하게 들어낼 적에 성령께서 능력을 드러내십니다. 내적인 성령의 증거에 의하여 확증되지 않는 한 하나님의 말씀 자체로써 매우 명확해질 수 없습니다. 주께서 상호적인 연대에 의해서 자신의 말씀의 확실성과 성령의 확실성이 함께 연대를 맺음으로써 우리로 하여금 하나님의 얼굴에서 빛나는 은혜를 묵상할 때에 비취시는 성령의 긍휼하심이 우리 마음에 임한다면 말씀의 온전한 신앙을 접하게 됩니다. 게다가 우리가 성령과 만남을 통해서 다시 말해서 말씀 안에서 하나님의 형상대로 그를 인정할 때에 속임을 당할 두려움이 없습니다. 하나님께서 사람들 사이에 순간적인 전시를 위해서 말씀을 들어내시지 않고, 그의 성령이 오심으로 부질없는 헛된 모양을 쫓지 않게 하십니다. 도리어, 그가 같은 성령을 보내시어 그의 권능에 의해서 말씀을 부어 주심은 말씀의 효과적인 확증에 의해서 성령의 역사를 온전케 하십니다. 성령의 비춤을 입지 못하는 자들에게는 사도들 안에 내주 하시고 또 말씀하시는 성령이 지금도 계속적으로 말씀을 들을 때에 여전히 역사 하여 계시하시는 성령의 놀라운 역사를 체험할 수 없습니다(Inst., I.9.3).

④ 성경은 모든 미신에서 바르게 신앙을 갖도록 정정케 해주며, 이방인들의 모든 신들에 대항하여 참되신 유일한 하나님을 견고하게 세워줍니다(Inst., I.9.2). 진정한 하나님의 지식은 성경 안에서 보여주는 목적은 그의 피조물에도 각인 시켜 주심은 우리로 먼저 하나님을 두려워하게 하며 그 다음에는 하나님을 신뢰케 합니다. 이로 인해서 우리가 하나님을 경배하도록 배우게 하심은 삶의 온전한 순전과 흠없는 순종가운데서 전적으로 그의 선하심에 의존케 합니다(Inst, I.9.2). 하나님의 유일성을 이방인에게도 알게 하심은 우상 숭배자들에게 더 이상 핑계할 수 없습니다. 하박국 2장 20절에서 "성전에 계시는" 여호와를 찾게 하심은 자기 말씀 가운데 계시를 받은 자 이외에는 하나님을 들어내지 않습니다(Inst., I.9.3).

마. 성경의 영감성

칼빈은 성경의 필요, 권위, 신빙, 적용에 이어서 성경의 영감에 대하여 그의 디모데 후서 3장16절 주석에서 분명하게 밝혀주고 있습니다. 그는 모든 성경이 의미의 차이도 없으며 또 성경은 권위를 갖는 것은 하나님의 영감에서 기록되었다는 점을 가르쳐줍니다.

성령의 감동으로 기록되었다는 것은 모든 문제를 넘어서서 인간들이 경외함으로 성경을 수용해야 합니다. 이 원리 이야말로 다른 모든 종교와 구별되어야 할 원리입니다. 우리가 알아둘 점은 하나님께서 우리들에게 말씀하시고 확실히 확신을 주시는 것은 선지자들이 스스로 말한 것이 아니라는 점입니다. 오히려 성령의 기관들로써 하늘로부터 선포하도록 위임한 것만을 선지자들이 말합니다. 성경으로부터 유익을 받고자 하는 모든 이는 이것을 안정된 원리로써 먼저 받아들여야 합니다. 율법과 선지서 들이 사람들의 기뻐하는 대로 혹은 사람들의 생각에 근거로 해서 만들어진 것이 아니라 성령의 지시로 이루어졌습니다. 어느 누군가가 난점으로 지적하고 또 성경이 어떻게 알 수 있는가를 문의한다면 나의 답변은 같은 성령의 계시로 이루어지는데 배우는 자들이나 교사들은 하나님이 성경의 저자이심을 믿어야 합니다. 모세나 선지자들이 급하게 또 아무렇게나 말한 것을 우리가 받아들이는 것이 아닙니다. 그들은 모두 하나님의 충동에 의해서 말해졌습니다. 그들이 진리에 대하여 담대하게 또 겁없이 증언했던 것은 그들을 통해서 말씀을 했던 하나님의 입이었기 때문입니다. 같은 성령께서 모세나 선지자들에게 소명을 주시어 우리 심령에 증거 하였듯이 지금도 성령께서 우리들을 가르치기 위해서 목회자들을 사용하십니다. 그러기에 많은 사람이 성경의 권위를 의심하는 것은 놀라운 일이 아닙니다. 성경 안에 나타난 하나님의 위엄이 보일지라도 성령의 조명에 힘입는 자들은 사실상 선택된 자에게만 명확하게 보이기 때문입니다. 우리는 이 구절의 의미에서 살펴보건대, 우리가 성경을 하나님을 경외하듯이 대하여야 하는 이유는 하나님 안에 성경의 모든 근원이 있으며 또한 성경은 인간적인 근원과 전혀 혼합하지 않기 때문입니다. 성경이 유익함을 주려는 것은 주님께서 우리 호기심을 채워주거나 혹은 과시 욕을 채우거나 혹은 가공적인 공상이나 무익한 이야기 거리를 삼는데 있지 않습니다. 이 보다도 우리에게 참된 유익을 줍니다 (John Calvin, Calvin's Commentaries The Second Epistle of Paul The Apostle to the Corinthians and the epistles to Timothy, Titus and Philemon, trans., T. A. Samil., Grand Rapids, Michigan : Wm. B. Eerdmans Publishing Company, 1973, 330).

바. 성경의 유용성

칼빈은 성경의 올바른 사용은 항상 유익이 된다고 보았습니다. 먼저 성경의 가르침에 있어서 한 가지씩 성경의 다양한 사용을 활용해야 합니다. 첫째로, 성경의 많은 유용성가운데 먼저 가르침을 우선으로 꼽습니다. 그러나 가르침으로만 일관하는 성경의 사용은 자칫 차갑고도 생명력이 없을 수가 있기에, 그는 책망과 바르게 함이 부가된 성경의 유용한 사용의 목적을 보여줍니다. 특히, 칼빈은 15절에서 나오는 성경을 통해서 예수 그리스도를 통해서 믿음을 갖는 점을 중요시 여겼습니다. 믿음의 주요한 근거는 하나님 안에 기원과 권위를 갖는다는 사실입니다. 또 믿음 위에다가 가르침을 부가하는 것은 그 가르침이 믿음의 가르침으로써 권면을 강력하게 권하고 있습니다. 디모데가 바울로부터 받은 권면은 보통 사람에게 하는 가르침이기보다는 자신이 받았던 믿음의 가르침을 더욱 충성스러운 사람들에게 전해주는 것입니다. 성경이 주는 주요한 지식은 바로 그리스도 안에 믿음입니다.

둘째로, 우리의 삶에 대한 훈계를 따르게 함으로써 권면과 책망으로 격려케 합니다. '책망'과 '바르게 함'과 유일한 차이는 후자가 전자의 결과에서 나온다고 칼빈은 보았습니다. 하나님의 심판에 대한 인식이야말로 회개의 시작이며 또한 의로 교육한다는 것은 경건하고도 거룩한 삶의 훈육입니다. 셋째로, 하나님의 사람으로서 온전케하며 선한 일을 행하는데 온전케 합니다. 칼빈은 모든 면에서 흠이 있으며 자질이 없는 자라도 성경은 온전함에 이르도록 만족하십니다. 그러므로 성경대로 온전하기를 원하는 자는 자족하지 않고 더욱 더 자신이 아는 것보다 더욱 선한 것을 행하려고 합니다(Ibid., 239-331).
칼빈은 회개는 믿음을 통해서 받아들이는 성경의 복음에 근거를 둡니다(Inst., III.1.2).

5. 믿음 신학

칼빈은 믿음의 대상을 그리스도에게 둡니다. 그리고 진정한 믿음은 경건한 무지에 있지 아니하고 지식에 근거해야 합니다. 이 지식은 하나님의 뜻만이 아니라 성령의 뜻에 기초합니다. 우리가 알아두어야 할 지식은 하나님이 우리의 자비로운 하나님이심은 그리스도를 통해서 화목케 하시기 때문입니다(고후5:18-19). 게다가 그리스도는 우리들에게 의로움과 성화와 생명을 주십니다. 그러나 로마교회의 거짓된 명확치 않은 믿음의 교리 때문입니다. 그리스도에 대한 바른 믿음에 기초하지 않고 교회의 권위와 판단에만 순복하고 찬동하기만 하면 올바른 믿음으로 단정해버리는 어리석음과 무지에 빠져있습니다.
개혁주의 믿음은 첫째로, 하나님의 말씀 위에 기초로 합니다.
둘째로, 믿음은 그리스도 안에 있는 하나님의 은혜의 약속으로부터 나옵니다. 그래서 우리 마음은 성령의 비춤과 강건케 하심은 하나님의 말씀이 우리들 사이에서 넘치는 믿음을 얻게 합니다. 이제 올바른 믿음의 정의를 살펴본다면 그리스도 안에서 자유롭게 주신 약속의 진리 터 위에 우리를 향한 하나님의 자비로운 확고하고도 분명한 지식입니다. 이 지식은 성령을 통해서 우리 마음에 계시되고 또한 인쳐 주심으로 얻어집니다(Inst., III.2.7).

셋째로, 믿음이란 인간의 인식이상의 더 고차원적인 지식입니다. 넷째로, 믿음은 확실성에 근거합니다.

그러면 확실한 믿음은 특성을 살펴보겠습니다.

① 믿음은 시험에 대하여 투쟁해 나갑니다.

② 신자의 마음 안에서 믿음의 갈등이 일어납니다.

③ 연약한 믿음과 강한 믿음이 있는데 강한 믿음은 믿음의 방패로써 하나님의 말씀에 무장합니다.

④ 올바른 두려움에 근거하는 믿음은 하나님의 말씀에 대한 두려움에서 옵니다.

⑤ 우리의 구원을 두렵고 떨림으로 이루어가도록 하는 믿음의 역사가 일어납니다.

⑥ 그리스도와 우리가 하나됨을 파괴할 수 없는 믿음의 확실성에 두어야 합니다.

⑦ 하나님을 두려워하는 믿음은 하나님을 영화롭게 합니다. 그러기에 어린애 같은 종과 같은 두려움에 빠질 것이 아닙니다.

⑧ 믿음은 세상 적인 번영에 둔 것이 아니라 하나님의 은총에 대한 확신을 갖아야 합니다. 칼빈은 믿음의 기준을 이렇게 보았습니다.

첫째로, 하나님의 약속이 믿음의 버팀목입니다.

둘째로, 믿음은 은혜의 약속에 전적으로 의존합니다.

셋째로, 믿음을 위한 말씀의 중대성은 하나님의 계획에 속한 것입니다.

넷째로, 믿음의 약속은 그리스도 안에서 성취합니다.

다섯째로, 믿음은 성령 안에서 우리 마음에 계시하는 바인데, 말씀은 성령을 통해서 우리의 믿음의 효능을 일으킵니다.

여섯째로, 성령만이 우리를 그리스도께로 인도하십니다.

일곱째로, 성령이 없이는 믿음을 가질 수가 없습니다.

여 덟 째로, 믿음은 우리 심령가운데서 이루어집니다.

아 홉 째로, 의심이 믿음을 소멸시킬 수가 없습니다.

열 번 째로, 그리스도인은 성령의 내주 하심으로 인해서 기뻐합니다.

열한번째로, 견고한 신앙을 끝까지 지켜나가는 성도의 견인이 있어야 합니다.

열두번째로, 믿음과 소망이 함께 합니다.

열세번째로, 믿음과 소망은 같은 근본인 하나님의 자비에 기초로 합니다(Inst., III.2.12-43).

6. 믿음으로 중생인 회개(悔改)

칼뱅은 믿음의 열매가 회개로 보았습니다. 그래서 회개는 첫째로, 믿음의 결과에서 나온다고 보았습니다. 둘째로, 회개는 믿음이 수반하는 복음 안에 기초를 둡니다. 셋째로, 회개는 양면이 있는데 자기를 죽이고 그리스도 안에서 다시 사는 것입니다. 다시 말해서 중생으로부터 일어나는 거룩하고, 경건히 살고자 하는 욕구입니다. 사람이 하나님을 향하여 자기자신이 죽는 것을 회개로 보았습니다. 그는 회개를 두 가지로 보았습니다. 율법적인 회개는 죄인이 죄의 화인(火印)을 맞고 이 혼란에서 붙잡힌 채로 헤어 나오지 못하는 상태를 의미합니다. 복음 적인 회개는 죄인이 죄의 고통에만 매달리지 않고 한층 더 올라가서 자기 상처를 위한 약으로, 자기 공포에 대한 위로와 자기 비참에서 피할 항구로써 그리스도를 붙드는 것을 말합니다. 칼빈은 회개를 정의하기를 우리 자신들로부터 하나님께로 돌아가는 것인데 즉, 이는 우리 옛 마음을 벗어버리고, 새 마음을 입는 것입니다. 그래서 회개는 우리의 생활이 전적으로 하나님께로 전향하는 것입니다. 회개의 의미를 특성적으로 살펴봅시다.

첫째로, 회개는 하나님께로 돌아가는 것입니다. 둘째로, 회개는 하나님의 두려움에 의해서 이끌림을 받는 것입니다. 셋째로, 회개는 자신이 죽고 그리스도 안에서 내가 다시 사는 것입니다. 넷째로, 그리스도 안에서 다시 사는 것, 곧 중생 하는 것입니다. 다섯째로, 회개는 성화를 이르게 합니다. 칼빈은 신자들도 범죄 한다고 말하면서 신자들에게는 죄가 그 지배력을 상실했지만 계속해서 성도 안에 거주하고 있다고 보았습니다. 그러기에 어거스틴이 주장한대로 신자들의 죄로 인한 연약성을 제시하면서 재세례파가 주장하는 그리스도인의 완전론에 대하여 경계를 하면서 회개의 합당한 열매를 맺는 삶을 역설했습니다(고후 7:11).

① 간절한 마음
② 용서를 구하기 위해서 애원하는 사과하는 마음
③ 분개하는 마음
④ 두려워하는 마음
⑤ 사모하는 마음
⑥ 열심인 마음
⑦ 분한 마음으로 회개함을 가르쳐 줍니다(Inst., III.3.1-14).

그래서 회개의 열매는 거룩한 삶과 신앙고백과 죄사함을 수반합니다. 칼빈은 회개 열매의 본질로써 첫째로, 하나님을 향한 신앙의 의무들 둘째로, 사람들을 향한 자비 셋째로, 거룩함과 순결함에 따른 전체적인 삶을 제시합니다. 간단하게 내적인 회개는 어느 사람이든지 하나님의 법의 표준에 자신의 삶을 맞추어서 살고자 하는 자에게 더 확실한 회개의 증표들이 나타납니다. 그래서 성령께서 먼저 우리 마음에서 나오는 악함을 정죄케 하여 더욱 신실한 심령을 갖도록 역사하십니다. 외적인 회개는 이것은 외적인 연단인데 우리로 하여금 사적으로는 우리들 자신을 겸비케 하기 위해서 또는 우리의 육신을 제어하기 위하여 방편으로 쓰지만 성공적으로는 회개의 증거로 씁니다(고후7:11).

하나님 앞에서와 사람들 앞에서 죄의 고백을 통해서 회개와 죄 용서는 서로 상관관계를 맺고 하나님의 자유로운 은사로서 회개가 이루어집니다. 칼빈은 용서받을 수 없는 두 가지 죄는 첫째로, 성령 훼방 죄와 회개의 여지도 없이 타락한 자들의 회개를 들고 있습니다. 특히, 유기된 자의 회개는 더 이상 그에게 열매가 있을 수 없습니다(Inst., III.3.15-23).

7. 칭의

칭의란 믿음으로 말미암아 그리스도의 의를 붙잡고 하나님 앞에 죄인으로서가 아니고 의로운 사람으로 나타나는 사람을 말하는 것입니다. 그러므로 우리가 의롭다하심을 입는 것은 하나님께서 우리를 의로운 사람으로서 그의 사랑가운데 영접해 주시는 은혜를 뜻합니다. 그리고 우리는 칭의란 죄사함과 그리스도의 의의 전가로 보는 것입니다(Inst., III.11.2).

칼빈은 하나님의 의는 행위적 의를 전복시킨다고 말했습니다.

첫째로, 사람 앞의 의는 하나님 앞에 의가 될 수 없습니다.

둘째로, 하나님 앞에서의 양심과 자기 비판은 모든 선행에 관한 주장을 포기하고 하나님의 긍휼로 이끌어줍니다. 그러기에 일체의 자기 예찬(禮讚)을 버려야 합니다.

셋째로, 진정한 겸손은 무(無)로 돌아가 하나님의 긍휼을 받아들이는 길밖에는 없습니다. 우리는 통회를 하고 상한 마음을 갖아야 합니다.

넷째로, 그리스도께서는 의인이 아니고 죄인을 부르십니다.

다섯째로, 하나님의 긍휼을 받으려면 자기의 의(義)를 의지하지 맙시다(Inst., III. 12.2-8).

여섯째로, 칭의는 하나님께 영광을 돌립니다.

일곱째로, 값없는 은혜만이 양심의 평안과 기쁨을 줍니다 (Inst., III.13.1,5).

여덟째로, 칭의가 없이는 진정한 성결도 없습니다.

아홉째로, 칭의는 행함을 통하여 오지 않고 은혜로 말미암는 중생으로부터 나옵니다(Inst., III.14.4-5).

8. 삶의 신학: 십자가의 신학

칼빈은 그리스도인의 생활에 대하여 성경이 권장하는 사항은 중생(重生)의 목표가 신자들의 생활가운데서 하나님의 의로움과 그들의 순종과의 조화 및 일치를 나타내는 것이며, 그리하여 이들로 하여금 하나님의 자녀로서 영접되었다는 것입니다. 다시 말해 양자(養子)된 것을 확신케 해줍니다(갈 4:5, 벧후1:10). 그리스도인의 생활을 위한 동기는 두 가지로 봅니다. 첫째는 우리의 본질상 전혀 하고 싶지도 않은 의를 사랑하는 것을 우리의 마음속에 부어주어 또한 확립하는 것입니다. 둘째는 그 의를 위하여 애쓸 때 우리가 방황하지 않도록 우리에게 어떤 규칙을 작정해 줍니다. 이는 하나님이 거룩하시기에 우리도 거룩한 삶이 필요로 합니다. 게다가 성도의 교제로 인해서 거룩한 신앙생활이 요구되기 때문입니다. 셋째로, 그리스도인의 생활은 그리스도의 인격과 구속역사를 통해서 하나님의 사역에 가장 강력한 동기가 되어야 합니다. 넷째로, 그리스도인의 생활은 말에 있지 않고 중심에 둡니다. 다섯째로, 그리스도인의 삶이 불완전하기에 생의 마지막까지 진력하여 나갑시다. 이를 위해서 말씀으로 지침을 삼고 경주하는 생활과 끝까지 주의 법도 안에서 정진(精進)해야 합니다(Inst., III.6. 1-5). 칼빈은 그리스도인의 생활 총체를 먼저 자기자신의 부인이 따라야 한다고 보았습니다.

그 이유로서는 첫째로, 우리가 우리 자신의 주인이 아니라 하나님께 속한 존재임을 인정합시다.

둘째로, 하나님께 헌신을 통한 자기 부인이 있어야 합니다.

셋째로, 디도서 2장에 나타난 대로 자신을 끊을 줄 아는 근신과 의로움과 경건이 필요합니다. 구체적으로 우리는 불경건과 세상 욕심을 버리고, 더 나아가서 근신, 의, 경건을 추구할 것이다.

그래서 칼빈은 다른 동료들 사이에 자기 부인의 원리를 이렇게 보았습니다.

첫째로, 자기 부인은 우리 이웃에게 바른 태도를 갖게 합니다. 자기를 부인한다는 것은 자기 사랑을 버리고, 겸손하며, 상호 존중할 수 있어야 합니다.

둘째로, 자기 부인은 우리 이웃에게 적합한 도움을 줍니다. 이 두 가지가 도움이 되도록 먼저 교회의 유익과 이웃의 유익을 도모해야 합니다.

셋째로, 이웃의 사랑은 사람들 앞에 눈가림이 아니라 하나님을 바라보면서 합니다.

넷째로, 사랑의 외적인 행위보다는 사랑의 내용이 깃들여야 합니다(Inst., III.7.1-7).

하나님과의 관계에서 자기 부인의 원리를 살펴보면, 첫째로, 하나님의 뜻대로 헌신하기 위해서 하나님을 향한 자기 부인이 따라야 합니다. 이를 위해서 절대로 하나님께 순복해야 합니다. 또한 욕심과 야심을 피하고, 더 나아가서 하나님의 축복만을 바라봅시다. 둘째로, 하나님의 축복만 신뢰합시다. 셋째로, 자기 부인은 우리로 하여금 역경을 이기게 합니다(Inst., III.7.8-10). 그리스도인의 삶 가운데 자기 부인의 역할은 십자가를 지는 삶인데 십자가를 지고 그리스도를 쫓는 것입니다. 그러기에 첫째로, 십자가는 우리로 하여금 하나님의 완전한 신뢰를 가져다줍니다. 십자가를 지는 삶에는 인내와 순종이 따릅니다. 더욱이 둘째로, 십자가는 하나님의 충심함을 체험케 하며 미래에 대한 소망을 우리에게 줍니다. 셋째로, 십자가는 병든 인간을 치료해줍니다. 넷째로, 십자가는 아버지 같은 징벌을 줍니다. 다섯째로, 십자가는 의를 위해서 핍박을 받습니다. 여섯째로, 십자가의 고난은 그리스도인에게 하나님 안에서 위로를 얻습니다. 일곱째로, 진정한 슬픔과 인내는 상호간의 갈등에서 나옵니다(Inst., III. 8.1-10).

칼빈은 미래의 삶에 대한 묵상을 통해서 그리스도인의 삶은 첫째로, 이생의 헛됨을 알게 합니다. 둘째로, 현세의 허무함은 이 세상을 사랑하지 말라는 것입니다. 셋째로, 자신의 삶에 대하여 자족해야 합니다. 넷째로, 영생에 대한 올바른 소원을 갖게 합니다. 다섯째로, 죽음의 공포를 이기게 합니다. 여섯째로, 내세에 대한 소망을 갖고 살게 합니다(Inst., III.9.1-6).

칼빈은 어떻게 현세에 사는 것이 도움을 주는가를 보여줍니다.

첫째로, 이 세상의 좋은 것들이 하나님의 선물로써 즐길 수 있지만 잘못된 엄격함과 나태함에 주의합시다.

둘째로, 창조의 질서에 맞추어 만사를 사용합시다.

셋째로, 하나님은 받은 축복들을 탐욕스럽게 사용하거나 아니면 지나치게 부요를 구하기보다는 우리의 소명에 따라 충실히 봉사하기를 바랍니다. 모든 은사의 주가 되시는 하나님은 하나님의 선물로 인해서 편협된 마음을 품거나 무절제한 마음을 갖는 것을 막으십니다.

넷째로, 영생에 대한 갈망은 우리의 외형적인 행실에까지 올바르게 이끕니다.

다섯째로, 근검절약이 지상의 소유를 안전하게 지키는 길입니다.

여섯째로, 주의 소명이 우리 삶의 기본적인 길입니다(Inst., III.10.1-6).

9. 기도신학

가. 기도의 본질과 가치

기도는 믿음의 주요한 행사이며, 또한 기도에 의해서 우리는 날마다 하나님의 유익들을 받습니다. 본래 인간이란 얼마나 모든 선한 것들이 없고 또한 결여되고 있으며 허무한 존재로서 구원에 대하여 돕는데 너무나 미흡합니다. 그러므로 인간이 궁핍할 때에 자신이 스스로 외부로 나아가서 어디에서든지 공급받습니다. 이로 인해서 하나님은 자원해서 또 은혜롭게 그리스도 안에서 자신을 계시합니다. 그리스도 안에서 하나님은 모든 비천한 자리에 있는 우리들에게 모든 행복을 주시며 또한 우리의 궁핍가운데서 모든 부요를 더해 줍니다. 그리스도 안에서 하나님은 믿음으로 말미암아 하나님의 독생자를 묵상할 수 있는 신령한 보화들을 열어놓으십니다. 우리는 전적인 기대를 그에게 의존케 하고 또한 우리 전 소망을 하나님께로 붙잡게 하며 또한 쉼을 허락하십니다. 이것은 실로, 비밀스럽고 신비스런 형식논리로써는 설명할 수 없습니다. 그러나 경건한 자들에게는 하나님께서 마음을 열어 기도를 알게 하심으로 그의 빛가운데서 성도들에게 하나님의 영광스런 빛을 보게 합니다. 그러기에 우리가 믿음에 의해서 훈계를 받음으로 인해서 우리가 필요한 것이나 부족한 그 무엇이든지 하나님과 우리 주 예수 그리스도 안에 인식함으로써 아버지 하나님 안에서 그의 풍성한 모든 은사를 넘치도록 얻게 하기 위해서 기도를 배우도록 주장하십니다(Inst., III.20.1).

나. 기도의 필요성

기도의 유익은 하늘에 계신 아버지가 함께 하심으로 우리들을 위하여 쌓아두신 부유함에 이릅니다. 하나님과 인간들의 교제로 인해서 하늘에 있는 성소로 들어가며 기도의 필요대로 구함으로써 하나님의 약속가운데 개별적으로 호소케 하십니다. 그럼으로 해서 기도에 대한 하나님의 응답이 말로만이 아니라 실제로 응답하십니다. 우리가 주로부터 응답 받기를 바라는 그 무엇이든지 기도로 역사하시기를 바라십니다. 그래서 우리가 주의 복음에서 지명했던 보화들을 기도로 파놓을 뿐만 아니라 믿음으로 바라고 앙망해야 합니다. 기도가 얼마나 필요로 하는가는 말로 표현하기가 쉽지 않습니다. 그러나 많은 길이 기도의 훈련이 얼마나 유익한 가를 보여줍니다. 확실한 것은 선한 동기를 갖고서 하늘에 계신 하나님은 그의 이름을 부르는 자에게 유일한 안전 요새가 되십니다(요엘2:32).

이럼으로써 우리가 하나님의 섭리가운데 직면하여 하나님의 능력으로 우리가 너무 연약해 할 때에 감찰하시고 또 보호하시고 지탱하십니다. 하나님의 선하심에 따라서 비참한 죄로 매여진 인생을 영접하사 은혜로 베풀어주십니다. 간략히 말해서 우리가 기도로 하나님을 부르짖음으로써 전적으로 우리와 함께 하심을 들어내십니다. 이로 인해서 특별한 평안과 우리 양심에 안식을 얻습니다. 주께서 우리에게 기도하게 하심은 우리 안에 병든 것을 숨기지 않게 하사 충분히 사상까지도 인식하도록 확신을 줌으로써 하나님의 뜻과 권능 안에서 우리를 최대한 돌보시는 것입니다(Inst., III.20.2).

칼빈은 기도의 중요성을 여섯 가지로 말씀하셨습니다.

① 우리 마음을 열심과 불타는 마음을 주사 주를 사랑하고 또 섬기게 하며, 반면에 우리로 하여금 모든 필요가운데 거룩한 닻이신 하나님께로 피하게 합니다.

② 우리가 하나님을 증인으로 삼을 수 있도록 일체의 바램이나 소원이 우리 심정에 파급되지 않기를 바랍니다. 이에 하나님 면전에서 우리의 염원을 갖고서 우리 전 심령을 쏟아내는 것을 배워야 합니다.

③ 우리 기도가 하나님의 손에서 받는 은혜들을 인정하면서 참된 마음의 고마움과 감사를 드릴 준비해야 합니다(시145:15-16).

④ 더욱이 우리가 구하는 것은 확신가운데 응답을 받습니다. 그러기에 우리는 더욱 열정적으로 하나님의 자비하심에 묵상해야 합니다.

⑤ 동시에 우리가 기도로 응답 받는 것을 앎으로써 더 큰 기쁨을 얻습니다.

⑥ 기도의 유용함과 응답은 우리의 연함에도 불구하고 하나님의 섭리가운데 우리가 다 알 수 없는 것을 채워주십니다. 게다가 하나님이 약속하심을 우리들에게 결코 식언치 아니하시고 기도의 필요를 알고 구하는 자에게 말로 유모처럼 달래는 것이 아니라 성도들이 현재 당면한 필요를 채우십니다(Inst., III.20.3).

다. 올바른 기도의 원리

첫 번째 : 경외

① 헌신적인 초연은 하나님과의 대화하는데 필수적입니다. 그러기에 우리는 하나님과 대화해 나가는 자들에게 적합한 생각과 마음을 준비해야 합니다. 이 중심은 세속적인 염려에서 벗어나 하나님을 순전함으로 묵상하면서 기도에 전념할 수 있어야 합니다. 가능하다면 기도하는데 고양되어지는 초월할 수 있어야 합니다.

② 훈련되지 않고 또 경건치 않는 기도를 경계합시다. 기도하는 경계할 두 가지 점을 보면, 첫째로, 기도하는데 전념하려는 자는 자신의 능력과 노력을 다하여 뒤숭숭한 생각들에 사로잡히지 않도록 근신해야 합니다. 두 번째로 하나님이 허락하시는 것 이상의 것을 더 이상 구해서는 안됩니다.

③ 성령께서 올바른 기도를 도와줍니다. 성령께서 역사 하심으로 우리 자신의 노력에 대하여 방해하거나 혹은 훼방치 못하게 하

고 더욱 하나님의 뜻이 믿음이 우리 마음을 강력하게 역사 하시는가를 확증해줍니다.

    두 번째 : 우리는 진실로 궁핍과 참회함으로 기도합시다.

    ④ 필요의 의식은 모든 비현실성을 배제시킵니다.

    ⑤ 영적인 궁핍인 죄의식을 갖아야 합니다.

    세 번째 : 우리는 자신의 모든 자만을 버리고 겸손하게 용서를 구합니다.

    ⑥ 우리는 자비를 구하도록 겸손하게 간청하며 나아갑시다.

    ⑦ 죄용서를 위한 탄원은 기도가 가장 중요한 역할입니다. 적합한 기도는 시작이나 준비에 있어서도 겸손하고 또 신실한 죄의 고백으로 용서를 구해야 합니다.

    ⑧ 자기 의를 내세우는 기도를 하지 맙시다. 네 번째 : 우리는 확신 있는 소망을 갖고 기도해야 합니다.

    ⑨ 소망과 믿음은 두려움을 이깁니다.

    ⑩ 기도의 시작은 믿음으로부터 출발합니다.

    ⑪ 기도는 응답에 대한 확실성을 따릅시다.

    ⑫ 기도의 동기는 하나님의 명령과 약속에서 출발합니다.

    ⑬ 기도는 두려움에서가 아니라 경외하는 두려움 가운데 확신을 가지고 기도해야 합니다.

    ⑭ 하나님은 우리의 부족한 기도까지 들으십니다.

    ⑮ 우리 기도는 하나님의 용서하심으로만 응답을 얻습니다 (Inst., III.20.4-16).

라. 그리스도의 중보기도

    ① 예수 이름으로 기도합니다. 우리 주 예수 그리스도만이 하나님께 우리를 인도해 나가시는 변호사이시며 또 중보자이십니다.

    ② 부활하신 그리스도는 우리의 중보자이십니다.

③ 그리스도는 신자 상호 간에도 유일한 중보자이십니다.
④ 그리스도는 영원하시고 지속적인 중보자이십니다(Inst., III.20.17-20).

칼빈은 로마교회가 자행하는 중보기도에 대한 그릇된 점을 제시하면서 해결책을 모색했습니다. 첫째로, 죽은 성자(聖者)들의 중보기도는 그리스도의 중보자로서 영광을 박탈하는 것입니다. 둘째로, 성자들의 숭배는 미신행위입니다. 셋째로, 혼란된 성경의 해석들로 인해서 성도들이 비성경적인 로마교회의 중보를 따릅니다. 넷째로, 사별한 성도들은 세상일에 관여할 수 없습니다. 다섯째로, 족장들의 이름을 불러 기도하는 것은 부당한 일입니다. 여섯째로, 성도들은 우리가 마땅히 기도할 바를 기도합시다. 일곱째로, 성도의 그릇된 중보에 대한 결론에서 성경이 하나님을 경배하는데 있어서 중요한 일이 기도입니다. 따라서 기도는 신앙의 의무로 되어 있습니다. 모든 희생은 기도에 수반되는 것이고, 또 다른 사람들을 위해서 직접 기도하는 일은 명백한 모독인 처사입니다(Inst., III.20.21-27).

10. 교회신학

칼빈의 로마교회 개혁의 실천적인 활동에서 가장 중요한 교회 개혁자의 과제이었기에 그의 개혁 교회 관은 우리 시대에도 큰 경종과 귀감이 되는 것입니다. 그는 하나님을 아는 지식으로부터 시작하여 참된 지식은 구원에 이르는 지식인데 이 지식은 성경 안에 하나님의 계시로 나타났는데 이 하나님의 계시는 삼위일체로서 자신을 계시하는 것으로 보았습니다. 이 진리가 인간과 교회와 국가를 향한 하나님의 구속역사를 하나님의 섭리가운데 이루신다고 보았습니다. 교회는 사도 신경대로 "성도의 교통"함에 이르러야 합니다. 그러기에, 첫째로, 교회는 하나님의 선택으로 말미암아 존립하는 것이며 하나님의 영원하신 섭리가 그럴 수가 없듯이 흔들리거나 약해지는 일이 없습니다. 둘째로, 교회는 성도가 그로부터 멀어지는 것을 마치 지체가 떨어져 나가는 것처럼 여겨 버려 두지 않으시는 그리스도의 확고부동하심과 결부되어 있습니다. 또한 우리는 교회의 품안에 머물러 있는 한 진리가 항상 우리와 함께 있음을 확신합니다(Inst., IV.1.3).

칼빈은 가견적인 교회는 신자들의 어머니로 봅니다. 우리 성도의 연약함 때문에 우리는 교회라는 공동체를 평생 떠날 수가 없다는 것입니다. 칼빈은 교회를 두 가지 의미로 보았습니다. 그는 불가견교회를 하나님께서 임재해 계신 교회를 은혜로 하나님의 자녀가 되고, 성령의 성별 하심에 의해 그리스도의 참 지체가 된 자들 외에는 아무도 들어갈 수 없는 그 곳을 의미합니다. 이러한 의미에서 불가견적인 교회는 현재 지상에 살고 있는 성도뿐만 아니라 세상이 시작된 이래 택함을 받은 자들 전부를 포함합니다. 반면에 가견적인 교회는 온 지구상에 흩어져 살면서, 한 분 하나님과 그리스도를 섬긴다고 고백하는 무리를 지칭합니다. 그런데 불가견적인 교회가 우리에게는 보이지 않을지라도 하나님께서 보는 것처럼 우리가 믿는 것처럼, 인간적인 관점에서 교회라고 불리우는 가견적인 교회를 우리는 존중해야 하며 그것과 교통해야 합니다(Inst., IV.1.7).

칼빈은 교회의 표적과 그 권위에서 보편적인 교회의 본질을 언급합니다. 그는 보편적인 교회란 모든 나라이로부터 모아진 큰 무리로서 각 곳에 흩어져 있으나, 하나의 거룩한 교리의 진리를 동의하며 또한 같은 신앙의 연결로 묶어집니다(Inst., IV.1.1). 칼빈은 교회의 지체로서 인정할 수 있는 성도에 대한 바른 식별은 첫째로, 우리와 함께 같은 하나님과 그리스도를 신앙고백하는 것입니다. 둘째는, 신앙고백하는 무리들과 모범적인 삶을 사는 것입니다. 셋째는, 성찬에 함께 동참하는 그리스도와의 교제하는 삶을 사는데 있습니다(Inst., IV.1.8).

칼빈은 참 교회의 표식과 권위를 이렇게 보았습니다. 참교회의 교식은 말씀의 전파와 성례전의 준수로 보았습니다. 하나님께서 교회의 교통을 위해서 참된 말씀의 봉사와 성례전의 봉사가 행하여진다면 그리스도교 공동체를 멀리하는 자는 교회의 권위를 무시하고 또한 하나님을 무시하는 행위와 같습니다. 그래서 교회로부터의 분리와 배반은 하나님과 그리스도를 부인하는 경우가 됩니다. 그러기에 우리는 이사악한 분열에 대하여 피하여야 합니다. 이같은 교회의 참된 일치를 향한 하나님의 진리를 무너뜨리는 자에게 하나님의 진노하심으로 멸망을 받아야 마땅하다는 입장이었습니다. 그는 하나님의 독생자와 맺어진 우리의 연합을 이루는 결혼을 파괴하는 불경한 불충성을 낳는 죄보다 더 가중한 범죄는 없다고 보았습니다(참조 엡5:23-32).

그래서 칼빈은 교회의 분열에 대한 경고를 했습니다. 교회 안에 추문이 있다고 해서 교회를 버려서는 안됩니다. 둘째로, 교회가 불완전한 거룩함이 있다고 해서 분열을 정당할 수 없으며 교회 안에서 용서함으로 거룩함에 이르도록 해야 합니다. 교회의 거룩함은 아직도 완성되어 있지 않습니다. 그러므로 교회가 거룩하다는 것은 날마다 향상하고 있으며 또한 거룩함의 목표에 도달해 있는 것은 아닙니다. 모든 교회의 지체들이 흠이 없는 교회가 되기를 원하십니다. 더욱이 그들은 거룩함과 완전히 순전함과 순결함을 열망하는 대로 다 이루지 못했지만 하나님의 자비로 인해서 인정함을 입는 것입니다(Inst., IV.1.17.).

칼빈은 교회의 본질적인 역할가운데 죄를 용서하는 사역을 꼽습니다. 인간들이 교회를 비방하려는 까다로움과 건방짐에 대하여 막무가내로 비판합니다. 교회가 아무리 작은 오점이라도 있지 않는 한 교회로 인정하지 않습니다. 죄용서가 없이 교회가 존재할 수 없습니다. 그러기에 하나님께서 성도의 교통함은 오직 자신의 자비로만 약속하십니다. 그러기에 우리들을 위한 죄용서는 최초로 교회와 하나님 나라로 들어가는 길입니다. 이것이 없이는 하나님과 우리들 사이에 언약과 계약을 맺을 수 없습니다(Inst., IV.1.1).

그러기에 주께서 죄용서를 받게 하심으로 우리를 단번에 양자를 삼으시고 교회로 들어오게 하시며, 또한 같은 수단으로 거기에서 하나님은 교회의 성도들을 보존하시고 또 보호하십니다. 우리 삶 가운데 너무나 많은 결점들을 인정하기에 전적인 하나님의 자비가 필요합니다. 그럼으로써 우리가 확고하게 믿어야 할 점은 하나님의 자비와 그리스도의 보혈의 공로와 성령의 성화케 하심을 통해서 죄가 용서되고 또한 매일 우리 삶에서 용서받음으로 인해서 그리스도의 몸으로 받아져서 접합됩니다(Inst., IV.1.1).

칼빈은 신자들의 공동체 안에서 용서하는 실례를 예증했습니다. 첫째로, 모든 신자들은 자신들의 죄용서 함을 추구한다는 것입니다. 둘째로, 하나님의 풍성한 은혜는 옛언약인 율법 아래에서도 죄있는 신자들에게 베풀어줍니다. 셋째로, 하나님의 풍성한 은혜는 옛언약 아래 있는 선지자들에게도 베풀어주십니다. 넷째로, 하나님의 풍성한 은혜는 새언약 아래에 있는 죄있는 신자들에게도 베풉니다. 다섯째로, 하나님의 풍성한 은혜는 과실이 있는 교회를 향하여도 있습니다(Inst., IV.1.23-27).

이처럼 칼빈은 하나님의 죄용서가 교회를 통해서도 용서함을 보여주는 교회의 거룩성과 교회의 보편성이라는 양면성을 바로 직시하고 있었습니다. 그러기에 칼빈은 교회의 연합 성을 이해하고 있었습니다. 그러나, 칼빈은 거짓 교회와 참 교회를 구별하면서 사도와 선지자의 교훈에 근거한 진리의 터와 기둥에 서 있는 교회라면 참 교회이지만 성경의 진리의 터에 서있지 않는 교회는 거짓 교회로 보았습니다. 그는 진리에 서 있지 않는 거짓교회의 대표가 로마교회로 보았습니다. 왜 로마교회가 거짓 교회로 그는 보았습니까? 첫째로, 교황이 지배하는 교회가 로마교회로 보았습니다. 그 이유는 교황교회는 하나님의 말씀을 대신하여 사악하고 기만으로 가득 차 있으며, 바로 이 점이 순수한 교회의 이미지를 흐린다고 보았습니다. 둘째로, 로마교회는 고귀한 요구를 하지만 사실은 하나님의 말씀을 들으려고 하지 않았기 때문입니다. 셋째로, 교황교회인 로마교회는 타락했기에 성별 되어야 합니다. 칼빈은 타락한 교황교회로부터 분리되어야 할 이유는 우상숭배와 미신과 불 경건한 교리에 의하여 더럽혀진 교황의 전제 아래에 있는 집회를 교회이기 때문입니다. 그렇지만 교황교회 안에 교회의 흔적은 있습니다. 그러나 칼빈은 교황교회는 적그리스도의 독재가 지배하는 집단으로 보았습니다(Inst., IV.2.9-17).

넷째로, 로마교회는 양심을 구속하는 개별적인 제도를 세웠습니다. 다섯째로, 모든 임의의 지배권은 하나님 나라에 대한 침해입니다. 여섯째로, 인간적인 제도를 가지고 성도들을 압제하는 것은 허락할 수 없습니다. 일곱째로, 로마교회의 제도는 하나님의 법을 거부합니다. 여덟 번째로, 로마교회의 제도는 무의미하며 무익합니다. 아홉째로, 로마교의 의식은 하나님을 모독하는 일입니다. 열 번째로, 로마교회의 제도는 그들의 몰지각에 의해 마음속에부터 유대인과 같은 괴로움을 입혀주었습니다. 열 한 번째로, 로마교회의 제도는 그들이 생각하듯이 교회의 제도라고 간주될 수 없습니다. 열 두 번째로, 로마교회의 제도들은 사도들 시대로 거슬러 올라가기는커녕 사도들의 전통에도 이르지 못합니다.(Inst., IV.10.6-14;17-18).

또 그러나, 칼빈은 참 교회인 개혁교회는 첫째로, 하나님의 말씀 위에 세워졌습니다. 둘째로, 그리스도의 머리되심은 일치의 조건으로 세워진 교회입니다(Inst., IV.2.4,6).

11. 예배신학

칼빈은 로마교회의 예배의식을 공인하는 교회제도는 폭군적이고, 무익하며 또한 성경에 위배되는 것으로 보았습니다. 그래서 그는 로마교회의 제도들이 배척할 것으로 보았습니다. 그 이유는 로마교회의 제도는 하나님의 법을 거부하기 때문입니다. 또한 로마교회의 제도는 무의미하고 무익합니다. 그러기에 그들의 의식은 조롱거리가 되기에 몰지각한 마음속에 유대인과 같은 괴로움을 주었습니다. 그러므로 의식이란 그리스도를 나타내 드림이지 결코 숨김이 아닙니다. 모세의 율법 아래에 있었을 때는 하나님을 신령하게 예배하는 일이 많은 의식(儀式)가운데 단지 윤곽은 거기에 함축된 형식에 의한 것입니다. 그러나 지금은 의식들은 모두 폐기되었습니다. 하나님은 좀더 단식한 형식의 예배를 받으십니다. 따라서 말씀과 일치하지 않는 이런 것들을 혼동하는 것은 그리스도 안에서 제정되고 확정된 질서를 전도(顚倒)시키는 일입니다. 예배의식은 그리스도의를 희미하게 만드는 것이고 아니고, 그 분을 들어내기 위해서 적용되어야 함을 주장했습니다. 그래서 칼빈은 인간의 정신적인 창안으로 고안해 낸 여러 예배의식들을 통해서 죄사함과 의와 구원을 받게 된다는 부패한 의식들은 하나님의 진노를 받는다고 말했습니다. 그러면서 로마교회의 지도자들이 탐욕으로 재주부려서 추잡한 돈벌이로 예배를 더럽히고 심지어는 교회 안에서 불경스럽고 모독적인 이상행위가 자행되기에 적극적인 예배의식의 개혁을 촉구했습니다. 그래서 칼빈은 인간이 고안해 낸 예배의식은 단지 시대적인 산물이고 영구한 교리에 해당치 않는다 고해도 실상은 모든 시대에 걸쳐서 유용하지 않는 것을 로마교에서는 고수합니다. 그러기에 교회의 예배제도가 그들이 생각하는 것처럼 교회의 제도로 간주할 수 없습니다. 로마교회의 제도들은 사도들 시대로 거슬러 올라가기는커녕 [사도들의 전통]에 조차도 이르지 못합니다 (Inst., IV.3.9-18).

그러므로 칼빈은 예배에 있어서 관습과 인간적인 창안들은 성경과 그리스도 자신에게서부터 비난을 받은 이유를 다음과 같이 열거했습니다. 첫째로, 교회가 권위를 끌어들이는 일은 성경의 증거에 위배됩니다. 둘째로, 인간의 계명에 따른 하나님을 예배하는 행위는 사악한 예배로 정죄했습니다. 세 번째로, 예배에 있어서 위협적인 과시가 아닌 참된 적당함(True decorum)이 배려되어야 합니다. 적당한 예배란 거룩한 진리에 대한 경의에 매우 적합하기에 그로 인해 경건의 수련에 적합하며 혹은 행위와 어울리는 장식입니다. 이 예배의식은 열매 없는 허무한 예배가 아니라 어느 정도의 절제와 경의가 내포된 거룩한 예배임을 신자들에게 깨달을 수 있어야 합니다. 이런 예배의식이 경건의 수련이기에 우리를 곧바로 그리스도에게 인도되어야 합니다. 이런 실 예는 바울 사도가 무질서한 성만찬 행위를 피하도록 권하고 있으며 그리고 공기도, 설교와 성례전의 집행을 위하여 시간을 정하는 일이며, 또한 규율을 유지하는 규정인 신앙문답 교육, 교회의 풍기단속, 수찬 정지, 금식 같은 내용에 대하여 제시하고 있습니다.(Inst., IV.3.23-24;27-29).

그래서 칼빈은 예배의식들은 그 수효가 절감되어지고 또한 유익 되어야 할 점을 세 가지로 말합니다. 첫째는 우리는 예배 관습조차 순수한 시행을 훼손하거나 훼방하는 부패한 오염이 숨어 들어오지 않도록 최대한 경계를 합시다. 그러기 위해서 모든 일에 그리스도의 안에 있는 자유가운데서 사랑이 요청하는 한에서 자신의 자유에 어떠한 필연을 자발적으로 부여해야 합니다. 둘째로, 이 인식은 우리로 하여금 미신에 좌우되거나 또한 다른 사람들에게 이것을 지키도록 지나치게 까다롭게 강제해서는 안됩니다. 더욱이 하나님께 예배드리는 의식이 많다고 해서 그만큼 더 나아진 것으로 평가해서는 안됩니다. 외부적인 규율을 지키는 방법의 차이로 인해서 다른 교회를 경시는 일을 해서는 안됩니다. 셋째로, 이 같은 바른 인식은 항구적인 규정을 파기하려는 것이 아니라 오히려 의식들의 모든 유익과 목적을 교회의 수립에 맞도록 시행되어야 합니다. 그러기 위해서 불 경건한 예배의 의식이 바로 정화되고 또한 개혁되어질 때에 비로소 교회는 두려운 미신에서 해방됩니다(Inst., IV.3.32).

12. 말씀 신학

말씀에 대하여 칼빈은 욥기 33장 1-7절을 본문으로 한 설교에서 이렇게 말씀하십니다.

첫째로, 칼빈은 말씀의 권위에 대한 인식을 강조합니다.

인간은 피조물로서 창조주 하나님 앞에서 인간의 자유가 곧바로 하나님께 영예와 영광이 되는 관계의 정립이 필수적인 요소로 보았습니다. "무엇보다도 유념해야 할 것은 하나님은 우리들에게 은혜를 주어 그의 이름으로 말할 때, 그의 말씀에 권위를 부여하는 것이 적합하며 또한 적절합니다. 우리가 피조물들을 볼 적에 혼돈이 생긴다면 우리가 마땅히 해야 할 일을 자유롭게 말할 수 없을 뿐만 아니라 하나님께 불명예를 더하는 일이 아니겠습니까? 한 사람이 어떤 나라의 왕으로 보내졌는데, 다른 사람들이 그를 멸시하고 또한 자기 의무를 회피하고 또한 그에게 위탁하였던 그 메시지를 전달해도 거역한다면 용서 못할 죄악이 아니겠습니까?"

둘째로, 말씀은 하나님을 향한 모든 권위 위에 경외로 이어지기 때문에 하나님을 향한 경배와 예배를 통하여 하나님께 영화롭게 하는 성도의 삶과의 관계를 맺어질 것을 강조합니다.

"하나님은 자신 앞에 전혀 무익한 먼지에 불과한 우리까지도 예배를 통해서 받습니다. 그는 자신의 말씀을 전달하는 고귀한 임무를 우리에게 부여함으로써 하나님은 모든 권위와 경외로 말씀이 전달되기를 바랍니다. 그럼으로써 하나님의 말씀이 사람들이 하나님의 말씀을 영화롭게 공개적으로나 자유롭게 이끌어내지 않는다면 엘리바스가 묘사한 것처럼 형벌이 예비 됨이 놀랄 일이 아닙니다."

셋째로, 하나님의 말씀으로 인하여 하나님과 인간 사이에 순종과 복종관계를 맺음으로써 하나님의 창조 목적을 성취하도록 합니다.

그러기에 하나님의 종들인 목사를 통해서 가르치는 직무는 인간의 오만함을 버리고 겸손함으로 나아가라는 것입니다.

"하나님의 말씀을 전파하는 자들은 목사처럼 가르치는 직무를 행하는 자입니다. 이들은 예레미야가 싸움 중에도 동(銅)처럼 담대하라고 한 것처럼 허무에 굴복되는 것에 대하여 비장한 결심을 합시다. 왜냐하면 세상 사람은 너무나 고집이 세기 때문에 무언가 위엄과 영예를 치켜올리려는 자들이기 때문에 하나님의 순종에 복속하려고 들지 않고 오히려 항상 그들의 뿔을 하나님을 대적하여 치켜듭니다. 인간들은 자신들을 창조하였고 또 형성하였던 주님께 스스로 복종할 수 없는 사실을 잊어버립니다. 하나님은 우리들에게 확실하게 견고성을 갖게 합니다. 또한 우리가 직무를 다할 때에라도, 하나님에게는 적의와 불쾌한 존재가 됩니다. 그럼에도 불구하고 우리가 굽힘없이 그것을 통과할 수 있습니다. 여러 분이 알다시피, 하나님의 말씀을 전하는 목사들로 임명된 점을 기억합시다. 모든 사람이 일반적인 훈계를 받는 일에 적합합니다. 그러므로 우리가 한 설교를 들으려고 올 때, 죄들로 인해서 책망받았을 때에 하나님을 화나게 하는 그 같은 거만함을 가져와서는 안됩니다. 우리의 등뒤가 가려울 적에 긁어줄 때에 화내는 그런 몹쓸 짓은 하지 않습니다. 하나님이 우리를 위해서 자신의 평화를 주려고 하는 것을 어리석다고 어림짐작해서는 안됩니다. 어떤 좋은 자질이 우리 안에 있다 고해도 핑계로 관대하게 질문해서는 안됩니다. 비록 우리가 왕들이라고 해도 하나님의 멍에를 받아들이고 경배하는 것이 적절합니다. 사도 바울이 말한 대로 모든 오만함을 제거합시다(고후 10:5)."

네 번째로, 하나님의 말씀은 온 인류와 온 세상을 통치하시는 수단이자 방법인 사실을 보여줍니다.

"복음서에는 큰 자나 작은 자나 스스로 하나님께 굴복해야 되며 또한 그에 의해서 다스림을 받습니다. (사도 바울이 그곳에서 말하는 것처럼) 우리가 오만함을 버리지 않는 한 주 예수 그리스도의 위엄에 대적하게 됩니다. 우리가 강제적으로이나 강권적으로 하나님께 순종하도록 기다릴 필요가 없고 모든 사람이 자발적으로 순종해야 합니다. 고귀한 신분에 있는 자들이 알아야 하며 왕들보다 더 높은 자라도 하나님의 진리의 가르침에 스스로 겸손해야 합니다. 그러면 왜 그럴까요? 그들이 이것을 알아야 했기 때문이 아닙니까! 설교하려고 보낸 주님이든지 하나님은 무엇 때문입니까? 모든 인류를 주권 적으로 통치를 갖고 있는 주님께 모든 사람들이 마땅히 복종합시다."

다섯째로, 말씀은 성령 안에서 우리 마음에 믿음을 줍니다.

칼빈은 말씀과 성령과 믿음을 전혀 별개로 분리하지 않습니다. 하나님의 말씀은 우리들의 맹목과 완악함 때문에 방해가 되지 않도록 우리에게 믿음을 주는데 충분합니다. 우리의 영이 매우 교만해져서 하나님의 진리를 굳게 잡을 수가 없기에 언제든지 하나님의 진리의 뜻에 대하여 맹목적입니다. 따라서 성령의 조명이 없이는 말씀은 아무 유익을 줄 수 없습니다. 우리의 심령에 성령께서 친히 강하게 붙들어 주시지 않는다면 하나님의 말씀을 이해할 수 없습니다. 더욱이 성령의 조명가운데 하나님의 말씀이 우리에게 주시는 하나님의 은사는 믿음인데 두 가지 방법으로 역사 하십니다. ① 하나님의 말씀을 맛볼 수 있도록 정화(淨化)하는 은혜와 ② 우리 심령을 진리 안에 굳게 세우십니다(Inst., III.7.33).

여섯째로, 말씀은 우리의 믿음을 확증하기 위한 성례 전을 통한 믿음의 확증을 위한 은혜의 방편입니다.

칼빈은 계약의 표지로서의 성례 전에서 자신의 말씀을 가르쳐서 계약 혹은 화해(창 6:18;9:9; 17:2), 또는 성례 전을 [계약의 표적]이라고 부릅니다. 그러기에 눈에 보이지 않는 선포되는 하나님의 말씀인 진리와 어거스틴이 말한 성례전인 눈에 보이는 말씀이 더욱 하나님의 약속을 생생하게 그림자처럼 생생하게 보여줍니다. 하나님의 말씀은 진리의 터라면 성례 전은 진리의 기둥으로 보았습니다. 칼빈은 우리의 믿음도 하나님의 말씀을 의지하는 것이지만 그 위에 성례전이 함께 하면 마치 기둥으로 받쳐지는 것과 같이 우리 믿음이 더욱 견고하게 된다고 말했습니다(Inst., IV.14.6).

13. 성례 전 신학(세례)

칼빈은 우리의 믿음을 견실케 하는데는 복음의 진리인 말씀과 더불어 성례 전을 말했습니다. 성례 전은 주 하나님께서 우리의 약한 신앙을 북돋아 주시고자 우리에게 대한 하나님의 자비의 약속을 우리의 양심에 인치 신 일의 외면적인 표적입니다. 그리고 한편으로는 우리의 편에서는 하나님과 천사들과 사람들 앞에서 자신의 경건을 간증하는 일입니다. 다시 말해서 성례 전은 외형적인 우리를 향한 하나님 은혜의 증거이며 또 한편 하나님을 향한 우리의 경건의 표현입니다. 그러나 로마교회는 성례 전에서 말씀은 제외시키고 표적으로서 성례 전 실행으로 인하여 미혹 적이고 또 미신적인 마법 적인 미사제도의 성례 전으로 변질되고 말았습니다. 이에 대한 개혁자 칼빈은 성례 전에 있어서 말씀의 진리의 회복을 바로 제시하고 있습니다. 성례 전은 첫째로, 증인으로서의 성례전이 되어야 합니다. 둘째로, 계약의 표지로서의 성례전이 되어야 합니다.

성례 전은 우리에게 대한 긍휼과 사랑을 말씀을 통해 주시는 것보다 더 명백하게 보여 주십니다. 그러므로 우리의 믿음은 성령의 능력과 하나님의 말씀에 의존케 하시는 성례 전을 통해서 더욱 확고해집니다. 그래서 칼빈은 말씀의 씨앗으로 비유해서 씨앗이 자라나서 열매가 맺는다면 성례 전은 말씀의 씨앗이 더욱 믿음으로 인해서 더 풍성하게 열매맺게 한다고 보았습니다(Inst., IV.14.1-10).

그래서 칼빈은 우리의 믿음을 굳게 하는데 말씀과 성례 전을 동등하게 보았습니다(Inst., IV.14.11). 그는 성례 전은 설교로 하여금 더욱 성도들에게 신앙을 부여하는 하나님의 은혜 방편으로 보았습니다. 특히, 성례전의 요소들은 하나님의 도구로서만 가치를 지닙니다(Inst., IV.14.12). 칼빈은 당시 로마교회의 성례전의 오용에 대하여 이렇게 경고합니다. 첫째로, 교황주의자들은 그들 자신이 은총을 베푸는 것이 아니라 그리스도 앞에서 그 분의 말씀만을 전하는 것입니다. 그러기에 그는 성례 전 자체에 신비한 힘이 있다고 보아서는 안 된다고 지적했습니다. 둘째로, 성례전의 표적과 사실 자체는 구별할 줄 알아야 한다고 강조했습니다. 세 번째로, 성례전의 의의는 우리가 이를 통해서 그리스도 안에서 믿음을 얻는데 있습니다(Inst., IV. 14.14-16).

칼빈은 특히 강조한 점은 성례전의 참된 직분으로서 하나님의 말씀의 직분과 서로 다르지 않다는 사실을 재확인했습니다. 그래서 그는 성례전의 직분은 그리스도를 주며, 눈앞에 보여 주는 동시에 그 분 안에서 하늘의 은혜의 모든 보배도 우리에게 주며 눈앞에 보여주는데 있습니다. 그러나 이것이 믿음으로 받아들이지 않는 한 아무런 유익이 없다고 보았습니다. 게다가 칼빈은 성례 전을 집행하는 일군이 외부적인 동작에 의하여 상징하며 증명하는 것은 하나님께서 내면적으로 활동하여 이루신다고 하는 사실에 주의합시다. 오직 한 분이신 하나님 자신에게 속한 것을 죽어야 할 인간에게로 돌리는 일이 없게 하십니다. 그래서 모세는 자기 직분에 따라서 눈에 보이는 성례 전을 집례하고, 하나님께서는 성령으로 말미암아 보이지 않는 은혜를 행사합니다(Inst., IV.14.17).

칼빈은 세례는 교회라는 공동체의 연합을 의미합니다. 따라서 이 세례를 받기 위해서는 그리스도와의 연합되어야 합니다. 그럼으로써 하나님의 자녀가 됩니다. 세례는 다음과 같은 목적으로 하나님께서 우리에게 명했습니다. 첫째로, 하나님께 대한 우리 믿음의 상징입니다. 둘째로, 사람들 앞에서 우리를 드러내고자 함입니다. 먼저 세례가 우리 믿음에 끼치는 영향은 주 하나님께서 우리의 거룩의 표적으로 삼으시고, 증거로 삼으시기 위하여 이를 우리에게 주셨습니다. 즉 우리의 죄가 전부 사해지고 도말 되고, 간과되어서 결코 하나님의 목전에 제출됨이 없고, 결코 기억되는 일도 없고, 또 우리에게 돌려지는 일도 없는 사실을 재 확약시키는 증명서입니다(Inst., IV.15.1).

세례의 효력은 첫째로, 말씀 없이 물 속에 있는 것이 아닙니다. 두 번째로, 세례는 전 생애를 통한 거룩함의 증거입니다. 세 번째로, 세례는 그리스도 안에서 고난과 죽음과 새로 태어남의 표적입니다. 네 번째로, 세례는 부활하신 그리스도와 연합의 표적입니다. 다섯 번째로, 신앙고백의 표적이 되는 세례입니다. 여섯 번째로, 세례는 확고한 믿음의 표시입니다. 일곱 번째로, 세례는 이를 집행하는 자들의 공로에 의존하지 않습니다. 여덟 번째는 세례는 회개의 지연으로 해서 무효가 되지 않습니다. 아홉 번째로, 세례는 다시 베풀지 않습니다(Inst., IV.15.1-17).

특히 재세례파들이나 침례교도들이 반대했던 유아세례에 대한

• 칼빈의 입장은 유아세례를 중요시 여겼습니다. 그는 유아세례는 그리스도께서 정하신 제도의 표적의 본질에 가장 잘 합치한다고 보았습니다. 구약의 할례와 유아세례는 양자의 차이는 외형적인 의식에 보고자 보았습니다. 유아가 계약에 참여하는 것은 정당한 것으로 보았으며 할례에서의 계약과 공통된 것은 유아의 세례에 있습니다. 또한 신약에 그리스도께서도 친히 유아를 초대하시고 축복하셨습니다. 그러기에 우리는 표적, 은총, 세례 등에서 유아를 제외시킬 수가 없습니다. 그는 유아세례의 대목이 성경에 없지만 가족세례를 통해서 얼마든지 유아세례를 입증했습니다. 칼빈은 유아도 그리스도 안에서 그와 함께 생활할 수 있다고 말했습니다. 또한 세례 받는 유아에게는 영적 효력이 발생하는 것으로 보았습니다. 유아세례는 어린이들에게서 세례의 표를 빼앗을 수가 없습니다. 성인의 세례를 다루는 성경의 말씀에서 더 이상의 증명할 것도 없이 유아에게도 세례를 베푸는 것을 적용시켰습니다(Inst., IV.16.1-8;17-23).

14. 성경해석학

칼빈의 성경해석은 성경이 선지자들과 사도들을 통하여 하나님의 성령이 계시하신 거룩한 교훈의 말씀으로 받아들였습니다. 그러기에 그는

첫째로, 계시의존 신학사상에 따라 철저하게 성경의 영감설에 기초로 하는 성경해석자이었습니다. 그래서 그는 문자 적인 성경해석과 성경 적인 해석방법을 취합니다.

둘째로, 그는 주석자, 설교자, 신학자, 목사로서, 개혁자가 되었던 이유는 바로 만물의 기원이 되는 창세기 주석에서부터 철저하게 하나님께서 그의 피조물을 유지시키며 또 통치하는 능력을 확신하는 하나님 주권 적인 성경해석과 하나님의 섭리론 적인 해석방법

을 취하여 왔습니다. 그의 성경해석방법은 신학적인 성경해석을 따릅니다.

세 번째로, 칼빈의 성경해석 방법은 진리 위에 세운 삶의 목적을 실현시키는 그리스도교적인 세계관과 인생관에 부합되는 합목적인적인 성경해석법을 추구합니다. 그의 성경해석 방법은 윤리적인 삶의 전체를 위한 해석법을 추구합니다.

네 번째로, 칼빈은 믿음의 해석방법을 취합니다. 그리스도인은 믿음으로 하나님을 선포하고 또 하나님을 승인하고 또한 명백하게 하나님을 들어냅니다.

다섯 번째로, 그는 개혁주의적인 성경해석을 추구했습니다.

여섯째로, 역사적인 성경해석을 추구했습니다. 그 가운데도 성경의 역사뿐만 아니라 교회역사를 통해서 더 나아가서는 세계의 역사와 이 세상의 구조 가운데서 그들에게 끊임없이 계시되고 있는 하나님의 영광의 놀라운 거울을 지나쳐 버리는 것은 바울을 통해서 인간의 무지와 어리석음이라고 보았습니다(John Calvin, Calvin's Old Testament Commentaries, Genesis, vol. I., Transtor. Rev. John King, Epistre, xxix, Grand Rapid Michigan: Wm. B. Eeerdmans Pub. Co, 1948).

일곱째로, 구속사적인 성경해석법을 사용했습니다. 그가 창세기 주석 헌사에서 노아의 대홍수에서 인류를 멸망시키는 하나님의 진노가 놀라운 것이며 동시에 인류의 부활을 위한 하나님께서 베푸시는 선하심과 은혜는 참으로 놀랍습니다. 이 유일한 사상만이라도 이 책에 대한 헤아릴 수 없는 무한한 가치를 지닙니다. 이 책 한 권만으로도 우리가 알아야 할 필연적인 인식을 더하여 줍니다. 이를테면 인간이 타락한 후에 하나님께서는 어떤 방법으로 그 분 스스로 교회를 택하셨으며, 하나님께 진정한 경배하는 일이 무엇이며 그리고 거룩한 조상들이 받은 신앙의 연단은 무엇이었으며 인간의 나태로 인해서 연약해진 신앙을 어떻게 순전한 신앙으로 회복했는 가를 보여줍니다. 그리고 언제 하나님은 특별히 선택한 자에게 값 없이 영원한 구원의 언약을 주셨는가를 잘 증언하고 있습니다 (Ibid., xxxi-xxxiii).

칼빈은 여덟 번째로, 개혁주의 교회론 적인 성경 해석법을 추구해왔습니다. 그래서 칼빈은 이렇게 말합니다. 로마교도들이 지금까지 얼마나 열렬하게 교회의 위선 된 명목을 이용하려는 어리석은 방법을 경종을 줍니다. 모세는 순전한 교회의 모형을 묘사하여 이런 망상을 제거함으로써 이 같은 공연한 큰 걱정을 버립니다....그러나 모세가 교회가 지적했던 순전한 교회의 모형으로 인해서 기형적인 교회의 변질을 막을 수 있습니다. 우리는 하나님의 순수한 교리를 따르는 사람들이 거의 술수에 불과하다는 사실을 발견할 때마다 경악과 실망 같은 것을 느낍니다. 또한 미신을 행하는 교회가 폭넓게 지지를 받고 위세를 떨치고 있는 것을 봅니다. 분명하게 하나님의 영이 선지자 이사야의 입을 통하여 유대 백성에게 명령하시기를 그들이 기원된 유일한 바위가 되시는 하나님을 바라보도록 명했습니다. 교회의 고귀함은 사람들이 많음이나 교회의 수효들이 많음에 두지 않습니다. 여러 곳에서 믿음의 부흥이 일어나야 함에도 불구하고 여전히 영적인 빈약한 상태로 처하여 있습니다. 또한 경건한 무리들이 흩어진 다음에 아무리 교회의 상태가 양호한 상태로 세워져 있더라도 그 교회는 쇠퇴하여 우리의 마음에도 놀라움을 주고 게다가 우리 속사람도 전체적으로 용기를 잃게 만듭니다. 그러나 이와는 대조적으로 우리는 모세의 역사 가운데서 교회가 완전히 황폐된 상태에서 교회가 건설되는 것을 보았으며, 그리고 완전히 황폐한 폐허에서 다시 교회가 재건되어 가는 모습을 보면서 하나님의 은혜를 확신하게 됩니다."(Ibid., xxxii).

아홉 번째로는 문헌적, 역사적 그리고 문법적인 해석법으로 안디옥학파의 전통에 서 있으며 칼빈은 안디옥 학파 사람들과 달리 성경을 그리스도론 적인 시각으로 본다는 점이 구별된다고 보았습니다(권호덕, 종교개혁, 신학의 내포적 원리, 서울: 도서출판 솔로몬, 1998, 346).

열 번째로, 변증 적인 해석법을 사용했습니다.

열한 번째로, 칼빈은 그가 죽기 일년 전인 1563년 7월 31일 제네바에서 창세기 주석 불어 서문에서 그가 취한 성경해석 방법은 '약식 주해(exposition sommaire)'을 취했습니다(Ibid., xxxv). 칼빈은 충분한 해설을 해주기를 바라는 사람도 있지만 칼빈은 지루한 설명을 피하는 두 가지 이유를 이렇게 말합니다. 첫째로, 장황한 설명으로 독자들이 읽는 것을 포기했기에 이러한 폐단을 극복하고 게다가 설명하는데 산만한 문체로 표현한다면 독자들의 지겨움을 가중시키는 것을 피하고자 합니다. 또 한가지는 간결한 주석을 통해서 온전한 판단력을 갖고 있는 독자들에게 애매한 부분이나 의심나는 것을 스스로 신빙성이 있는 사실로 믿게 해야 합니다. 그럼으로 인해서 신앙의 원리들의 뿌리에서 그리스도인으로서 꽃을 피우는 성숙한 그리스도인의 삶을 들어내야 합니다. 또 우리 앞에 세워진 그리스도의 푯대로 끈기 있는 노력으로 분발합시다(Ibid., xxxv).

칼빈은 약식주해의 성경해석법을 1539년 10월 18일에 스트라스부르그에서 로마서 주석을 출판하면서 헌사에서 이미 칼빈은 3년 전인 1536년에 그의 친구인 하이델베르크와 바젤에서 헬라어를 가르쳤던 교수인 시몬 그리네우스(Simon Grynaeus)에게 보낸 글에서도 분명한 입장을 보였습니다. 당시에 칼빈이 이미 선호했던 성경해석법은 간결하고 유용성(brevitas et facilitas) 해석입니다. 이 해석을 그의 말년에는 "약식주해(expostion sommaire)"고 명명했습니다. 그의 약식 주해해석법에서 해석자의 덕목을 투명한 간결성에 두었습니다. 그는 주해를 하는 자는 성경 기록자의 생각에서 범주에서나 목적에서 이탈하지 않도록 저자의 의도를 독자들에게 잘 인도해주어야 합니다. 또한 수많은 신학의 제기 점에 대하여 포괄적으로 이해를 도울 뿐만 아니라 너무나 장황하고 말이 많은 주석들에게 독자가 매이지 않게 돕도록 해야 합니다. 칼빈은 간결한 해석은 성경의 주해에 있어서 더 길게 또 더 폭넓게 주해하려는 주석 자들의 노력에 대하여 거부하거나 혹은 경시하려는 의도가 아닙니다. 그들도 너무나 지나치게 주해가 짧고 또한 지나치게 압축된 것에 대한 우려로 인해서 더 많은 주해를 합니다. 칼빈이 주해하는 목적은 하나님의 교회가 성취해야 할 좋은 결실을 맺기 위함입니다. 칼빈은 로마서 주석을 통해서 약식주해의 실 예로 삼고서 주석 했습니다. 칼빈은 필립 멜랑히톤(Philip Melanchton)은 학식으로나 근면성으로나 해석기술로나 그 이전에 있었던 모든 주석 자들보다 더 뛰어난 인물입니다. 그의 주석의 목표가 많은 주석상의 문제점들을 길게 또 심사숙고하여 비교하는 학문적이고 변증 적인 주석이기에 보통 사람이 이해하기에는 너무 어렵습니다. 그 다음으로는 불링거(Bulinger)는 쉬운 표현으로써 교리를 주석 했기에 광범위하게 주석해 나갔습니다. 부서(Bucer)는 저술에 뛰어난 인물인데, 그는 심오한 학식과 박학다식하고, 예리한 통찰력, 방대한 독서력으로 당대에 뛰어난 학자이었습니다. 당대에 그보다 더 정확하게도 성실하게 성경을 해석하는 이가 없을 정도입니다. 그러나 칼빈은 세 명의 뛰어난 성경해석자들에게 아쉬운 점은 교회의 공통적인 유익에 크게 기여하지 못했음에 유념합니다. 멜랑히톤은 주요한 문제들에 대하여 잘 다루어 성경해석에 주력했지만 현재 문제의 해결이 되는 성경해석에 대해서 너무나 많이 경시했습니다. 그렇다고 그가 다른 사람들의 관심을 전혀 배제하려고 했다는 것은 아닙니다. 부서는 다른 사람들에게 많이 빨리 이해하여 읽히도록 주안점을 두려고 하다가 그만 너무 많은 해석이 더 독자들에게 지루한 감을 주고 말았습니다. 그래서 칼빈은 가장 좋은 주석이나 성경해석은 독자가 판단을 내리는데 고통에서 벗어나게 하는 방식을 취했습니다. 그래서 독자들로 하여금 현재 다른 책들을 읽고 또 사역하면서 주석을 읽는데 시간 낭비를 하지 않도록 간결하게 매번 요점을 취급하기로 했습니다. 그래서 칼빈은 너무 지나치게 세밀한 분석에 대한 불평을 피하려고 노력했습니다. 더욱이 성경해석의 유용성에 대하여 무게를 두었습니다. 그는 종종 다른 주석가들 사이에 어떤 점에 있어서 불일치와 다른 점이 있을지라도 이 점에 대하여는 변함이 없었습니다. 우리의 편에서 해석의 차이를 바꿀 수는 거의 없지만 하나님의 말씀에 대한 경외 심을 갖아야 합니다.

그러기에 우리가 성경 해석하는데 있어서 깊은 사려와 겸허함으로 하나님의 말씀에 대한 위엄이 손상되지 않도록 해야 합니다. 한 죄로 인해서 하나님께 드려진 것을 타락케 한다면, 지구상에 가장 거룩한 성경의 가르침을 더러운 손으로나 혹은 악한 계획으로 주석 하는 이가 있다면 참을 수 없는 일입니다. 성경의 의미를 심사숙고한 사려가 없이 억측으로나 참람되게 다루어서 마치 장난감으로 변하게 해서는 안됩니다. 우리가 성경해석에서도 주력해야 할 점은 하나님의 비밀들을 논의하는데 있어서 경건을 향한 열정, 혹은 신앙과 겸양이 요구됩니다. 하나님은 자신의 종들이 완벽하고도 완전한 지식을 가지고 성경해석을 다할 수 있는 종들에게 축복을 베풀지 않습니다. 하나님의 분명한 해석상의 목적은 우리 해석자의 지식에 대한 한계를 인정하고 우리는 겸손해야 합니다. 게다가 우리는 우리 동료들의 필요로 하는 문제를 취급해 나가야 합니다. 우리가 더욱 바랄 것은 성경 주해하면서 우리들 사이에 지속되는 동의를 얻어내기 위한 현재 삶에만 바라보아서는 안됩니다. 우리는 선각자들의 견해들이나 미움이든지 야망이든지 혹은 혁신이든지 모함하려는 시험에 빠져들지 맙시다. 필요만이 우리를 강권하며, 또 우리는 선을 행하는 것 이외에 다른 목적이 있을 수 없습니다. 우리는 성경 주해하는 일에서나 신앙의 가르침에 있어서도 동일한 방식을 추구해야 합니다. 하나님 안에서 그의 백성이 바라는 동의는 바로 더 근신하도록 합니다(John, Calvin. Calvin's New Testament Commentaries, The Epistles of Paul to the Romans and Thessalonians, trans., Ross. Mackenzie, Grand Rapids, Michigan: Wm. B. Eerdmans Publishing Company, 1973, .1-4).

칼빈의 간결성 해석 방법에 대하여 ① 반 장황성 ② 축소성 ③ 보존성 ④ 관계성으로 보았습니다(안명준, 칼빈의 성경해석학, 서울: 기독교문서선교회, 1997, 64-79). 또한 그의 용이한 해석방법으로 ① 반 강요성 ② 반모호성 ③ 반억측성 ④ 단순성 ⑤ 적절성 ⑥ 자유성을 들어 설명했습니다(같은 책, 85-104).

칼빈의 일반적인 해석원리를 크라우스의 글 "칼빈의 주해원리(Calvin's exegetische prinsipien)"에서 8가지의 해석 원리를 제시했습니다.

① 간결성과 용이성
② 저자의 의도를 찾는 것
③ 저자의 상황에 한정된 역사적, 지리적, 제도적 환경을 조사하는 것
④ 본문의 참된 의미를 말하는 것
⑤ 본문의 문맥을 조사는 하는 것
⑥ 십계명과 같은 경우에 문 자적 의미를 뛰어넘는 것
⑦ 은유나 비유의 조심스런 해석
⑧ 그리스도 중심의 해석입니다(앞의 책, 안명준, 재인용, Calvin's exegetische prinsipien, Zeitschriftt für

Kirchengeschichte 79(1968), .329-341., "Calvin's Exegetical Principles", Interpretation 31(1977), 8-18). 칼빈의 성경해석법은 간결성과 용이한 실천적인 방법 위에다가 '내포적인 원리'를 포함시키는 것이 적합합니다. 권호덕은 칼빈의 성경해석에 있어서 '내포적 원리'는 '그리스도의 연합'이라는 논리 체계의 도움으로 '성령의 내적인 조명'이 새로운 피조물이 되는 근원과 원리입니다. 하나님 의존적으로 창조된 인간이 자율성을 주장하면서 하나님으로부터 이탈할 때 이들은 범신론적, 유물론적, 이론적인 사고 방식을 갖습니다. 이런 사고 방식은 자아 중심적 내지 이성 중심적인 사고방식을 갖습니다. 이 같은 자율적인 사고 체계로 이루어지는 성경해석은 개혁 신학을 왜곡하게 된다고 보았습니다(권호덕, 종교개혁 신학의 내포적 원리, 서울: 도서출판 솔로몬, 1998, 349). 그러므로 그는 개혁주의 내포적인 원리를 사용할 줄 알았던 칼빈의 성경해석의 체계를 성령의 주관성을 재확인했습니다.

열두 번째로, 칼빈은 성경해석에 있어서 약식 주해 해석법을 추구하면서도 교회의 공통적인 유익과 성도의 영적인 현재 필요를 채워주는 유용한 실천적인 해석법을 추구했습니다. 그러면서도 해석자의 한계와 오류를 인정하는 겸손과 겸양을 갖고서 하나님을 경외하는 신앙의 해석법을 취했습니다. 한 마디로 칼빈의 약식주해는 신앙 실천 성경해석을 추구했습니다. 이 문제는 당시 교회 개혁자로서 당시에 당면한 성도들의 문제에 대한 실천적인 대안을 제시하고자 했습니다. 그렇다고 해서 칼빈이 성도의 현세적인 문제를 중심으로 해결하는 실용주의적인 성경해석이 아니라 성도의 영적인 필요를 위한 대안으로 오는 실제적인 문제를 해결하려는 실천적 신학에 기초로 하는 성경해석을 추구했습니다. 그의 시편 주석 서문에서도 단순한 문체로 성경해석을 했던 이유는 모든 허식을 멀리 벗어나게 함에 두었으며, 이로 인해서 다른 사람들의 의견에 대한 논박도 삼갔습니다. 또한 그가 반대의견에 대하여 특별한 이유가 없는 한 결코 언급하지 않은 침묵으로써 독자들이 의심과 당혹에서 벗어나게 함입니다. 그리고 그의 성경해석은 바로 교회의 공통적인 유익인 교회의 교화에 더욱 힘을 기울었습니다(John Calvin, Calvin's Old Testament Commentaries, Psalms, vol. I., Transtor. , Epistre, ,Grand Rapid Michigan: Wm. B. Eeerdmans Pub. Co, 19).

15. 설교신학: 목회자(설교자)와 박사(교사)

칼빈은 말씀직분인 목회자인 설교자의 직분과 성례전의 직분을 동등하게 보았습니다. 성례 전은 설교에 대한 언약을 재 확증케 하시는 하나님의 말씀과 은혜의 방편으로 보았습니다. 칼빈의 설교에 대한 견해를 살펴보면서 박사인 교사의 직분에 대하여 아울러서 살펴보기로 합시다. 바울이 고린도에 있는 성도들에게 행한 설교에 대하여 하나님께서 어떻게 유효하게 역사 하셨는가를 기억하는 내용에서 이렇게 밝혔습니다(고후3:6).

설교는 성령의 권능을 떠나서 이해할 수 없는 연합이 되어 있습니다. 설교는 성령 안에서 우리의 심령이 밝혀지고 감동케 이룹니다. 또한 다른 곳에서도 바울은 말씀의 농부들이 성령의 도움이 없이는 전혀 열매가 없다는 것을 증언합니다. 농부는 토지를 갈고 씨를 뿌리며 애써서 일하는 것뿐입니다. 이제 뿌려진 씨가 자라는 것은 하늘로부터 오는 은혜가 아니고서는 이루어질 수 없습니다. 물을 준다고 해도 자라게 하시는 이는 하나님이십니다(고전3:6-9).

그러기에 사도들은 하나님께서 영적인 은혜를 증거하기 위하여 친히 택하신 그릇을 사용하는 성령의 힘으로 설교를 드러냅니다. 그러기에 이 점에 대하여 분명하게 구별해 두어야 합니다. 즉, 우리 인간이 스스로 할 수 있는 일과 오로지 하나님께만 고유한 일과 구별하여 잘 염두해야 합니다(Inst., IV.14.17).

칼빈은 하나님에 의하여 주어진 직분은 고귀하고 동시에 필요한 역할로 보았습니다. 하나님께서 사람을 섬기기 위해서 하나님이 왜 일군을 부르시는 이유는 몇 가지로 제시합니다. 첫째로, 우리 인간이 얼마나 중요한가를 보여주십니다. 즉 하나님은 인간들 가운데서 자신을 대리하여 사신(使臣)의 직분(고후5:20)을 이 세상에서 행할 자를 선택하시고 그를 자신의 감추인 뜻의 해설자나 또는 자신을 대표하는 자로 삼으심으로써 인간을 존중하십니다. 둘째로, 하나님은 우리에게 주의 말씀에 복종하게 함으로써 가장 유익한 태도인 겸손을 길러줍니다. 셋째로, 한 사람이 목자로 세움을 받은 후 다른 사람들을 가르치고 제자로 임명된 자들이 한 입으로부터 같은 교리를 받는 일이 우리가운데서 형제우애를 갖도록 하는 울타리가 됩니다(엡4:4-16).

칼빈은 성직의 중요성은 하나님께서 교회를 통치하면서 인간에게 주어지는 직분이 성도들을 하나로 규합시키는 주요한 열쇠가 됩니다. 그러기에 교회는 구원의 처소로써 주님을 기쁘시게 하는 바 직분 맡은 사역 자들에 의해서 온전하게 지켜 질 수가 없습니다. 칼빈의 직분 가운데 특히, 말씀을 전하는 직분의 중요성에서 이 직분은 복음으로 봉사하는 교회 안에 고귀하고 또 영광스러운 직분입니다. 설교자는 하나님의 지혜를 깨닫게 하시고 하나님의 뜻을 선포하십니다. 교회에서는 목사와 교사의 직분이 없어서는 안 된다고 보았습니다. 이 두 직분의 구별은 칼빈의 견해대로, 교사(박사)는 교회훈련, 성례전의 집행, 경고, 권고에 참여하지 않고, 다만 성경 강해만 하며, 참되고 건전한 교회가 신자들 가운데서 보존하도록 합니다. 그러나 목사의 직분은 이 모든 것들을 포함합니다(Inst.,

IV.3.1-4).

칼빈은 목사의 직분은 복음을 전파하는 일과 성례 전을 집행하는 일로 보았습니다. 결국 사도가 전 세계에 널리 행한 그 일을 목사는 그들에게 분할되어 있는 양무리에게 행합니다. 목사는 지정된 교회에 헌신해야 합니다. 그렇다고 다른 교회를 도울 수가 없다는 것은 아닙니다. 칼빈은 본래 목사는 감독, 장로, 목자로서 교회를 다스리는 사람이지만 특히, 장로는 목사만을 의미하지만 시대의 변화에 따라 목사로서 장로만이 아니라 목사를 돕고 협력 하는 동역자로서 장로가 후에 생기게 되었습니다(Inst., IV.3.6-8).

더욱이 집사는 가난한 자들을 돌보는 일을 맡은 직분 자를 말합니다, 칼빈은 로마서 12장 8절을 인용하여 집사에도 두 종류가 있다고 보았습니다. 한 종류는 구제사업을 봉사하는 교회의 공적인 직분 자로서의 집사가 있고, 또하나는 가난한 자들과 병자를 돌보는 과부로서 교회의 공적인 직분이 없지만 섬기는 봉사자들이 있습니다(Inst., IV.3.9).

칼빈의 설교신학은 하나님의 말씀인 계약을 통해서 하나님의 창조 목적을 이루시는 것입니다. 이 창조의 약속을 성취하시는 하나님의 계약수행으로써 설교의 중보자적인 설교신학을 제시하고 있습니다. 이 하나님의 계약을 성취시키는 일군들로서 목사인 설교자를 부르셨습니다. 이 설교자는 하나님의 입으로서 다음과 같은 말씀의 신학을 기초로 해서 하나님의 뜻을 교회와 이 세상에서 성취하시기를 바랍니다. 첫째로, 칼빈은 말씀의 권위에 대한 인식을 강조합니다. 둘째로, 말씀은 하나님을 향한 모든 권위 위에 경외로 이어지기 때문에 하나님을 향한 경배와 예배를 통하여 하나님께 영화롭게 하는 성도의 삶과의 관계를 맺어질 것을 강조합니다. 셋째로, 하나님의 말씀으로 인하여 하나님과 인간 사이에 순종과 복종관계를 맺음으로써 하나님의 창조 목적을 성취하도록 합니다. 네 번째로, 하나님의 말씀은 온 인류와 온 세상을 통치하시는 수단과 방법인 사실을 보여줍니다. 설교신학은 하나님께서 창조주 하나님께서 교회를 통해서 더 나아가서는 세상가운데 있는 우리 인간들을 통해서 하나님의 언약 아래서 살게 하도록 초청하고 결단케 하고 순종케 함으로써 하나님의 섭리와 구원과 천국으로 나아가게 만드는 하나님의 말씀신학입니다.

16. 교육 목양관

칼빈의 목양관은 에베소서 주석에서 교회는 모든 경건한 자의 공통되는 어머니로서 왕이나 농노라도 주안에서 낳고 양육하고 다스립니다. 그래서 이로 인해서 목회의 사역에서 이루어진다고 보았습니다. 목회사역은 교회가 다스리고 또 세워지는 질서 안에서 모든 면에서 온전한 그리스도의 몸된 지체가 되는데 있습니다. 광신자들이 말하는 것처럼 온전한 그리스도인이 되는 것이 하루만에 이루어지는 것처럼 말하는 것을 배척하고 오히려 목회사역은 일시적인 것이 아니라 예비학교처럼 우리가 이 세상에 사는 동안 평생 교육 목양관을 갖고 있습니다. 그래서 칼빈은 광신자들이 우리가 그리스도께로 인도함을 받은 순간부터 목양이 필요가 없다고 주장하는 어린아이와 같고 초보적인 상태를 알지 못하는 교만한 자의 소리를 제쳐두고, 바울의 가르침인 성도의 패 역한 삶의 과정에서 우리 모든 부족함을 채움을 입을 때까지 그리스도의 스승이 되심을 따라서 죽음을 때까지 영적인 성장이 이루어져야 한다고 보았습니다. 그럼으로 인해서 교회의 제자들이 되는 일에 부끄럼을 당해서는 안되며 또 이것이 그리스도께서 위임된 본분으로 보았습니다.

그래서 칼빈은 첫째로, 우리 본성의 연역함에도 불구하고 그리스도께로 전적으로 모든 성도들이 함께 더 가까이 나아가는 삶을 돕는 것이 목양으로 보았습니다. 이로 인해서 우리가 붙잡히기 쉬운 무지와 불 신앙을 넘어서서 '믿음의 일치'를 이루는데 있습니다.

둘째로, 칼빈은 참된 믿음의 일치라는 것은 하나님의 아들이신 오직 예수 그리스도 안에 품는 삶에 두었습니다. 그래서 주님만 알고 또 그 주님만 알려고 하는 삶의 자세를 견지합니다.

셋째로, 목양은 그리스도 안에 장성한 분량에 이르는 것입니다. 그리스도밖에 있는 그 무엇이든지 해롭고 또 파괴적입니다. 사람인 그리스도 안에 있으면 그는 모든 면에서 온전해집니다.

넷째로, 복음의 단순성에서 벗어난 사람들의 모든 가르침으로 인해서 그리스도의 순수한 가르침을 사단은 어둡게 하려고 합니다. 그래서 하나님은 우리의 믿음의 선한 싸움을 원하십니다. 그래서 우리는 그리스도와 그의 사도들부터 받은 바를 통해서 큰 힘을 얻습니다. 하나님의 말씀을 열매맺지 못하게 만드는 로마교의 교황의 교리들은 우리들을 속이고 시험에 인도합니다.

다섯째로, 목양은 우리가 이성과 판단이 부족한 어린아이처럼 되게 하는 것이 아니라 더 확고케 함은 이제 우리로 하여금 진리 안에서 성장하여 기뻐하게 함입니다. 이 진리는 사랑 안에서 진리만이 아니라 사랑과 더불어 있는 진리를 나누고 교제케 함입니다.

여섯째로, 우리 성도의 전체적인 성장과 성숙은 그리스도의 영광을 더욱 더 들어내는데 주력합니다. 칼빈은 그리스도의 영광을 들어내는데 성도들 사이에 세 가지 점을 유의시키고 있습니다.

① 교회의 머리되신 그리스도를 중심으로 하는 각 지체인 성도들이 생명이나 영적인 건강을 유지하기 위해서 서로 돕는데 있습니다.

② 각 지체들의 필요에 따라 교통하며 부족한 것을 채워주는 분배에 있습니다.

③ 서로 교통하는 사랑 안에서 교제를 나눔으로써 그리스도의 몸인 교회와 각 성도가 강건해야 합니다. 일곱째로, 그리스도의 교

회가 사랑에 의해서 세워짐으로 인해서 저절로 그리스도의 사랑을 확증하는데 있습니다(John Calvin, Calvin's New Testament Commentary on the Galatians, Ephesians, Philippians and Colossians., Trans., T. H. L. Parker, Grand Rapids Michigan: WM. B. Eerdmans Publishing Company, 1974, 181-185).

칼빈은 요한 복음 주석에서 목양은 그 자체가 너무나 힘이 들고 또 괴로운 직무인고로 교회를 충실히 섬기며 양무리를 먹이는 사역을 하는 자는 자신이 다른 사람들보다 더 고귀한 직무이라고 여기지 않고서 감당할 수 없습니다. 사단은 좋은 목사의 용기를 모든 장애물을 만들어 놓고서 산산조각이 나게 하거나 혹은 약화시킵니다. 게다가 많은 사람들의 감사치 않는 무례와 사랑이 없음을 인해서 목양의 사역들로 인해서 지칩니다.

여덟 번째로, 그리스도의 사랑에 붙잡힐 때에 모든 장애를 극복합니다. 교회의 다스림에 부름을 입은 자는 적합하고 또 올바르게 사역을 시작하는데는 그리스도의 사랑에서 출발합니다. 그리스도의 교회의 영적인 통치에 목사에게 하나님께서 맡기심은 인간의 원하는 대로 세우심이 아니라, 그리스도만이 교회의 유일한 목자이심을 목회자는 알아야 합니다. 주께서 다스리는 양 무리에게 구원의 가르침과 목양케 하심은 주님께서 자신이 영혼의 진정한 양식이 되십니다.(John Calvin, Calvin's New Testament Commentary on the St. John and The First Epistle of John., Trans., T. H. L. Parker, Grand Rapids Michigan: WM. B. Eerdmans Publishing Company, 1974, 219-223).

17. 정치신학

칼빈은 한 정부 아래 이중 형태로 영적 정부와 시민 정부 사이에 차이를 두었습니다. 영적 정부는 영혼에서든지 혹은 내적인 사람이 영생에 속한 것을 충족시켜 주는 세계라면, 시민정부는 시민 정의와 영적인 도덕성을 세우는 세계입니다(Inst., IV.20.1).

칼빈은 본질적인 구별을 하지만 두 정부는 서로 정반대가 되지 않습니다. 영적 그리스도의 내적인 왕국은 천국의 시발로부터 지상에 있는 이미 우리 안에서 있음으로써 죽을 수밖에 없는 허무한 삶에게 죽지 아니하고 또한 썩지 아니하는 축복의 확실한 예조(豫兆)를 가져다줍니다. 그런데 시민 정부는 우리가 사람들 가운데 살아있는 한 그 명확한 목적은 하나님을 외적으로 예배할 수 있도록 마음을 품게 하고 보호케 하시며, 신앙의 건전한 교리와 교회의 위치를 수호하게 합니다. 이로써, 우리의 생활이 사회인으로서 적응토록 하며, 우리들의 사회적인 행동이 시민 정의구현을 통해서 서로 간의 화해를 가져옴으로써 전체적인 평화와 평정을 촉진시키기 위함입니다(Inst., IV.20.2).

칼빈은 시민 정부가 신령 상의 필요와 제재를 인정했습니다. 그래서 위정자의 직무는 하나님으로부터 부름을 받았는가에 대한 적합한 여부를 살피는 것이 아닙니다. 위정자의 본질적인 직무는 직무의 권한의 범위에 있습니다. 그러기에 법이 정하는 바대로 그리스도인은 정부로 인해서 통치를 받아야 합니다. 게다가 마지막으로, 법이 얼마나 국민에게 유익을 주어서 위정자에게 순복할 줄수 있는 법률이 되어야 합니다(Inst., IV.20,3). 그래서 위정자는 하나님에 의해서 임명되어졌습니다. 그러나 바울이 더욱 명확하게 언급하는 바는 정의를 실현하는 경우에서 한합니다. 위정자들은 하나님의 위탁자들로서 충성스러워야 합니다. 그리고 통치의 본질적인 바른 인식이 필요로 합니다. 그는 정부의 다양한 형태에서 폭정에 대하여 경계를 늦추지 아니했습니다. 하나님께서 원하시는 정부형태로 변모할 필요를 제안했습니다(Init., IC.20.8).

위정자의 통치원리가 성경에 기초하는 관심을 갖아야 합니다. 다시 말해서 선량한 사람을 악인의 그릇됨에서 신변을 보호해주며, 또 억압받는 자를 돕고 또 보호해야 합니다. 악한 흉악범들로 인해서 공공 평안을 깨뜨리는 자나 소란케 하는 공공연하게 악행을 자행하는 자들에게 응벌할 수 있는 강력한 공권력으로 무장해야 합니다. 정말로, 저의는 수호되고, 옹호되고, 보호되고, 변호되어서 무죄한 자에게 자유를 구가토록 합니다. 그러나 심판은 불 경건한 자가 뻔뻔스럽게 대항하려던가, 그 악한 자들의 폭력에 억압하기 위해서 악행에 대한 응벌이 따라야 합니다(Inst., IV.20.9).

위정자의 공권력의 사용은 경건한 신앙과 조화가 되어야 합니다. 그래서 칼빈은 위정자가 두 가지 면에서 주의가 필요합니다. 첫째로, 치료할 수 없을 정도로 과도한 징벌로 인해서 상해를 주는 것이 없도록 주의합시다. 두 번째로, 온후한 미신적인 태도인 가장 잔인한 점잖은 태도로 은근히 많은 사람들을 파멸로 몰아가는 방관하는 무책임한 통치입니다. 네르바(Nerva)의 치세동안 허락 받을 수 없는 군주 아래서 백성이 산다는 것도 정말로 나쁜 일입니다. 그러나, 모든 일이 허락되어졌다는 한 군주 아래서 사는 것은 훨씬 더 악합니다(Inst., IV.20.10).

그리스도인들은 법정에 재판할 수 있지만 미움과 복수심으로 해서는 안됩니다(Inst., IV. 20.17). 또한 그리스도인들은 우호와 공정함으로 공익을 대변하는데 어떤 수욕이라도 감수해야 합니다(Inst., IV.20.20). 바울은 고소하려는 심령을 정죄하지만 모든 재판을 정죄하지는 않습니다. 그리고 그는 부당한 통치자들까지도 경외함으로 순종한다는 입장입니다(Inst., IV. 20.22-24). 이에 대하여 악한 통치자에 대하여 하나님의 심판이 임하기에 성경에 악한 왕들이라도 순종해야 한다는 입장입니다(Inst., IV.20.26). 정의실현은 신하들의 몫이기보다는 하나님의 역할임을 확증해줍니다. 아무리 합헌 적인 위정자들은 왕들의 폭정을 살펴 주의해야 합니다. 모든 지도자들이라도 먼저 하나님께로 순종하러 나와야 합니다. 하나님께서 중재하실 때에 이따금 부지불식간에 대행 자들을 사용하십니다.(Inst., IV.20.30). 마지막으로 칼빈은 사람에게 순종이 하나님께 불순종이 되지 않도록 촉구합니다(Inst., IV.20.32).

그는 하나님의 섭리가운데 영적인 국가인 그리스도의 나라와 지상국가인 시민 국가 사이에 구별을 하면서도 하나님의 나라를 실현하는 과정가운데 지상에 있는 시민의 국가로 보았습니다. 그리스도인은 영적인 하나님의 백성이면서도 여전히 지상의 백성인고로 하나님의 천국 백성으로서 시민정부는 천국백성으로서 살아가는 과정으로 보았습니다. 이 시민정부는 하나님이 하나님 백성에게 하나님의 영광을 위한 하나님 통치의 영역으로 삼았습니다. 칼빈은 두 영역의 국가가 하나님의 주권아래서 두 가지 역할을 갖는 통치구조를 인정했습니다. 칼빈은 국가와 영적인 그리스도나라의 구별과 동시에 하나님의 하나된 통치주권과 두 영역사이에 일치된 정치관과 정치신학을 갖고 있었습니다. 그러므로, 하나님이 없는 국가나 정치는 이 땅에 존속할 수가 없었습니다. 다만 하나님의 나라와 더욱이 그의 의를 실현하는 국가건설이 인류의 평화와 하나님의 정의를 실현하는 길이 됩니다.

18. 문화관

칼빈은 토마스 아퀴나스의 자연과 은총 관을 거부했습니다. 거기에는 세계가 상하로 구분되어 있어서 상층부의 세계는 신앙이 주관하고 하층 부의 세계는 이성이 지배합니다. 이 견해에 의하면 은총은 종교, 윤리, 신학, 교회를 포함하며 자연은 인간의 모든 자연적 활동을 포함하는 문화영역입니다. 저급한 영역으로서 자연으로 여겼기에 아퀴나스가 죽은 후에는 문화의 전 영역을 교회의 지배 아래 두었으며 신학의 종이 되었습니다. 유명론 철학자 오캄의 윌리암(William of Occcam)은 여기에 반대하여 두 영역을 서로 대립하는 위치에 놓았습니다. 그는 예술과 농업과 상업과 무역을 교황의 지배에서 구출했지만 그것을 영주들과 제왕들에게 돌려주고 말았습니다. 그리하여 그는 국가 통체문화의 제창자이며 최초의 현대주의의 철학자가 되었습니다. 이에 대하여 칼빈은 교회와 국가를 병행하여 제3영역 즉 존재와 법을 갈라놓은 생활 영역을 주장했습니다(Henry R. Van Til, 칼빈주의 문화관, 이근삼 역, 서울: 영음사, 1972, 137).

    칼빈은 그리스도인의 자유의 효력과 성격에서 외적인 것으로부터의 자유에서 이 제3의 영역을 "아디아포라(adiaphora)" 즉 선하지도 않고, 악하지도 않은 외적인 것들에 관하여 하나님 앞에 구애 받지 않고, 어떤 때에는 그것들을 이용하고 다른 때에는 무관심하게 묵살해도 좋다고 하는 것입니다(Inst., III.19.7).

    이는 곧 양심의 재판소인데, 교황도 왕도 그 고유한 권리를 침해할 수 없다고 보았습니다. 이 영역은 개개인의 취미나 의견 같은 별로 의의가 없는 일에만 관계하는 것이 아니고 음악, 건축, 기술교육, 과학, 사회의 축제 및 의식주에 관한 모든 문제를 포함합니다. 칼빈은 그의 그리스도인의 자유론에서 이 모든 광범위한 생활영역을 교회와 국가로부터의 해방을 선언하므로 인간으로 하여금 양심을 통하여 하나님 앞에서만 책임을 지도록 했습니다. 따라서 칼빈의 이러한 그리스도인의 자유론은 그의 문화 신학과 철학의 기초가 되었습니다.

제 2 절 칼빈주의가 끼친 영향

첫째로, 칼빈은 교리, 개인생활, 교회생활의 개혁뿐 아니라 그리스도의 이름으로 문화전체를 개혁하려는데 있습니다.

이 특성을 네 가지로 살펴 볼 수 있습니다.
(1) 칼빈주의는 그리스도교와 문화 사이의 이분법(二分法)을 상정하지 않습니다.
(2) 창조 신적 계시의 보편성, 율법의 지위에 관한 심오한 통찰력 덕분에 칼빈주의로서는 비록 창조주와 피조물 간의 관계에서 성경 적인 교리를 고수하면서도 신적 영역과 활동을 인간의 영역과 활동으로부터 무조건 구별하지 않습니다.
(3) 문화를 포함한 일체의 생활이 신율적(theonomous)입니다. 즉 하나님과 그분의 법에 종속되어 있다는 점에서 의미를 갖습니다.
(4) 주권 적인 창조주 하나님의 능력은 또한 역사의 과정을 주관하십니다(스탠포드 리드 편, 칼빈이 서양에 끼친 영향, 로버트 D. 너드센, 문화적 세력으로서의 칼빈주의, 홍치모·이훈영 역, 서울: 크리스챤다이제스트사, 16). 칼빈주의 문화관은 하나님이 인간에게 부여한 신성한 사명의 집행입니다. 하나님이 인간에게 부탁한 문화의 책무는 이 우주의 모든 자원을 활용하여 하나님의 목적에 부합되게 더 고귀하고 또 순준이 높은 문화 세계로 승화시키며, 인간의 본성에 숨겨진 재능을 끌어내어 보다 나은 인간의 세계를 구현하는 것입니다. 이렇게 문화개발에 참여한 사람이 그 모든 개발된 문화 유산뿐만 아니라 피조물의 전체를 인간과 자연의 왕이신 하나님 앞에 드려야 합니다. 왜냐하면 인간은 하나님의 형상대로 지음 받았으며 만물은 인간과 함께 하나님을 위하여 창조되었기 때문입니다

(폴 마샬, 칼빈주의의 기본사상, 박세환 역, 서울: 개혁주의신행협회, 2000, 77).

그러므로 그리스도가 문화의 세계에서도 왕이신 것을 알리기 위해서, 주님의 소명을 받은 어느 자리에서든지 그리스도 위에 세운 그리스교적 이념을 실현하는데 전력을 기울이는 것이 바로 세상의 문화개혁입니다.

둘째로, 법을 통한 하나님의 통치에 대한 원리를 보여주고 있습니다.

피조물 전체가 하나님의 법에 의해 설정된 제한 아래 놓입니다. 어떠한 피조물도 이러한 제한이 없이는 의미를 가질 수가 없습니다. 인간의 주권은 항상 설정된 한계 안에 머무릅니다. 역사에 있어서 칼빈이 가장 높이 평가되는 주요한 주제는 입법자로서의 그의 성공에 기인합니다. 그는 입법자로서 선구자입니다. 그의 정치학설은 새로 개척된 원리들 위에 사회적 제도의 확증 안에서 전개되었습니다. 그는 확실히 그는 독창적으로 정치적 체계와 법률적 체계를 건설함으로써 후대의 민주주의 제도에 심대한 영향을 주었습니다. 이에 대한 실증으로써 [링컨과 성경 그리고 정치]에서 칼빈의 신앙이 '하나님 앞에서(Coram Deo)' 라는 신앙이라면 링컨의 신앙은 ' 하나님 아래서(Sub Deo)' 이었습니다. 링컨은 남북전쟁을 통해서 대통령으로서 하나님의 주권 앞에 겸손하게 일하는 하나님의 청지기로서 시대적인 사명을 깨닫고 직무를 통해서 겸손을 배우고 또 실천했습니다. 그는 하나님 안에서 주시는 성경에 약속한 진리로 말미암아 '자유'를 노예해방을 통해서 이루었습니다. 이 모든 진리 안에서 자유와 정의의 실현은 '하나님 아래서'의 신앙으로 살았던 겸손한 하나님의 사람이었습니다. 그의 온 생애를 위대하게 이끌어

준 가장 큰 원동력은 무엇보다도 성경이었습니다(박세환, 링컨과 성경 그리고 정치, 서울: 개혁주의신행협회, 1998, 18). 이처럼 링컨은 미국 노예해방이라는 인권해방과 미국 민주주의의 실현에 앞장섰던 것입니다. 링컨은 칼빈과 동등한 성경의 법에 근거로 하는 하나님의 통치원리를 몸과 정치로써 실현한 인물이었습니다.

셋째로, 시민의 자유를 위해서 신장시키는 영향을 크게 미쳤습니다.

칼빈주의는 자연권 설에 대하여 두 가지 의미 있는 영양을 주었습니다.

① 이 인간의 자연권이 하나님의 주권과 성경의 권위라는 기본 이념과 함께 상호관련을 시켰습니다.

② "자연권"설은 국가에 관한 다른 여러 가지 학설들처럼 필요한 개혁을 가져올 힘이 없었던 칼빈주의가 폭군 앞에서 국민의 자유와 권리를 옹호함에 유효하도록 변화시켰습니다.

칼빈주의자는 폭군 앞에 항거할 때마다 정치적 자유의 추진하는 원동력은 하나님의 주권에 대한 확신입니다. 칼빈주의자가 굳게 믿는 인류의 전적타락에 대한 견해에도, 자유의 영을 지원했습니다. 칼빈주의가 자유발전의 기여는 위대한 선택 교리로 인해서 이 세상에서 살면서 소명과 사명을 갖고서 한층 더 고상한 영적이고 도덕적인 의무를 감당했습니다(155).

넷째로, 교회와 국가에 대한 바른 인식과 역할을 조화롭게 발전하고 또 견제할 수 있는 바른 영역의 인식을 심었습니다.

국가와 교회의 관계는 서로 조화하며 협력하는 관계이어야 합니다. 두 영역은 다 하나님의 기관입니다. 양자는 다 죄를 제지하려는 기관으로서, 전자는 일반은총 영역에 속하고 후자는 특별 은총 영역에 속합니다. 이 두 영역들이 다 적극적으로 사회의 도덕적 이상을 추진시켜서 하나님 나라로 전진케 하나니 국가는 간접적으로 그렇게 다스립니다. 그러기에 국가는 교회가 하나님 나라를 건설하는데 교회의 진로를 가로막는 장애물들을 제거해주며 교회는 직접적으로 하나님 나라를 건설합니다. 국가와 교회가 다 이 세상의 끝날에 가서는 제도의 존재는 계속되지 않을 것입니다. 다만, 초자연적 방편으로, 설립된 살아있는 유기체 또는 하나님 나라로서의 교회는 영원히 계속될 것입니다. 그러므로, 이 두 기관은 하나님이 맡긴 책무들을 실현하기 위하여 가능한 대로 최대한 조화를 이루도록 일할 것입니다(169).

다섯째로, 칼빈주의는 국제주의와 국제법의 향상에 크게 영향을 주었습니다.

'국제주의'는 한국가로서 다른 국가에 대하여 혹은 일반적으로 여러 국가들에 대하여 가질 관계를 취급합니다. 또한 이 국제간 상호 관계에서 있어서 모든 국가를 지배하는 법전이 국제법이라고 봅니다. 칼빈주의자는 한편으로 치우친 국제주의(one-sided internationalism)를 찬동할 수 없고, 한편으로 치우친 국가주의(one-sided nationalism)도 찬동할 수 없습니다. 교회에서도 마찬가지로 칼빈주의가 일방적인 집합주의나 일방적인 개인주의를, 둘 다 강하게 반대해왔습니다. 그와 공통되는 동일한 사실이, 국가적 모든 문제들을 규정하는데 있어서도 같은 문제로 우리에게 당면합니다. 곧 우리는 국제적 관계를 무시하는 국가주의도 우리는 찬성할 수 없으며 개인주의를 무시하는 국제주의도 찬성할 수 없습니다. 양자가 이 시대의 문화생활에 적합하도록 발전시켜야 합니다(181). 우리는 각국의 문화를 자유롭게 발전시키면서 국제법에 의하여 적절하게 상관된 관계를 유지하면서 규제를 받을 수 있는 한 가족의 국가군(群)을 형성하는 글로벌 지구촌이 되도록 합시다. 칼빈주의자는 "국가의 연합"을 목적하는 이상이 성경 적인 이상을 포함하는 것으로 수용합니다. 그렇다고 해서 바벨론 같은 초 무신론적인 국가나 제국을 건설하는 것을 지지하는 것은 아닙니다. 국제연합이 적그리스도의 왕국의 도구가 될는지 모른다는 가정적인 이론에서 현재 국제연합에 가입하거나 또는 국제활동을 거부해서는 안 됩니다. 국제연합의 가치를 인정하는 것은 책임이 있는 한계 안에서 국가적 단위의 독립성을 믿는 것과 불 의한 침략을 부단히 반대하여 온 것과 도적 같은 행동에 항쟁하여 국제법을 옹호하여 온 일이기 때문입니다. 그러기에 이 기관이 악영향을 주기보다는 확실하게 선한 영향을 국가간에 주기까지 우리가 지지하고 후원하고 참예합시다(190).

여섯째로, 죄의 지속적인 영향가운데서도 정치적인 소망과 인류를 향한 구원의 소망을 심어주는 그리스도의 재림과 그리스도의 나라의 실현으로 오는 참된 세계관과 종말관을 줍니다.

제 3 절 칼빈신학의 청교도 적인 변화

1553년 7월 6일 에드워드 VI세의 갑작스런 사망은 영국 역사상 가장 비극적인 시기를 맞이했습니다. 아라곤의 카다란(Catherine of Aragon)과 헨리 VIII 세 사이에서 낳은 메리 튜더

(Mary Tuder)공주가 여왕으로 즉위했습니다. 그녀는 자기 모친과 같이 로마교인이었으며 광적이고 병적인 인생관을 갖고 있었습니다. 그녀는 영국으로 하여금 1553년에 즉위하여 '피의 여왕'으로서 영국을 깊은 영적인 환난을 만들어 내는 장본인이 되었습니다. 이 때에 버킹함셔의 아머샴(Amwersham) 교구 교회에서 존 낙스는 에드워드 왕이 서거 후 10일 만에 그의 생애에 놀라운 감동적인 설교를 했습니다. 그것은 바로 영국에서 박해의 에고를 알리는 예언적인 설교이었습니다. 낙스는 6개월 간 더 영국에 머물면서 각처에서 설교했습니다. 크랜머와 개혁주의적인 주교들은 투옥되고 몇 개월 후에는 화형을 당했습니다. 메리의 5년 간 통치하는 짧은 동안 286명의 개혁주의 지도자들이 화형과 처형을 받았습니다. 전에는 칼빈의 이름이 영국에 알려졌지만 그의 개혁 선배들인 피터 마터(Peter Martyr, d. 1562), 마르틴 부서(Martin Bucer, 1491-1551), 불링거(Bulliger,)만큼 존경받지 못했던 때이었습니다. 메리 튜더의 치세기간인 1553-1558년 대략 800여명이 대륙을 피신했는데 그 중 약 삼분의 일이 제네바로 갔습니다. 칼빈의 제자인 존 낙스(John Knox, c. 1514-1572)와 크리스토퍼 굿맨(Christopher Goodman, fl. 1560)이 시무 했던 제네바 영국인 교회에는 무려 233명이 회중이 등록하고 있었습니다. 낙스와 굿맨은 칼빈이 번역했던 제네바 역 성경(Geneva Bible)과 제네바 교회개혁의 체험과 칼빈의 가르침으로 세워진 강력한 성경신학을 가지고 영국으로 가지고 갔습니다. 영국 망명객들이 1559년 고국으로의 귀환이 이루어지자 영국교회에 미친 칼뱅의 영향력을 막대했습니다. 1560년 스코틀랜드가 영국의 원조를 얻어 프랑스군을 추방함으로써 프로테스탄트 교회의 공식적인 설립을 위한 활로를 개척하게 됩니다. 1547년에서 1559년 사이에 개혁신앙의 발전이 가장 주목할만한 특징입니다. 스코틀랜드에 개혁주의 사상이 각계 각층에 뿌리를 내리고 있

었습니다. 그러자 낙스는 1554년 3월초에 프랑스로 망명했다가 다시 스위스에 있는 몇몇 교회를 방문한 후 존 칼빈을 제네바에서 만나고 얼마동안 정착했습니다. 낙스는 칼빈의 권유로 1554년 11월에 위팅함(Whittingham)과 함께 협동목사로 프랑크포르트(Frankfort)로 갔습니다. 메리 튜도르 여왕의 박해를 피해 영국에서 망명해 온 영국 교인들이 모여 있었습니다. 시의회와 프로테스탄트 지역 사회는 아주 친절하고 인정을 베풀었습니다. 프랑스 개혁교회의 예배형식을 따른다는 조건하에, 영국 난민들은 프랑스 교회 건물을 사용하게 되었습니다. 예배의식 문제와 에드워드 VI세의 예배서 사용 문제가 발생했습니다. 이 문제를 낙스는 해결하고자 했으나 옥스퍼드 대학 명예총장인 콕스(Cox) 박사를 위시로 하는 일단의 영국 난민들이 도착하면서 예배의식 문제로 화해를 이루지 못했습니다. 이들은 개혁 교회인 들의 환대를 받으면서도 성공회 의식을 지켜야 한다고 고집했으나 프랑스 교회와 맺은 계약에도 아랑곳하지 않았습니다. 프랑스 개혁교회의 약속도 무시해 버리고 말았습니다. 그들은 너무나도 무례하게, 낙스가 황제 찰스 I세를 반역했다고 고소했습니다. 프랑크포르트는 황제 치하의 도시인만큼 시의회는 충격을 받고 낙스에게 떠나 줄 것을 간청했습니다. 많은 낙스의 지지자들은 6km까지 눈물을 흘리면서 뒤따라 왔습니다. 낙스도 눈물로 작별했습니다.

개혁자 낙스에게 이것은 쓰라린 시련의 경험이었습니다. 1555년 9월 13일, 그는 다시 제네바로 돌아와서 곧 제네바 영국 난민교회의 협동목사가 되었습니다. 1556년 7월초에 제네바의 사랑하는 양떼들에게로 돌아왔습니다. 2년간은 그의 생애에 있어서 가장 행복한 목회자의 생활을 맞이했습니다. 그의 교회에는 탁월한 실력과 경건을 소유한 자들이 있었으니, 그 중에는 엑스터(Exeter)의 전 주교 마일즈 카버데일(Miles Coverdale)도 있었습니다. 그는 마음이 꺼림칙해서 스위스 제네바에 망명 중이었습니다. 그는 장로교회의 장로직을 기꺼이 감당했습니다. 제네바는 진정 그리스도인을 훈련시키기에 놀라운 학교이었습니다. 존 낙스가 이끄는 영국 난민 교인들은 칼빈의 [기독교강요]에 제시된 교회 정치의 형태를 채택하여 개선했습니다. 영국 난민 교회를 가르쳐 '최초의 퓨리턴 회중'이라고 볼 수 있습니다. 다만 개혁시대에 이런 사상의 원리들을 철저하게 구현한 최초의 조직교회가 생긴 곳이 제네바이었습니다. 이후에 엘리자베스 여왕의 독재적인 교회정치에 굴복하기를 거부한 많은 퓨리턴 지도자들이 제네바의 난민교회 출신이었습니다. 제네바에서 우리는 영국의 푸리 탄 사상과 스코틀랜드의 장로교 사상이 가장 가깝게 조화한 비결을 찾을 수 있습니다. 낙스의 지도 아래 제네바에서 작성된 「공동치리서(The Book of Common Order)」가 오랫동안 스코틀랜드 교회의 공중예배 지침서가 되었습니다. 또한 제네바의 교인들이 시편 찬송가를 시작했습니다. 존 낙스와 초기 영국 퓨리턴의 입장이 본질적으로 다르다고 하는 주장은 잘못된 것입니다(에이 엠 렌위크, 스코틀랜드 종교개혁사, 홍치모 역, 서울: 생명의 말씀사, 1980, 86-89).

 1557년 낙스는 4명의 스코틀랜드 지도급 귀족들로부터 귀국하라는 긴급한 요청을 받았습니다. 그는 다시 귀국하기는 싫었지만, 1557년 10월 24일 디페(Dieppe)에 도착하자마자 귀국하는 것이 지혜롭지 못하다는 두 통의 편지가 기다리고 있었습니다. 1557년 12월 3일 '끈(Band)' 혹은 '계약(Covenant)'이라고 하는 엄숙한 계약을 체결했습니다. 백성의 영주들은 백성들에게 "우리의 모든 힘과 재산과 우리의 생명까지도 바쳐 하나님의 가장 복된 말씀과 그의 회중을 보호, 제시, 확립하기로" 제시했습니다. 이 "계약"은 프로테스탄트 지도자들의 누그러져 가는 정신을 회생시켜 교회개혁사에 전기를 마련했습니다. 여러 해 동안 '회중(Congregation)'이란 용어는 복음적인 교회개혁을 진지하게 받아들인 스코틀랜드의 모든 교인들을 지칭하는 것으로 사용되었습니다(90).

제네바 교인들은 낙스가 스코틀랜드로 돌아갈 수 없는 사정을 알고서 제네바 피난민 영국인 교회의 담임 목사로 다시 선출했습니다. 1558년 3월 그는 다시 자기가 그토록 사랑하던 도시에서 목회자로 취임했습니다. 그가 목회를 하다가 1559년 5월 10일 섭정 앞에 소환 당한 그의 형제 설교자들을 수행하기로 결심했습니다. 1560년 6월 10일 여왕 섭정의 죽음으로 평화협상이 앞당겨졌습니다. 1560년 6월 16일 영국과 프랑스 특사들이 평화협상을 체결하려고 만났습니다. 어려운 협상 끝에 7월 6일 드디어 에든버러 조약이 체결되었습니다. 에딘버러 조약의 체결로 프랑스군과 영국군이 스코틀랜드에서 철수했습니다. 그 조약에서 1560년 7월 10일에 의회를 소집하되 프랑스의 왕과 여왕이 소집 위임장을 보내기로 하였습니다. 의회는 1560년 8월 17일 신앙고백서를 승인했습니다. 이로 인해서 스코틀랜드 국민들의 신앙을 표현하는 것으로 간주되었고 성경의 자리를 떠난 로마교 교리들은 강력하게 거부되었습니다. 스코틀랜드 교회개혁의 원리에 대한 특징을 살펴봅시다. 첫째로, 성경을 신앙과 행위의 최상의 규범으로 보고 성경으로 돌아갔습니다. 둘째로, 개혁자들은 사적(私的) 판단 권의 원리를 주장했습니다. 셋째로, 모든 신자들의 제사장직을 강조했습니다. 넷째로, 성경에서 명백하게 인가된 것 외에 교회의 예배나 교리에 아무 것도 첨가할 수 없음을 강력하게 주장했습니다. 다섯째로, 스코틀랜드 개혁자들은 초대 교회의 사도성으로 돌아갔습니다(136-145). 이처럼 칼빈의 제자이며 또 동역자인 존 낙스는 스코틀랜드 교회의 개혁은 영국 교회의 개혁을 향한 불씨가 되었습니다. 로이드 존즈는 그의「청교도 신앙(The Puritans)」에서 청교도주의와 그 기원에서 청교도주의란 용어는 1567년까지 쓰여지지 않았다가 이후로부터 사용되었습니다. 1570년 후반과 1580년대 초반에 리챠드 그린함(Richard Greenham)과 리챠드 로저스(Richard Rogers)에 의해 시작되었으며, 17세기초까지 살았던 위대한 윌리엄 퍼킨스로 이어져 발전했다고 하는 일반적인 입장을 수용합니다. 그런데 로이드 존즈는 내픈(Knappen)이 튜더 왕조 시대의 청교도주의(Tudor Purtianism)에서 말한 것에 동조하여, 청교도주의는 1524년 월리암 틴데일(William Tyndale)에게서 찾아보는 것은 청교도주의는 태도요 정신인데 틴데일에서 두 가지를 엿봅니다. 그는 장애를 극복하는 방법가운데 감독들의 승인이나 재가를 받지 않고 성경을 번역하여 출판했습니다. 두 번째로는 왕의 승낙 없이 영국을 떠나서 독일로 갔습니다. 거기서 루터 등의 도움을 얻어 위대한 일을 마무리지었습니다. 그는 전통이나 권위의 문제보다 진리를 앞세우는 것을 의미하며, 자기가 진리라고 믿는 방법으로 하나님을 섬길 자유를 주장하는 일이었다고 보았습니다(마틴 로이드 존즈, 청교도신앙, 서문강 역, 서울: 생명의 말씀사, 2000, 252).

그런데 칼빈을 넘어서 영국에서는 칼빈주의가 알려지게 된 것은 제네바에서 칼빈의 후계자였던 데오도르 베자(Theodore Beza, 1519-1605)였습니다. 사실은 장로교 교회정치의 복잡한 세부사항들은 베자에 의해 발전되었으며 주로 카트라이트와 월터 트래버스(Walter Travers, 1548-1635)에 의해 영국에 이식되었습니다. 이들 양인은 1571년 당시 베자의 휘하에 있었으며, 카트라이트 자신은 제네바 아카데미에서 가르치기도 했습니다. 영국에서는 칼빈의 평판이 더욱 높아져서 1600년까지 무려 90여종에 달하는 칼빈의 저서들이 영국에서 출판되었습니다. 베자의 저술로 인해서 영국에서 칼빈의 이름이 더욱 인기를 얻었습니다. 이렇게 된 이유는 윌리엄 퍼킨스(William Perkins, 1558-1602) 덕분입니다. 퍼킨스는 1577년 케임브리지 문학사 학위를, 1584년 말경에 그는 성 앤드류스 대예배당의 권위 있는 강단의 설교자로 임명되었습니다. 그는 16세기 말경이 되자 퍼킨스는 칼빈과 베자를 대신하여 영국 내에서 신앙서적 베스트 셀러의 제일의 인물이 되었습니다. 그는 구원론에 대한 글을 썼으며 또한 수년간 교회론 적인 운동은 비공개적으로 진행되었습니다. 그것이 훗날 문제로 제기되었을 때에, 급진적 교회론 자들은 단순히 장로교도와 분리주의자에 그치지 않고 독립 파까지 포함했습니다. 분리주의자와 독립 파는 모두 회중교회 정치 형태를 지지했지만, 후자는 이를 영국 교회 내에서 실현하고자 노력했습니다. 퍼킨스는 그의 논문과 설교에서 교회론 적인 문제에 관해서 일체 초연한 입장을 취하였습니다. 퍼킨스는 베자의 제시한 것과 마찬가지로 유효한 소명의 대상을 이 말씀에 근거로 해서 입증하려고 했습니다. "더욱 힘써 너희 부르심과 택하심을 굳게 하라 너희가 이것을 행한즉 언제든지 실족치 아니하리라"(벧후1:10). 이 성경의 말씀은 영국 칼빈주의의 성경적 모토가 되었습니다(스탠포드 리드 편, 칼빈이 서양에 끼친 영향, 홍치모, 이훈영 역, 서울: 크리스천다이제스트, 1993, 244, 249). 퍼킨스는 베자의 타락전 예정론을 「황금사슬」에 받아들였을 뿐 아니라「예정의 방식과 순서 (De Praedestinationis Modo et Ordine)」를 저술하면서 이 타락전 예정론을 좀더 상세히 논구하였습니다. 퍼킨스는 이를 "칼빈주의 교리"라고 불렀습니다. 그 이유는 첫째로는, 그는 자기와 베자의 견해를 칼빈의 입장으로 생각했습니다. 둘째로, 그는 칼빈의 책을 철저히, 또는 비판적으로 읽은 적이 없었습니다(252). 성직자들의 역사적인 회의는 1643년 7월 1일 웨스트민스터에서 121명의 성직자들이 최초로 소집되었으며, 그들은 교회론 상의 차이점은 있지만, 구원론의 문제에 있어서 의견이 일치되었습니다. 1644년 8월 20일 회의는 신앙고백을 기초하기 위해 스코틀랜드의 대표자들과 연합하기 위한 위원회를 임명했습니다. 그리고 웨스트민스터 신앙고백 신학은 믿음과 확신을 분리함으로써 웨스트민스터 신학은 노골적인 표현을 사용하지 않고도 퍼킨스의 추종자들이 직접적인 행위(믿음)와 반성적 행위(확신)로 부르게 되었던 그 사상을 거듭 진술했습니다. 웨스트민스터 신앙고백의 신학은 일반적으로 칼빈주의적인 것으로 간주되고 있습니다. 그러나 그것은 오히려 베자-퍼킨스 전통의 결정이라고 보아야 옳습니다. 웨스트민스터 신학은 여지없이 1640년대와 마찬가지로 계속 칼빈주의로 부려질 것입니다. 그러나 그것은 사람으로 하여금 "직접적인"(믿음의) 행위에 의해 "나에게 그리스도는 일천 증거보다 낫다"고 단언하게 만들만한 부류에 속하지 못하는 것입니다(262).

제 7 장

칼빈의 말년과 유서

1562년에는 어떤 면에서 프랑스 교회들이 평화와 자유를 누릴 수가 있었던 것은 12년동안 프랑스 전역에 개혁 그리스도인들을 로마교회를 통해서 야만적인 학살이 바시(Vassy)에서 일어나는 처참한 프랑스의 내전가운데서 종식을 위한 정략적인 교황주의자들의 간계와 기즈(Guize) 경이 유인하자 나바르렝(Navarrene) 왕이 형식적인 칙령에 의해서 이루어졌습니다. 이 프랑스 내에 자행된 교황주의자들의 잔혹한 개혁 그리스도인들에 대한 박해와 살생으로 인해서 그 오랫 동안 칼빈이 받은 심한 마음의 상처는 말로 할 수 없었습니다. 이 때에도 칼빈이 조국 교회를 도울 수 없는 자신의 연약함으로 인해서 받은 고통이 더욱 그를 쇠약하게 했지만 더욱 하나님께로 더 나아가는 생활로 매진했습니다. 그럴수록 그는 모든 계층의 사람들에게 위로와 권면을 그치지 않았으며 신학강좌도 계속해서 해나갔습니다. 더욱더 그는 프랑스 내 종교 시민전쟁으로 인해서 가장 부당하게 박해받아 가혹한 행위를 저지른 프랑스 로마교에 대한 재판을 위해서 콩드(Conde) 왕자와 모든 경건한 성도들의 이름으로 프랑크포트에 열리는 가장 경배할만한 신앙고백서를 제국회의에 제출하게 되었습니다. 독일인들이 프랑스 내에 개혁 그리스도인들과 교회들이 표명하는 신앙고백이 가장 부당하게 그릇된 신앙교리 때문에 환난을 당하는 것처럼 오해하는 부분과 비난에 대하여 말끔히 정리하고자 했습니다. 이런 국외의 프랑스 개혁교도들이 처한 현실에 대하여 언급하는 것은 전혀 가치가 없는 일이 아닙니다.

    1562년 12월 19일 주일날에 생긴 일인데 칼빈은 통풍으로 인해서 꼼짝도 못한 채로 침상에 누워있게 되었습니다. 북풍이 세차게 불어오고 있다고 침상에 누워있는 이틀째 되는 날에 여러 사람들이 듣는 자리에서 이렇게 말했습니다. "이게 무슨 일이 일어날지는 모르겠지만 밤사이에 내게 일어났던 일 중에 내가 무언가 잠자리에서 들었는데 군부대가 진군하는 북소리가 크게 들려왔었네. 나 자신도 믿어지지 않는 일이지만 그게 실제 상황은 아니었을 것이네. 제가 여러 분에게 간곡하게 부탁드리는 것은 기도합시다. 무언가 중대한 일이 벌어지고 있는 게 틀림이 없어요. 몇 일 후에 드뢰(Dreux)에서 바로 그 날밤에 격렬한 전쟁이 일어났다는 소식을 접했습니다.

    다음 해인 1563년에는 칼빈의 질병이 더욱 심화되어져 갔습니다. 이로 인해서 수 없이 병고로 시달리면서도 강하고 또 고귀한 마음을 지탱하면서 조금 건강이 호전되면 여전히 사역에 힘쓰고 계셨으니 병고로 인해서 점차 육신이 무너져 갔습니다. 그런데 병가를 얻지 않고 자신을 허비하지 않으려고 일을 찾아 힘썼습니다. 정말 사실은 가장 어려운 고통이 아니라면 기꺼이 공무를 집행하는 일조차 절제할 수 있을 텐데, 그가 자택에 머무르는 동안에도 너무 피곤에 지쳤음에도 불구하고 상담하는 자들에게나 아는 사람들의 질문에 답변을 아끼지 아니했습니다. 이런 예로써 그가 병상에 있으며 요양을 하면서 까지 성 삼위일체를 참람하게 부인했던 폴러(Poles)에 대한 심중한 충고들이라는 답변을 말과 문서로 그의 형제들의 편으로 노용 노회로 전달했습니다. 모세 오경 가운데 4권의 주석을 라틴어로 썼지만 후에는 자신이 프랑스어로 다시 썼습니다. 그의 마지막 사역 기에 이르기까지도 여호수아 주석을 집필했습니다. 그가 이 때에 이 주석을 집필하기 시작해서 그가 죽기 바로 직전에 완결했습니다.

1564년은 칼빈에게 영원한 행복이 시작되었지만, 우리들에게는 가장 크고 견디기 어려운 슬픔이 시작이 되었습니다. 2월 6일에는 천식이 심화되어 말을 할 수 없을 정도라 그의 마지막 설교가 되었습니다. 그 이후로 이따금 회중 모임에 이끌려 갔지만 3월에 마지막 날인 그가 공적인 예배에 참여하는 마지막이 되었습니다. 그리고 그는 설교의 직무를 전혀 감당하지 않았습니다. 그의 질병은 몸과 마음에까지 복합적으로 치명적인 영향을 주었던 것을 그의 치료 의사였던 몽트페러(Montpelier)에게 보낸 서신내용에서 잘 보여줍니다. 선천적으로 가냘프고 또한 허약한 몸을 타고났으며 쇠약한 편이었는데, 그가 거의 자지도 아니하면서 설교와 강의와 구술하는 일에 연중을 거의 다 보냈습니다. 그는 10년동안이나 저녁 식사 외에는 거의 식사할 겨를이 없었습니다. 그래서 그의 몸이 쇠약한 증세가 생겼습니다. hermicrania 병을 치료하는 것은 금식하는 일이었는데 이로 인해서 하루 반정도로 식사를 하지 못하는 경우가 다반사이었습니다. 그래서 한편으로는 그의 목소리가 떨리고 또 한편으로는 몸을 과도하게 사용함으로써 위궤양으로 고통을 받았으며 그가 사망하기 직전 5년 전부터 상당한 많은 피가 흘러나왔습니다. 4일 열이 그를 떠났을 때는, 그의 오른쪽 사지가 통풍으로 괴롭혔습니다. 이 따 끔씩 복통으로 시달렸습니다. 또한 그가 사망하기 몇달 전까지도 결석 병에 대하여 잘 알지 못했습니다. 의사가 최선을 다하여 치료하고 또 처방했지만 정신력인 많은 활동과 자신의 건강을 잘 관리하지 못함으로 인해서 설교할 차례가 되어서 두통으로 인해서 방해를 받기도 했습니다. 그가 병고로 겪는 고통이 너무나 심한 경우에는 튼튼한 사람이라면 내뱉을 수 없는 그리스도인에게 적합하지 못한 말로 들릴 수 있는 말을 했습니다. 그가 형제들의 어려운 형편을 당할 때마다 했던 "오 주여, 얼마나 오래 살게 하십니까?"라고 술회했습니다. 이 말은 밤낮으로 고통받아 신음할 때 났던 탄식소리이었습니다. 우리는 구술하거나 혹은 저술하는 일로 너무 과로하기에 병석에 눕는 것을 조언하고 간청했지만, 그는 "주께서 내게서 게으름을 찾으시면 난 어떻게 하겠소?" 3월 10일에 우리가 원하던 대로 그를 친히 뵈려고 찾았습니다. 우리는 그가 정작하고 항상 글을 쓰거나 묵상하던 그의 작은 책상 앞에 앉아 계셨습니다. 우리를 보자, 그는 얼마동안 침묵을 지키면서 그가 연구하면서 하던 습성대로 한 손으로 이마에 손을 대고서 한참만에 온화한 웃음으로 반기면서 말을 걸어 왔습니다.

"친애하는 내 형제들이여, 저의 일로 염려를 끼쳐서 죄송스럽습니다. 행실의 견책하는 날로 이미 정해진 때인 15일 이내로 목사회에서 저는 마지막으로 뵙고자 합니다. 제 생각으로는 그 때에 가서 주께서 저에게 결정한 사실을 밝힐 것이며 나의 모든 생애의 결과를 친히 주장하실 것입니다."

따라서, 3월 24일에 진행된 행실을 견책하는 날에 그가 말했던 대로 자신을 나타내었습니다. 주께서 자신에게 짧은 휴식을 주시는 것이라면 자기의 손에 프랑스어로 된 성경의 뒤편에 메모된 내용에 따라서 형제들의 잘못된 점을 엄숙하면서도 꼼꼼히 살펴 품행을 교정케 하려고 노력했습니다. 전날 이 일로 인해서 너무 피곤해서 기진맥진한 상태이었습니다. 3월 27일에는 두 사람의 수종 자들이 시의회 청사 입구까지 모셨습니다. 거기서 학교의 세 학장으로 선출된 사람을 위해서 모자를 벗어서 자신을 영접하는 사람들에게 감사의 표시를 나타냈습니다. 특별히 시의회에서 자신의 마지막

병상생활에 대해 보여준 후의에 대하여 고마움을 전했습니다. 그가 말했습니다. "제가 이 자리에 서는 것이 마지막일 것입니다." 이 말을 더듬거리면서 하는 말을 들은 사람들이 흐느낌과 눈물을 흘리는 가운데 자택으로 떠났습니다. 1564년 4월 2일에는 부활절이었는데 비록 많이 육신이 쇠잔했지만 교회로 모셔져서 모든 예배를 드렸습니다. 칼빈은 나의 손에서 떼는 성찬 떡을 받으면서 다른 성도들과 함께 떨리는 음성으로 찬송을 불렀습니다. 그가 곧 죽으러 가는 자의 표정과 같지 않게 기쁨으로 찬양을 드렸습니다. 4월 25일에는 다음과 같은 일을 마감했습니다.

칼빈의 유서

하나님의 이름으로 아멘. 주후 1564년 4월 25일에 제네바 시민이며 공증인 나 피터 체나라(Peter Chenalat)는 증언하고 선언하는 바는 제가 제네바 교회의 하나님의 말씀 사역 자이며 제네바의 시민인 경배할 존 칼빈의 부름을 받아 섰습니다. 그가 비록 육신이 병에 들었지만 그는 건전한 판단으로 갖고서 유언으로 남기고자 하는 모든 내용을 나로 하여금 그가 입으로 구술하는 것은 받아 기록하고자 합니다. 게다가 저는 그가 말했던 내용을 더하거나 혹은 빼지 않고 그대로 그 자신이 구술했던 그 형태를 따르고자 합니다.

"주의 이름으로 아멘. 저, 존 칼빈은 제네바 교회에 하나님의 말씀 사역 자로서 여러 종류의 질병으로 고통과 압박을 받음으로 인해서 주 하나님께서 이제는 이 세상에서 곧 저를 데리고 가시려고 부르시는 줄로 알고 마지막으로 저의 뜻을 다음과 같이 전하고자 합니다. 무엇보다도 먼저, 저는 하나님께 감사드림은 저에게 자비를 베푸사, 저를 창조하신 이 세상에 세우시사, 우상의 자리에서 저를 건졌을 뿐만 아니라 제가 가장 무가치한 존재이었을 때에 그의 복음의 빛 가운데 저를 인도하사 구원의 가르침에 동참케 하셨습니다. 이 같은 자비와 은혜로움과 친절과 인자하심에 따라 나의 허물과 죄로 태어났기에 주로부터 거절되고 또 멸망당할 존재이었는데도 주께서 주의 친절과 관용에 따라 복음 진리를 설교와 전파하는데 저를 조수로 사용해주셨습니다.

제가 확증하고 증언하는 바, 복음에 의해서 저를 구원하였던 그 동일한 신앙과 경건한 삶 가운데 살고자 노력했음을 밝히는 바입니다. 저의 구원은 오직 하나님의 양자 삼음으로만 이루어진 은혜로 구원받는 것 이외는 다른 방어망이나 피난처를 구한 적이 없습니다. 저의 죄를 예수 그리스도의 죽음과 고난으로 얻는 속죄의 은혜를 따라 제 영혼이 전심으로 살아왔으며, 이 방식으로 주께서 저의 모든 흉악한 범죄와 허물을 다 담당하시고 자신의 기억에서 도망하심을 저는 믿습니다. 제가 확증하고 증언하는 바, 나의 주재이신 구속자가 인류의 죄들을 위해서 피를 뿌리심처럼 그의 보혈로 인해서 씻기시고 또 순전케 하시는 그 크신 은혜로 말미암아 저는 심판대에라도 설 수 있는 자비를 힘입게 되었습니다. 제가 확증하고 증언하는 바, 주께서 저를 향하여 베푸시는 은혜와 선하심의 풍성하심에 따라 진력했던 일은 집필과 주석 쓰기와 순전하게 또 순수하게 설교했으며 또 충실하게 하나님의 성경을 해석했습니다. 제가 또한 확증하고 선언하는 바, 제가 복음의 대적 자들이 대적해 드는 모든 논쟁이나 논란가운데 저는 욕설이나 간악함이나 궤변적인 술수를 사용한 적이 없이 진리에 따라 솔직하게 또 신실하게 변증하면서 처신해왔습니다. 그러나, 제게도 화가 있도다! 정착 합당한 일이지만 나의 격정과 열심히 도리어 부주의와 무기력한 경우에 빠지는 경우는 내가 고백하건대 나의 직무를 공정하게 수행하려고 하다가 보면 실패하는 경우는 있지만, 하나님의 한없는 선함이 나를 돕지 않았더라면 모든 열심도 무모하고 헛될 수밖에 없었습니다. 정말로, 하나님의 선하신 도움이 없었더라면 제가 파악하는 정신적인 재능을 부여하시는 그 판단력까지도 하나님께서 심판대에 선다면 나로 하여금 유죄와 게으름으로 판단을 받을 것입니다. 이 모든 이유들을 살펴 보건대도, 제가 확증하고 선언하는 바 하나님이 자비의 아버지가 되셔서, 자신이 친히 내게 아버지가 되심으로 나로 하여금 비천한 죄인이심을 알게 하심으로써 제 구원이 나옴을 분명하게 확인하는 바입니다. 제가 마지막 남겨진 일이란 이 생을 떠나 내 육체는 흙으로 돌아가듯이 어떤 형태로든지 교회에서나 시에서 장례식을 치르겠지만 행복한 부활의 그 날이 도래하기를 기다릴 것입니다. 하나님께서 저에게 주신 얼마 되지 않은 가산이지만 내 뜻과 유언에 따라 처분하고자 하니 나의 사랑하는 동생이며 나의 상속인 안토니 칼빈(Anthony Calvin)에게 명예로운 절차에 따라 바렝우스가 나에게 선물로 주었던 은컵을 주기를 바랍니다. 내가 신뢰하는 그에게 상속될 것과 그가 죽으면서 그의 자녀들에게 상속되기를 바랍니다. 나의 상속가운데 소년들의 학교에다가 열 금화를 줄 것이며, 가난한 외국인들과 또한 요안나, 찰스 콩탕스의 딸과 내 친척에게 주시기를 바랍니다. 나의 조카인 사무엘과 요한에게 각각 400 금화를 주고, 안나와 수산나와 도로시, 그의 딸들에게 각각 300 금화를, 그들 가운데 데비드에게는 그의 젊은 방랑기가 있기에 25 금화만 줍니다. 이 모든 것이 하나님께서 저에게 주신 전 재산이며 또한 부동산 가운데 나의 도서와 운송수단과 살림집기들과 운반할 수 있는 물건들을 도합해서 재산처분이 예상보다 더 많은 경우에는 나의 모든 조카들에게 적절한 비율로 나누어지기를 바랍니다. 만일 데비드가 하나님의 선하심으로 인해서 품행이 단정한 생활을 한다면 그도 제외시키지 마시기를 바랍니다. 내가 생각하기로는 나의 빚을 청산하고 나면 더 많은 유산이 남을 것이라고 생각되지 않지만 나의 동생인 상속인의 신앙과 선한 뜻을 믿고 그에게 전적으로 위탁하면서 나의 유언을 집행할 나의 신뢰하는 친구 로렌스 노르먼드(Lawrence Normand)에게 엄격한 법의 절차에 따라 강제력이 없이 유언대로 집행되기를 바랍니다. 나는 그에게 나의 운송 수단들을 팔아서 돈으로 바꾸어서 내가 위에 구술하여 기록한 내용을 설명대로 실행되기를 바랍니다.

1564년 4월 25일 존 칼빈

　내가 그의 유서를 공증인 앞에서 말했던 내용을 다 기록하자, 존 칼빈이 즉시로 서명했습니다. 그 다음 날인 1564년 4월 26일에 칼빈은 나, 테오르 베자와 함께, 레이몬드 차우베(Raymund Chauvet), 미카엘 코프(Michael Cop), 루이스 에녹(Lewis Enoch), 니콜라 콜라동(Nicholas Colladon)과 제임스 보르데스(James Bordese), 제네바 교회 안에 있는 하나님의 말씀을 위한 목회자들이며 설교자들과 예술 교수인 헹리 쉬렝거(Henry Schimger)와 제네바 모든 시민들과 그들의 면전에서 자신이 구술했던 유언에 대하여 그의 목적대로 명한 대로 나, 베자를 통해서 읽히게 하며 서명하도록 했습니다. 나, 베자는 정성스럽게 또박또박 칼빈의 유언서를 읽어내려 가면서 그의 마지막 소원과 의지를 확증하고 선언했습니다. 칼빈은 그 자리에 모인 모든 목사들이 증인으로서 친히 사인하도록 요구했습니다. 이 서명한 자리는 제네바에서 캐논 시내거리에 위치한 거주지에서 년과 월을 쓰면서 서명했습니다. 그것을 증언되고 그것과 관련된 사람들에게 확증하기 위해서 위와 같은 형식에 따라 작성하여 우리가 가장 존경하는 행정장관의 인감이 날인된 이 유언장에 나의 친필로 서명을 표기합니다.

　"피터 체나라"

　이 유언장이 작성한 후 칼빈은 4명의 시 행정장관과 모든 시의 회의원들에게 자신이 세상을 떠나가기 전에 유언장을 작성한 사실을 알리었습니다. 그는 그 다음 날에 시청에서 한번 그들을 뵈고자 하는 소식을 전했습니다. 이 소식을 접한 의원들이 시청에서 와서 칼빈이 고별연설을 할 것이 아니라 의원들이 병고로 고통 하는 칼빈의 문병을 겸해서 자택으로 찾아 뵙겠기를 바란다고 소식을 알리었습니다. 시의원들이 다음 날에 칼빈을 직접 찾아와서 서로 문안 인사를 나누면서 그는 자신이 시청이 먼저 갈 것인데 집까지 의원들을 방문하도록 해서 송구스럽다고 말하면서 그는 그의 병고로 더 말을 잇지 못할 때까지 의원들과 자신이 말할 수 있는 한 최대한 면담하는 시간을 갖었습니다.

"존경하는 의원님들께서 제가 부족하고 연약함에도 불구하고 많은 지지와 일편단심으로 선의로 저를 지지해 주심에 대하여 심히 감사하게 여깁니다. 비록 직무를 감당하다가 많은 여러 가지 선한 싸움을 싸웠으며 이로 인해서 많은 모욕도 인내해 왔습니다. 모든 시민이든지 아니면 가장 존귀한 지도자라도 내가 알다시피 정의에 수행하는데 저의 허물이 있음을 압니다. 어찌하든지 제가 여러 의원님들에게 간청하고자 하는 것은 제가 고의적으로 그렇게 실수로 행하는 것은 제가 능력이 부족하기 때문입니다. 제가 이 자리에서 진실로 밝힐 수 있는 것은 제가 행한 모든 일들이 오직 우리 시의 유익을 위해서 수고하려는데 있습니다. 비록 제가 공무를 잘 수행하지 못한 점이 있을지라도 저는 최선을 다하여 공익을 추구했습니다. 저는 하나님의 편에서 나의 사역들이 유익한 열매를 맺기를 바래서 일했지만 위선에 대하여 공공연하게 책망했습니다. 그러나 이 일에 대하여 여러 분에게 거듭해서 내가 행한 일들이 공적으로나 사적으로 섭섭한 일이 있다면 저를 용서해 주시길 바랍니다. 저 또한 다른 일에도 마찬가지로 여러 분에게 크게 은혜를 입었던 사실을 잘 알고 있습니다. 예를 들면 때때로 제가 강력하게 추진했던 일들로 인해서 나의 격렬한 열정으로 인해서 의원들께서 감내하지 않으면 안되었던 일들입니다. 특히, 저에게 죄가 있다면 이제 하나님께서 또한 저를 용서해주시길 바라고 있습니다. 그러나 제가 신뢰했고 또 가르쳤던 하나님의 말씀가운데 가르쳤던 교훈은 급격하거나 불분명하게 가르친 것은 아닙니다. 오직 저는 순수하고 또 신실하게 가르쳤습니다. 만일 그렇지 않다면 하나님의 진노가 제 머리에 임할 것입니다. 가르침에 있어서 저의 사역은 하나님을 기쁘게 하는 일이었습니다. 또한 제가 하나님 앞에서 기꺼이 확증함은 하나님 앞과 여러 모든 분들 앞에서 사단이 원하는 대로 여러 분에게 가르쳤던 순전한 교훈을 오염케 하기 위해서 완악하고, 아첨하고 또 경솔한 사람을 부추겨서 역사 한다는 사실을 의심하지 않습니다."

이제 주께서 많은 것으로 은혜를 주사 받은 위대한 축복들에 대하여 말하겠습니다. 그는 말했습니다. "저는 전능하신 하나님의 손에서 수많은 위험들과 큰 위험들에서 건지심에 대한 최고의 증인이라고 봅니다. 더욱이 여러 분도 현재 처한 상황을 잘 아실 겁니다. 그럼으로 주께서 형통할 때든지 혹은 역경에 처해 서든지 여러 분 앞에 하나님이 항상 함께 하셔서 왕들과 나라들을 세우시사 자신을 경배하는 사람들이 되기를 바랍니다. 다윗을 기억해보시오. 그가 다시 왕으로 등극할 수 없는 국가의 재난에 빠져 있을 때에 하나님께서 주시는 유독한 선하심에 하나님의 손에 힘입어 다시 참된 평안가운데서 재기할 수 있었습니다. 우리는 소멸하여 죽을 존재이지만 하나님께서 우리와 함께 하심으로 인해서 강하고 또 능한 자가 되는 것이 아니겠습니까? 여러 분 마음에도 겸손함을 갖고서 여러 분도 항상 하나님을 앞세우고 조심스럽게 동행하십시오. 그러면 하나님의 보호하심이 따를 것입니다. 여러 분도 이미 체험하셨지만 여러 분이 비록 안전하고 또 안녕하다고 할지라도 별다른 도움이 필요가 없더라도 하나님의 도움을 받고 살아간다면 언제든지 강하게 섭니다. 그러므로, 알아두실 것은 여러 분이 형통할 때에 악한 자처럼 자만하지 말고 도리어 하나님께 겸손히 감사를 드립시다. 그러나 역경이 닥쳐와서 사방이 죽음으로 둘러싸여 있더라도 죽은 자까지도 다시 일으키시는 하나님 안에 소망을 둡시다. 정말, 하나님께서 특별히 연단하고 계시다고 생각하시는 분은 우리로 하여금 하나님만을 더욱 더 존경하도록 이끕니다. 여러 분이 이 도시국가를 강력하게 보존하고 노력할지라도 거룩하신 하나님의 보좌에 대항하는 모든 인간의 보호 망은 나라를 더욱 훼손하는 행위가 됩니다. 그 이유는 하나님만이 홀로 최고이신 하나님, 왕 중 왕이며 또 주 중 주이시기에, 그 분에게 영예를 돌려야 합니다. 그러나 이 영예를 하나님께 돌리는 것을 막아내는 자는 망하고 맙니다. 그러므로 그의 교훈대로 하나님께 경배하십시오. 하나님께 경배하는 삶을 추구할수록, 우리가 매이기 쉬운 세상 적인 직무에서 좀더 자유로운 삶을 얻습니다. 저는 여러 분 각자에 대한 기질과 성격을 알기에 제가 알기로도 여러 분에게는 권면이 있어야 합니다. 아무리 뛰어난 사람이라도 많은 점에서 부족함이 없는 사람이라는 것은 아닙니다. 우리 모두 각자가 자신을 살펴서 자신의 결점을 발견하여 주님께 도움을 구합시다. 우리는 이 세상에서 자행되는 회의들에서 불의가 횡행하고 있는가를 잘 주목해봅시다. 어떤 사람은 냉정합니다. 다른 사람들은 자신의 유익을 위해서 공익을 추구하지 않습니다. 어떤 이들은 자신의 탐닉에 빠집니다. 어떤 이들은 하나님이 주신 은사들을 사용하지 않습니다. 어떤 이들의 자신의 입장을 다른 사람들에게 과시와 부풀어 오른 자만심을 갖고 인정을 받고자 합니다. 나이든 사람들은 하나님의 뛰어난 은사들로 인해서 마땅히 인정할 젊은이들을 시기해서는 안됩니다. 또 젊은이들은 자신의 오만함을 경계하여 겸양을 갖추도록 합시다. 누구든지 이웃에게 피해를 주어서는 안됩니다. 그러기에 모든 사람이 도시 국가를 다스리는데 있어서 자만심을 다 버리고 악한 감정도 씻어버리고 많은 사람들을 바른 길로 인도합시다. 여러 분 이 모든 일들을 피하시고 자신의 영역 안에서 각자를 지켜 나가시되 모든 사람들이 신뢰할 수 있는 선한 믿음으로 모든 처신을 합시다. 시민을 위한 결정에 있어서 편파적이거나 원망을 사는 일이 없도록 합시다. 부정한 법조 항으로 인해서 정의를 왜곡해서는 안됩니다. 권고를 통해서 누구든지 법의 유익을 벗어나지 않도록 유념합시다. 누구든지 정의와 선에 기초해야 합니다. 어느 누구든지 어떤 사악한 애정행각에 빠질 시험에 있다면 완강하게 거부합시다. 천국에서 우리를 영접하시는 하나님을 바라보면서 성령의 도움을 받도록 간청하시오. 마지막으로, 제가 다시 간청하기는 저의 허물을 용서하시기를 바랍니다. 저는 하나님과 그의 천사들과 여러 분 앞에 주님을 인식하고 또 고백함으로써 더욱 경배하기를 원합니다." 전능하신 하나님께 기도함은 모든 자들에게 면류관을 씌움을 받도록 은사들을 따라 섬기며 성령의 인도함을 받음으로써 전 국민이 안전하도록 주의 손으로 각자를 붙드시사 모든 슬픔과 눈물에서 벗어나 모든 백성의 부모와 이별하여 주님을 만나게 하옵소서!

  1564년 4월 28일에, 칼빈은 제네바 사역 가운데 있는 모든 목사들이 모인 자리에서 이렇게 부탁했습니다. "형제들이여, 제가 죽은 후에도, 이 사역을 지속하시며 낙심하지 마시오. 주님께서 적의 위협에서 이 나라와 교회를 구해주실 것입니다. 분열로 서로 흩어지지 마시고 서로 상호적인 사랑으로 붙잡아 주십시오. 여러 분을 하나님께서 세우신 것은 이 교회에 책무를 지고 있음을 재삼 기억하시고 교회에서 사역을 포기하지 마십시오. 사역에 지치다가 보면 낙망하기에 주님을 만홀히 여기지 않게 실족한 사역 자들을 찾아 도우시오. 제가 제네바에 처음 도착해서 복음을 전할 때는 로마교의 우상숭배에 벗어나지 못한 채로 신앙의 혼란 가운데 처해 있었습니다. 나의 거룩한 사역에 훼방하는 나를 향하여 분노하는 악한 무리들도 있었습니다. 그러나 본래 담대할 수 없는 나를 주 우리 하나님께서 견고하심으로 악한 무리들의 시도를 다 물리치도록 도왔습니다. 나는 후에 스트라스부르그에서 다시 제네바 시민들이 순종하겠다는 조건으로 다시 초빙하였을 때에, 제 마음은 내키지도 않았고 다시 가서 사역한다고 해도 열매가 없을 것이라고도 생각했습니다. 하나님은 결정을 잘 알지 못한 채로 저는 수많은 난관에 처한 제 모습만 바라보았습니다. 그러나 목회 사역하면서 주께서 나의 사역을 축복하심을 마침내 깨달았습니다. 여러 동역 자들도 이 목회의 소명에 지속적으로 밀고 나가셔서 세워진 사역의 법도를 세워 가시기를 바랍니다. 동시에 주의 교훈에 순종하는 백성이 되도록 진력합시다. 그 가운데는 어떤 이는 악하고 또 참람된 자들도 있습니다. 여러 분이 당면한 문제들은 얼마든지 극복할 수 있습니다. 여러 분이 더욱 부족할수록 하나님 앞에 섭시다. 또한 자신이 무위도식하는 자리에 서서 그릇된 길로 나간다면 하나님 앞에 섭시다. 그런데, 형제들이여, 내가 단언하는 바, 가장 밀접한 참되고 신실한 사랑의 연결 고리로 맺어져 살아왔으며 이러한 모습으로 여러 분 곁에서 저는 떠납니다. 그런데 이 질병으로 인해서 고생할 때마다 저에게 대한 깊은 동정이 어린 사랑을 느껴왔습니다. 제가 병고로 인해서 여러 분에게 심려를 끼쳐드림에 대하여 진심으로 용서하시길 바랍니다." 이렇게 그가 말하고 나서 우리 각자에게 악수를 나누었습니다. 우리는 눈물 없이 그와 작별을 고할 수가 없었습니다.

5월 11일에 비레의 먼 친척인 파렐으로부터 편지가 도착했는데 그의 나이가 80세이었고 몸이 허약한 중에 있지만 칼빈을 보기 위해서 방문 여행하겠다는 편지를 읽고서는 칼빈은 회신을 보냈습니다. "안녕하십시오. 나의 가장 또 가장 올바른 마음을 갖고 있는 형제여, 귀하가 아직도 이 세상에 사는 것은 하나님께서 기뻐하심을 얻기 위함이요. 우리의 우정이야말로 하나님의 교회의 유익이 되며 천국에서 그 열매가 기다릴 것입니다. 저는 귀하에 대한 일이라면 한번도 어려워 해 본적이 없었습니다. 제가 호흡하기가 곤란하지만 귀하가 오신다면 저는 매일 숨이 멈추는 순간까지 기다리겠습니다. 제가 살고 죽은 것은 그리스도로 인해서 충분합니다. 그리스도의 백성을 위해서 삶이나 죽음이든지 무엇을 가릴 것이 있겠소. 영원히 잊을 수 없는 형제여 안녕히 계십시오. 1564년 5월 11일 제네바에서."

그는 선한 노인 목사이며 그의 동역자인 파렐은 제네바에 와서 칼빈과 담소하면서 지내다가 다음 날에 뇌샤텔로 되돌아갔습니다. 칼빈은 죽음에 이르는 순간마다 거의 끊임없는 기도로 맞이했습니다. 그의 말소리는 장애가 찾아왔으나, 그의 눈은 임종시까지 총기가 떠나지 아니했으며 하늘을 향하여 안면을 들면서 기도하는 자의 열정으로 기도하는 자세로 일관했습니다. 그는 육신이 너무 괴로울 때는 다윗처럼 종종 시편 39장 9절에 말씀인 "내가 잠잠하고 입을 열지 아니하옴은 주께서 이를 행하신 연 고니이다." 때로는 "나는 비둘기 같이 슬피 울며"라는 이사야 38장 14절을 자주 인용했습니다. 나는 그가 이런 말을 고백하는 것을 들었습니다. "오 주여, 나를 짓밟음으로 인해서 제가 주의 손에 달렸나이다." 그의 병 문안을 허용했다면 밤낮으로 원하는 사람들이 북새통을 이루었을 것입니다. 그가 언어의 장애가 생겼기 때문에 방문객들과의 대화를 나눌 수가 없기에 더욱 자신이 괴로움에 빠져들기에 결국에는 기도해주는 것이 더 나은 것이라고 말했을 것입니다. 그는 내가 찾아오는 것을 반기면서도 나의 본업에 충실하지 못하도록 방해가 될까봐 염려하며 또한 교회에 헌신하는 시간을 빼앗기는 일이 없도록 조심하는 분이었습니다. 그래서 그의 동역 자들에게 여러 가지로 부담을 끼치는 것을 심히 조심스러운 자세를 취했습니다. 그는 5월 19일까지 목사들이 자신들을 성찰하는 날이든지 형제의 우애를 나누는 날이면 동료들에게 불편을 끼칠까봐 자신을 방문하는 것을 가능한 자제토록 처신했습니다. 오순절과 성만찬이 이틀 후로 다가왔습니다. 그날에는 동역 자들과 집에서 함께 공동식사를 나누기를 허락했습니다. 그는 기력을 다하여서 침실 방에서 가까이에 있는 식당 방에 가서 그는 이런 말을 했습니다. "형제들이여, 제가 여러 분을 만나 뵈는 일이 마지막이 될 것입니다. 또한 여러 분과 함께 식사도 더 함께 할 수 없게 될 것입니다." 이 말로 인해서 저녁 식사시간이 너무나 침울한 자리로 바뀌고 말았습니다. 그리고 나서는 식사기도를 올린 다음에 조금 식사를 하더니 식탁에서 유쾌하게 담소를 나누었습니다. 그는 저녁 식사를 마치고 난 후 가까이 붙어있는 침실 방으로 이동하면서 웃는 얼굴로 말했습니다. "칸막이 벽이 육체로는 저를 떨어져 있게 하지만 영안에서 저와 여러 분은 함께 하심을 그 무엇으로도 막을 수 없습니다." 그가 예견했던 대로 그 날 이후로부터 병상에서 더 이상 일어날 수가 없었습니다. 그의 신체에 무언가 변화가 생기기 시작했으니, 그의 육체는 아무 것도 없는 것처럼 보이고 오직 영으로만 존재하는 모습으로 보였습니다. 그가 이별하는 날인 1564년 5월 27일에는 그는 그 날 따라 더 강건하게 보였지만 좀처럼 말을 할 수가 없었습니다. 그러나 육체적인 잠시의 증상에 불과했으니 저녁 8시경에 갑자기 죽음의 고통이 다가왔습니다. 내가 잠깐 그의 곁을 떠나자마자 하인들이 내게 전갈을 주어 난 동역자 한 사람과 함께 되돌아왔습니다. 우리가 급히 찾아가 보니 이미 숨져있었는데 그의 발이나 손에 경련이 일어나지 않은 채로, 매우 평안한 모습으로 안식했습니다. 그는 완벽하게 의식을 갖고 있지만 말로써는 나타내지 못했습니다. 바로 이 날은 우리에게 찬란하게 빛을 비추던 태양이 지고 말았습니다. 그가 소천을 했던 날 밤부터 그 다음 날 아침에는 도시민의 애도물결이 넘쳤습니다. 가장 양식이 있는 제네바 시민인 칼빈을 잃은 슬픔에 안타까워했습니다. 교회에서는 충실한 목사의 이별에 대하여 탄식했으며, 학교에서는 위대한 스승을 잃은 슬픔에 넋을 놓았으며 모든 사람이 애통하는 이유는 하나님 아래서 모든 이의 부모이며 또 위로 자이었기 때문입니다. 많은 시민들이 그가 생존할 때에 몸소 보고자 했지만 볼 수 없었던 시민들은 너무나 슬픔이 커서 가슴이 찢어지는 애통함이 따랐습니다. 외국인들 가운데는 그를 만나 보고싶어서 그를 만나려고 오던 중이었습니다. 그러나 망연자실하게 그의 비보를 접하고는 어쩔 줄을 몰라했습니다. 그들 가운데 외국인 방문객 가운데 프랑스 궁으로 가던 영국 여왕의 대사 일행들도 있었는데 그를 뵙고자 했지만 장례식에서 만남으로 해서 심히 안타까운 상봉이 되고 말았습니다. 처음에는 칼빈에게 조문할 수 있도록 조처를 내렸지만 너무나 많은 사람들이 지나친 호기심을 발동하여 허황된 소식으로 전해지는 것을 막기 위해서 주일날을 지나서 다음 날에 일반적인 장례식처럼 수의를 입혀서 관에 넣어 매장했습니다. 이틀 후에 장례식이 거행되었는데 의원들과 목사들과 교수들과 거의 모든 시민들이 눈물로 그를 애도했습니다. 아무런 치장도 없는 프렝 펠레스(Plein Palais)공동묘지에다가 그가 지시했던 대로 묘비도 없이 단출하게 장례를 마쳤습니다. 나 베자는 그를 위한 시를 써서 드렸습니다.

로마교에게는 가장 두려워했던 그 분이 떠나가셨네.
가장 선한 사람들은 그를 애도하지만
악한 사람들은 두려워하네.
미덕 자체가 그에게서 미덕을 배우게 되었네.
또 너는 왜 묻는가, 왜 칼빈이 더 화려한 자리로
자신의 안식처로 삼지 않았느냐?

겨우 자신 몸 하나에 묻을 작은 묘지 외에 무엇을 얻었느냐고?
그러나 그가 태어날 때부터 품어왔던 그의 소박함이야말로,
그의 손님이 되어 함께 있게 되었음을 알아 두게나,
그 평범한 무덤이 되었노라.
오 행복한 흙이여! 네 거주자는 그 분은 정녕 위대한 분이심을 알라.
호화스러운 성지들이 오히려 너를 부러워하는 것을 어찌 알겠는가!

제 8 장

진정한 인간과 지도자

    그는 사역에다가 반평생을 받치고 54세 10개월 17일을 사셨습니다. 그의 신장은 아담했으며 창백하고 침울한 표정이었지만 그가 사망 직전에도 그 두 눈을 번뜩이었으며 그의 분별력은 너무나 탁월했습니다. 그의 옷치장은 세련되거나 또는 미천한 차림새가 아니라 단순하며 말쑥한 옷차림새이었습니다. 그가 식사에도 절제하는 생활을 했기에 탐욕스럽거나 사치스러운 생활과는 거리가 먼 검소하고 절제하는 삶이었습니다. 그는 식사를 많이 하지 않기에 십 수 년동안 하루에 한끼씩만 식사를 했던 이유는 자신의 위가 허약했기 때문입니다. 그는 좀처럼 잠을 자지 아니했습니다. 그는 비상한 기억력이 뛰어났기에 한번 본 사람이든지 그가 구술했던 때이든지, 자기가 일이 생겨서 갑자기 떠났다가 몇 시간이 지나서 다시 와서도 어디까지 말을 했는지를 잘 기억해둘 정도이었습니다. 자신이 처리할 문제에 대하여 다른 복잡한 일들이 생겨서 혼란이 생길 것 같으나 자신이 처리할 내용에 대하여 전혀 잊지 않고 남은 과제를 처리했습니다. 그가 다루었던 문제는 판단이 명확하고 또 정확하기에 종종 예언하는 것 같았습니다. 제가 기억하기로 그의 충고를 따라 행한 사람이 실수로 인도했던 일은 전혀 본 적이 없을 정도이었습니다. 그는 청산유수 같은 말 잘하는 것은 경멸하고 오히려 말을 아끼는 것을 좋아하면서도 결코 부주의한 저술가는 아니었습니다. 제가 개인적으로 말하는 것은 아니지만 이 시대에는 우리 교부들이나 우리들의 전집류 가운데 칼빈이 집필했던 내용보다 더욱 순전하고 또 무게가 실려있고 또 바른 판단력이 있는 신학자는 없었습니다. 그 원인으로 꼽는다면 젊은 시절부터 강한 연구와 정확한 판단과 구술하는 실천으로 인해서 실력이 향상되어 졌기에 그가 말하면서 구술하는데 말이 막혀서 쩔쩔 매는 경우를 한번도 본 적이 없습니다. 그가 처음부터 강의이든지 설교를 하면 끝까지 변함없이 그 내용을 마무리를 짓는 식으로 강의를 했습니다. 우리가 추억해보건대 그와 같은 탁월한 신학자는 또다시 없습니다. 그의 태도를 살펴보건대 그의 삶에 진 중함이 있기에 다른 사람과의 교제에 있어도 사람을 더 기쁘게 하려는 의도는 없었습니다. 그가 허약한 육체를 갖추었기에 놀랍게도 신중했습니다. 그는 연약한 형제를 부끄럽게 하거나 적절치 못하게 질책으로 두렵게 만들거나 허물들을 간교하게 들추어 내거나 아첨하는 사람이 아니었습니다. 아첨이나 위선이나 부정직이나 특히 신앙에 대하여서 단호한 입장을 취했던 것은 그가 바로 진리와 단순함과 솔직함을 좋아했습니다. 그가 선천적으로 날카로운 기질을 타고났기에 이로 인해서 그로 하여금 그가 살아왔던 여생이 매우 힘겨운 생애이었습니다. 그러나 주의 성령께서 그로 하여금 화가 치밀어 오를 적마다 그를 가르쳐서 선한 사람이 아니라는 말을 들어 본 적은 없습니다. 그럼으로 인해서 그의 격정은 극단으로 치우치지 아니할 수가 있었습니다. 그는 까다롭고 견고한 성품을 갖고서도 신앙에 대하여서는 좀처럼 흔들림이 없었습니다. 그는 위대하고 많은 덕들을 갖추었음에도 불구하고 수많은 적들이 가정에서나 밖에 활동에 있어서 사랑의 덕을 강조하려고 위선자들의 허황된 거짓된 설명과 훼방으로 인해서 칼빈은 많은 고통을 받았습니다. 지상에 있어서 칼빈처럼 건전한 교리의 가장 강력한 수호자이며 또한 순전한 삶의 전형으로써 그토록 심하게 비난을 받은 사람은 없을 정도입니다. 오히려 그는 마치 그리스도인 가운데 헤르큘레스처럼 많은 괴물들을 물리치고 하나님의 말씀을 가장 강력한 동지로서 유일한 인물이라고 봅니다. 사단은 그를 대적하기 위하여 수많은 대적 자들을 일으켜서 늘 그의 대적들이 항상 경건과 정직을 대항하여 전쟁을 선포하고 덤벼들 듯이 하나님은 이런 시련의 싸움을 통해서 자기 종들에게 많은 승리의 컵을 준비하십니다. 칼빈은 이단자로 내몰린 적도 있었습니다. 그리스도가 바로 대제사장들과 바리새인들로 인해서 정죄를 당한 것같이 말입니다. 그는 제네바에서 추방도 당했습니다! 사실입니다. 그는 또다시 제네바로 초빙을 받았습니다. 저는 사도들에게 생긴 일들이, 이제 아타나시우스에게도 생기고, 또 크리소스톰에게도 일어나지 않습니까? 마치 하나님의 종들에게 비난하고 대항하는 일들이 말입니다. 칼빈에게도 그 시대에 이 같은 많은 어려움을 당합니다. 칼빈도 교황주의 제도 가운데서 더 나은 삶을 추구하려는 열망이 있었습니다. 더 나은 삶의 방편이 무엇일까? 더 나은 국가와 더 나은 제네바 교회를 향한 진리에 대한 가난한 심령으로 갈급함이 있었습니다. 그런데 그는 부요한 지식에 대한 부요 자이었습니다! 그가 소장했던 책들을 받았던 금액이 대략 300 금화에 미칠 정도이었습니다. 그가 진실 되게 살려는데 대한 바른 평가보다는 신중하지 않는 자의 험담으로 더 많이 시달렸습니다. "어떤 사람이 잘 이해하지 못하면 내가 살든지 아니면 죽든지 모든 사건을 통해서 보여주는 것은 저는 돈을 모으는 사람과는 무관합니다." 의회에서도 확증하기를 목사의 봉급이 매우 적었음에도 불구하고, 그럼에도 경제적인 부자인 것처럼 소문에 시달렸습니다.

　어떤 이들은 그의 동생인 안토니 칼빈이 그의 첫부인의 간통 사건으로 이혼한 사실을 가지고 칼빈을 비난도 합니다. 그들이 비아냥거리는 것은 어떻게 칼빈이 자기 동생의 부인이 간통하고 있는 것도 모르고 있었는가? 하며 힐난합니다. 이러한 사건이 야곱의 식구 중 딸인 세겜의 추장 아들이 디나를 추행한 사건이나 다윗의 사건이나 예수 그리스도가 12 제자 가운데 한 사람이 마귀라고 해도 유독, 칼빈에게는 비난을 서슴치 않았습니다. 그가 사치와 호화롭게 사는 것처럼 비난한 사람들도 있지만 실제는 그의 생활은 근면하고 검소한 생활의 모습을 보면 말문이 막히고 맙니다. 어떤 이는 그가 글을 쓰거나 말하는 것이 교회나 시의회나 모든 주권을 좌지우지하는 행사를 휘두르는 독재자로 군림하려는 자로 매도하는 경우도 있습니다. 그가 로마의 교황처럼 되고 싶어서 죽은 후에도 다시 살아날 것이라고 말했다고 비소 하는 소리도 있었습니다.

소르본 음영시인이었던 크라디우스 스퐁스는 칼빈에 대하여 가장 모해하는 글로 공격했습니다. 이 밖에 사람들이 그에 대한 부정적인 평가를 내리고 있을지라도 위대한 인물에 대한 평가는 그가 살았을 때보다는 후대 사람이 바로 평가할 것이고 또 그의 업적이 그를 재평가할 줄 압니다. 저는 16년이나 그를 가까이 그의 행위를 보아왔습니다. 나는 그의 삶과 죽음에 대하여 그렇게 충실한 인물을 만나 본 적이 없었습니다. 제가 지금 단언하고 싶은 것은 칼빈을 통해서 모든 사람들이 모함자가 닮을 수 없는 그리스도인으로서 전형적인 가장 아름다운 인물로 천거할 수 있습니다.(69-88)

제 2 부

존 칼빈의 설교

서 론

칼빈의 이사야 53장 설교에 대한 이해와 분석

1. 이사야 설교의 배경

칼빈은 이사야 설교에 대한 기록 연대를 랑쿠엥니에(Raquenier)가 1549년 이전에 대하여 기록하지 않았지만 이사야 설교의 기록 연대를 잘 기록해주고 있습니다. 1556년 7월 16일부터 시작하여 1559년 9월 22일까지 3년 동안 연속 강해 원고 없는 설교를 했습니다. 칼빈의 이사야에 대한 설교는 1556년 7월 16일 화요일에 이사야 첫 번째 책(1-12장)이 설교가 시작되었습니다. 이사야 설교할 당시에 배경을 살펴보면, 1555년 5월 16일에 스위스 제네바에 칼빈의 개혁정책을 훼방하고 반대하던 방종파 세력들이 프랑스인을 좇아내려는 무장봉기가 계획이 되고, 또한 반란을 일으켰으나 실패하고 말았습니다. 뻬렝과 필리베르 베르틀리에를 포함한 방종파 정치지도자들이 피신했습니다. 이들이 부재 상태에서 궐석재판을 받아 사형이 언도되었습니다. 그러면서도 이들 가운데 도망쳐서 살아남은 자는 피신 중에 여전히 수단과 방법을 가리지 않고 칼빈을 괴롭혔습니다. 그러나 칼빈의 개혁과 교회정치가 조직화되고 장기적인 제네바 안의 정치적인 반대파는 숙여졌습니다. 국외적으로 프랑포르트(Franfort)에 있는 프랑스 교회에 대한 염려와 제네바의 베드로 교회를 음해하려는 활동에 대하여 경계와 독일 루터 파와 신학적인 차이로 인한 조정을 위한 멜랑히턴의 중재에 대한 권고와 개혁자 불링거를 통한 베른과 제네바 사이에 신학적이고 정치적인 화해를 주선하여 부탁하고 있었습니다. 그리고 칼빈은 교회개혁과 동시에 제네바 시의회의 개혁이 착실하게 이루어지기 위해서 제네바 시민교육이 곧바로 천국 시민의 양성이라는 의미에서 제네바 대학을 세울 필요가 생겼습니다. 이것은 국민개혁으로 발전합니다. 1558년 1월에 학교 설립문제로 의회와 씨름하기로 결단하고서 3월 25일에 행정관들은 대학교 대지를 물색합니다. 시에서는 1558년 말에도 기초공사도 마무리 못했지만, 1559년 6월 5일에 제네바 베드로 교회에서 성대한 개교예배가 드려졌습니다. 칼빈은 사회를 보면서 마지막에 연설을 했으며 베자는 구약 족장 시대로부터 그 당대의 대학에 이르는 고등 교육의 역사를 라틴어로 간략하게 설명했습니다. 처음 시작할 때에 걱정과 달리 설립 5년도 채 안돼서 대학 준비과정(schola privata)에 천 명의 학생이 등록했으며, 학술원(academy)인 대학부과정(schola publica)에는 3백명이나 몰려들었습니다. 그리고 1563년에는 새 교사로 이전했습니다. 여기서 신학은 모든 학문의 여왕(regina scientiarum)이었습니다. 학생들은 학위를 얻어 좋은 직장으로 들어가기 위해서 입학하기보다는 복음의 전파 자로서 혹은 경건한 행정관리로서 하나님을 섬기는 청지기 훈련의 학교가 되었습니다. 또한 1551년에 출간된 이사야 주석이 새롭게 1559년에 출간이 되었습니다. 이처럼 칼빈이 이사야를 설교할 때는 이미 하나님의 진리의 터위에다가 기둥을 세우는 사역기로 봅니다. 1557년에는 칼빈은 국제적인 교회지도자들 사이에 교회의 연합을 위한 개혁신학의 교류를 위해서 베자를 특사로 참아 독일의 멜랑히톤을 통해서 수고했으며 프랑스의 교회들을 위한 사역과 불링거에게 베자를 통해서 신앙고백에 대한 신학적인 작업에 대한 검증과 동시에 프랑스 지도자들에게 프랑스 내에 개혁교회와 성도들에게 대한 배려와 핍박을 금하도록 건의를 했습니다. 그리고 두 번째 책(13-29장)의 설교 66편이 1557년 8월 4일 수요일에 시작했습니다. 그리고 이사야 세 번째 책(30-41장)의 설교 67편은 1557년 8월 4일 수요일부터 설교했습니다. 이사야 네 번째 책(42-51장)의 설교 57(6)편은 1557년 12월 31에 시작하여 1558년 6월 13일에 마쳤습니다. 이사야 다섯 번째 책(52-53장) 설교의 44편이 1558년 6월 14일 화요일부터 설교가 시작합니다. 칼빈은 이사야 여섯 번째 책(54-66장) 설교의 43편이 1558년 9월 22일 목요일에 시작해서 1559년 9월 22일에 마쳤습니다(T. H. L. Parker, Calvin's Preaching, Louisville, Kentucky: Westermister/ John knox Press, 1992, 156).

그런데 이사야 53장의 7편의 설교날짜는 정확히 알 수 없습니다. 그 이유는 설교 원고인 52장 1-12절과 54장 이하의 원고와 함께 분실되었고, 초판엔 날짜가 수록되지 않았기 때문입니다. 그러나 어느 정도는 설교날짜를 예측할 수 있습니다. 파커(Parker)는 52장을 칼빈이 주중 평일에 설교했으므로 그는 이 부분의 설교를 6월 14일 화요일부터 6월 18일 토요일까지 설교했을 겁니다. 그렇다면 칼빈은 이사야 53장에 나오는 설교는 한 주를 건너뛰어 6월 27일 월요일부터 설교를 시작했을 것이며 7월 11일 월요일에 설교했을 것이 분명합니다. 그것을 보충할 수 있는 자료로는 그의 설교들이 1558년 7월 14일에 인쇄되었기 때문입니다. 분명한 것은 칼빈의 이사야 53장의 설교는 1558년 6월말에 설교했던 것입니다(존 칼빈, 이사야 설교, 김동현 역, 서울: 도서출판, 기독교연합신문사출판국, 1992, 14). 칼빈이 이사야 53장 설교를 했던 1558년에는 프랑스의 파리, 모, 디페 교회에 대한 선교후원과 지도에 대한 국제적인 교역사업과 독일이나 프랑스 통지 자들에게 개혁 교회와 성도들에 대한 이해촉구와 관용을 건의하였으며 칼빈의 동역 자들 사이에 칼빈의 동역 자이며 또 제자인 데오르 베자의 처신에 대한 비례에 대한 사과와 만년에 홀로 살던 개혁의 대 선배인 파렐이 젊은 처녀와 결혼하는 일에 대한 반대입장과 파렐의 양해를 구하는 것과 독일교회와 제네바 교회의 신학적 차이에 대한 불링거의 염려와 스트라스부르그에 프랑스 난민교회에 시무하는 목사에 대한 책망이 있는 국내외적으로 칼빈은 그리스도의 교회와 사역 자들에 대한 염려와 개혁교회의 연합을 진심으로 추구하고 있었습니다. 이사야 53장을 설교하기 한 달 전에 제네바에 있는 이탈리아인 교회의 신학적인 문제에 대하여 피터 마터(Peter Martyr)에게 편지로 염려했습니다. 이 교회에 담임했던 지리발디(Gribaldi)가 오류의 씨앗을 뿌렸는데 그 내용은 한 하나님이 계시는데, 바로 예수 그리스도의 아버지이신 하나님만이 홀로 모든 권세를 갖고 있고 예수 그리스도는 종속적인 인물이고 그는 모든 신들 가운데 먼저 나신 분에 불과하다는 어리석은 가르침을 교회에서 가르쳤던 것입니다. 그런데 이 교회의 전임자였던 마르티넨고(Martinengo)는 임종시에도 이런 신학적인 폐단에서 바로 고쳐달라고 심심당부하고 소천했기에 칼빈의 비성경적인 가르침과 삼위일체를 바로 알지 못하는 제네바에 있는 피난 이탈리아인 교회에 대한 대책을 피터 마터와 상의를 했습니다. 이 문제에 대하여 교회의 일치를 위한 신앙고백에 대한 상호 간의 동의를 갖고자 제안했습니다(Calvin, John, (Selected Works of John Calvin Tracts and Letters, Editor., by Henry Beveridge and Jules Bonnet, Vol 6., Letter, CCCCXCVIII. To Peter Martyr, Genva, 22d May 1558, Part 3(1554-1558), Grand Rapids, Michigan: Baker Book House, 1988, 422).

결국 제네바에 있는 이탈리아인 교회의 신학적 문제는 바로 예수 그리스도의 중보자로서 양성에 대한 교리와 삼위일체에 대한 바른 성경 적인 신학의 정립에 대한 문제를 깊이 인식하면서 이사야 설교를 했으며 특히, 53장의 설교는 이런 신학적인 동요로 인한 교회와 성도들에 대한 바른 그리스도론을 제시하고 있습니다. 그의 이사야의 설교는 6권이며 그 설교의 전체 수는 343편이 됩니다. 칼빈의 설교가 전체적으로 36권 가운데 이사야 설교가 6권이며 칼빈의 전체 설교는 2040편 가운데 이사야 설교의 수는 343편입니다. 그의 전 설교의 1/6 정도에 해당합니다. 이만큼 이사야 설교가 칼빈의 설교 사역에서 차지한 비중이 가장 크다고 볼 수 있습니다. 칼빈의 이사야 52장 12절에서부터 53장 설교는 칼빈 개혁주의 전집(Calvini Opera-Corpus Reformatorum: CO 35. 581-688: 7편)에서 나옵니다. 그의 이사야 53장 설교는 1558년 6월 14일에 설교를 시작했습니다. 칼빈의 생전에 출판되었던 설교 내용의 대부분은 전 시리즈로부터 발췌했습니다. 아사야에서는 히스기야가 치유 이후에 불렀던 노래(1562년)와 아사야 52: 13-53:12에 관한 내용(1558년)에 출판되었습니다. 칼빈의 설교들이 1626년의 독일어판 번역본을 끝으로 1831년 필라델피아에서 목회서신의 발췌부분이 출판되기까지 출판되지 않은 채로 있었습니다. 이는 칼빈의 설교들이 17세부터 19세기 전반기까지 사람들에게서 잊혀져 있었습니다. 칼빈의 설교가 제대로 관심을 끌게 된 것은 1931년입니다. 그 해에 어빈 뮐하웁트(Ervin Mühaupt)의 「칼빈의 설교(Die Predigt Calvins」라는 책이 출간되었습니다. 이 책은 주로 인쇄본을 다루었지만, 뮐하웁트는 칼빈의 설교의 범위를 명백히 하였고 제네바에 있는 필사본들에 대한 관심을 불러 일으켰습니다. 이 영향을 받은 독일인 학자 한스 뤼케르트(Hanss Rükert)는 전 필사본을 전사하고 편집하여 출판하는 일에 착수했습니다. 그는 먼저 사무엘 하의 필사본으로 시작하여 편집하여 1936년에 출판했습니다. 그러나 여전히 문제가 있기에 1950년 이후 장로교세계연맹이 당시 프린스톤 신학교의 총장으로 재직하면서 텍사스 오스틴에 있는 맥코드 박사(Dr. J. I. McCord)는 설교필사본들을 출판할 위원회를 조직했습니다. 바로이스(G. A. Barrois)가 편집한 이사야 13-29장(1962년)에 출판되었고, 힉만(F. M. Higman)과 파커와 소르프(L. Thrope)가 편집한 이사야 30-41장(1992)에 관한 설교들이 나왔습니다(Parker, 75).

2. 이사야 설교를 통한 칼빈의 설교

첫째로, 계시의존 신학사상에 따라 철저하게 성경의 영감 설에 기초로 하는 성경해석자이었습니다. 그래서 그는 성경 적인 설교입니다. 그는 철저하게 하나님께서 그의 피조물을 유지시키며 또 통치하는 능력을 확신하는 하나님 주권 적인 성경신학과 하나님의 중심적인 섭리신학 적인 설교를 합니다. 그러기에 칼빈의 설교는 진리 위에 세운 삶의 목적을 실현시키는 그리스도교적인 세계관과 인생관에 부합되는 합목적인 성경 설교를 합니다. 둘째로, 칼빈은 설교는 약식 주해(강해)설교입니다. 그 이유는 성경이 하나님의 말씀이며 또 하나님의 진리이라는 믿음에서 비롯됩니다. 교회는 진리의 터와 기둥이기에 설교자는 진리의 해석과 선포와 실행에 대한 책무를 맡습니다. 개혁자들의 성경 적인 믿음 위에다가 성경적 설교의 내용이 바로 「오직 성경만(Scriptura Sola)을, 「성경 전부(Scripura Tota)를 선포합니다(정성구, 개혁주의 설교학, 재인용, R. B. Kuiper의 Biblical Preaching에서 참고., 서울: 총신대출판부, 1994, 309). 그래서 칼빈은 오직 성경만을 설교하기에 주해설교에 주력했습니다. 게다가 성경 전부를 설교하기에 셋째로, 연속 설교를 했습니다. 또한 성경 전부를 설교한다는 것은 기록된 말씀을 설교하는 일이며 다름 아닌 예수 그리스도를 선포하는 일로 보았습니다(314쪽). 그러기에 칼빈의 설교는 네 번째로 그리스도 중심적인 설교입니다. 그가 취한 성경에 믿음은 그리스도를 통한 소명과 칭의로 이끌어 주는 중생케 하시는 믿음의 설교이며 더욱 더 나아가서는 그리스도 중심적인 설교입니다. 이에 대하여 칼빈의 설교를 정성구는 시드니 그레이다누스(Sidney Gredanus)의 입장을 수용하여 성경에서 본문을 취하여 설교할 때에 늘 그리스도 중심의 설교를 한다고 말했으며 그리스도가 성육신 하신 하나님인 것처럼 그리스도 중심적인(Christocentric Preaching)과 하나님 중심의 설교(Theocentric Preaching)는 상호 교환할 수 있다고 보았습니다. 성경 적인 바른 내용이 있는 설교는 역시 구속사적인 측면에서 성경을 이해하고 해석하는 설교로 말하면서 훅스트라(T. Hoekstra)의 말을 인용하여 신구약을 통한 하나님의 구속운동의 단일성과 그리스도의 사역을 바로 알아야 바른 설교로 정의를 내렸습니다(315). 구속사적인 역사 본문들을 설교하는 전통적인 모범적인 설교방법을 비판하고 구속사적인 접근은 오직 성경을 해석학과 설교 학에 일관성 있게 적용하고자 합니다. 구속자의 중심이신 예수 그리스도가 가지는 그 일관성 안에서 이해하려고 합니다. 구속사적인 설교방법을 추구하는 자는 전통적인 모범적인 설교방법을 오직 구약과 신약의 역사적 본문들에게만 집중되어 있다고 보았습니다. 이런 역사적인 본문에서 설교방법은 결함들이 나타나는데, 이런 설교에서는 객관주의 및 주관주의의 약점과 경건주의 및 신비주의의 약점이 다양한 정도로 섞여서 수상한 혼합물을 만들어 낸다고 생각되는 그 혼합물이 바로 "모범적인 설교"라고 보았습니다(시드니 크레다누스, 구속사적 설교의 원리, 권수경 역, 서울: 학생신앙운동 출판부, 1995, 92).

이에 대하여 네덜란드 개혁교회가 1946년 총회에서 구속사 진영과 모범론 진영이 두 개의 교단으로 분열했습니다. 구속사 설교방법을 지지하는 홀버다, 스킬더, 판 데이크 그리고 페인호프(판 트피엘은 1944년 사망) 등이 결국 개혁교회(31조파)에 있게 된 반면에 바빙크, 데이크, 다우마, 하이젤, 스캘하우스 그리고 스트레이프케르크 등은 개혁교회(출회파)에 남았습니다. 이미 구속사 설교방법의 창시자인 스킬더는 1944년 칼빈주의 철학협회를 탈퇴한 이유도 도이베르드와 폴런호펀이 비록 총회에 맞서는데 후원해주었지만 그들이 개혁교회를 떠나지 않는데 대한 실망이 더욱 컸기 때문입니다. 스킬더의 가까운 동료인 크레이다누스는 그의 1946년 해석학에서 우리가 성경의 모법들을 무시해서는 안 된다는 주장했을 때, 배타적인 구속사적인 접근의 정당성에 대한 확신이 크게 타격을 받았습니다. 스킬더 자신이 교회 분열 후에도 그의 신앙 에세이에서 모범적인 설교방법을 소개하는 문제로 더욱 혼미한 양상을 보였습니다(107). 모범적인 설교방법을 주장하는 측은 그리스도 중심적인 구속자적인 설교와 하나님의 중심 설교의 상호교환을 인정했지만, 구속사적인 설교자들은 모범적인 전통 설교방식을 비판했습니다. 그들은 모범적 설교방법에 반대하는 이유는

① 예화의 원천으로서 성경의 우선권
② 역사적 설교본문에 모법으로 나오는 인물들
③ 역사적 본문을 모범적으로 해석하는데 반대
  ㉠ 전기적 설교
  ㉡ 인간 중심적 설교
  ㉢ 성경은 있으나 마나함
  ㉣ 역사적 등식 부호 같은 식 설교
    ㉮ 심리화
    ㉯ 신령화

　　　　㉰ 도덕화
　　　　㉱ 모형화
　　④ 예증 적인 해석 반대
　　⑤ 단편적인 해석 반대
　　⑥ 원자적 해석 반대
　　⑦ 모범적인-주관적인 설교에 반대
　　　　㉠ 객관적-주관적 결합
　　　　㉡ 설명-적용의 이원론
　　　　㉢ 주관적인 설교
　　　　㉣ 다원적인 적용
　　　　㉤ 사람의 기능
　　⑧ 성경에 나오는 설교자들을 모범으로 사용하는데 반대를 제기했습니다(114-217).

　　구속사의 접근 설교 방법에서 시드니 크레다누스는 ① 구속사는 역사다. ② 구속 사는 통일체이다. ③ 구속사는 점진을 의미한다. 스킬더의 구속사 개념이 하나님의 작정에 기초하고 있음을 보았습니다. 즉 역사에서의 다양성의 통일성이 하나님의 작정에 의해 보증된다는 것입니다(304). 스킬더의 도식주의는 특히 그가 역사적 본문을 해석하기 위해 구속 사에서의 점진을 해석학적으로 사용합니다. 구속 사는 우리를 위한 하나님의 평화로운 생각들이 하나님의 계획에 따라 시간 안에서 지속적으로 실현됩니다. 이 점진은 역사적 본문 안에 반드시 표현되어야 한다고 보았습니다(305). 스킬더는 계시를 "교훈"으로, 하나님을 "위대한 교육자요 교사"로 보고 있음을 지적했습니다(320). 점진적 계시를 점진하는 구속 사에 굳게 연결시키는 일입니다. 그리고 구속사적 설교에 관한 스킬더의 글들에서 참으로 강조되는 것은, 하나님의 오심에 있어서의 이 점진, 즉 구속역사입니다. 그는 실증주의적인 의미로 해석하지 말고 오직 "말씀과 성령에 의해 밝혀진 믿음의 눈"만이 이 사실들의 의미를 파악할 수 있습니다. 그는 고립된 사실들로서가 아니라 구속사 전 과정의 맥락 안에서만 말하는 상호 관련된 사실들로서 설교되어야 합니다. 그래서 스킬더는 "말씀의 보화들을 열어주고 개혁주의 교의의 영광과 구속사의 영광을 드러내는 설교, 한마디로 "걸작"인 설교를 요구합니다(323). 그런데 스킬더가 원하는 설교가 신학적인 걸작인가 하는 문제가 생겨난다. 그의 이상은 사실들을, 그것들이 구속사의 과정에 대해 갖는 의미에 맞추어 설교하는 것입니다. 이 목표를 이루고자 애쓸 때 생겨나는 위험은 청중이 구속 사에 관해 설교가 아닌 강의를 듣게 되리라는 것입니다(324). 스킬더는 "역사적인 사실 외에는 아무 것도"설교하지 말 것을 주장함으로써 그릇된 길에 들어섰다는 것을 경고해 주는 것입니다. 그의 주장은 객관적인 설교가 될 수밖에 없는데 그것은 엄밀하게 설교가 아닙니다. 패인호프가 말하는 바와 같이 "설교는 단순히 구속사의 하나나 그 이상의 순간들에 관한 이야기가 아니다. 아니, 설교는 그 자체가 그리스도께서 만드시는 구속사 안에 있는 한 순간입니다"(328, 재인용, Bondsboekje 1940, 35). 우리가 보기에도 스킬더는 모범론 측이 빠져있는 바로 그 딜레마에 빠져 있습니다. 비록 다른 점이 있긴 하지만, 양측 모두 궁극적으로 성경의 역사적 본문을 사실들에 대한 개관적인 계시로 봅니다. 그러므로 역사적인 본문들을 설교하는 것은 역사적 사실들을 설교하는 것과 같으며, 그것이 다음으로는 객관적 설교들을 하는 결과를 낳습니다. 모범적 설교자들의 공로는 그런 객관적인 설교들의 결점을 예민하게 느낍니다. 그들은 개관적인 기둥(구속사적 사실)을 주관적인 기둥(사실로부터 추론할 수 있는 모범적 요소)과 결합시킴으로써 이 결핍을 보충하려고 애씁니다. 구속사 적인 설교에 스킬더의 공로는 모범적인 설교들의 결점인 주관적인 것을 거부하고, 개관적인 기둥을 강조함으로써 －"발생한 것을 정확하게 말하라"-문제를 해결하려고 애씁니다(329). 모범론 측은 단지 주관적 요소의 정당성을 다시 주장합니다. 홀버다와 스피엘 그리고 페인호프는, 추가 개관적인 두 기둥 사이를 왔다갔다하는 한, 양측 모두 그 딜레마를 피할 수 없다고 올바르게 간파합니다. 게다가 양측이 모두 역사적 본문들을 해석하고 설교하는데 있어서 도식주의와 사변이라는 비판을 면할 수 없습니다. 성경에 복종하고자 하는 간절한 열망에도 불구하고, 구속사적 방법과 모범적 방법은 모두 사실상 성경을 지배하며 그래서 오직 성경이라는 그들의 이상에 미치지 못하고 있습니다(330). 이 실패의 원인을 두 방법이 모두 역사적 본문의 성격과 맞지 않는다는 사실에서 찾고자 합니다.

④ 역사적인 본문을 설교 본문으로 택하였을 때는 그 본문이 그 본분 자체의 속성에 맞게 취급되어야지 예화로 취급되어서는 안 된다(236).

⑤ 유기적 해석은 본문의 문학적 맥락과 관련됩니다. 유기적 해석은 본문을 다루는 부가적, 이차적 방법이 아니라, 역사적 해석과 조화를 이룹니다. 이것은 이미 역사적 해석 그 자체에 내포됩니다(376). 유기적 해석은 성경 전체의 맥락 안에서 본문을 보는 것이기에 하나님의 중심적이어야 합니다.

⑥ 종합적 해석

⑦ 역사적 본문에 대한 구속사적 설교
 ㉠ 하나님 중심적 설교
 ㉡ 그리스도 중심적 설교
 ㉢ 오직 성경

⑧ 역사적 설교
 ㉠ 구성 성분의 하나인 심리적인 요소
 ㉡ 구체적인 사실로서의 사건

ⓒ 본문의 목적
ⓔ 모형론
⑨ 적용적 설명으로서의 설교
⑩ 본문 주제 설교에서 "주제설교"라는 용어가 가끔 "본문설교"의 반대말로 쓰이기도 하지만, 이 두 용어 자체는 상호 배타적인 것이 아닙니다. 이런 의미에서 주제 설교는 엄밀한 본문설교이기 때문에서, 설교는 그 영역에 있어서 제한을 받습니다(386).
⑪ 적실 한 설교는 교회의 필요가 설교자로 하여금 적합한 설교 본문을 선택하도록 인도하고, 구속 사에 있어서 교회의 위치가 곧 설교자가 본문을 해석하는 입장이 되며, 교회의 상황과 구성이 설교의 구조를 상당한 정도를 결정합니다. 해석의 전과정을 통하여 설교자는 자기의 회중을 염두에 두게 될 것이며 본문이 지금 이곳의 이 교회를 위해 갖고 있는 메시지를 찾게 됩니다(390).

설교의 참된 적실 성은 설교의 고유한 권위는 설교가 전체적으로 지금 이곳에 있는 하나님의 백성을 향한 하나님의 말씀이라는 사실입니다. 그래서 시드니 크레다누스는 설교자의 임무는 말씀에다 적용을 더하는 것이 아닙니다. 그 말씀을 오늘날 그 모든 적실 성-하나님 중심적인 설명에 이미 포함되어 있는 적실 성에 맞게 선포하는 것입니다(394). 설교자는 말씀의 사역 자이며, 왕의 사신입니다(281). 구속사적 접근의 설교에서 모범적 설교에 대한 비판이 그토록 신랄한 이유는 이러한 확신 때문입니다. 객관적인 설명에 덧붙여진 주관적인 적용은 말씀을 설교하는 것이 아니고, 주관적인 설교도 말씀을 설교하는 것이 아니며, 역사적인 본문을 설교 본문으로 하여 자기점검을 위한 어떤 표징들을 제시하는 것도 말씀을 설교하는 것이 아닙니다. 설교자는 사신(使臣)입니다. 역사적 본문의 목적이 세상에 오시는 하나님을 계시하는 것이라면, 설교자는 그 목적을 영혼을 분석하는 일로 바꾸어서는 안 된다. 설교자는 그리스도께서 말씀 안에 선포하시는 그것을 조금의 덧붙임도 없이 선포해야 합니다. 개혁주의 설교는 성경을 있는 그대로 전하고, 강조하고, 설명하고자 몸부림칩니다. 그것은 성경을 이해하고 받아들이는데 방해가 될지도 모르는 장애물들을 깨끗이 제거합니다...그것은 설교를 듣는 사람들이 그 설교 안에 포함되어 있음을 보여줍니다. 이 일은 사람들을 그 설교 안에 포함시키려고 애쓰는 것과는 다른 것입니다(282, 재인용 Veenhof, Bondsboekje, "Wereldcrisis en Prediking" 1940, Zwolle: De Gereformeerde Mannenbond," 61).

시드니 크레다누스는 구속사 방법과 모범 방법을 두 견해를 비판하면서 양측의 한계를 극복하기 위해서 성경에 나오는 역사적 본문들을 서로 다른 역사적 선포들이라고 보게 되면 이 본문들을 조화시킬 필요가 없어지고, 또 각 저자 모두의 특별한 의도를 정당하게 취급할 수 있습니다. 우리가 역사적인 본문을 이렇게 역사적인 선포로서 강조하게 될 때 역사적인 본문들을 해석하고 설교하는 접근방식도 달라집니다. 이로 인해서 설교 방법에 대한 논쟁의 한계를 극복해 줄뿐만 아니라 오직 성경의 원리를 더 정당하게 다루게 됩니다(363). 그래서 성경 적인 설교는 참으로 하나님의 말씀이라는 확증입니다. 칼빈의 설교는 모범적인 구속사적인 설교인가 그렇지 않으면 구속사적인 설교인가 아니면 모범적이고 구속사적인 설교인가에 대하여 이사야 설교를 통해서 살펴보려고 합니다.

본래 칼빈의 설교는 설교제목이 따로 없는 성경본문 연속 강해 원고 없는 설교가 특징입니다. 칼빈은 성경본문의 연속 원고 없는 강해설교를 통해서 구속사적인 성령의 설교를 해나갔습니다. 성경의 본문을 역사적인 사실과 역사적인 교훈이 하나님의 교훈으로써도 활용하고 이해했습니다. 그러면서도 그는 연속 강해원고없는 설교를 통해서 그는 역사적인 본문 설교인 모범적인 전형적인 설교에만 매달린 것이 아니라 칼빈의 이사야 53장 설교의 7편을 살펴보면 구속사적인 설교인 그리스도 중심적인 설교를 분명하게 보여줍니다. 다시 말해서 역사적인 본문에 기초로 하는 구속사적인 설교로 계시사적인 구속에 대한 이해와 하나님의 섭리와 하나님의 작정과 예정에 따른 설교는 이 같은 사실을 분명하게 보여줍니다.

칼빈의 이사야 설교에서 유기적인 해석을 잘 보여줍니다. 즉, 본문의 문학적 맥락과 관련해서 해석합니다. 유기적 해석은 본문을 다루는 부가적, 이차적 방법이 아니라, 역사적 해석과 조화됩니다. 그러면서도 본문-주제 설교에 치중하면서도 적실 한 설교로써 구체적으로 하나님의 메시지를 회중에게 적절하게 적용시킵니다. 그러나 전적인 구속사적인 설교만을 주장하는 훅스트라는 말씀의 사역자가 설교에서 적용에서도 언제나 하나님의 말씀입니다라고 주장했습니다(393). 칼빈도 훅스트라가 말하는 것처럼 칼빈은 철저하게 설교의 적용에도 하나님의 말씀입니다. 그러면서도 설교의 적용에 있어서 성령의 역사를 특히 강조했습니다. 그러기에 칼빈의 설교는 모범적인 구속사적인 성령의 설교를 추구해왔습니다. 한 마디로 칼빈의 설교는 본문 강해 연속 원고 없는 모범적인 구속사적인 성령의 설교라고 정의를 내릴 수 있습니다. 화란의 모범적인 구속사적인 설교는 구속사적인 객관적인 구속의 진리가 역사적인 의미와 쉽게 혼합됨으로써 주관적인 설교의 약점을 지녔다면, 화란의 구속사적인 설교는 구속적인 객관적인 진리를 강조함으로써 역사적인 교훈을 주는 내용을 쉽게 간과하는 너무 객관적인 설교에 강조를 두는 것이 약점이라고도 합니다. 그러나, 칼빈은 모범적인 구속사적인 설교이나 혹은 구속사적인 설교의 장단점을 극복하는 구속사적인 성령의 설교를 대안으로써 제시하고자 합니다.

다섯째로, 칼빈의 설교는 원고 없는 설교입니다.

매카트니는 그의 [원고 없는 설교]에서 원고 없는 설교는 가장 중요한 요건을 '설교자의 영적 적응성이 중요하다'고 선포했습니다 (크라렌스 에드워드 매카트니, 원고 없는 설교, 박세환 역, 서울: 개혁주의신행협회, 172). 그러기에 칼빈의 설교는 바로 원고 없는 설교입니다. 이 설교는 성경 본문 연속 강해를 하면서 말입니다. 이 말은 칼빈의 설교의 결론부분을 잘 살펴봅시다. 그는 이사야 52:13-15, 53:1 본문의 설교 결론부분에서 이렇게 증언합니다.

"우리는 귀에 복음으로 큰 소리로 외칠지라도 하나님이 친히 우리들을 감동시키시고 또한 하나님의 신비한 능력으로 우리 안에서 역사를 해야 합니다. 그럼으로써 우리는 주께 이끌림을 받을 수 있는 설교를 통해서 확증됩니다. 그러나 현재에서 주해를 끝마치려는 것은 가능한 일이 아닙니다. 우리는 다음 날에 이 점에 대해 살펴봅시다. 이제 우리는 우리 주님의 위엄 앞에 겸손한 경외를 가지고 경배합시다. 그리고 우리 자신들의 결점을 알고서 하나님께 기도를 합시다(Calvini Opera. Corpus Reformatorum, volume 35, 608).

원고없는 설교는 설교자의 영적인 적응이 설교의 적용에게만 아니라 설교자 자신과 설교를 듣는 회중과 성령께서 친히 임재하셔서 하나님의 말씀 안에서 하나님의 약속을 재확인하여 하나님의 구속역사가운데 실천하는 그리스도인으로서 하나님께 영광을 돌리게 합니다.

여섯째로, 칼빈의 설교는 변증 적인 설교입니다.

특히, 로마교의 우상화와 이방인에 대한 미신화와 이단자의 변질적인 시험에 대하여 철저하게 성경적 설교와 교리설교를 통해서 비성경적인 세력을 무조건 배척한 것이 아니라 변증 적인 설교로 성경 적인 신앙과 삶과 신학을 바로 제시해주었습니다. 칼빈은 성경적인 개혁교회를 가르치기 위해서 "그리스도교 설교의 내재적 변증성의 계발을 했습니다(한제호, 성경의 해석과 설교, 344). 칼빈의 주석, 설교, 목회, 저술과 교육이나 행정까지도 그리스도교의 영적이고 또 의지적인 차원이 단호했습니다. 그래서 성경의 교훈을 불신자들 앞에서 이론적으로 변증하는 정신과 의지가 칼빈의 성경해석과 설교가운데 칼빈주의의 신앙이 흐르고 있습니다. 특히, 이사야 53장 설교에서는 그리스도 중심적인 변증적이며 교리 설교라고 부를 수 있습니다.

일곱째로, 칼빈의 설교는 복음전도의 중심설교입니다.

특히, 이사야 53장의 설교는 본래 제목이 없지만 독자를 위해서 설교의 본문에 합당한 제목을 저자가 이렇게 붙였습니다. 그 설교 제목을 붙어보면,

1. 예수 그리스도의 고난의 신비(사 52:13-15, 53:1),
2. 예수 그리스도의 경멸(사 53:1-3),
3. 예수 그리스도의 보혈(사 53:4-6),
4. 예수 그리스도의 어린양(사 53:7-9),
5. 예수 그리스도의 희생(사 53:10-11),
6. 예수 그리스도의 영적 죽음(사 53:11),
7. 예수 그리스도의 중보(사 53:12)로 살필 수 있습니다.

설교 7편에도 복음을 믿음으로 말미암아 예수 그리스도의 구속의 은혜를 전하는 복음전도의 설교가 중심이 되었습니다. 칼빈 자신도 복음의 설교를 통해서 죄인들을 향한 하나님의 사랑 안에서 새로운 사람으로 변화하여 하나님의 새일을 이루는 영광스런 하나님의 백성을 삼는 일이 설교자의 주된 직무로 보았습니다.

1.
예수 그리스도 고난의 신비

"보라, 내 종이 형통하리니, 받들어 높이 들려서 지극히 존귀하게 되리라. 이왕에 그 얼굴이 타인보다 상하였고 그 모습이 인생보다 상하였으므로 무리가 그를 보고 놀랬거니와 후에는 그가 열 방을 놀랄 것이며, 열 왕은 그로 인하여 입을 봉하리니, 이는 그들이 아직 전파되지 않은 것을 볼 것이요, 아직 듣지 못한 것을 깨달을 것임이라, 우리의 전한 것을 누가 믿었느뇨? 여호와의 팔이 뉘게 나타났느뇨?"(사 52:13-15, 53:1).

일반적으로 모든 유대인에게 말하였던 이사야 선지자는 주요한 예언을 했습니다. 하나님 백성의 구속은 주 예수 그리스도 위에 기초합니다. 또한 그리스도 안에서 하나님의 모든 약속이 성취됩니다. 이제 구속 자는 오래 전부터 약속했습니다. 그러나 그 당시에는 다윗의 혈통이 점차 소멸되고 있었기에, 성도의 소망이 사라지고 있었습니다. 선지자의 예언을 통해서 하나님께서 친히 영원한 왕을 세워, 그가 친히 다윗의 보좌에 앉으실 적에 하늘의 해와 달이 사라지더라도 이 나라는 유지되고 또 보전됩니다. 또 온 세계는 망할지라도 하나님께서 한 나라를 세우사 하나님의 역사 하심에는 변함없는 큰 계획이 있습니다. 어떤 때에는 쇠멸하는 중에 이스라엘의 마지막 왕이 포로가 되어 잡혀가고, 또 모든 이스라엘 왕가가 붙잡혀 가서 왕손이 끊어져 갔습니다. 그 마지막 왕인 여호야김은 불신앙자이었으며 또한 믿음의 배반자이며 또 변덕 장이었습니다. 그런데 그는 반란을 도모하다가 결국에는 사로잡혀 가서 양눈들은 뽑히고 말았습니다. 그는 혹독한 시련가운데, 왕자들이 모두 살해되었으며, 기가 막힌 모멸을 당했습니다. 또한 예루살렘 성전과 모든 백성들의 집들이 소각됐습니다. 누가 이러한 때에 무엇을 생각할 수 있겠습니까? 그 선지자를 통해서 하나님께서 여전히 자기 백성을 긍휼히 여기시며 또 그들이 포로로부터 귀환하게 하리라는 확신을 심어주었습니다. 하나님의 약속이 아브라함에게 했던 약속이 폐하지 않았습니다. 지상에 사는 모든 나라의 백성들이 축복을 받음으로써, 다윗의 후손을 통해서 한 왕이 와서 영원히 다스리는 세계가 옵니다. 그러기에 이 본문에서 선지자는 주 예수 그리스도에 대한 하나님의 신실한 약속을 증언합니다. 선지자가 선포하는 이스라엘 백성의 구속과 귀환은 확실한 약속이었습니다. 이제 우리는 주님을 "하나님의 종"이라고 부르심은 우리 구원을 이루기 위해서 전적인 순종으로 자신을 내어주심입니다. 영광의 주님은 모든 천사들의 머리이시며, 또 모든 인간이 그 앞에서 무릎을 꿇을 자이십니다(빌 2:10, 11).

그런데, 그 이름이 '종'이라 하심은 그가 친히 우리 같은 본성을 취하셨습니다. 이는 그가 자신을 겸손해 할뿐만 아니라 전적으로 자기자신을 부인합니다. 그는 인간의 범죄들과 불의들을 치료하고자 자신을 순종으로 준비했습니다. 그랬기에 그는 세례 요한에게 모든 것이 합력 하여 의를 이룬다고 말했었습니다(마3:15).

주 예수 그리스도는 인간의 육신으로 오셨지만 그의 위엄과 존귀는 저급한 자가 아닙니다. 이런 신분의 변화에는 상호간 모순이 없습니다. 하나님의 신성이 변치 아니하시면서도, 또한 하나님과 인간사이에 오셔서 친히 중보자로서 자신을 비하해서 능히, 율법 아래에 복종했습니다(갈4:4). 비록 그가 어리석은 자처럼 세상의 모든 짐을 지심은 모든 인간이 그에게 복종케 하며 또 주는 다스리는 자이시기 때문입니다. 그는 질 수 없는 멍에서 우리들을 자유케 하려고 친히 율법 아래에 있는 우리들을 십자가로써 자유케 했습니다. 그러기에, 우리가 주님을 "하나님의 종"으로서 부르는 것이 당연합니다. 주가 친히 우리들의 종이 되심은 자기를 부인하기 때문입니다. 그러기에 우리가 처지를 살펴보면 너무나 허무합니다. 우리는 가련한 벌레와 같고 심지어 마귀와 죄의 종입니다! 그런데도 보라, 하나님의 독생자가 자신을 친히 비하시키사 우리들의 봉사가 되심은 바울 사도가 말한 대로 그가 "할례자의 수종자"가 되었습니다(갈4:4). 그 외에도, 선지자는 그에 대하여 예언하심으로 성도의 모든 유익과 모든 교회의 충만한 구원을 성취하심을 알려줍니다. 이제 우리가 예수 그리스도가 어떤 위치에서 부르심을 입게 되었는가를 고려합시다.

다시 말해서, 그리스도는 모든 신자들의 구속 자이며 또 하나님의 모든 택자의 구속 자이십니다. 그러기에, 우리가 후에 살펴보겠지만 주님께 지워진 책무와 소명은 그의 인격에서 선지자의 의도가 증거 됩니다. 이제 이사야 선지자가 예수 그리스도의 구원하는 직무에 대하여 "내 종이 형통하리니 받들어 높이 들려서 지극히 존귀하게 되리라."고 선포했습니다. 이 말씀은 시험을 겪는 신자들에게 무장케 합니다. 예수 그리스도께서 예수 그리스도인들에게 자신을 드러내심은 자신의 영광과 그의 위엄을 드러냄입니다. 다시 말해서, 그는 주 앞에서 충만한 영광가운데 계시는 영원한 하나님으로 체현(體現)하십니다. 우리가 이미 말했던 대로 유대인들이 바벨론으로 끌려갔을 적에, 다윗의 왕가는 더 이상 위엄을 가질 수가 없습니다. 게다가 이스라엘의 존 귀도 사라졌습니다. 환난가운데서 하나님의 긍휼로 포로된 백성들 가운데도 일부가 되돌아 왔는데 그 귀환한 백성들 가운데 스룹바벨이 지도자이었습니다. 그렇지만 그는 왕관이 없는 지도자이었습니다. 그러나 스룹바벨이 큰 영광을 누리지 않았지만, 유대 백성 가운데 항상 다윗의 집에 대한 경외 심을 보존하고 있었습니다. 주목하십시오, 제가 말하건데, 스룹바벨은 순종했습니다. 실로, 그의 순종에는 어떤 통치의 영역이라고는 아무 것도 없었습니다. 그러기에 신자들이 어떤 정치적인 시련가운데서도 늘 근신할 수 있었던 점은 하나님께서 친히 구속 자로 자기 백성을 구하려 오시며 또 게다가 그가 높이 영광을 입게 될 적에 지구는 열려지고 또 모든 지옥세계도 열려지는 날이 다가옵니다.

그래서, 의심할 나위 없이 그 선지자는 여기서 두 가지 반대하는 일들에 대하여 드러냅니다. 즉, (1) 예수 그리스도는 오랫동안 숨겨져 있었으며 다시 말해서, 지옥의 권세가 주장되는 시대에 주님은 친히 오시지만 사람들 앞에 큰 자만을 드러냄이 아닙니다. 이와 반대로, 그는 비록 사람들에게서 거절당하고 또한 멸시 가운데서도 친히 자신의 수단을 통하여 하나님의 백성의 구원을 위해서 일하셨습니다. (2) 그럼에도 여전히 그가 칭송을 받지 않을 수 없습니다. 이에 대한 이사야 선지자의 표현대로 "사람에게 싫어 버린바 되었으며 게다가 마치 사람들에게는 얼굴을 가리우고 보지 않음을 받는 자 같아서"라는 뜻은 주께서 저급한 피조물이라는 의미가 아닙니다. 그는 친히 자신의 목적하는 바대로 행하여 그 자신의 모습을 대할 적에 보통 사람들에게 더욱 두려웠습니다. 그러므로, 이사야 선지자는 예수 그리스도가 장차 높임을 받을 것을 예고합니다. 이런 두 가지 현상들이 서로 상호모순처럼 여겨질지는 모르지만 그것들 사이에 쉽게 이해할 수 없는 그리스도의 신비가 숨겨져 있습니다. 즉, (1) 예수 그리스도는 모든 자에게 알려지는 자가 아니고 주를 찾는 자에게 다 알려지는 분도 아니십니다. 그는 자신이 친히 보고자 하는 자에게 보이시기도 하며 또 자신을 숨기려는 자에게는 자신을 드러내지 않습니다. 그 누구도 주 앞에 설만한 존재가 없기 때문입니다. (2) 동시에, 하나님께서 그를 높이시사, 친히 위엄과 칭송을 받게 함으로써 그의 위엄의 이 세계가 얻을 수 없는 뛰어난 영광을 입혀줍니다. 누구 나가 이런 두 가지 사건들이 이루어짐은 물과 불과 관계에서 설명될 수 없는 그 이상의 일입니다! 그런데다가, 이사야는 말하기를 우리가 바라 볼 소망은 하나님이 이런 식으로든지 혹은 시작하는 작은 근원들에서부터 자신의 목적대로 이루시는 온전하신 하나님의 인(印)을 숨겨두려고만 하지 않습니다. 선지자가 말하는 "보라 내종이 형통하리니 받들어 높이 들러서 지극히 존귀하게 되리라"(사52:13).

 이러한 존귀한 시험은 쉽게 이겨내기가 어렵습니다. 또한, 하나님께서 자신이 행하고자 원하는 것을 쉽게 한 마디로 표현하기가 쉽지 않습니다. 우리가 장애물들을 인식할 때마다 하나님은 선언하는 것이 불가능하게 보일지라도, 우리를 방해하는 모든 반대와 사물 가운데서도 하나님의 약속에 대한 믿음으로 나아갈 적에 모든 어려운 장벽을 극복해 나아갈 수 있습니다. 그럼으로 인해서 선지자가 말하는 대로 '나의 친구들이여, 구속자가 높이 들어올리우실 때까지 하나님을 기다릴지니 이는 그가 친히 이루실 것이니라' 또한 우리가 답변하기를 '실로 어떻게 그럴 수가 있을까? 그 방법이 너무나 기묘하기 때문이다!' 그가 말했던 것처럼, "전혀 이 일에 의심하지 말라! 그곳에는 하나님 안에 우리에게 숨겨진 권세가 있기 때문입니다. 여러분이 의심하거나 또 주저하거나, 내적인 고민에 빠져 있거나, 하나님의 말씀으로만 충족하게 여기지 않을지라도 여전히 하나님은 이행하십니다. 그럼으로 인해서 이런 모든 사상들을 물리치며 또 우리로 하여금 견고케 해줍니다. 모든 우리의 불 신앙을 온전한 신앙으로 변화케 해주십니다. 그러기에 우리에게 무슨 일이 일어나도 확신을 주심은 하나님이 우리의 노력들을 넘어서 일하시며 또한 여러분의 의사(意思)와 지각(知覺)을 넘어서 역사 하십니다!"

이와 관련해서 선지자가 친히 세, 네 가지 단어들을 사용해서 그 같은 의미를 보여줍니다. 그가 매우 잘 지적하여 말하기를 타인보다 그 얼굴이 더 상하였기에 "고운 모양도 없고 풍채도 없은즉 우리의 보기에 흠모할 만한 아름다운 것이 없도다 마치 사람들에게 얼굴을 가리우고 보지 않음을 받는 자 같아서 멸시를 당하였고 우리도 그를 귀히 여기지 아니하였도다". 게다가 우리 죽을 인생들은 그가 세상에 사는 죄인들 가운데 보냄을 입은 일에 대하여 전혀 감사치 아니했습니다. 이제 이 사실이 적당한 때에 분명하게 설명할 것입니다. 바로 이 같은 선언을 인하여 더욱 분명한 선포를 하십니다. 그런데, 선지자가 보여주는 바는 그들의 구속 자를 기다리는 유대인들이 결국에는 반대 견해를 물리치고, 하나님의 선하심 위에 섭니다. 또한 이렇게 말씀을 드릴 수 있는 점은 바로 우리 주 예수 그리스도의 인격뿐만이 아니라, 그의 복음의 전과정을 통해서 그의 신자들을 유지하시고 또 다스리시는 전체적인 질서의 과정에서 이루십니다. 그러기에, 우리가 예수 그리스도 안에서 구원을 확신한다면, 우리가 맨 먼저 그가 모든 사람들의 앞에서 부끄러움을 당하고 미움과 저주의 자리에 있을지라도 부끄러워 맙시다. 그러기에 오늘 우리는 복음을 통해서 성도가 받는 수치를 개의치 맙시다.

만일 우리가 예수 그리스도가 십자가에서 못 박힘을 받는 것을 부끄러워한다면, 구원의 모든 소망에서부터 멀어지는 일입니다. 어떻게 해서 그로 말미암아 구원을 받았습니까? 주께서 우리를 위해서 저주받았습니다. 이는 사람들과 아버지 하나님의 입으로부터 저주를 받지 않았더라면 우리가 어떻게 천국의 기업에 참여할 수나 있었겠습니까? 이처럼 예수 그리스도가 축복의 모든 근원이 되심은 '속건 제'의 희생제물처럼 우리의 죄들을 담당했습니다. 자신이 속건 제물이 되사 하나님의 진노에서부터 죄인들에게 자유와 용서를 주십니다. 또한 예수 그리스도가 우리의 생명이 되심은 어떻게 친히 죽음과 사망을 이겼습니까? 또 어떻게 해서 우리가 그를 통해서 일으킴을 받았습니까? 주께서 친히 지옥의 깊음 가운데 가셔서 우리들을 둘러싸고 있는 모든 두려움에서부터 어떻게 우리들의 죄를 이기셨습니까? 하나님만이 항상 우리의 재판장이 되십니다. 또한 하나님이 우리를 대적하는 일보다 더 두려운 일이 어디에 있겠습니까! 예수 그리스도는 우리의 안전이시며 또한 우리의 중보자이시기에 모든 죄로부터 오는 정죄의 결박을 푸시려고 죽으셨습니다. 그런고로, 우리가 볼 적에 그가 받은 멸시를 이상스럽게 여기지 않습니다!

인간의 지각들이 얼마나 어리석다는 것을 안다면, 바울이 성도들에게 말한 것같이 '하나님의 어리석음'은 이 세상의 지혜 자보다 더 뛰어납니다. 이사야는 "하나님의 어리석음"은 주 예수가 상함을 입는 일입니다. 왜냐하면 사람의 결론이 얼마나 어리석은 일인가를 인정합니다. 어쩌다, 하늘과 땅에서 공경을 받을 분이 이렇게 수치를 당하십니까? 이게 무슨 목적이 있습니까? 그런데 이에 대하여 사람들은 자신들의 오만과 억측으로써 만용과 뻔뻔함으로 하나님의 구속사역을 정죄합니다! 그럼에도 하나님은 자기 계획가운데서 인간들보다 더 지혜롭게 처신합니다. 그래서, 주 예수가 자신을 비하하심으로써 사도 바울이 증언대로 우리들을 위해서 스스로 낮추셨습니다(빌2:5-11). 우리는 주께 영예를 돌립시다. 왜냐하면 주의 영광은 영원히 쇠하지 않고, 그의 선하심은 크고 위대한 영광을 가집니다. 경이롭고도, 하나님의 아들인 그리스도께서 이 같은 고통을 거절하지 않았습니다. 즉, 주만이 아버지 하나님의 형상이며 또 모든 질서아래 이 형상이 우리 안에서 다시 세우십니다. 그런데 하나님 앞에서 우리를 생각해보면 더럽기만 한량없는 우리를 주 예수께서 인쳐주시사 구원하셨습니다. 그럼으로써 우리는 하나님께로 나가 하나님의 은혜를 입습니다. 그래서, 주께서 상함을 당하심은 우리 자신들을 바로 보게 하십니다. 또한 그리스도께서 친히 우리 모든 허물들과 오점들을 받아주시고 또 모든 죄악들을 깨끗케 사하십니다. 이제도 우리가 의로움과 거룩함이 없을지라도, 하나님의 은혜로 하나님 앞에 담대히 나아갑니다. 하나님이 친히 예수 그리스도 안에서 교제케 하지 않았더라면 허무한 존재가 되었을 것입니다.

그럼으로써 그는 이에 덧붙여서 "열 왕은 그를 인하여 입을 봉하리니 이는 받들어 높이 들려질 때, 또한 그들이 이러한 변화를 볼 때, 사람들이 전혀 생각할 수 없는 일이 벌어집니다. 여기서 보여주는 것은 주 예수가 친히 겸손하고 또한 모든 것을 비웠기에 이제는 외면적으로 판단하지 맙시다. 우리는 하나님의 목적에 유의하며 또 하나님의 목적에 주목합시다. 모든 사람 위에 뛰어난 이름을 주심은 모든 사람이 그 앞에 경배할 것을 사도 바울은 빌립보 2장에서 선언합니다(2: 9-11).

그가 권하는 겸손을 보면서 예수 그리스도의 거울과 모델 안에서 우리를 자랑하지 맙시다.

"그는 근본 하나님의 본체이시나 하나님과 동등 됨을 취할 것으로 여기지 아니하시고 오히려 자기를 비어 종의 형체를 가져 사람들과 같이 되었고 사람의 모양으로 나타나셨으매 자기를 낮추시고 죽기까지 복종하셨으니 곧 십자가에 죽으심이라 이러므로 하나님이 그를 지극히 높여 모든 이름 위에 뛰어난 이름을 주사 하늘에 있는 자들과 땅에 있는 자들과 땅 아래 있는 자들로 모든 무릎을 예수의 이름에 꿇게 하시고 모든 입으로 예수 그리스도를 주라 시인하여 하나님 아버지께 영광을 돌리게 하셨느니라."

이사야 선지자가 전한 말씀을 요약하자면, 그가 비하하심은 믿음을 방해함이 아니라 그리스도 안에 온전한 마음을 갖게 합니다. 그러나 우리가 그리스도의 구속 목적이 무엇인지를 상고하려면 주의 죽음은 부활과 관련해서 함께 역사 합니다. 두 가지의 역사는 불가분리입니다.

(1) 예수 그리스도는 친히 우리의 연약함을 담당하려고 고통을 받았습니다.

(2) 그는 성령의 능력에 의해서 높임을 받았던 것은 바로 바울 사도가 디모데 전서와 고린도 후서와 로마서 1장에서 그가 하나님의 참 아들이었음을 확증합니다(딤전3:16;6:15;고후4:14,8:9;롬1:3, 4).

이것이 선지자가 전하고자 한 메시지입니다. 이제 우리가 증거함은 단지 우리 주 예수 그리스도의 인격만이 아니라 그의 복음을 증거 합니다. 그러기에 우리가 어떻게 예수 그리스도를 알게 되었으며 또한 세상에서 친히 순종하심은 무슨 이유이며 또 복음이 어떻게 전파되었습니까? 우리가 모든 권세를 입혀 준 자들에 대하여 사람들에 의해서 단지 모욕하고 정죄만 하지 않습니다. 주께서 친히 고난을 받으면서 최종적으로 수치스럽게 죽음을 당했습니다. 이같은 경우에, 우리가 이런 오류들을 극복하는 길은 선지자에 의해서 선포된 그 말씀으로 무장하는데 있습니다. 우리 주 예수가 오신 목적을 상고해 볼 적에 입이 달혀지는 것은 어떤 대답도 할 수 없을 정도로 놀라운 일입니다. 이 뜻이 불신자들에게는 알아들을 수 없는 말입니다. 이제 우리가 보는 바와 같이 우리 주 예수 그리스도께 합당한 영광을 불신자들은 돌릴 수 없습니다. 불신자들에게는 그리스도의 말씀이 서로 부딪히지 않을 수 없습니다! 그러나 여기서 말씀하는 바는 우리로 하여금 왜 우리 주 예수 그리스도가 오신 이유는 그의 죽음과 고난의 목적과 열매가 우리의 구원을 이루기 위한 계획이었으므로, 우리는 입을 다물게 합니다. 성경이 이렇게 말할 때에, 성경은 하나님의 사역들의 견고하고도 분명한 견해를 취합니다. 제가 이미 언급한대로 사람들이 그들의 입을 벌리고 있는 동안, 그들이 취한 입장을 추진하여 나간다면 하나님만이 홀로 남아있기에 그가 행하신 모든 일들에게 대하여 거부하는 자세인 셈입니다. 그러나 여기서 말해지는 내용은 모든 입이 하나님 앞에 침묵합시다 (합2:20, 슥2:13).

우리가 지각까지도 하나님께 다스림을 받고 또 사로잡혀 사는 것은 하나님께서 그의 독생자의 인격가운데 영광을 받도록 모든 입술이 시인합시다. 하나님께서 왕들에게도 시인하기를 명하신다면, 일반인들에게는 더욱 그렇지 않습니까? 확신하건대, 여기 선지자가 지켜야 할 하나님의 질서를 우리도 견지합시다. 왜냐하면 우리 주 예수 그리스도가 친히 당했던 상함을 입음으로써, 필연적으로 보여주심은 세상이 주님을 배척하실 것을 예고하십니다. 우리가 이에 대하여 성령에 따라 충고를 받는 것은 이상스러운 점을 끄집어내려는데 있지 않고, 오히려 참된 신앙으로 수용하도록 인도하십니다. 언뜻 볼 적에는 만인(萬人)이 혐오하는 교수대일지라도, 이로 인해서 완전히 우리를 그리스도에게서 떠나게 할 수 없습니다. 그럼에도 불구하고, 이제는 우리들의 모든 영광을 추구하려는 자세를 버립시다.

즉, 우리는 십자가에 달리신 그리스도 예수 안에서 영광을 추구합시다! 게다가, 우리가 확신하는 바는 그가 친히 고난을 받으심으로 인해서 부끄러움을 개의치 않고, 우리로 하여금 죽음과 함께 부활에 동참케 하십니다. 또한 우리가 십자가에 달려 죽으신 그리스도를 통해서 하나님의 보좌에 좌정하셔서 하늘과 땅의 모든 권세로 통치하십니다. 바로 그것이 그가 말했던 대로 존귀를 받으시는 일입니다. 그가 교수대에 달리심은 사람들의 눈에는 오명(汚名)이었습니다! 그러나 선지자들은 마귀를 경멸하고 또한 세상 사람들이 그리스도가 친히 칭송을 받는 일에 대하여 반대하기에, 주님을 비방하는 어려움을 겪게 될 것을 알았습니다(시편22:7). 또한 그들이 주님에게 훼방과 비방을 퍼부었으나 여전히 주님은 사도 바울이 증언한대로 보좌에 좌정하였습니다(롬8:34, 엡1:20).

다른 곳에서도 마찬가지입니다(골2:14,15. 롬8장). 그는 비록 수치로 넘치는 교수대에도 불구하고 그리스도의 십자가는 영광스런 승리의 마차와 같았습니다. 또한 예수 그리스도가 마귀를 승리했을 뿐만 아니라, 주께서 친히 보여주신 대로 우리가 이제는 그의 영광을 입습니다. 그래서 우리는 이제 모든 정죄에서 면제되었으며 더 이상 죄가 우리를 주관할 수 없습니다. 지옥의 모든 마귀들이 우리를 향하여 대항하는 시도로부터 막아버립니다. 그러면, 요약적으로 어떻게 우리가 주 예수 그리스도의 영광을 향하여 신앙으로 나아가는 길에 십자가상에서 이루어 주신 그리스도의 구원을 통해서 저주 가운데서 오히려 축복이 되었습니다. 또한 그의 죽음으로 인해서 우리에게 생명이 되었고 또 그가 친히 당한 수치로써 우리의 영광이 되었습니다. 그가 땀방울이 핏방울이 됨으로써 우리에게는 기쁨이 되었습니다. 선지자는 특별히 주께서 이것을 전파할 것을 예언합니다. 이 단어가 은유로 '말해지는 이유는' 모든 것이 선지자의 자연적인 지각을 통해서 예수 그리스도께서 모든 나라들에게 전하해집니다. 즉, 비록 나무뭉치는 메마르고 또 볼품없는 줄기이지만 그의 권능으로써 전파됩니다. 간단히 말해서, 그가 보여줌은 하나님께서 인간의 이해를 넘어서서 역사 하시며 또한 유대인들이 인간의 어떤 수단이든지 기다리지 않고 또 인간이 소망하는 모든 일을 이루십니다. 하나님의 기적은, 인간의 지각으로는 충분히 설명할 수 없습니다. 또한 누가 하나님의 신비들에 대하여 우리들에게 전할 때, 이 신비(神秘)라는 점은 우리가 두려워할 재판 자들이나 혹은 심판자가 아닙니다.

우리가 말하는 것은 "틀림없이 이루어지리라! 그러나 우리가 머리로 놓여지기보다는 주께 경배하는 것은 우리들에게 알려지지 않은 하나님의 신비가 있기 때문입니다." 그러기에 이점을 요약적으로 우리가 기억해둡시다. 제가 이미 말한 대로 우리에게 향한 이 권면은 주 예수 그리스도에 의해서 전(傳)하여진다는 사실을 우리가 스스로 인정합시다. 주께서는 누구의 명성도 인정한다 할지라도 주께서 자신을 주셔서 친히 원하시는 자를 가까이하십니다. 더욱이 비록 우리가 불신앙가운데 있을지라도 주님께서 참으십니다. 선지자는 이 교리를 기억하라고 말씀하십니다. 그 외에도, 전세계가 주 예수 그리스도로 말미암아 전파될 것을 계속해서 증언합니다. 즉, 복음의 설교를 통해서 말입니다.

"그들이 아직 전파되지 않은 것을 볼 것이요 아직 듣지 못한 것을 깨달을 것임이라 하시니라" 여기서 선지자는 자신의 제안을 확증해 줍니다. 주 예수는 그의 아버지 하나님에 의해서 보내 신바 된 것은 (그가 친히 유대인들에게 명확하게 약속하셨는데도 불구하고) 유대인들에만 위한 것이 아니고 그가 전세계의 구세주가 되어 주심을 보여줍니다. 이제 선지자가 뜻하는 바는 바울 사도가 로마서 15장8-12절, 17-21절, 25-29절에서 선언하는 내용을 이방인들의 나라들에게도 복음으로써 온 지역에 전파되어질 것을 증거 합니다. 유대인에게만 복음이 전파되는 것이 아니고 이방인들 사이에도 전파되어집니다. 그러기에 이사야 선지자가 의도하는 것을, 이 성경 본문에서 우리에게 제시하는 것은 하나님의 나라에 이르는 입구를 보여줍니다. 만일 예수 그리스도께서 아브라함의 후손에게만 약속한 메시지라면 주가 우리들에게 무슨 유익이 있겠습니까? 그가 비록 구세주와 구속자라 할지라도 우리들에게는 무용합니다. 우리는 주 밖에서 어떤 역할도 기업도 없습니다! 그런데 이 본문에서 미리 예고하는 교훈은 그가 보내심을 받은 것이 모든 백성들 가운데 전파됨입니다. 실로 "이는 그들이 아직 전파되지 않을 것을 볼 것이요 아직 듣지 못한 것을 깨달을 것임이라 하시니라" 우리가 알아둘 점은 주님이 친히 세상에 오셔서 우리들을 양자로 삼으시고 구원을 성취하였습니다. 그래서 복음의 교리는 이제도 불모로 인하여 메마른 인간에게 천국의 생기를 주는 소낙비와 같습니다. 게다가 우리가 하나님의 은혜를 갈망하고 또 사모하는 것은 복음의 가르침을 통해서 유지되기 때문입니다. 그리고 우리가 구속자의 고난을 통해서 그의 죽음의 유익과 가치를 느끼게 될 적에 그리스도의 생명은 우리에게 기쁨의 완성입니다.

분명하게 선지자가 여기서 원하는 뜻은 율법에 익숙하고 또 도움을 받았던 유아시절부터 누렸던 유대인들에게만 해당 하다는 점을 바랬던 것보다는 이전에는 모든 미신들과 우상들로 지배를 받았던 이방 나라들에게 적용하고자 했습니다. 왜냐하면 이스라엘의 하나님은 모든 세상사람들부터 거꾸러뜨림을 당하고 또한 미움을 받았지만 이방인들이 참된 종교를 조소하는 자들에게도 드러내시었습니다. 이제 '들을 자가 들어서 이해하게 될 것이요' 라는 말씀의 뜻인 것이다. 선지자는 이런 말씀들을 의해서 신앙이 어디에서 오는가를 보여줍니다. 즉, 하나님의 말씀을 들음으로써 옵니다. 그럼에도, 그는 복음의 설교를 통해서 우리의 귀에 들려지지 않는다면 이해할 수 없다는 입장입니다

이 말씀은 모든 이에게 주어진 것이 아닙니다, 그리고 하나님의 선택 자에게 제한된 선언으로써 성령에 의해서 새롭게 된 자들을 일컫는 말입니다. 또한 그가 선언하는 바에 따라 명확하게 부가되는 선언은 "우리 전한 것(가르침)을 누가 믿었느뇨? 또 여호와의 팔이 뉘게 나타났느뇨?" 여기서 선지자들은 그의 명제 가운데서 멈춰 서는 일은 놀램과 경악가운데 외치고 있습니다! 이 본문은 유의

할 가치가 있습니다. 우리가 알다시피 하나님께서 신자들에게 주는 권면은 아량과 견실함으로 보여줍니다. "나의 친구들이여, 여러분의 구속자가 세상으로부터 위엄과 칭찬을 받지 못할 수 있습니다. 그러나 오히려 모든 이가 그 얼굴을 때리고, 그들이 그에게 대어든다고 해도 그는 여전히 저주받는 사람가운데 있다 해도 말입니다! 모든 사람 때문에 주를 상하게는 할 수는 없습니다! 하나님이 그렇게 정하셨기 때문입니다. 어찌하든지, 여러 분은 하나님의 목적을 보게 됩니다. 이것은 죽음의 깊음 들에서 이끌어 주시기 때문이었습니다. 그는 위로부터 칭송을 받는 자이며 모든 피조물에 대한 권위를 가지고 있습니다. 그래서 여러분은 우리의 유익을 위해서 겸손했던 그 구속 자를 경배합시다. 사실, 이사야는 주님을 비유로 비교했던 것은 하나님께서 진리를 전혀 들지 못해서 불쌍하게 죽을 짐승 같은 자들에게 전파되기 위함입니다.

이사야 선지자는 말하기를 '가르침을 받은 자들이 구원의 동참자들이 될 것이며, 하나님의 교회가 온 세상에 걸쳐서 확장되어지며 또 순수한 가르침을 훼방하는 자들의 입을 닫게 합니다. 게다가 모든 경외와 온전함으로 이스라엘의 하나님을 존귀케 할 것이며 또 그의 독생자가 하나님 영광의 형상과 위엄의 형상대로 합당한 영예를 얻습니다. 비록 자신들의 자만으로 가득한 왕들이라 할지라도 스스로 겸손해질 것이며 또한 그들은 모든 순종함으로 주의 편에서 섭니다.'

이런 위대한 제안의 선포는 이사야 선지자가 취했던 입장이었습니다. 이제 우리가 예견한대로 복음이 온 세계에 걸쳐서 전파되어, 어떤 이는 이것을 비웃을 것이며, 또다른 이들은 이것을 대적하며, 다른 이들은 이에 대하여 흥미도 없을 것이며, 또 다른 이들은 어리석을 것이며, 어떤 이는 위선으로 하나님께 거짓말을 할 것이며 또 그들이 그 가르침에 순종하는 체를 할 것이나, 단지 거짓된 형상일 뿐입니다. 그러기에 선지자는 세상은 심한 악에 처했다고 선언하는 것은 하나님께서 친히 자신의 약속을 들으려고 하지 않음을 잘 알기 때문입니다. 그래서 하나님은 자신의 말씀이 경외 심을 갖고 수용하려 들지 않는 자들에게 향하여 '누가 믿었느뇨?' 라고 탄식하여 외쳤습니다. 마치 그가 이렇게 말했던 것은 "아, 내가 세상의 구원을 여기서 외치면서 아직 절망적이고 또 잃어버린 세대에 이 치료 책을 제시해서 하나님이 친히 보내신 독생자가 마귀와 죽음을 물리치도록 싸워서, 우리들을 위해서 의로움과 생명을 얻게 합니다. 그러기에 이 복음의 가르침을 온 세계에 전파합시다. 다른 한편에서 우리가 비록 불모한 형편에 있을지라도 또한 메마름과 가난만이 존재할지라도 말입니다! 그러나 하나님은 자신이 우리에게 전파하는 것을 요청하며 기다리지 아니하고, 친히 주께서 앞서 가시며 자유롭게 그의 가르침대로 외아들을 우리들에게 주셨습니다. 또한 이로써 그가 사랑의 가치를 보여주며, 하나님이 친히 아무런 방해 없이 주시는데 있습니다. 구속자가 오셨을 적에 영접하는 자에게 이런 사랑의 불붙는 심정이 모든 이에게 적용됩니까?' 그런데 틀림이 없는 사실은 누구든지 그 복음을 듣는 자들에게 비록 10분의 1이라도 상당히 그 복음 안에서 영향을 입습니다.

사실, 경험이 보여주는 바는 하나님을 경멸하는 자들 가운데 신앙에 대하여 개들보다 못한 자세를 취합니다. 또한 그들은 영생에 대한 복음을 모두 우화처럼 간주합니다. 또다른 이들 가운데 하나님의 말씀을 조소하면서 말씀을 붙잡고 사는 것을 만족하지 않습니다. 그들이 더 이상 발전할 수 없습니다. 왜냐하면 그들은 복음에 대한 격분과 노염으로 싸여있기 때문입니다. 반면에 어떤 이들은 입을 크게 벌려서 하나님의 말씀을 참담하거나, 또 다른 이들은 자신들의 머리에서 상상하는 것으로만 잡고서 질문하려고만 듭니다. 더욱 더 어떤 이들은 지혜로운 자에게 감동을 줄 수 없는 어리석음을 나타냅니다.

또 다른 이들은 돌들보다도 더욱 부딪힙니다. 또 다른 이들은 아름다운 소리를 내어 연민을 느끼게 하나 거짓말쟁이들이며 또 편견 자들입니다. 그들은 오직 거짓과 위선만이 있습니다. 우리가 그것을 봅니다! 그러기에 선지자가 그것을 말하지 않았더라도 눈을 들어 하나님의 성취하심을 봅니다. 이 또한 놀라운 일이 아니겠지만 본래 우리 안에는 본성에 거스르는 한 괴물이 있지 않습니까? 이것이 틀림없이 내재합니다! 이제 여기서 우리가 크게 중상모략을 받음으로써 복음이 우리들에게 방해하려는 장애가 있습니다.

하나님께서 세상이 행했던 것을 언제든지 심사숙고하여 봅시다. '왜? 하나님의 말씀이 사람들의 주관적인 선과 축복이 될 수 없습니까? 더욱이 어떻게 해서 하나님의 말씀을 배척합니까? 왜 하나님은 불신자들이 그리스도를 비방하고 또 그를 대항케 하십니까? 왜 주께서 그리스도의 소리를 듣지 않도록 그들을 만드셨을까, 또 그들이 왜 그리스도에게 대하여 신뢰하지 않습니까?' 그것은 우리가 어떻게 해서 복음을 전적으로 믿지 아니한가를 들어냅니다. 실로! 불 신앙의 사람들이 하나님의 진리에서 벗어나는 것처럼 하나님의 명예를 빼앗는 일입니다! 그래서, 이유가 없는 것은 아니나, 선지자 이사야는 이 문장을 불쑥 끼어 놓았습니다.

우리가 앞서 살펴본 대로 단순하게 말하자면 전 세계는 우리 주 예수 그리스도로 인해서 전파되어 있습니다. 게다가 복음의 교리는 어느 곳에든지 확장되었습니다. 또한 왕들이 그에게 굴복합니다. 지금 우리가 말하고자 하는 건, '오, 이사야 선지자가 말했던 이 우리 시대에 부합되지 않을 것이라고 한다면 우리가 전적으로 반대로 보는 경우가 됩니다! 지상 사람이 구원을 얻도록 전파하지 않는다면 우리가 보이는 것은 모든 불의의 홍수뿐이라는 점입니다. 우리가 보건대 하나님께 속한 모든 것을 거부하는 극악한 반항으로 인해서 잔인합니다. 우리가 이로 보건대, 복음을 잘못되게 받아들이면 얼마나 두려운 일입니까! 이 일에 대하여, 선지자는 더 이상 확증할 필요가 없습니다.' 이에 대하여 제가 말했던 것처럼 우리 신앙을 뒤엎어 놓 경향이 있습니다. 그러나 우리가 전에 살펴 본 이 문단에서 연관지어 볼 때에 하나님은 사람들에게 비를 내리시어 활기를 줍니다. 그가 말했던 대로 모든 사람들에게 성령의 특별한 은혜를 부어주지 않습니다. 대부분 불신자들에게 있어서 큰 문제는 그들의 귀를 복음을 향하여 거부하는데 있습니다. 또는 그들이 강퍅해져서 더욱 모든 악으로 향합니다.

다른 이들은 그들에게 전달되는 측량할 수 없는 선에 대하여 전혀 고려하지 않습니다. 그러기에 그 선지자가 이런 일들을 선언했을 때에 우리가 볼 수 있는 것은 우리가 그런 일로 인해서 더 이상 놀라서는 안됩니다. 오히려 우리 신앙은 그것으로 인해서 견고해집니다. 그리고 우리가 요약해서 기억해 둘 내용이 있습니다. 또 우리가 이 방식으로 헤아려 볼 수 있습니다. 세상은 이런 방식으로 하나님께로 전혀 돌이킬 수는 없습니다. 다수가 사단에 사로잡혀서 여전히 어리석게 머물고 맙니다. 오히려 그들이 우리들에게 제시한 축복을 받기보다는 패망하고 말았습니다. 그리고 우리가 말했던 대로 여러 종류 사람들이 남아 있는데 어떤 이들은 어리석을 것이며, 다른 이들은 하나님을 조소하는 격렬함을 갖고 대할 것이며 또한 복음의 내용을 정죄하려고 드는 어리석은 억측을 부리는 자도 있습니다. 또 다른 이들은 세상의 염려로 싸여져 있습니다. 그들은 자신들의 미묘한 입장들과 자만들에 빠져서 이런 측면에서 천국에 속한 복음의 맛을 느낄 수가 없습니다. 다른 이들은 너무 비인간화가 되어서 그들의 마음에 복음의 가르침이 들어갈 수가 없습니다. 그리고 우리가 이 모든 것을 볼 적에 유의할 점은 비록 복음이 전파되어지고 또 하나님의 음성이 울려 퍼짐으로 모든 지역으로 전파된다고 해도 많은 사람이 변화되지 않은 상태로 머무르는 것은 성경의 가르침에 의하면 그들이 영적으로 죽어 있었기 때문입니다. 그래서 세상 사람들에게는 이런 점은 너무나 많습니다. 더욱이 우리가 볼 적에 진정한 신자들이 적다는 것입니다. 그렇다고 해도, 우리가 그 일로 인해서 낙심하지 맙시다. 오히려 우리가 알아둘 점은 하나님이 친히 입으로 선포하신 그 내용은 틀림없이 성취합니다. 그러기에 우리가 하나님의 날개 아래서 스스로 모임을 통해서 더욱 위로를 받습니다.

오늘날, 온 세계는 불의와 거역으로 넘치는 것을 볼 때에, 우리는 두려워합시다. 우리가 매우 조심스럽게 걸어야 하지 않겠습니까? 모든 이가 하나님을 잘 섬기기를 원한다면, 수많은 경건한 성도들의 실 예를 통해서 우리가 용감하게 매진합시다. 복음이 전파되어진 다수에게 마귀는 싸움을 걸어오기에 우리는 낙심하지 않도록 유의합시다. 어느 지역에서는 하나님과 완전히 분리하려는 음모를 꾸미고 있습니다. 그러기에 우리는 두려움 가운데서 분명하게 전진합시다. 만일 우리가 하나님에 의해서 기적적으로 보존되지 않았더라면 우리들에게 무슨 일이 일어났겠습니까? 그러기에 복음을 붙들고 사는 자는 모든 죄악들을 저항할 수 있도록 준비합시다.

또한 그가 다른 이들을 볼 적에 그들의 책무를 다하지 않을 때에, 그를 그 일로 인해서 떠나버려서는 안됩니다. 우리가 세상을 볼 적에 하나님의 말씀 아래에 복종해야 합니다. 우리 자신이 이 일에 매진합시다. 그것만이 아니라 우리 하나님의 편에 서는 데는 너무나 많은 어려움도 따릅니다. 우리가 하나님으로부터 떠나게 하는 타락들과 악한 실 예들을 주시합시다. 그럴 적에 하나님이 우리를 부르시는 온전함 가운데 거합시다. 그런고로 선지자가 외치는 "우리의 전한 것을 누가 믿었느뇨?"라는 말씀을 기억해 둡시다. 그가 전제로 하는 말씀은 수적으로도 분명히 많은 자에게 해당할 수 없습니다. 또한 복음이 어디에서든지 공포되지만 복음의 유익을 좇아 믿음에 뿌리를 내리고 또 고치며 또한 개혁하는 자는 보기가 쉽지 않습니다. 삶의 변화는 하나님께 전적으로 헌신하여 자신을 부인해야 합니다. 제가 말하는 것은 개혁적인 삶을 살아가는 자는 적다는 것입니다. 그럴지라도, 그는 지금 설명할 수 없는 목적을 덧붙이고 있습니다.

즉, 그 점에서 우리가 신앙은 하나님의 특별한 은사라는 점을 알아야 하며, 게다가 이것은 모든 사람에게 해당한 가르침은 아닙니다. 또한 우리는 귀에 복음으로 큰 소리로 외칠지라도 하나님이 친히 우리들을 감동시키시고 또한 하나님의 신비한 능력으로 우리 안에서 역사를 해야 합니다. 그럼으로써 우리는 주께 이끌림을 받을 수 있는 설교를 통해서 확증됩니다. 그러나 현재에서 주해를 끝마치려는 것은 가능한 일이 아닙니다. 우리는 다음 날에 이 점에 대해 살펴봅시다. 이제 우리는 우리 주님의 위엄 앞에 겸손한 경외를 가지고 경배합시다. 그리고 우리 자신들의 결점을 알고서 하나님께 기도를 합시다(Calvini Opera. Corpus Reformatorum, volume 35, 595-608).

2.
예수 그리스도의 경멸

우리의 전한 것을 누가 믿었느뇨 여호와의 팔이 뉘께로 나타났느뇨 그는 주 앞에서 자라나기를 연한 순 같고 마른땅에서 나온 줄기 같아서 고운 모양도 없은즉 우리의 보기에 흠모할 만한 아름다운 것이 없도다. 그는 멸시를 받아서 사람에게 싫어버린바 되었으며 간고를 많이 겪었으며 질고를 아는 자라 마치 사람들에게 얼굴을 가리우고 보지 않음을 받는 자 같아서 멸시를 당하였고 우리도 그를 귀히 여기지 아니하였도다(사 53:1-3).

우리는 다음에 나오는 점을 논의하고자 합니다. 복음이 온 세계에 전파돼도, 다수가 복음을 받아들이는데 어려울 것입니다. 또한 선지자가 선포한대로 하나님의 구원소식을 들어도 불신자들에게는 놀라운 일이 아닌 것은 바로 어리석은 자는 어떤 방식으로든지 복음을 수용하지 않습니다. 하나님께서 친히 사람들을 찾아 부르심은 이상한 일이 아닙니다. 하나님은 세상에서 가장 인자와 은혜로운 방식으로 생명을 주시고자합니다. 그럼에도 불구하고 사람들은 고의적으로 인간들에게 부여된 구원을 거부합니다. 그들은 구원이 경험적으로 불가능하게도 보입니다! 선지자들이 그토록 복음을 외칠지라도 믿는 자가 소수자라는 점입니다. 그는 그 이유를 부가합니다. 하나님이 자신의 권능을 계시하는 것이 필연적입니다. 하나님의 역사는 신앙을 통해서 얻어집니다. 이에 반하여 인간의 자연적인 자각으로는 항상 불신자가 되고 맙니다. 우리가 보는 것처럼 수많은 백성이 복음을 거절하는 이유가 있습니다. 우리들의 다수가 하나님과의 화평하기보다는 오히려 하나님을 멸시하며, 또 혐오하고 타락하여 하나님을 닮기를 싫어하지 않습니까? 제가 말하건대, 왜 이런 일이 일어납니까? 본래 신앙이란 모든 사람의 능력 범주 안에서 상상할 수도 없지 않습니까? 그러나 선지자는 하나님의 명령인 말씀을 선악간에 모든 사람에게 선포하시면서 선택 안에서 비밀스런 양태로 사역하십니다. 마치 그가 자신의 팔과 권능을 통해서 그들에게 느끼도록 역사 합니다. 그러기에 우리가 주의할 것은 복음이 이미 전파되었을 때에는 주님이라고 보여주기는 무모한 소리가 될 것입니다. 왜냐하면 그는 모든 이에게 선함을 행할 수 없기 때문입니다. 그러기에, 보라, 하나님의 권능은 버리운 자들에게는 숨겨져 있습니다! 더욱이 하나님께서 친히 선택하시고 또 영생에 이르도록 채택된 얼마간의 사람에게 주어지는 특권입니다! 하나님께서 복음인 구원의 가르침은 그들에게 고수할 확실한 진리입니다. 이것을 이사야 선지자는 이 본문에서 확신케 했던 내용들입니다.

　게다가, 우리가 복음을 대적하는 많은 사람을 볼 때에, 세상에서 가장 위대한 인물이나, 유명 인들을 통해서 눈앞에 세워놓은 사단의 훼방을 주의하고 또 경계합시다. 그런고로 이것이 하나님의 말씀이 전적으로 아닌 반으로 봅니다. 어쩐 일인지 우리는 너무나 사람들을 잘 의존합니다. 이로 인해서 우리의 신앙을 흔들어 놓습니다. 그래서 세상으로부터 모든 시험들을 극복합시다. 하나님이 말씀하실 때, 우리 자신을 그에게 복종시킵시다. 어느 누구도 우리의 동반자가 아닌 대적 자들은 언제든지 하나님께 믿음의 순종을 하지 않습니다. 게다가 사람들은 너무나 패 역해서 하나님을 대항하여 덤벼듭니다. 우리가 알아 둘 점은 신앙은 누구에게나 주어지지 않습니다. 오히려 하나님이 선택하신 자들은 하나님의 보배로서 하나님이 예비하신 특별한 선물입니다. 그래서 우리의 직무는 하나님께로 가까이 알아갑시다. 그럼에도 불구하고 신앙은 우리 자신의 공로를 통해서 주어지는 것이 아니고 하나님은 자신의 성령을 통해서 우리들에게 비춰 주시며 또 눈을 열어주심으로 그의 권능으로 우리에게 선언하십니다. 다시 말해서, 그는 우리 마음 안에 이러한 살아 있는 감정을 주시며 또한 우리가 복음이 사람들에서 난 것이 아니라 하나님으로부터 나온 것을 알게 하십니다.

이 성경구절에서 우리가 기억할 내용을 요약하겠습니다. 이제, 하나님을 대항하려는 모든 자들의 불 신앙과 강퍅함을 담대히 무시해버리고, 하나님의 부르심에 따라 걸어갑시다. 그가 주는 그 선하심을 받아들입시다. 선지자가 말한 대로 복음의 교훈을 거역하는 자들이 범하는 감사치 아니하는 죄를 지어서는 안됩니다. 게다가, 예수 그리스도를 믿지 않는 것은 주님을 버림을 받은 상한 자로 보았기 때문이었습니다. 우리가 아는 바같이 주 예수는 '유혹과 시험의 반석'으로 불려졌습니다. 그것은 하나님을 향하여 공격하는 사람들이었기 때문입니다. 이같이 그리스도가 훼방을 당하는 일도 하나님을 통해서 이루어집니다. 모든 그리스도의 고난조차도 하나님의 은혜가운데 세워지고 우리를 지탱케 하는 반석이기 때문입니다(엡2:20). 거기에는 주님 외에 견실한 지주는 없습니다. 비록 지옥같은 불안이 우리를 삼키려고 달려드나 불안 중에서도 평안을 얻습니다. 그래서, 보라 우리의 구원은 이 세상의 기초를 세운 것이 아니고 우리 주 예수 그리스도에 의해서 버팀대가 되어줍니다.

이에 대하여 이사야 8장에서 하나님의 성전이 지어지는 보배로운 돌처럼 견고한 반석이 전체적인 건물을 이룹니다. 선지자는 또한 유대의 왕국과 이스라엘의 집이 타락의 온상이 되는 경우를 지적합니다.

다음 구절에서 우리 주 예수가 오심이 "연한 순 같고 마른땅에서 나온 줄기 같아서"함은 주께서 멸시를 받기 때문입니다. 여기서 보여준 것은 주님께 굴종케 하기보다는, 각자가 얼굴을 하나님의 목적에 부합되도록 자신의 길을 돌이켜야 합니다. 복음을 믿는 자가 적은 이유는 사람들은 눈앞에 있는 아름다움을 항상 추구하기 때문입니다. 우리는 무엇인가 빛나는 것을 원합니다. 이제 하나님이 인간들을 구속하시려고 다른 방식으로 취하셨습니다. 사도 바울이 말한 대로, 하늘과 땅을 쳐다보면서, 누구든지 주께로 나아갈 적에 하나님이 창조자이심을 인정하고 난 후 세상 사람은 하나님의 지혜로는 유익을 얻을 수 없다는 점입니다(롬1:18-23). 세상이 하나님의 방법을 변케 할수록 인간의 어리석음을 보여줍니다(고전1:17-25).

그런고로, 제가 말했던 대로, 모든 세상을 향해 위로나 아래로나 하나님께 경배할 지혜의 가르침을 인하여 유익을 받읍시다! 그러나 우리는 이것조차 주저합니다. 그런데 하나님께서 자기 독생자를 보내었을 때, 어리석은 방도를 사용했습니다. 하나님은 우리의 모든 연약함을 체휼하시기에, 주께서는 세상에서 버림받는 마구간에서 출생했습니다. 그는 가난한 일군이었습니다. 끝으로 우리가 보기에도 모두가 그를 대적하며 또 미워했습니다. 또한 그는 십자가에 못에 박혀 죽었습니다. 이제 그의 죽음은 참으로 하나님의 저주를 받았습니다! 그가 언어맞기도 하고 또 침뱉음을 받았으며 또 가시 면류관에 쓰고서 상한 자가 되어 두 강도들 사이에서 교수형에 달려서 저주를 받았습니다. 마치 그는 가장 혐오 받는 인물이 되었습니다. 이 같은 그의 죽음은 무시무시했습니다. 그는 율법아래서 저주를 받았습니다. 그가 이 죽음의 수단으로 사람들 가운데 오염처럼 상함을 입었습니다. 주께서 이러한 고난을 당하는 것은 선지자는 밝히 말씀하시기를 복음을 믿지 않으려기 때문이었습니다. 사람들이 이것을 상할 수 없습니다. 오직 독생자이신 영광의 주가 논리적으로 이해할 수 없는 오명과 수치를 당하심은 하나님의 영원한 예정에 대하여 불신자들은 동의할 수 없습니다. 이제 우리는 선지자의 의도를 살펴봅시다. 그는 여전히 그가 높임을 받게 될 것이라고 말합니다(사52:13).

처음부터 그리스도가 성장하는 방식이 사람의 눈으로는 마른 땅에 연한 순과 같습니다. 그럼에도 불구하고 그는 점증적인 성장하심은 모든 영광으로 풍족케 하시는 그리스도께 힘을 실어줍니다. 하나님께서 우리 죄들을 생각나게 함으로써, 이성의 고집을 통해서 나오는 타락을 제거합니다. 그러기에 우리는 예수 그리스도에게로 나가는 것을 거부하지 맙시다. 그가 비록 상함을 입었고 선지자의 예언의 참된 뜻이 드러납니다. 참으로, 우리가 단번에 죄를 알고 동시에, 하나님의 진노를 이해했다면 예수 그리스도로 나갔을 것입니다. 우리가 주를 통해서 도움을 구한다면 그의 죽음과 고난을 통해서 우리의 모든 악을 치료했을 것입니다. 그러므로, 선지자가 여기서 말씀하는 내용을 주의해봅시다. 그는 예수 그리스도로서 연한 순이 메마른 땅에서 나온 줄기로 비교합니다. 비록 그의 출발이 너무나 별 볼일이 없기에, 전세계가 그를 모욕하고 또 무시합니다. 이제 이사야 11장에서도, 주 예수 그리스도는 연한 순으로 비교됩니다. 말하자면 다윗의 아버지인 이새의 줄기에서 나옵니다. 당시에 왕가(王家)는 무너져버리고 또 어떤 위엄도 없었으나 그가 말했던 이새는 시골 사람이었으며 그의 자녀들은 소몰이들과 목자들이었습니다. 그러기에 그의 집은 명문가도 아니었습니다. 그런데 한 나무의 둥치가 베임을 받았습니다. 그러기에 예수 그리스도는 연한 순이었습니다. 그러나 후에 말하겠지만 그가 성장하여 그의 그늘로 전세계를 덮었습니다. 선지자가 예언한 대로 예수는 시초부터 무시를 받았습니다. 이 일에 대하여 특별히, 예수 그리스도의 오심은 세상에서 볼 때에 심히 멸시받는 존재이었습니다. 본문은 누군가가 다윗의 보좌에 앉을 것인데, 그가 해나 달이 줄 수 없는 영원한 영광의 통치를 이루십니다. 이 세상의 왕가는 그대로 무너지고 또 사라졌습니다. 또 주 예수 그리스도의 인성가운데 성취된 약속을 누가 생각이나 했겠습니까? 그리스도의 인성(人性)은 더 생각할 수 없습니다. 주의 모습은 거의 무(無)에 가까웠고 더 이상 우월한 점이라곤 없었기에 홀(笏)이나 왕관(王冠)도 없기에 그의 백성으로부터 죽음과 정죄로 오는 모든 부끄러움을 받았습니다. 그런데 이 모든 예언들은 선지자들을 통해서 예언하기를 천대가운데서 그리스도를 묵상케 됐습니다. 우리는 새롭고도 또 잘 알려지지 않은 일에 대하여 놀랄 필요가 없습니다. 마치 예수 그리스도가 매우 작은 모양으로 나타났다더라도 말입니다. 사실상, 성령께서 이렇게 말씀하신 것은 이 점만이 아니라 선지자 아모스를 통해서도 말씀합니다(암9:11-15).

　　하나님께서 이전에 파괴되었던 보좌를 다시 세우신다고 말씀하며 또 사도행전 15장에서도 잘 보여줍니다(행전15:15-17). 주 예수께서 혼란된 세계에서 회복하여 기쁨으로 다스릴 것을 보여줍니다. 세상의 왕관으로 세운 나라는 주의 나라 앞에서 특히 발아래에 밟힙니다. 게다가 구속자가 세상에 오실 때까지 머리의 면류관을 보이지 않았습니다. 이 모든 약속의 실현이 확신을 주며 또한 우리에게 예수 그리스도의 시작이 미비해도 이상하지 않습니다. 이외에도, '마른 땅'에서 선지자가 증언한 대로 주 예수께서 성장합니다. 그가 비록 황무지가운데 한 나무에 불과하고, 습기가 없어서 더 이상 그 나무가 자랄 수 없는 환경입니다. 보시오! 그는 마치 물과 영양분이 부족하여 쇠약해진 나무처럼 보입니다. 이제 예수 그리스도가 우리의 시작이 되고 또 성장하심은 땅의 물로는 이루어 질 수 없으며 또 오직 하늘로부터 그의 하나님의 숨겨진 권능에서 이루어집니다. 그는 세상의 편에서 전혀 도움이 되지 못하는 이유는 오직 메마름만이 거기에 있기 때문입니다. 그의 출생만이 아니라 복음의 전 과정에서도 적용됩니다. 예수 그리스도가 마치 작고 연약한 식물로 거주할 수 없는 장소에서 거하심은 마치 모든 동료들에게서 추방되어 사는 쓸쓸한 자리이었습니다. 이러한 가난에서 살아 나왔기에 그가 어떤 사람인지에 대하여 잘 알려지지 않았습니다. 이미 그 사실로부터 예수 그리스도는 세상으로부터 멸시를 받았고 또한 배척을 받기에 이르렀으니 이 놀라운 사실이 신자들에게 알게 되었습니다. 그럴지라도 그는 복음을 전파하려고 아버지 하나님에 의해서 그에게 위탁된 직무를 수행하려고 나타났습니다. 그러기에 그들이 수군거리기 시작했습니다. "목수의 아들이 아니냐? 그가 어떻게 성장해왔는가를 잘 알지 않았는가? 그가 배웠던 학교에서 이런 위대한 선생이 될 수 있었는가?(눅4:22, 마 13:53-58). 그의 부모들까지도 그를 인하여 미움을 당하는 것을 보고서 그도 흥분했습니다(막3:21).

이런 위급한 상황에서 그는 유대인들의 손에 있는 돌로 죽임을 당하는 것을 피했습니다. 이처럼 모든 집이 그를 미움으로 삼는 것을 보았습니다. 최종적으로, 보십시오! 예수 그리스도가 못 박혔습니다. 복음은 주님과 함께 장사를 지낸 것 같이 복음의 기억이 전적으로 사라진 것같이 보였습니다. 그 사도들이 구원의 가르침을 추진시키라고는 누가 예측이나 했겠습니까? 그들이 문자 적으로 기록된 의미로는 전혀 복음의 비밀을 이해할 수 없었습니다. 그들이 성경으로써 훈련도 잘 받지도 못했습니다. 그들은 변론과 기술도 없었습니다. 게다가 그들은 하류층이었으므로 사도들이 천사처럼 말하는 것조차 이해할 수 없었습니다! 그 안에서 보여진 것이 메마른 땅뿐이었습니다. 어디에 열 왕과 군주들이 복음에 복종하는 위대한 장관을 입고 나왔습니까? 오히려 반대로, 검들은 칼집에서 뽑아들고, 불꽃이 빛나는 용감한 왕으로 드러내지 않고 오직 복음의 가르침만을 증거 하려 왔습니다. 마치 작은 나무 한 그루가 메마른 땅에 숨겨진 모습이었습니다! 그 나무가 자라서 전 세계를 덮여서 각 사람에게 안식처가 될 것이라고 생각했겠습니까? 이사야 선지자는 이 세상 왕들은 너무나 큰 위광과 허풍에 싸여있기에, 예수 그리스도에게 굴복하려 들지 않았지만, 그는 연한 순처럼 무시될지라도 마른땅에서 작은 가지가 나와서, 비록 물과 습기가 부족한 거친 땅에서부터 솟아올랐습니다. 우리들에게 특별히 가리키는 내용은 우리로 하여금 주 예수 그리스도께로 담대히 나가는데 낙심치 맙시다. 그리고 복음이 온 세계에 전파된 오늘 교회의 성도가 비록 소수이고 또 하층계급입니다. 오히려 세상에서 성도들이 혐오의 대상이 되었지만, 이로 인해서 우리는 용기를 잃지 맙시다.

우리가 보건대 주 예수 그리스도가 처음에도 그렇게 당했으며 그럼에도 여전히 그의 나라는 훼방 받는 세계에서 보존됩니다. 바울 사도가 말한 대로 하나님의 어리석음이 사람들의 모든 지혜보다도 더 우월하시기에 우리는 하나님을 반대하는 모든 억측을 피할 수 있습니다! 그러나 우리가 확신하는 것은 하나님께서 자신의 아들을 밟으심처럼 천국에서 그를 높이고자 하셨습니다. 게다가 하나님이 정하신 계획가운데 선을 발견하는 우리로서 그의 선하심을 용인합니다. 이제 우리가 주의할 말씀은 "주 앞에서 자라나기를"라는 뜻을 살피고자 합니다. 만일 우리가 자만과 오만을 가지고 나선다면 예수 그리스도는 발에 밟히고 또 지상에서 그를 배척하는 것과 같습니다. 이것은 실수입니다. 그가 모든 불 신앙, 악의, 불만족과 사람들의 반항에 불구하고 성장합니다. 그러나 이것은 하나님 앞에 설 것입니다. 이것이 신자들 앞에서도 주님은 자랍니다. 왜냐하면 그들이 모든 순종가운데 그를 예배하며 그 앞에 모두가 무릎을 꿇는 것은 그의 이름에 합당한 영광을 부여하시기 때문입니다. 그러나 선지자는 하나님 앞에서 자라나는 것을 말합니다. 주 예수 그리스도의 영광을 뒤엎을 사람들과 그의 아버지 하나님이 부르심을 입어 영광의 열매와 그의 위엄가운데 나가는데 방해할 수 없도록 조정하십니다. 그러기에 주 예수는 연한 순이 자연적인 의미로만 진술한다면 우리는 외적인 출현만 상고한다면 황무지에서 도무지 자랄 수 없습니다. 그런데도 하나님께서 그를 자라나게 했습니다! 어떻게 말입니까? 오직 하나님 앞에서!

그러기에, 사람들이 복음의 교리를 무시하고 자만심으로써 불신자들로부터 놀라거나 혹은 격을 받지 마시오. 그런데 우리가 진리의 대적 자들을 볼 때, 예수 그리스도에 대항하여 오만과 주를 향하여 소리치면서 대적한다면 이런 자리에 안주하지 마시오. 우리도 하나님의 아들을 무시하듯이 그 같은 어리석음을 범하지 마시오. 이런 관점에서 소경된 자와 사단에 매인바 된 자들은 주께로 찬송을 돌리지 못함은 마귀에 사로잡혔기 때문입니다! 게다가, 우리는 하나님만을 바라보십시다. 그러면 우리는 신앙가운데서 더욱 확증되어집니다. 그런고로 예수 그리스도는 그의 아버지 하나님의 앞에 양육을 입습니다. 이것은 우리로 하여금 그를 광대케 하며 또한 그에게 속한 자로서 하나님께 넉넉히 거하는 법을 배웁니다. 그런 다음에 우리가 세상을 자유롭게 무시할 수 있으며 또한 하나님의 말씀이 중요하게 인정받지 못하는 형편에서도 우리는 하나님께 넘치게 순종하는 이유는 그에게 빚겼기 때문입니다. 또 왜 그렇습니까? 주 예수 그리스도의 오심으로 인하여 많은 반대하는 무리들로 인해서 낙심하지 말 것은 주께서 중심을 귀하게 여기십니다. 우리가 보는 것처럼, 세상에서 가장 위대한 백성들이 도리어 복음을 강력하게 대항하는 무리들을 직면합니다. 심지어는 그리스도인이라고 해서 안심할 수 없습니다. 제가 말하건대 예수 그리스도의 말씀을 대적하고 또 하나님의 진리를 폐하려는 사단의 대리자들이 기다리고 있습니다. 우리를 귀머거리로 만들려고 한다면 이 점에 대하여 유의합시다. 우리가 하나님의 아들을 영접하지 않으려는 고집과 강퍅함을 가지고서 친히 그리스도가 주되심을 부인하려는 자들이 세상에서 아무리 위대한 사람들이라도 그리스도인은 그들을 하나님과 비교하면 그들이 더럽기에 무시해야 합니다. 사실 그들이 처해 있는 현재의 상태로 인하여 우리가 그들 아래서 두려움을 느끼면서 살아가고 있다고 할지라도 말입니다! 그러기에 우리가 하나님을 향하여 눈을 들어 그곳을 응시하면서 세상의 허세는 단지 지푸라기에 불과하다는 사실에 유의합시다. 우리의 신앙을 견지하려면 세속적인 세력이 우리를 지배하는 그리스도 예수를 훼방조치이므로 우리는 이 본문을 굳게 붙드십시다.

실로, 하나님께서는 우리가 알 수 없는 방법으로 더욱 안전한 길을 예비하십니다. 만일 고귀한 사회 층에 의해서 그 복음이 전파되었더라면 열 왕과 군주들이 그 복음을 더욱 복속하고 또 복음의 중요성을 인정하고 말았을 것입니다. '이것이 우리가 붙잡을 바로 그것입니다! 이로써 우리는 천국 진리를 동의합니다!' 각자가 복음에 대하여 호의를 갖고서 그 교훈대로 힘없이 사는 것이 마치 좋은 땅에 심겨진 나무들과 포도나무들과 밀을 심겨진 것과 같기에 온 세상사람이 호응할 수도 있지만 하나님께서 열매를 거두십니다. 그런데 땅이 잘 경작될지라도 적시에 비가 내린다면 모든 일이 뒤따르게 됩니다. 한마디로, 수고를 더 이상 허비할 수 없습니다. '그런데도 인간의 수고는 너무나 자연적입니다. 그러기에 하나님의 손을 인식치 못하고 있습니다!' 그러나 오늘날 복음을 억압하는 모순들과 장애들을 볼 때에 수많은 칭송들이 있는 걸 봅니다 – 왜냐하면 오늘날 이런 위선자들이 교황청 안에서 하나님과 그의 말씀을 훼방하는 매춘 적인 태도로 찬양하니 우리가 보건대 이런 악한들이 우리들가운데 있었습니다! 우리가 보건대 그들이 하나님의 가련한 자녀들을 곤 고케 하니 얼마나 잔인합니까! 또한 그들은 매일 새로운 음모들을 꾸미면서 복음의 가르침을 무로 돌리려고 합니다. 우리가 볼 수 있는 것은 모든 신앙을 폐하고자 하며 또한 그들의 부패한 말로써 성도들을 모욕하는 자들이었습니다. 이로 보건대 정녕 복음이 통용되는 곳에서는 하나님으로부터 나온 고로 끝내 승리합니다. 이 세상에서는 그리스도 예수와 복음의 가르침이 다스리는 것과 무관하려고 노력합니다. 그러나 우리는 복음의 운동을 그쳐서는 아니 됩니다. 그리고, 우리가 그릇된 길에서 돌이켜서 하나님이 우리를 부르심이 무엇인가를 보여주며 또한 사역을 합시다. 그럼으로써 우리가 내리는 결론은 복음이 흥왕 하는 곳에는 기적이 일어납니다! 이것을 요약해서, 우리가 이 가르침을 실천하려고 노력합시다. 이제 그것은 더욱 그러합니다. 예수 그리스도는 상함을 받으셨습니다. 선지자가 이미 말했던 대로 그는 마치 연한 순과 줄기와 같았습니다. 그러나 이것보다 그는 더욱 무시되고, 배척되어지는 것은 그들이 그를 쳐다보면서 자신을 낮추려고 하지 않습니다. 그 안에는 아무런 관련이 없으나 바람직합니다. 이것이 우리 주 예수가 그의 인성 안에서 이미 우리에게 보여주는 것은 주께서 세상에서 비방을 받았으며 또한 모든 수치를 당한 것은 사람들로만이 아니라 하나님에 의해서 버림을 받았습니다.

이제 우리가 구원을 발견하는 것은 얼마나 바람직한 일입니까! 하나님 안에서 기뻐하지 않는 자는 오류에 빠지고 맙니다. 그럼에도 불구하고 우리가 예수 그리스도로 다가오기 위해서 이 시험을 극복합시다. 또한 이것은 매우 필연적이었는데 먼저 유대인들이 항상 세상 왕국을 고대하고 따랐기 때문이었습니다. 그런고로 그들은 욕심과 자만으로 가득한 백성이었지만 그들이 생각하기를 하나님은 그들에게 자비를 넘치게 입힐 수 없던 이유는 세상의 부요와 우아와 멋진 삶과 연관시켜서 세상의 표준을 추구하기 때문입니다. 그들이 바랬던 것은 구속 자이었습니다. 그럴지라도, 하나님은 구속자가 연한 순처럼 잘 경종을 줍니다. 하나님은 세상에 의해서도 배척을 받았습니다. 또 이 경고는 그들을 위해서만이 아니라 오늘날 우리에게도 말입니다. 왜냐하면 우리 주 예수 그리스도의 부활 후에 세상사람들에게 남겨진 타락을 누가는 말합니다(눅2:33,34). 이 방인들이 모멸가운데 예수 그리스도와 유대인들이 그리스도를 향하여 독과 미움을 품었던 것은 오염의 반석으로 돌려세우기 위한 처세이었습니다. 오늘날 우리가 이런 실 예들을 목격합니다. 더욱더 우리가 이 가르침을 고수하는 것은 하나님의 아들이 모양과 아름다움이 없을지라도, 오직 하나님만을 높이려는데 있습니다.

그러기에 우리는 요한 복음 1장을 유의해 봅시다(1:14). 하나님의 독생자의 영광은 하나님 안에서 나타나지만 많은 사람의 눈에는 알 수 없습니다. 그래서, 이사야 선지자가 선언하는 예수 그리스도는 전적으로 상함을 입어서, 또다른 변형에서 선언하는 것은 하나님이 베풀어 주시는 구원에 대해서 누구도 자연적인 지각들로는 인식할 수 없습니다. 게다가 그는 생사를 주관하시며 게다가 모든 정의와 지혜와 거룩함이 그에게 넘치는 분이십니다. 제가 말하건대 사람들이 그들의 머리들로 생각할 수 없습니다! 이것은 이 본문구절에서 비록 우리 주 예수가 그의 신령한 권능을 확증할 수 있는 기적들을 수행하고 있습니다. 그는 항상 상함을 입는 것을 알지 못하는 것은 불신자들에게는 전혀 주님을 볼 수 없기 때문입니다. 그런데, 항상 이 선지자의 예언은 성취되었습니다.

예수 그리스도는 사람들을 이끄는 아름다움도 가지지 못했습니다. 그의 얼굴에는 여기서 말해진 것만이 아니고 하나님의 이름 안에서 선지자가 우리 주 예수 그리스도의 전체적인 상황에 대하여 증언합니다. 시편 45편에서 그는 모든 인류보다 실로 아름다움에서 높임을 받는 걸 보여줍니다. 그러나 이 아름다움은 영적이지만 우리가 이미 말해진 것을 따릅니다. 하나님의 독생자의 영광은 주님 안에서 나타났으나 실로, 숙고하는 자들에게 보여집니다. 보라, 그런데 우리 주 예수 그리스도가 모든 사람들보다 아름다움 안에서 뛰어나심은 그의 아버지 하나님의 형상가운데 살게 하는 온전한 표적을 하나님이 주셨습니다. 그런데, 우리 주 예수 그리스도가 높임을 받기에 충분하지만, 사실 세상에 대하여서는 숨겨진 일입니다. 그래서 우리는 선지자가 말하는 내용으로 다시 되돌아갑시다. 모든 사람이 그에게로 돌아가야 합니다. 모든 사람이 혐오하는 대상자를 향하여 눈을 감을지라도 말입니다! '무엇을? 주검 안에서 내 생명을 추구하려고 합니까? 스스로 도울 수 없는 자에게서 소망을 찾을 수 있습니까? 이토록 연약한 자에게서 강한 힘을 얻을 수 있습니까? 누가 이런 일을 할 수 있습니까?' 간략하게, 우리가 알다시피 각 사람은 스스로 체험합니다. 우리 주 예수 그리스도가 그의 주검 안에서 미천할지라도 우리의 신앙이 걸림을 받을지라도 어디에서든지 신앙을 견지합시다. 우리가 신뢰할 수 있는 우리 주 예수 그리스도 안에 도피처를 구할 수 있는 것은 '그의 주검 안에 밟힘을 받는 것이 결국에 우리에게 구원을 주기 때문입니다!'

이제 우리가 선지자가 여기서 제시하는 내용을 살피고자 한다. 죽음으로 상함을 입으면서, 하나님은 모든 피조물들 가운데 그를 극히 높이셨습니다. 이것은 또한 우리 신앙을 천국으로 치켜올립니다. 우리는 무슨 일이 다가오던지, 먼저 타락하지 않는 법을 배워야 합니다. 또한 하나님의 아들이 십자가에 못 박힘을 입었던 것은 그의 인격 안에서도 그가 모든 수치가운데 수난을 받았습니다. 게다가 오늘날 그는 자기의 식구들을 경멸했던 것은 세상의 모든 진노들을 가지고서 하나님을 대적했습니다. 제가 이것을 말함은 모두에게 낙심하지 않는데 있습니다. 우리가 항상 그의 복음의 신앙 안에서 견고하게 머물려는데 있습니다. 이제, 그 전투는 힘이 들고 또한 선지자는 우리 주 예수 그리스도가 어떻게 고난을 받게 되었는가를 보여주심은 참으로 우리들 자신이 하나님의 아들 가운데 안주할 수 없음을 깨닫게 합니다. 우리가 그의 죽음과 고난 가운데 돌이켜 열매를 왜 알려고 합니까? 맨 처음 제가 말했던 대로 생명의 주가 되신 그 주님께서 죽을 사람으로 정죄받는 것은 너무나 어리석은 처신입니까? 그러나 사실 그의 죽음은 단순히 부끄러운 죽음이 아니라 하나님으로부터 저주받아 인생이 죽어야 할 죽음이었습니다.

그는 골고다 언덕에 교수형을 당했고 마치 사형수의 강도처럼 말입니다! 그런데, 우리가 이것을 볼 적에, 분명한 것은 우리가 받는 모든 멸시를 극복하면서 주 예수 그리스도에게로 다가갑시다. 그러나 여기에 참된 치료가 있습니다. 우리가 알 수 있는 것은 왜 그가 죽으셨으며 또한 어떻게 그의 죽음이 우리들 안에서 어떻게 유익을 주었는가 말입니까. 또 우리가 받을 수 있는 유익을 인하여 그리스도의 모든 오명들이 제하여질 것입니다.

예를 들면, 제가 보건대 하나님의 독생자가 발아래 밟힘을 당하는 것은 모든 사람들의 눈앞에 미움에서 받는 모든 상처에서 벗어나는 일입니다. 제가 스스로 확증합니다. 만일 제가 예수 그리스도만을 바라보다가 그를 떠나 버린다면 또한 주님을 중요하게 여기지 않는다면 그리스도의 고난과 가치를 바로 알 수 없을 것입니다. 어떻게 그렇게도? 만일 제가 불쌍한 죄인이라고 한다면 이로 인해서 하나님이 친히 나의 대적자가 되시며 또 나의 판단자라고 한다면 하나님의 진노가 강하게 불러일으키게 됩니다. 하나님께서 지옥에 던지시는 그 진노하심은 얼마나 심각하고도 중요한 일이 아십니까? 제가 말씀드리겠지만 '어떻게 지금 여러분이 하나님과 동의할 수 있겠습니까? 주께서 만족할 만한 것을 가져올 수 있습니까? 실로 여러분이 행한 범죄를 담당할 수 있습니까? 아, 정말 그럴 수 없을 것입니다! 비록 제가 땅과 바다를 측량할 수 있다고 할지라도, 제가 어떤 보상을 찾을 수 있겠습니까? 천국의 천사들도 저를 도울 수 있겠습니까? 그러기에 예수 그리스도가 나의 이름으로 나타나시고 또 나의 안녕과 성벽 안에서 자신을 세웁니다.' 이것은 우리 주 예수 그리스도의 죽음과 고난이 우리들에게 어리석음으로 되돌아오지 않습니다. 그러나 우리가 그것을 생각해보건대, 우리가 주님을 도전한다면 우리가 그를 우리들의 대적과 원수로 만드는 꼴이 되며 또한 필연적으로 예수 그리스도가 우리를 구원하지 않는 한, 사단과 그의 폭압에 매이게 됩니다.

제가 말씀드리는 것은 우리가 어떻게 하나님의 무한 대하신 사랑을 측량할 수 있겠습니까! 우리가 여러 시험들로 인해서 많은 시련을 겪게 되었으나 우리가 주 예수 그리스도의 죽음과 고난가운데서 속히 치료케 해줍니다. 우리가 자신을 통찰하여 보건대 하나님 눈앞에 매우 혐오할만한 존재이지만 그의 아들의 인성으로 와서 만족케 하려는데 있습니다. 우리의 불의를 치료하시고 또한 이 수단을 통해서 우리와 자신을 화목케 하십니다. 그런데, 이것은 여기서 선지자가 살펴보는 바이다. 한편에서 그가 말하길 예수 그리스도가 아무런 풍채나 혹은 아름다움을 취하지 아니하시므로 누구도 그에게서 바라는 것을 취할 것이 없습니다. 더욱 더, 그를 사람들이 쳐다볼 적에 너무나 거리가 멀다는 사실을 봅니다. 그러나 그가 부가하여 말하는 것은 "실상은 그가 많은 사람의 죄를 지며" 살았습니다. 마치 그가 말씀하신 대로, '얼마나 무지몽매한 사람들입니까! 여러분도 하나님의 아들을 중요하게 여기지도 아니하셨고 또한 주께서 우리들에게 구원을 얻도록 하시지만 이런 중에도 문을 닫음으로써 그에게 감사치 않습니다. 이것은 무슨 원인일까요? 여러분 스스로가 자신의 죄에 대하여 겸손하지 않기 때문입니다. 그러기에 어떤 이는 영적인 잠에 들기도 하고, 또한 어떤 이는 어리석기도 하고 또 어떤 이는 헛된 아첨을 합니다! 그러나 여러분 스스로 곤핍과 더러움을 살펴보건대 우리 상태를 부끄러워 할 것이며 또한 예수 그리스도 밖에 다른 중보자가 없다는 사실을 알아야 합니다. 게다가 주께서 자신의 인성을 취하며 하나님의 원수들인 여러분을 취하였습니다. 그가 친히 성벽이 되어주시며 또 자신을 가련한 죄인처럼 인정하심은 모든 우리들의 짐들을 홀로 담당하려 함입니다! 그런데 여러분이 이 모든 일들을 생각해 볼 때에 여러분 자신이 하나님의 아들에게로 자신을 드러냅시다. 그리고 우리는 더 이상 헛된 망상 가운데 기다릴 필요가 없습니다.

예수 그리스도께서 상함을 입었다는 사실로 인하여 더 이상 타락하지 않도록, 우리가 받을 심판에 대한 보상과 만족을 채워주시는 제물이 되었습니다. 게다가, 선지자가 특별히 말씀하기를 '우리가 그를 보았으나 우리가 그를 무시하였도다' 우리 주 예수가 보여주는 것은 소수의 사람들부터 멸시와 배척을 받았을 뿐만 아니라 다수의 사람들에게도 그러했습니다. 더욱이 그를 특별히 경외하는 사람들에게조차도 배반을 당했습니다. 선지자를 통해서 우리 주 예수 그리스도를 부인했던 사람들 가운데서 그가 태어난 유대인 들었습니다. 우리가 아는 바대로 전체적으로 어디에서든지 예수 그리스도는 배척을 당했습니다. 그러기에 우리는 인간의 환상을 가지고 주께로 나갈 수 없습니다. 많은 무리들과 수 백만 사람들이 거대한 수단들을 가지고 다가오더라도 백 명 가운데 하나님과 진정한 화해를 가져오는 자는 서너 명에 불과할 뿐입니다.

우리가 이런 점을 고려해 볼 때에 그에게로 확고하게 살려는 노력하는 것을 쉬어서는 안됩니다! 더욱이 우리가 본문 성경구절에서 내용을 정리해보면 오늘날 우리가 다른 사람들의 목소리들을 듣고 분별하듯이 수많은 허약한 주저하는 사람을 고려합시다. '무엇입니까? 복음을 믿는 자가 약간 명이 아니겠습니까? 만약 그들이 다수라면, 저는 그들에게 합류할 것입니다. 제가 추구하려는 일이 소수 집단이기에 다수의 집단을 따라서 움직여야 됩니까?' 이제 이런 장애들을 극복하기 위해서 선지자들은 네 명에서 혹은 10명 정도가 복음을 수용하고 또 거의 모든 다수가 우리 주 예수 그리스도를 순종하는 걸 거부합니다. 정작, 유대인들이 고소하고자 내용은 의심할 나위 없이 문제를 낳았습니다. 우리가 이미 8장에서 논의를 했습니다(사8:14). 그는 그 가문들에게 대한 오명이 바로, 아브라함의 후손에게 해당합니다. 그러기에 보라, 무엇보다도 하나님의 또 다른 면을 직시하는 백성은 그리스도를 그들의 구속 자로 알게 됩니다. 예수 그리스도께서 약속한 자들은 누구입니까? 그가 유대인을 위해서도 친히 할례자의 수종자가 되었습니다(롬15:8). 아버지께서 하신 약속을 이룹니다. 그러기에 그리스도께서 세상에 오시기 전에 유대인은 예수 그리스도에 대하여 너무나도 익숙했기에 어떤 난관 없이도 메시아를 수용할 수 있었습니다.

그런데도 그들이 그리스도이신 예수를 배척했는데, 사실은 그가 바로 건축자이며, 다시 말해서 백성의 책무를 짊어진 지도자이었습니다. 그런데 오늘날에도 여전히 그러합니다. 여전히 터키인이나 이방인들이 예수 그리스도를 배척하고 그리스도의 이름을 항거하며 또 거짓되게 합니다. 심지어는 복음을 고백하는 사람들조차 자주 부패한 백성이 되어 하나님의 조소하는 자들이 되기도 하며 악한 자들은 구원의 가르침을 철폐합니다. 그리고 주의 가르침을 사람들 앞에서 수치 되게 만듭니다. 그러할지라도, 예수 그리스도는 멸시되거나 혹은 배척될 수 있는 분이 아닙니다! 만일 이것이 그렇게 되어진다면 우리 신앙이 송두리째 흔들리게 됩니다. 이사야로부터 전해주는 본문에 의거하여 우리를 더욱 견고케 해주며 또 반석같이 터를 잡게 해줍니다. 우리가 볼 때에 모든 세계가 주 예수 그리스도께 대항하려고 몰려드는 것을 압니다. 어떤 이는 그를 경멸하기도 하고 또한 그 자신과 가르침에 대하여 분을 품기도 합니다. 또한 다른 이들은 말로써 조소하면서 모든 신앙조차 파괴하려고 듭니다.

그러므로, 우리 신앙 안에서 견실함을 지켜 나아갑시다! 예수 그리스도를 깊이 생각하는 자는 각자가 그에게 복종하는 이유는 그가 참된 거울과 모든 거룩함의 모델이기 때문입니다. 그럴지라도, 우리가 보건대 세상이 그를 거절할지라도 우리 신앙은 더욱 견고해집니다. 왜 그런가 하면 우리가 예수 그리스도가 세상의 구속자가 되심을 분별할 수 있기 때문이 아닙니까? 모든 선지자들이 그에 대하여 말씀하심을 주목합시다. 사실인즉, 우리 하나님의 독생자의 영광을 숙고해야 할 거울입니다. 이런 증거들은 하늘로부터 하나님이 친히 우리들에게 자신이 우리들의 구속자가 되심을 지시해줍니다. 즉 그는 온 세상을 위해서 버림을 당하셨지만 각 개인마다 그를 향하여 대항하려 듭니다.

그럴지라도, 우리는 그리스도의 구속을 수용하는 자는 악한 자의 교만함과 뻔뻔함으로 우리를 억압해서 밟을지라도 우리만은 오직 주 예수 그리스도를 통해서 하나님을 존귀케 하며 또 그의 성령을 보내시어 우리 신앙을 견고케 하심으로써, 최후 승리를 얻도록 도우십니다. 결국에는 마귀와 그의 추종자들은 그의 발등상 앞에 굴복될 것입니다. 또한 주께서 우리들을 핍박하는 자들 위로 걷도록 승리케 해주시며 또 오늘날에도 우리들을 향하여 진노하며 대드는 자들과 자신을 멸시하고 또 조소하는 자를 넘어뜨립니다.

이제 우리는 우리들의 허물을 인정하며 또 그에게 기도하면서 우리 하나님의 위엄 앞에 겸손한 경외로 구복합시다(Calvini Opera. Corpus Reformatorum, volume 35, 608-621).

3.
예수 그리스도의 보혈

"그는 실로 우리의 질고를 지고 우리의 슬픔을 당하였거늘 우리는 생각하기를 그는 징벌을 받아서 하나님에게 맞으며 고난을 당한다 하였노라 그가 찔림은 우리의 허물을 인함이요 그가 상함은 우리의 죄악을 인함이라 그가 징계를 받음으로 우리가 평화를 누리고 그가 채찍에 맞음으로 우리가 나음을 입었도다. 우리는 다 양 같아서 그릇 행하여 각기 제 길로 갔거늘 여호와께서는 우리 무리의 죄악을 그에게 담당시켰도다"(사53:4-6).

우리가 하나님의 역사들을 온 세계를 통해서 살펴보건대, 하나님은 자신의 위엄과 위대성을 인해서 찬송받으시기에 합당한 분이십니다. 그런데 우리가 주 예수 그리스도의 인격에 접하면서, 배워야 할 점은 그가 친히 비하하심은 하나님을 영화롭게 하심입니다. 그러기에, 이것은 하나님을 찬송하는 이중적인 태도입니다. 하나님이 친히 우리들에게 자신의 선하심, 정의로움을 나타내십니다. 하나님이 만물과 인간을 친히 만드시고 또 행하심은 무한 대하신 능력과 그가 친히 제정하시고 또한 모든 것을 계획하심으로 우리들로 하여금 친히 찬송을 받기 위함이었습니다. 우리가 하나님께 어떤 위대함을 부여하는 것이 아니라 성경이 말씀하는 대로, 하나님이 보전하시는 대로 하나님을 영화롭게 할 때에 위로부터 영들의 세계에서나 전 세계의 위에 높임을 받아야 할 줄을 배웁시다. 두 번째 방식으로는 주 예수 그리스도께서 마찬가지로 모든 신성으로 충만하게 거하시는 이가 우리 자신을 위한 구원을 위해서 자신을 적게 만들었을 뿐만 아니라 전적으로 상함을 입는데 자원했습니다. 더욱 더, 그는 마치 감옥에 들어갔던 것처럼 사망의 고통을 감수하는 것을 마다하지 않았습니다. 그럼으로써 하나님께서 전세계를 통해서 드러냈던 위대함보다 훨씬 더 영화롭게 했습니다. 우리는 이미 부분적으로 이 문제를 어제 논의하였습니다. 그러나 이사야 선지자처럼 그의 담화를 지속해 나가는 것처럼, 우리는 항상 이 목표를 지향해 나갑시다.

다시 말해서 우리는 예수 그리스도께서 그의 아버지 하나님의 손에 의해서 고통을 입었다는 것을 알 적에 불신자들처럼 놀라기보다는 하나님으로 인해서 비방되는 사실을 더욱 더 하나님께 사모하여 갈구합니다. 게다가 하나님 사랑 안에서 전적으로 빠져드는 것은 당연합니다. 그가 자신을 위해서 생명을 버린 것이 아니라, 우리들이 모든 죄악의 무거운 짐들에서 친히 담당했기 때문이었습니다. 그러기에, 우리가 볼 적에 주 예수 그리스도께서 우리 자신을 위해서 바꾸어 죽으심은 우리들에게 사죄케 하여 전적으로 죄짐들을 담당했습니다. 그는 우리의 이름과 인격을 위해서 기꺼이 정죄를 받았으며 또 우리의 죄악에서 해방했습니다. 이 사실이 우리가 주님께 다가서게 하는 동기이며 또 우리가 그 안에서 전적으로 안식을 얻는 이유입니다. 본문은 하나님의 손에 의해서 그가 고통을 받았다고 말합니다. 우리가 하나님의 심판을 고려하지 않는다면, 우리 주 예수 그리스도의 죽음과 수난은 무용하고 또한 우리가 그것으로부터 전혀 열매를 얻을 수 없습니다. 그러기에 주요한 일은 우리가 우리 주님과 화목해야 하며 또 우리들의 허물들이 매장되기까지는 하나님의 대적 자로 남을 수밖에 없습니다. 하나님은 불의를 사랑하지 않습니다. 그는 모든 정의의 근원이십니다. 그래서, 친히 그가 판단자가 되어서 우리 죄들을 대신 속량하며 또한 있는 그대로 우리 인간을 수용합니다. 그러나 예수 그리스도가 하나님과 우리 사이에서 중보자로서 섬김은 우리 이름 안에 자신을 설정(設定)하심은 우리를 얼마나 하나님께 받으실만한 자가 보여주십니다. 모든 우리들의 불의들을 만족시키기 위함입니다. 우리 주 예수 그리스도가 받았던 심판은 전혀 헛된 일이 될 수 없었습니다! 그 분은 전혀 무죄하고 또한 허물도 없지 않습니까? 그래서, 그는 우리의 죄악문제의 해방을 위해서 정죄를 받았습니다! 왜 그는 '흠없는 어린 양'으로 불림을 받게 되었습니까?.(벧전 1:19).

그가 '양(羊)'으로 불림은 그가 한 제물로 드려졌기 때문입니다. 그가 '흠이 없이' 모든 죄악들을 담당했습니다. 이 단어가 말하는 의미는 예수 그리스도의 피가 우리를 정결케 하심입니다(히 9:14;요일1:7). 우리 주 예수 그리스도의 보혈이 우리를 정결케 하기까지 우리는 추악한 죄악으로 살았습니다.

그러기에 선지자가 하나님의 심판을 우리들에게 상고시키는 것이 이유가 있습니다. 예수 그리스도가 고난을 당하셨던 이유는 친히 우리의 정죄를 당하셨기 때문입니다. 간략하게, 매번 우리가 생각하는 바는 우리 주 예수 그리스도의 죽음과 고난이 얼마나 큰가를 생각게 함으로써 우리들에게 유익을 주고, 우리 각자가 하나님의 심판대 앞에서야 합니다. 우리가 발견할 수 있는 것은 우리 모두가 죄인들이라는 점입니다. 하나님의 심판은 얼마나 엄위합니까! 하나님의 진노하심이 얼마나 두려 웁니까! 하나님의 진노가 우리를 삼키어 지옥으로 우리들을 보내게 됩니다! 그러기에 우리 주 예수 그리스도가 생명을 저버리지 않았더라면 또한 하나님이 그에게 자신의 심판을 내리시지 않았더라면, 게다가 그가 우리들을 위해서 몸종처럼 우리 이름 안에서 섬기지 아니했더라면, 우리가 확신하건대 하나님이 우리를 더 이상 부르시지 아니하고 심판에 세우게 했을 것입니다. 하나님이 왜 우리 허물들과 약점들대로 벌하시지 않습니까, 또 왜 그렇습니까? 우리 주 예수그리스도께서 죄들 가운데서 우리들을 속죄하기 위함이었습니다. 하나님은 독생자 예수가 선언하였던 내용 그 이상을 또다른 태도를 표방한 적이 없었습니다 (마3:17,17:5). "이는 내 사랑하는 아들이요 내 기뻐하는 자라 하시니라!" 그러기에, 하나님은 전부터 확언하는 바는 예수 그리스도가 전적으로 하나님을 만족시켰으며 또한 하나님 안에 많은 기쁨으로 충만하였습니다.

사실 사도 바울은 에베소서 1장 3-6절에서 보여준 대로 우리는 그의 독생자가 하나님 앞에 제일 위에 서고 또한 가장 사랑 받는 자가 아니었다면 그를 영접할 수 없습니다. 그럴지라도, 이 사실이 우리 존재가 사함을 입는데는 방해가 되지 않음은 하나님께서 친히 그를 사랑했기에 그는 기꺼이 우리 허물들을 위해서 고통받았습니다. 그런고로 그는 하나님 안에 있던 하나님의 정의와 온전함과 완전함을 쳐다보지 아니했습니다. 그러기보다는 오히려 예수 그리스도가 예외 없이 모든 죄인들을 대변하려 오셨습니다. 그러기에, 보라, 모든 우리 허물들과 불의들을 담당하지 아니했던가! 그가 자신의 죄때문에 고통을 받은 것이 아니었습니다! 그러나 그가 모든 죄악들을 자신에게 돌리시고 친히 죄값을 담당하고 또 죄값을 지불하였습니다. 그러기에, 우리가 선지자의 말씀에서 취할 것은 예수 그리스도가 사람들의 손들에 의해서만 못 박힘을 받은 것만이 아니라 하나님의 심판대에서 심판을 받았습니다. 그가 친히 우리를 위해서 죄인의 이름으로 하나님의 심판대에 섰습니다. 그가 친히 짊어질 우리의 책무들을 홀로 담당했습니다. 그가 우리들의 허물과 죄악을 담당한 이유에 대하여 사도 베드로가 사용한 단어는 '십자가' 혹은 '나무'인데, 하나님의 아들이 받았던 고난의 죽음을 통해서 우리들의 죄악들을 그에게 담당시켰던 것이 명확한 설명입니다(벧전 2:21-25).

왜냐하면 이것은 율법에 말씀한대로 입니다(신21:23). "나무에 달린 자마다 저주 아래에 있는 자라!" 예수 그리스도가 교수대에 달려서 죽으심은 우리 자신을 위해서 저주받은 삶이 되어주셨다고 갈라디아서에서 바울은 말합니다(갈3:13). 이런 식으로 우리 주 예수 그리스도가 우리를 세우심은 하나님의 놀라운 선하심과 무한 대하신 사랑을 보여줄 뿐만 아니라 그가 우리들을 위해서 죽으심은 자신으로 하여금 사망가운데 저주받으사 하나님의 축복을 우리에게 주십니다. 비록 우리가 죄악들로 인해서 우리가 두려운 하나님의 심판에서 피할 도리는 없다는 하나님의 심판사역를 보여줍니다. 우리가 하나님께 허물을 얻은 추한 존재가 되어서 우리 양심이 참회로 살아갑니다. 여전히 우리에게 주시는 하나님의 긍휼하심은 우리 죄들을 용서하고 또한 가장 사랑스런 자녀들로 받아 의롭게 하시며 또 힘이 없는 자로 변화시키기 위해서 주 예수 그리스도께서 친히 나무에 달려서 모든 저주를 친히 담당하였습니다. 그러기에, 이것은 그 선지가가 자신이 전하고자 했던 내용보다 더욱 첨가되기를 바랬던 것입니다. 동시에 이사야 선지가가 말한 대로 "그가 상함은 우리의 죄악을 인함이라 그가 징계를 받음으로 우리가 평화를 누리고."라고 선언합니다. 그가 새로운 것을 더 부가하지는 않지만, 그가 친히 스스로 친숙하게 이해하는 방안으로 말합니다.

다시 말해서, 우리 주 예수는 하나님의 손에 의해서 상함과 고통을 입었던 것이 우리가 사죄함을 얻으려 함입니다. 그러기에, 그는 우리가 담당할 징벌을 받으심으로써 우리가 평화를 누렸습니다. 어떤 이들이 이해하는 대로 주 예수 그리스도가 우리 자신을 대신하여 징벌 받았습니다. 왜냐하면 우리가 조심하지 않는다면 하나님 앞에 스스로 겸손해질 수 없습니다. 우리가 허물로 인해서 눈이 멀었기 때문입니다. 그러나 우리가 선지자의 자연적인 이해하는 관점에서 보건대 하나님과의 평화는 우리가 다른 수단들에 의해서 이루어집니다. 제가 선언하길 세상의 심판자로 계신 하나님은 우리를 미워하시고 또한 혐오하는 것이 정당합니다. 그런고로 쉽게 이것을 다시 설명해본다면 우리 어머니의 태로부터 우리를 이끄신 이유가 무엇일까요? 우리가 어떻게 우리의 전체적인 삶을 측량할 수 있겠습니까? 우리가 사단의 각본대로 더욱 빛과 불 가운데 좌우되어 하나님의 진노를 격발하지 아니했습니까! 그러므로, 우리가 얼마나 하나님에 의해서 미움을 받았으며 정죄받았습니까! 이것은 하나님께 대적함으로써 받은 하나님이 우리들에게 향한 진노입니다! 그러므로, 우리가 하나님과 대항하여 싸운다는 것은 무모한 처사이며 또한 우리로 하여금 모든 선과 모든 정의를 무너뜨리는 대적의 죄값밖에 얻어낼 것이 없습니다! 그러기에, 하나님은 이런 이유로 인해서, 심판가운데 대적하는 우리를 향하여 자신을 드러내심은 우리로 하여금 자신의 직무대로 공정과 공평함을 견지해 나아갑니다.

그래서 그가 불의와 타락과 전반적인 반역들로 가득한 우리를 아시고 자신의 팔을 펴서 우리가 하나님께 스스로 대적자가 되심을 공의롭게 대하십니다. 그럼으로 항상 모든 일에 평화가 없고 또한 우리 양심의 고통에 헤매게 됩니다! 비록 우리가 스스로 고통을 피하려고 잠을 자려고 해도, 하나님은 여전히 막대기로 우리를 치심은 우리 안에 있는 해악과 감사치 않음에 대하여 고통을 겪게 하십니다.

그래서, 하나님이 우리들에게 불쌍히 여김은 우리로 하여금 하나님 앞에 징벌을 받기까지는 은혜를 얻도록 확신케 함이 불가능합니다. 하나님은 사람들의 방식대로 복수하심을 요구치 아니합니다!

진노를 체험하는 하나님은 모든 결점이 정정되고 또한 어떤 점이 수정되어지고 또한 어떤 점은 징벌이 시행함으로써 이렇게 복수하십니다. 하나님은 전혀 이런 점에 동조치 아니합니다! 이럴지라도, 우리로 하여금 우리들의 죄악들에 대한 공포를 느끼게 하고 게다가 우리로 하여금 그 죄악들을 혐오하게 하사, 그는 자신의 공의와 자신의 심판의 위엄 함을 우리들에게 알립니다. 만일 하나님이 예수 그리스도께서 우리들을 위해서 중보해주고 또 우리 이름을 인하여 수욕을 입지 않았더라면 진정한 용서를 받을 수 없습니다! 모든 사람이 입을 다물고 우리가 가능한 그리스도께로부터 큰 사면을 입는 길입니다. 그러나 우리가 볼 적에 하나님이 자신의 아들조차도 아끼지 아니하고 가장 심한 고통가운데서 그의 육체로 고난을 겪게 하시니 그 상황을 극복할 수 없어서 이렇게까지 외칩니다. "나의 하나님, 나의 하나님 왜 나를 버리셨나이까?"(마 27:46). 우리가 이런 사실들을 볼 적마다 돌보다 더 강퍅한 인생들에게는 불가능한 일이 아닐 수 없습니다. 우리가 이제는 우리들 안에서 전적으로 죄악들과 허물들로 인하여 시험을 극복하고 놀라지 않음은 하나님의 진노를 피하게 해주기 때문입니다. 그러기에 우리들을 향한 평화의 모든 징계는 예수 그리스도가 짊어짐으로써 하나님 앞에서 우리가 은혜를 입었습니다. 다시 말해서, 우리들에게 자신을 하나님 앞에 선물로 드려지기에 합당했습니다.

이런 방식으로 오늘날 우리가 하나님을 아버지로서 담대하고 또 자유롭게 부름을 입었습니다. 그러나 우리 본성에 따라서 사는 것은 하나님이 우리의 대적이 되며 또한 우리를 혐오하게 되는 일입니다. 우리가 이제 선지자가 말하는 의도가운데 우리 주 예수 그리스도가 하나님의 손에 의해서 고통을 받아서 상함을 입어 모든 사람으로부터 버림을 받았던 것은 그 누구도 그를 바로 보지 못하심은 그가 너무 상함을 입었기 때문이었습니다. 그가 덧붙여서 하나님은 우리를 향하여 크게 진노하고 또 우리의 죄값을 지불하지 않는 한은 우리들의 위험과 멸망에서 건질 수 없었습니다. 그러면 어떤 방법으로 될 수 있습니까? 하나님은 자신의 순전한 선하심을 통해서 우리 허물들을 용서하려고 합니다. 우리가 잊어서는 안 될 점은 우리의 구속의 가치는 그의 독생자의 인격 안에 있습니다.

지금, 여기서, 우리가 주의할 점은 우리 주 예수는 정죄로 고통을 받았지만 우리는 구원받고 또 사면을 얻었습니다. 또한 우리들의 허물들을 소멸케 하심은 우리들에게 하나님 앞에 서게 함입니다. 우리가 속죄를 말할 때에, 하나님이 우리를 사죄하심이 우리들의 의해서 죄값은 지불되고 만족되는 것은 아닙니다! 그러나 그가 자신의 온전한 자유를 주심으로 역사 합니다. 비록 우리가 하나님 앞에 죄인이라고 해도, 그는 우리의 모든 것을 용서해주시고 또 자비를 베푸시는 것은 선지자가 말한 대로 하나님은 우리들의 죄들을 깊은 바다가운데 던져버리시기 때문입니다. 그럴지라도, 우리가 이 속죄에 대하여 유의할 점은 우리 주 예수 그리스도의 인격에 대하여 무조건적인 자유이기보다는 그가 친히 너무나 고귀한 희생을 치렀던 것입니다! 만일 우리가 자신들을 스스로 살필진대 그리스도께서 받은 고통과 괴로움과 아픔들은 얼마나 처절했겠습니까! 이 모든 것들이 아버지 하나님의 심판대 앞에서 우리가 받을 심판을 대신하여 그의 신음하는 영혼가운데서 극복하여 나아갔습니다. 만일 우리가 이 모든 내용을 조심스럽게 살펴본다면, 우리가 발견하는 것은 우리 주 예수 그리스도께서 우리들의 허물들을 속죄하기 위해서 실체적으로 지불했습니다. 이 모든 것 위에 우리가 이 모든 죄악들에서 구원을 얻지 아니했습니까!

이것은 우리가 꼭 요망할 중요한 내용인데, 마귀는 항상 이 교리를 모호하도록 시도하는 이유는 우리 구원의 주요한 항목이기 때문입니다. 세계의 시작으로부터 하나님은 죄를 용서해달라는 제물들이 그에게 주어졌습니다. 왜 이것을 했습니까? 사람들은 희생과 피뿌림에 수단을 통하지 않고서는 예수 그리스도에 대한 소망을 가질 수 없습니다. 그러기에 그들의 희생가운데서 그들이 범한 허물들과 불의들에 대한 속죄와 정결함에 힘입지 않는 한 하나님께 접근할 수 없습니다. 오직 예수 그리스도로 인하여 이루어집니다. 그럴지라도, 유대인들과 이방인들이 하나님 앞에 만족할 수 없는 인간들의 장점과 생각으로 나아갈 수 없습니다. 이처럼 얼마나 마귀는 그때 이후로 우리 주 예수 그리스도로부터 가련한 죄인들을 멀리 떠나게 하려고 했습니다. 그렇지만 하나님은 예수 그리스도의 죽음과 고난에서 죄값을 지불하였습니다.

현재도, 그리스도의 구속을 모르는 교황주의자들이 있습니다. 그들은 우리 주 예수 그리스도의 죽음과 수난을 통해서 속죄를 고백하지만, 그러나 그들의 견해에 따르면 세례를 받기까지라고 제한합니다. 그들이 말하는 대로 어린 자녀들이 하나님의 이 은사를 받았으니 하나님이 세례를 받을 때까지 모든 죄들을 우리 주 예수그리스도의 죽음과 수난을 통해서 용서받는다고 믿습니다. 그러나 교황주의자들은 세례를 받은 후에 죄들은 예수 그리스도께서 하나님께 가까이 하거나 또 우리들의 죄악들을 다 제거할 수가 없기에 우리 인간이 속죄를 이루기 위해서 무언가 선행을 해야 한다는 것입니다. 그러기에 교황교도들은 적선의 행위를 가정하기에 성지순례를 참여하거나 헌금을 위한 미사들의 동참, 또다른 마귀들을 쫓아내는 삶을 추구했습니다. 교황교도들에게 왜 눈물을 흘리면서 성지순례를 하며 또 왜 금식을 하며, 또한 왜 미사에서 노래를 부르는가를 물으면 그들이 말하길 "하나님 앞에서 죄용서를 받으려 합니다. 정녕, 죄들을 알고서 하나님 앞에서 사죄와 용서를 받기 위해서 만족케 하는 행위를 취해야 한다."고 합니다.

교황교도들은 하나님께 반(反)하는 참람된 헌신하는 방안들에 대하여 전혀 무지하기에 우리 주 예수 그리스도의 죽음과 고난을 공적으로 부인하는 결과에 이름으로써 자신들을 지옥의 심연에 빠져들고 있습니다. 그것은 비성경적인 마귀 적인 헌신들에 빠져있기에 늘 선행을 추구하려는데 급급하기 때문입니다.

그럼으로, 우리는 예수 그리스도께서 우리의 평화의 징계를 받았다는 선지자의 말씀들을 잘 유의할 이유는 예수 그리스도를 통해서 하나님이 만족하시고 또 기뻐하심이었습니다. 왜냐하면 그가 스스로 모든 세상의 모든 부도덕들과 모든 불의들을 짊어졌습니다. 그래서, 우리가 현재에 처해 있는 신분을 잘 고려해보고, 항상 우리가 두려움 가운데서야 하는 이유가 하나님이 우리의 대적자가 되기도 하며 또 우리들의 재판 자이기 때문입니다. 그리고, 둘째로, 우리가 결론을 내라는 것은 주 예수 그리스도의 보배로운 값을 지불하고 또 만족케 하지 않았더라면 하늘과 땅에서 우리들을 화목할 다른 수단이 없습니다. 다시 말해서, 그의 죽음과 고난입니다. 우리가 이것을 수용하고 있습니까? 우리가 하나님 앞에서 고개를 쳐들고 담대히 나아가도록 이끄십시다. 우리가 이제 스스로 비굴해지거나 혹은 우리 자신의 곤핍함을 부끄러워 할 것이 없습니다! 그러나 이것은 우리 아버지이신 하나님을 대하는데 거리낌이 될 수 없고 또 예수 그리스도로 말미암아 지불된 공의로 인하여 우리는 예수그리스도가 받은 정죄로 인해서 자유를 얻었습니다. 그러기에 우리가 이 말씀에 의지해야 합니다.

"그가 채찍에 맞음으로 우리가 나음을 입었도다"를 부가하는 이유가 있습니다. 우리가 자신들의 부덕들을 스스로 느낄 수가 없는 것은 사실인 이유는 위선이 우리 눈들을 묶어 놓고 자만들이 항상 지배하기 때문입니다. 그런데, 사람들은 스스로 기만당하는 것은 하나님이 무엇인가를 인간으로 하여금 행하여야 합니다. 그래서 스스로 속임을 당하는 인간들은 자신이 중요하게 여기는 것을 행하려고 하는 유혹에 빠져있습니다. 그런데 우리 주 예수 그리스도의 상함들이 없다면 우리들 안에 죽음만이 주장한다고 선지자가 말하는 것처럼 그래서 정녕 우리가 그 안에서 치료함을 받아야 합니다. 그러기에 우리가 주 예수 그리스도의 죽음과 고난에 참여하는 열매를 체험하는 이유가 우리들 안에 있는 본성이 수많은 상처들과 치명적인 질병에 뿌리박고 있는 부패성이 외적으로 나타나지 않을지라도 항상 주지(周知)합시다.

만약 인간의 몸부위 가운데 종양이 위(胃)에서 가까이나 혹은 장안에 생겼더라면 피부에 난 종양을 린셋으로 절개하는 수술보다 더 어렵지 않겠습니까? 만일 자신이 아직도 건강하다고 생각하고 있는 사람이 자신의 몸 안의 종양이 보이지 않는다고 이상이 없다고 생각한다면 얼마나 어리석은 짓이겠습니까? 더욱 더 자신의 병이 심각한 사실을 알지 못하고 죽을 것이 틀림이 없습니다! 이외에도 우리 안에 뿌리박은 숨겨진 부패성으로 인해서 우리가 매일 행하는 허물들은 우리 본성이 패역하고 또 저주받은 것이 전적으로 부패한 사실을 알려줍니다. 그러므로 우리 안에 있는 모든 감염과 영적인 나병을 보유하고 있습니다. 우리들의 불의들로 인해서 부패된 우리가 행할 일이란 무엇이겠습니까? 무엇이 치료책입니까? 우리가 왜 천국의 천사들을 찾아가야 합니까? 아, 그들은 아무런 도움이 될 수 없습니다! 단지 우리가 주 예수 그리스도께로만 가는 이유는 그가 친히 그의 머리로부터 발목까지 전적으로 상함을 입었습니다. 그래서 그가 계속해서 구타를 당하였으며, 또 가시 면류관을 쓰셨으며, 못 박혀 십자가상에서 그의 옆구리가 창에 찔리움을 받았습니다! 그로 인해서 얼마나 우리가 치료함을 입었던가 말입니다! 그의 고통과 수난을 인하여 우리들의 참된 약이 되었으니 그의 고난으로 우리가 만족함을 입었으며 또한 모든 애정을 마음껏 누렸습니다. 이 같은 역사가 없다면 우리 자신들에게 진정한 안식이란 없을 뿐만 아니라 우리가 음부(陰部)자리에서 고통받았을 것입니다. 예수 그리스도가 우리를 위로하시고 또 우리를 향한 하나님의 진노를 풀어주셨습니다. 우리가 이같은 사실을 확신할 때에, 예수 그리스도를 찬송케 할뿐만 아니라 이전에는 우리가 신음하는 혼란 중에서 벗어나게 했습니다.

    요약적으로, 이것은 선지자의 말씀가운데 우리가 기억해둘 점입니다. 마태는 마태복음 8장에서 주 예수께서 모든 질병을 치료하시고, 또 어떻게 눈먼 자를 보게 하시며, 또 절름발이를 걷게 하며, 귀머거리를 듣게 하며, 반(半)은 죽어있는 절름발이를 곧바로 일으키시며, 또한 마귀들을 쫓으셨습니다(마8:17). 이사야 선지자가 전하는 말씀은 까닭 없이 드러난 것 아닙니다. 선지자가 말한 대로 그가 친히 우리의 연약함을 짊어지고 또 우리들의 슬픔을 담당했습니다. 선지자가 본문에서 말하는 것은 육체적인 질병이 아닙니다. 그러기에, 그 복음전도자는 긍휼히 여기면서 이 증거를 취합니다. 그러나 그가 선언하는 바 우리 주 예수 그리스도는 보이는 질병을 치료해줌으로써 우리로 하여금 더 높은 세계로 인도하는 것은 왜 자신이 이 세상에 오셔서 그토록 상함을 입게 되었는가를 숙고케 함입니다. 그러기에, 우리가 들어야 할 내용은 중풍병자들을 고침과 그가 죽은 자를 일으키심은 예수 그리스도로 말미암아 그토록 중하고도 연약한 모든 질고를 치료함으로써 우리에게 자신이 영적인 의사임을 보여줍니다.

    제가 이미 말했던 것처럼 모든 종류의 해악들이 우리를 사로잡는 것은 우리들의 영혼이 많이 부패했기 때문입니다. 마찬가지로 육체에는 못된 기질들이 있으며, 이에 상응하는 일들 중에는, 영혼에는 은밀한 질병이 있습니다. 그럼으로써 우리 인간이 하나님 앞에 전적으로 부도덕하며, 또한 죄인인 인간에게는 한 의사가 필요합니다. 어떤 사람이 이런 의사가 될 수 있습니까? 우리가 하늘에 계신 아버지가 우리에게 보내주신 독생자를 제외하고서는 하늘과 땅에서도 찾을 수 없습니다. 다시 말해서, 우리 주 예수 그리스도뿐입니다. 그런고로, 우리가 어떻게 우리 주 예수가 우리 심령들을 치료하는 가를 안다면 주께서 눈먼 자를 치료해주시는 사역을 같은 의미에서 봅니다. 왜냐하면 우리 영혼도 눈이 멀고 또 어리석음으로 싸여있습니다. 그런데, 예수 그리스도는 말하게 하려고 벙어리도 만드셨습니다. 예수께서 참된 언어를 사용하기까지 인간들은 얼마나 악하게 언어들을 사용하여 왔습니까! 우리는 벙어리보다 더 악합니다. 사실 우리는 하나님의 말씀이 우리들에게 전혀 먹히지 않습니다! 우리 주 예수 그리스도는 우리들에게 들을 수 있습니다. 간략하게, 마태가 말한 대로 또한 선지자 이사야가 말한 대로 확신할 때에, 다시 말해서 우리의 편에서는 부패와 악행뿐이니 우리들 안에는 건전한 것이라고는 한 점도 없습니다. 그리고 우리 영혼에는 전적으로 죽을 죄악들로 넘칩니다.

우리 주 예수는 완전하게 그 죄악들에서부터 구원하였으며, 게다가 우리가 주 예수 그리스도께로 나아감으로써 우리 영혼들이 치료함을 얻었습니다. 제가 말하고자 하면, 우리가 예수 그리스도께로 나아갈 적에, 우리가 아는 것은 구속 자 안에서 우리의 피난처를 찾지 않는다면, 우리는 항상 우리 자신들의 부도덕과 비참함 가운데서 빠졌기에 전적으로 부패합니다.

그 위에다가, 선지자가 "우리는 다 양 같아서 그릇 행하여 각기 제 길로 갔거늘"에서 언급합니다. 여기서 선지자가 생생하게 표현하고자 하는 사실은 이미 전에도 논의했던 것처럼 우리 각자가 그의 상태를 잘 살피고 또한 주님의 사역을 바로 직시하지 않는 한 우리 주 예수 그리스도에 의해서 올바르게 치료함을 입을 수 없습니다. 그런데 왜 누군가가 우리 주 예수 그리스도께로 우리들에게 말할 때에 우리가 이토록 냉담하고 또 무관심합니까? 그 이유는 우리가 있는 그대로의 복음의 사실을 알기에는 너무나 우둔하기 때문입니다. 우리가 절제하지 못하는 술주정뱅이들처럼 끝까지 이를 갈면서 반항하는 거역하는 무리들을 만납니다. 만일 누군가가 의사들처럼 치료를 한다고 하면서도, 그들은 그를 훼방하려고 듭니다. 그들은 고개를 쳐들고 기고만장(氣高萬丈)합니다. 더욱이 그들은 모든 치료 책들을 무시합니다. 이제 술주정뱅이들처럼 이 가련한 죄인들은 너무나 어리석어 하나님을 반대하는 것만을 일삼습니다. 그래서, 모두가 스스로 죄악에 대하여 용인(容認)하고 또한 우리 주 예수 그리스도의 죽음과 고난의 가치를 멸시와 중요치 않는 일로 여깁니다.

그래서, 이런 연유로 인해서 그 선지자는 우리로 하여금 일깨워서 예수 그리스도께로 정상적으로 인도하는 유익을 통하지 않고서는 우리 모두가 그릇된 점을 확인해줍니다. 이제 제가 말한 것 이상으로 사람들은 하나님의 심판을 경시할 만큼 부패했는데도, 여전히 어리석은 억측으로만 자만합니다. 그런데 하나님의 아들에 의해서 우리들에게 부여해 주는 무한한 하나님의 은혜를 통해서도 유익을 얻지 못하는 두 종류의 사람들이 있습니다. 한 부류는 스스로 의롭다고 여기면서 하나님 앞에서 공로와 자랑을 내세우려는 자들입니다. 그들은 자신이 갖고 있는 넘치는 장점의 자랑을 내세우려는 자들입니다. 우리가 잘 보다시피 교황청에서는 그들이 스스로 하나님 앞에서 사죄할 수 있다고 하는 위선자의 노래를 부를 뿐만 아니라 그들은 남다른 은혜를 입어서 사는 것처럼 자신들의 장점들을 내세웁니다. 또한 그들은 자신들의 온전함과 거룩함에 이르는 길은 너무나 용이하게 여김은 그들은 천사와 같은 상태로 자신을 여기기 때문입니다! 그러기에 그들은 우리 주 예수 그리스도의 죽음과 고난이 더 이상 필요치 않습니다.

그들이 분명히 자신들의 입술로 고백할 일은 주 예수 그리스도를 필요로 하다는 점입니다. 그러나 그들이 여전히 반대 입장을 보이는 이유는, 자신들의 자랑과 장점을 내세우기 때문입니다. 다른 것들에 의존하는 구원은 그들의 인간적인 확신들이기에 너무나 부패해져 있습니다. 교황제도를 추종하는 편협한 신앙인 들은 하나님을 대항하여 여러 뿔들을 높입니다. 왜냐하면 그들은 항상 자만스럽게 말하는 허풍에 빠져 있기에 "그게 어떻다는 말입니까? 만일 제가 수많은 선한 헌신들을 해왔는데 저를 버리시겠습니까? 수많은 미사에 참여하여 찬송을 부르지 않았습니까? 많은 기도문을 낭송하지 아니했습니까? 제단에서 제단 사이로 쉬임없이 참석하지 아니했습니까? 교회가 정한 금식을 지키지 않았습니까? 저의 이런 헌신을 다한 한 성도로서 불릴 수가 없겠습니까?"

간단히 말해서, 그들이 항상 하나님이 자신들에게 부여하는 책무에 대한 준 행을 통해서 얻는 그릇된 견해와 잘못된 입장을 추구하고 있습니다! 얼마나 사단이 이러한 환상들로 그들을 속이고 있습니까! 이런 방식으로 우리 주 예수 그리스도의 죽음과 고난이 주는 참 가치를 전혀 알지 못합니다. 또다른 무리들이 있는데 그들의 장점을 신뢰하지 않는 경우입니다. 사실, 술주정뱅이들, 간음자들과 방탕한 사람은 말하지 못합니다. "우리는 천사들은 아닙니다. 그러나 우리가 잘 살고 있으며 또한 우리들의 헌신은 너무 열정적입니다!" 그러나 제가 이미 말했던 대로 그들이 훼방하고 또 생각하는 것은 그들의 반항과 조소가운데서 여전히 하나님의 손을 피할 수가 있다고 여깁니다. 선지자가 여기서 우리 모두를 불러서 말하는 이유가 이것입니다. "가련한 백성아, 보라, 우리 주 예수 그리스도이신 그의 독생자 안에서 하나님의 자비를 얻을 때까지 자신의 위치를 점검해보라, 우리 모두가 그릇 행하였고, 우리가 길 잃은 짐승들입니다!" 이것이 그의 의도입니다. 그리고 그가 말하길 "우리 모두"는 그 스스로 자신을 포함하기 때문입니다. 실로, 우리가 이미 살펴

본 대로 유대인들이 사람들의 일반적인 정죄 안에 포함했습니다. 그 이유는 유대인들만은 하나님의 정죄로부터 면제되었던 사실을 밝혀줍니다. 그런고로 그들은 항상 어리석은 억측에 사로잡혀 있었던 것은 하나님이 자신들만을 불렀고 또 선택하였다는 점이 다른 사람들보다 더 우월하다고 생각해왔습니다. 이제, 여기서 선지자는 우리 주 예수 그리스도로 말미암아 치료 책으로 구원을 받지 않는 한 영원한 죽음에 처하리라는 것입니다. 그러기에 우리 모두가 이 정죄를 받기에 이릅니다! 그가 사용한 "모두"라는 것은 모든 예외를 배제하려는데 있습니다. 그가 말했던 것처럼 마치 "누구도 하나님 앞에서 의롭다 함을 자랑할 것이 없게 하심은 내가 지금 선언했던 치료 책을 제안하려는데 있습니다. 사람의 의견으로는 가장 거룩한 사람이고 가장 온전해도 하나님 앞에서 스스로 죄인임을 고백합니다."

우리가 선지자의 의도를 지금 살필 적에 여전히 그는 그것으로도 만족하지 않습니다. 그가 말하길 "각기 제 길로 갔거늘"고 합니다. 그러면 왜 선지자는 "모두"에서 "각기"로 바꾸어서 문장을 시작합니까? 우리가 일반적으로 정죄를 받았을 때에 요구되어지는 이러한 명랑함에 큰 동요를 받지 않습니다. 우리들 가운데 한 사람도 의로운 사람이 없다고 말할 확신이 있습니다. 시편에 나오는 다른 성경구절인 시편 14:1-3절에도 나옵니다. 이 선언은 하나님을 보았을 적에 자신의 부덕함으로 부패하지 아니한 사람이 전혀 없습니다. 여기서 가리키는 사람은 위대하고 또 유일무이한 인사로서 덕을 갖춘 자나 가장 방탕자나 다같이 일컫는 말입니다. 성경이 말하는 바는 그들이 모두 길을 잃고 방황하며 또 마지막 한 사람까지 그러하기에 하나님 앞에 전적으로 모두가 부패한 사람뿐입니다. 성경이 이 가르침으로 넘칩니다. 또 사도 바울은 로마서 3장 9-18절에서 충분히 증언해줍니다. 시편들과 선 지서들을 통해서 여러 말씀으로 인간은 타락하였으며 게다가 인간들 안에 해악과 배반이 있으며, 그들은 잔인함으로 가득하여 독과 모두 불경하며 또한 사기와 자만이 있고 게다가 그의 목구멍은 열린 무덤입니다. 그러기에 이 모든 일들을 말할진대, 사도 바울은 그의 성령에 의해서 하나님의 도움으로 죄인들이 변화되고 또한 새로워지지 않는 한 누구도 예외 없이 모든 사람들이 죄인이라고 증거합니다.

이제 이 가르침이 전해지는 곳에는, 정녕히 우리 모두가 우리 머리를 숙이는 이유는 우리가 공개적으로 하나님의 선언에 배치(背馳)되는 사실을 부끄러워하며 또 두렵습니다. 사실상, 우리 모든 논쟁으로 우리가 얻을 수 있는 것이 무엇입니까? 그런고로, 우리 자신에도 불구하고, 우리가 정죄받는 사실에 대하여 헛되게 여겨서는 아니 되는 이유는 하나님이 우리의 심판자입니다. 그럴지라도, 각자가 하나님의 선언에 동의하지 아니한 채로 자신의 삶을 살아간다면 더 이상 우리에게 아무런 감동을 줄 수 없습니다! 우리가 정녕 말하건대 우리가 모두가 죄인들이며, 게다가 하나님 앞에 죄없는 이는 아무도 없습니다! 그러나, 이런 죄악들로 인하여 우리가 불유쾌한 삶을 살아가면서 우리 주 예수 그리스도의 은혜를 추구하기 위해서 우리 자신들을 거부해야 합니까? 결코 아닙니다! 우리가 모두가 죄인들이라고 형식적으로 말할 여지가 충분히 있습니다. 더욱 불행한 것은, 우리가 자주 보는 일이지만 사람들은 비난을 받거나 또는 자신의 허물을 발견하게 될 때에 스스로 부끄러운 모습을 스스럼없이 덮어놓으려고 합니다.

그들이 "모든 사람들이 죄인들이라는 것은 사실입니다!"고 고백합니다. 하나님의 이름을 훼방했던 악한이든지 혹은 저주스럽고도 터무니없는 행위자들이 비난받게 되면 자신의 행위를 변명합니다. 그는 결코 강제가 아닌 한 죄의 고백은 하지 않습니다. 정말로, 인간이 스스로 죄인인 것을 인정할 수 있습니까? 인간이 말하길

"우리는 모두 죄인들이다! 다시 말해서, 그대가 하나님을 조소(嘲笑)하는 악한 위선자이다."고 합니다. 그런 것처럼, 우리가 모두가 죄인들이다라는 일반적인 확언아래서는 부끄러운 악함은 당연히 잘 구별되어지지 않습니다. 이런 연유로, 선지자가 "모두가 그릇 행하였으나"에 덧붙여서 "각자 제 갈 길로"라고 부연했습니다. 선지자가 말했던 것처럼 "일반적으로 인류를 바라보지 말고 각자 자신을 돌아볼 적에 여러분은 현재 상황에 처해 있는 상황을 이해합니다. 그리고 우리가 하나님의 심판에 의해서 붙잡혀질 때에 우리가 참된 겸손으로 이끌리게 되며, 우리 자신의 그릇됨을 인식할 적에 우리가 회개에 이르게 되고 또한 각자가 은밀한 중에서 자신에게 말합니다." 이제부터 선지자가 말한 그 말씀의 의도를 살핍시다. 선지자가 말하는 "각기 제 길로 갔거늘"에서 먼저 보여주는 것은 인간들이 자신의 욕망과 자신들의 이성과 신중함에 의해서 지배받을 때에 사람들에게 일어납니다. 우리가 주목해야 할 내용인데 우리가 볼 적에는 어리석은 행동으로 보이며 또한 그들이 보아서 선행하는 것으로 보이지만 실상은 스스로 멸망으로 치달아갑니다. 또 다른 이들은 자만심에 빠지면 무분별한 자리에서 하나님께서 이끌어내지 않는 한 지옥의 심연에 자리잡습니다.

우리는 오늘날에도 교황주의자들을 봅니다. 그들이 하나님의 말씀에 침묵하는 것은 그들 자신의 뜻대로 처신함입니다. "그래, 내가 좋은 대로 행하는 거야, 내가 무슨 일이 생겨도 난 내 길을 따라야 합니다."고 말합니다. 그러나 "자신이 원하는 바대로 살아간다면 필 경에는 마귀를 만납니다." 이런 연유로 여러분이 가고자 하는 대로, 자신의 길을 따릅니다."-"오, 내 헌신은 이러합니다. 그것이 너무 내가 좋기 때문인데, 그 길을 가는 것을 거절하는 것이 가당합니까?" - "선지자 이사야는 우리 각자가 행하는 헌신에 대하여 잘 언급하고 있습니다. 그 당시에 그의 입에서 말하게 하신 이가 성령이 아니겠습니까? 자만과 오만으로 가득한 독이 차있는 죄인들이 자신의 환상대로 잘 다스려 보려고 합니다. 또한 여러분이 좋아하시는 하나님께 드리는 봉사를 고안해냅니다. 그러나 여전히 선행을 한다 해도 우상숭배에 빠지고 말았습니다. 여러분은 헌신한다고 여겼습니다. 그러나 성령께서 친히 인간의 방탕함을 전혀 모르시겠습니까? 여러분은 이사야 선지자가 말하는 그 내용을 유의해 봅시다. "각기 제 길로 갔거늘" 다시 말해서, 각자가 지옥으로 향하는 길에 접어들어 각자가 자신이 취한 길이 오히려 멸망으로 나갔던 것입니다. 그러기에, 이것이 인생들의 현주소가 아닙니까! 그래서, 우리가 이 본문에서 깨우침을 받는 것은 우리 자신들의 어리석은 자만에서 벗어나 알아둘 것은 우리가 볼 적에 가장 이상적인 행위라도 사단의 음모로 세워둔 그물에 빠져들고 맙니다.

그러므로, 이 가르침은 분명하게 모든 억측을 교정(矯正)하도록 우리들에게 도움이 됩니다. 그러므로 하나님의 성령과 그의 말씀에 의해서만 우리 자신들이 지배를 받으십시다. 이와 마찬가지로, 이사야 선지자를 통해서 선언된 말씀가운데 유의할 대목은 우리가 선하다고 인정해도, 우리가 악에 고착되어 끊임없이 행하고 맙니다. 왜 그렇게 할 수 밖에 없습니까? 우리 인간의 자연적인 모든 성향은 하나님을 거역하기 때문입니다. 우리가 볼 적에 악이 제거되었다고 보여질지라도, 악을 피하려하든가 아니면 혹은 강제적으로 외면하지 않는다면, 우리 안에 숨겨져 있는 자발적인 악의 뿌리가 아직도 있어 죄악의 열매를 거둡니다.

그런고로, 우리가 먼저 알아둘 것은 올바르게 걷는데 우리 안에 지성에 달린 것이 아니라 오히려 하나님이 인정하고 또 우리로 하여금 구원으로 인도하는 유일한 길이 있습니다. 다시 말해서, 주 예수 그리스도가 우리의 죄악을 짊어지심은 우리가 그의 양무리이며 또 우리의 목자로서 그를 따라야 합니다. 더욱더 우리가 알아둘 것은, 우리들의 모든 애정들은 부패하였으며, 게다가 우리가 선을 행하기보다는 악을 행합니다. 우리 주 예수그리스도는 우리들을 교정해주고 또 개혁해서 우리 안에 올바른 애정을 가지고 주님께 순종합시다.

그러므로, 이제, 우리가 자신의 길을 따라 살다가 주 예수 그리스도를 떠난 자들에게 결론을 내립니다. 선지자가 전하는 교훈은 족장이나 선지자들이나 혹은 거룩한 모든 교부들이나 순교자들도 주 예수 그리스도의 죽음과 고난에 의해서 하나님과 화평해질 필요가 없었던 인물은 누구도 없었습니다. 만일 아브라함이, 신자들의 아버지라면, 다윗이 모든 의로운 자의 거울이라면, 또 이와같은 인물들이, 마치 욥과 다니엘처럼, 모든 거룩함과 완전함의 거울들로 불릴 수도 있습니다. 그들일지라도 우리 주 예수그리스도에 의해서 불러들이지 않았더라면 가련하게 길 잃은 양이었습니다.

그래서, 우리가 죄인들을 찾을 때에 우리 인간의 중보자를 통해서 파멸의 길을 벗어나려고 발버둥을 치면서도 정작 우리 주 예수 그리스도께 향하여 우리가 감사하지 않는 것이 얼마나 무모한 짓입니까? 이제라도 우리가 우리 주 예수 그리스도의 죽음으로 되돌아가서 용서를 받읍시다! 이 같은 치료의 필요가 우리들에게 요구된다면 모든 신자들의 피난처가 되신 주께로 돌아갑시다. 베드로, 바울, 마리아도, 어느 누구도 이 필요를 충족시킬 수 없습니다. 그러므로, 우리는 구원의 근원과 원천인 주께로 가서 배우도록 합시다. 또한 우리는 자신들의 부족한 점을 그 앞에 가져나갑시다. 왜냐하면 우리 주 예수는 우리들을 완전히 만족시키는 주가 되시며 또한 주 예수 그리스도 안에서 있는 충만한 은혜를 염려할 것이 전혀 없습니다. 그는 자신에게 은혜를 간 구하는 각자에게 자신의 역할과 기업(企業)을 누구에게나 베풉니다. 그러기에, 우리가 주 예수 그리스도께 담대히 나갑시다. 그리하면 주께서 우리들에게 분명히 풍족해 주십니다. 그러나 하나님이 인간에게 선물 주는 치료의 방책에 도움을 얻지 아니하고 이 길에서 떠나버린다면 완전히 주께서 행하는 자는 이 치료 책을 거부합니다. 인간의 배은망덕은 인간에게 부여된 그 은혜를 즐기는데 방해합니다. 우리가 더욱 더 용서할 수 없게 되는 것은 매일 하나님의 은혜가 설교를 통해서 우리들에게 전해집니다. 하나님은 그의 독생자를 보내심으로만 만족하지 않고 오히려 자신을 죽음에까지 내어주셨습니다. 비록 사랑하는 독자라도 아끼시지도 아니하시고, 그를 자신의 진노가운데 심판했습니다. 그가 친히 아들을 던져버리는 것을 의도하심은 그에 대한 심한 고통을 입어야 했습니다. 그렇지만 주께서는 여전히 가장 사랑 받는 자였지만 모든 사람들을 속죄하기 위해서 그는 전적으로 원하는 것이 아닐지라도 그로 인하여 만족했습니다. 매일 우리가 예수 그리스도의 보배를 인하여 우리가 그 안에서 기쁨을 얻게 하십니다.

하나님은 우리에게 선언하기를 예수 그리스도가 옆구리가 창에 찔림을 인하여, 오늘날 그의 마음을 열고서 우리를 향한 그의 사랑을 입혀주었습니다. 게다가 그는 자기 팔로 십자가를 붙잡고서 우리들을 자신에게 스스로 이끌어 주었습니다. 게다가 이런 유익들을 우리에게 부여하심은 그가 친히 바랬던 일입니다. 이로 인해서, 그가 자신의 피를 쏟으셨습니다. 그가 오늘날에도 우리가 그의 보혈 안에 있도록 하셨습니다.

그런데, 하나님은 우리를 부드럽게 초청할 때도, 예수 그리스도의 그의 죽음과 고난의 열매에서 부여했습니다. 그래서 주께서 자신의 피로써 항상 새롭게 하심을 보여줍니다. 사도 바울이 히브리서인 9장14절, 10장19절, 12장24절, 13장12절에서 말한 것처럼 그의 피가 부족하거나 혹은 부패케 하는 것이 아닙니다. 그러나 그의 신령한 능력에 의해서 그리스도의 보혈로 거룩함을 입습니다. 사도만 아니라 이 단어를 사용하는 것은 우리로 하여금 구속의 역사를 소멸치 않는 전체적인 놀라운 효능을 가짐으로써 처음부터 가졌던 역사가 우리 주 예수 그리스도께로 모든 우리를 동화시켜 줍니다. 우리의 곤고함을 고백하여 우리가 영적인 결핍으로 곤경에 처해 있지만 하나님에 의해서 자신의 자녀로서 받으시고 또한 우리에게 인자함으로써 이러한 치료 책을 제시합니다. 주께서 우리들을 의롭고 또 온전함으로 붙잡으심은 하나님 앞에 우리의 추한 존재에서 벗어나게 합니다. 우리가 이 가르침에서부터 기억할 말씀의 내용입니다.

오늘 날, 어떤 이들이 그리스도를 비난하거나 조소하는 것을 보는데, 또한 다른 이들은 자신들의 의로움을 통해서 헛된 자만과 억측과 소망으로 하나님을 만족케 합니다. 우리 주 예수 그리스도를 추구하는 참된 신앙과 회개가운데서 그릇된 불 경건함을 제거하도록 합시다. 우리가 주께 합당한 삶을 살려는 바램은, 견디기 어려운 짐에 짊어지고서도 견디어 나아갑니다. 이제 우리 하나님의 위엄 앞에 겸손한 경외 심으로 경배할 것은 우리의 허물을 알고 기도 합시다(Calvini Opera, Corpus Reformatorum, volume 35, 621-635).

4.
예수 그리스도의 어린양

"그가 곤욕을 당하여 괴로울 때에도 그 입을 열지 아니하였음이며 마치 도수 장으로 끌려가는 어린양과 털 깎는 자 앞에 잠잠한 양같이 그 입을 열지 아니하였도다. 그가 곤욕과 심문을 당하고 끌려갔으니 그 세대 중에 누가 생각하기를 그가 산 자의 땅에서 끊어짐은 마땅히 형벌 받을 내 백성의 허물을 인함이라 하였으리요?"(사53:7, 8).

이사야 선지자가 우리들에게 선언하기를 우리 각자가 우리 주 예수의 죽음과 고난을 맛보기 위해서 자신을 스스로 살필 뿐만 아니라 자신의 결점들을 알아야 합니다. 더 부가할 점은 그가 고난을 받으신 것은 강제로 받았던 것이 아니라, 자신의 기뻐하시는 뜻입니다. 또한, 예수 그리스도가 자신의 순종에 의해서 우리 범죄들을 치료하지 않았더라면, 우리는 의롭다하심을 입을 수 없습니다. 또한 그리스도의 순종이 없다면 화목도 하나님과 우리들 사이에 이루어질 수가 없습니다. 그렇다면, 만약 하나님의 아들의 죽음이 강제적이었다면, 이러한 죽음이라면 우리들의 허물들을 사하는 한 제물이 될 수 없을 것입니다. 사도 바울이 우리에게 깨우쳐 주심은 우리들의 반역의 행위들조차도 한 사람의 순종에 의해서 제거합니다. 하나님께 대한 우리 인간이 계속적으로 대적하는 관계가 생기는 것은 하나님께 향한 허물로 생겼습니다. 하나님은 인간에게 평화스럽게 살도록 만들었습니다. 그런데 우리가 하나님의 멍에를 배우는 것을 거절한다면, 그는 자신의 피조물인 인간을 미워하시고 또 증오하십니다! 이제, 인간의 죄에 대한 하나님의 말씀은 우리 주 예수께서 친히 우리의 허물들과 불의들로 인해서 징벌을 받으면서도 그는 전혀 입을 열지 아니했습니다.

그런데도 그 주님 안에 전혀 모순점이 없었습니다. 하나님께서 그것처럼 대하심은 그의 아버지이신 영원한 하나님의 계획에서 이루어졌습니다. 그래서 그는 친히 죽음에 이르기까지 순종했습니다. 그래서, 우리가 하나님의 아들의 죽음과 고난을 통해서, 우리 각자가 하나님의 의지와 정의에 대항한 범죄를 생각게 해줍니다. 우리가 근신할 일은 하나님을 경멸하고 또한 반항하는 행위를 정지(停止)합시다. 우리가 치료 책이 필요하다는 사실에 놀랠 일이 아닙니다. 다시 말해서, 하나님의 아들이 우리 모든 반역의 기억을 묻어버리고 친히 우리를 대신해서 순종하였습니다. 우리 주 예수께서 총독 빌라도 앞에서 말했습니다. 이로 인해서 죽음을 피할 수 없었습니다. 그러기에, 그는 온전히 자신을 제물로 받쳤습니다. 실로, 그가 죄악의 죽음에서 벗어나려고 한 것이 아니라, 그는 온전히 우리를 위해서 정죄를 받았습니다.

선지자가 말하는 대로 "그가 잠잠한 자와 같았다."라고 말하면서 한 마리 양이나 혹은 어린양이라고 비유한 것은 고대의 제사들의 형상을 보여줍니다. 그러기에 주 예수 그리스도의 죽음과 고난을 통해서, 하나님이 기뻐하는 한 제물로서 받아 이런 방편을 통해서 하나님만이 죄들을 제거할 수 있습니다. 사실, 율법 아래에 있는 사람들이 자신들의 허물들을 사함 받기 위해서는, 희생이 항상 수

반됩니다. 죄인들이 하나님에게 어떤 만족도 줄 수가 없기에, 하나님이 선언하는 구속자의 약속으로 구원을 줍니다. 그러기에, 유대인들이 알아야 할 점은 예수 그리스도가 율법을 성취했습니다.

"어린양"은 특별히 하나님께 향한 속성인 바, 특정한 한 면에서 선지자가 가르치는 것은 그가 예수그리스도의 죽음과 고난을 통해서 우리 모든 불의들을 제거(除去)했습니다. 그리고 두 번째로 그가 어린양처럼 희생당하셨던 것은 자신의 피흘림을 통해서 모든 우리 죄들을 깨끗케 하십니다. 비록 우리가 행한 수많은 결점들이 있을지라도 우리 양심(良心)으로부터 죄의식으로 눌려, 우리가 하나님의 진노를 느낍니다. 여기서 제안하는 대로 의지(依支)가 되는 사람입니다. 다시 말해서, 우리 주 예수 그리스도는 참아낼 수 없는 극한적인 고통을 받은 것은 하나님이 예수를 향한 의지가 되셨습니다. 그러기에 주께서 친히 모든 일 가운데 평화롭게 모든 수난을 받고 순종해서 우리의 화목을 가져왔습니다.

그러므로, 우리가 그의 모범(模範)에 동화함으로써 위안(慰安)을 받습니다. 하나님 앞에서 우리 자신들이 온전히 겸손케 하는 능력에 붙잡혔다기 보다는 우리가 더욱 겸손하도록 합시다. 하나님이 친히 우리들을 징벌하시고 또한 그의 손에 의해서 거칠게 다루시어 우리를 압박합니다. 그럼에도 불구하고 제가 말씀드릴 것은 하나님은 정의로우며 또한 공평하기에 누구도 불평할 수 없고 그 앞에 죄인임을 고백합시다. 오히려, 우리가 침묵가운데 하나님께 영광을 돌립시다. 아무리 흉악한 가련한 죄인들이고 또한 의지할 데가 없는 죄인들이라도 하나님께 영광을 돌려야 합니다. 그러기에 사도 베드로는 이런 맥락에서 설명해줍니다. 우리가 하나님의 손에 의해서 고통을 받을 때나 혹은 사람들의 손에 의해서 핍박받을 때도, 우리에게 닥치는 환난을 조심스럽게 감수하심은 하나님께서 우리에게 허물을 확증케 하며 또한 우리 허물들에 대하여 징벌하십니다. 많은 사람이 그렇듯이 우리의 허약함으로 인해서 부끄러운 범죄를 행한 만큼 너무나 연약한 인간이 침묵을 지킬 수가 없습니다. 우리는 하나님의 징벌로 인해서 괴롬을 당한다는 점을 인정합시다. 그런데 우리가 하나님의 아들을 닮으려고 하는 이유는, 그가 우리의 거울과 모델이며 - 제가 전에 말했던 것처럼 - 우리 안에서 그와 동등되는 권능을 갖는 것이 아닙니다. 우리가 주님께 접근할 수 없지만 여전히 우리는 그에게로 손을 내밀고 나갑시다. 더욱이, 우리가 보는 대로 다윗은 우리 인간들처럼 비록 연약한 인간이지만 이 가르침에 실천하려고 노력합시다.

"내 마음이 내 속에서 뜨거워서 묵상할 때에 화가 발하니 나의 혀로 말하기를 여호와여 나의 종말과 연한의 어떠함을 알게 하사 나로 나의 연약함을 알게 하소서(시39:3-4). 주의 직책을 나에게서 옮기소서 주의 손이 치심으로 내가 쇠망하였나이다"(10절). "주여, 당신의 손이 나를 무겁게 누르시므로 제가 당신의 것임을 알게 되나이다!" 또 다른 글에서 "내가 말하기를 나의 행위를 조심(操心)하여 내 혀로 범죄지 아니하리니 악인이 내 앞에 있을 때에 내가 내 입에 자갈을 먹이리라 하였도다"(1절). 그러기에, 우리가 이 말씀의 교훈에서 기억해 둘 점은, 다시 말해서 하나님의 아들이 하나님께 영광을 돌리기 위해서 벙어리가 되심은 그의 모든 시련들 가운데서 논박하거나 혹은 답변하지 아니합니다. 이는 우리로 하여금 하나님 보시기에 좋도록 징계함이며 또한 우리들의 순종을 입증케 하심으로써 우리를 핍박하는 악한 무리들에게 재갈을 물리려 합니다.

이제, 우리가 그의 아버지인 하나님 앞에서와 사람들 앞에서 주 예수로 말미암아 죽으심을 통한 가르침에 합당하게 모든 우리 허물들과 불의들을 치료하지 않는다면 어떤 수단으로 온전해질 수 없습니다. 그러기에 우리에게 요구되는 침묵은 예수 그리스도로 말미암아 얻어지는 의(義)에로 이끕니다. 우리는 이러한 침묵을 통해서 우리의 생애에 신령한 축복을 가져다주었습니다. 주님은 지금도 하나님 앞에서 우리 변호사이며 또한 입을 열어 항상 증언하시는 것은 우리의 모든 범죄들과 불의들을 모두 치료하셨습니다. 예수 그리스도는 극한에 이르는 핍박을 받으면서도 어떤 답변하지 아니한 채로, 그가 참으심으로 중보자의 직을 감당하심은 우리로 하여금 하나님 앞에 우리 양심가운데 죄인으로써 인식케 합니다. 또한 우리가 그를 통해서 변호를 받으며, 더욱이 하나님이 그로 인해서 우리를 순전하다고 인정하심은 모든 우리들의 허물들을 온전케 하시기 때문입니다. 그러기에, 우리가 여기서 시작해야 일은 더욱 더 용기를 갖고, 하나님의 손에 의해서 고통받을 때에도 침묵하는 것을 즐거워합시다.

이 위에다가 선지자가 덧붙이기를 "그가 괴롬이나 아니면 옥중에서 높임을 입었다"는 의미는 "또한 심판에 의해서"라는 내용이 포함됩니다. 어떤 이는 예수 그리스도가 갑작스런 폭력에 의해서 죽었다고 설명할 수도 있습니다. 그러나 선지자는 그가 죽음 안에 굴복된 것이 아니라 오히려 아버지이신 하나님의 권능에 의해서 그가 다시 살리움을 입었습니다. 우리가 알아야 할 점은 우리 주 예수는 우리의 구원을 위해서 고난을 받았습니다. 게다가 우리가 우리의 삶을 곰곰이 살펴보자면 우리는 정죄받은 잃어버린 존재이므로 예수 그리스도를 통해서 치료를 받으십시다! 그런데, 만일 하나님의 아들의 고난과 죽음에 대하여, 우리가 항상 의심가운데서 그가 죽음으로 멸망되었다면 주께서 우리에게 주는 생명이란 무슨 의미가 있겠습니까? 우리는 신령하거나 혹은 천국으로부터 오는 능력을 인식할 수 없다면 우리는 예수 그리스도에 대한 확고한 확신을 가질 수 없습니다. 우리가 거기에서 보는 것은 우리의 허약성 만을 봅니다! 우리 주 예수 그리스도의 고난과 죽음이 가져다 주는 열매를 통해서 아버지이신 하나님의 능력에 의해서 높임을 받습니다. "그러기에, 그가 고통과 심판 가운데서도 찬양을 받습니다". 비록 그가 정죄를 받았지만 하나님께서 곧 고한 중에 그를 저버린 것이 아닙니다. 그가 모든 피조물을 다스리며 또한 주권 적인 다스림을 높입니다. 이에 대하여 사도 바울은 로마서 1장에서 잘 보여주는 것같이 그는 부활을 통해서 하나님의 아들로서 확증했습니다. 만일 우리가 예수 그리스도를 그의 생명 안에서 쳐다 볼 적에 비천한 사람가운데서 살았으며 또한 죽기에 이른 것은 우리 인생에게서 구원을 이룰 만 한 점이라고는 전혀 없었습니다. 그가 행한 기적들, 설교의 가르침들과 그가 보여준 다른 표적들은 정녕 하나님의 아들이심을 보여줍니다. 그러기에 결코 우리는 믿음이 흔들려서는 안됩니다. 그런데도 우리가 항상 놀램으로 흔들리는 이유는 예수 그리스도가 자신을 스스로 범인(凡人)으로 나타냄으로 심히 경시(輕視)를 받았습니다.

결국, 우리가 그를 볼 적에 이 저주스럽고도 부끄러운 죽음을 당했습니다! 그러나 우리가 죽음을 통과해서 부활에 이름은 우리 주 예수가 우리의 승리를 성취하셨던 사실입니다. 고린도 후서에서 바울 사도는 이런 문제를 13장 4절에서 다룹니다. 그리스도께서 자신을 낮추고 또 약하게 되심으로 십자가에 못 박히셨으나, 오직 하나님의 능력으로 살으셨으니 우리도 그 안에서 약하나 너희를 향하여 하나님의 능력으로 함께 삽니다. 그래서, 선지자들이 여기서 추구하는 목적은 의심할 나위 없이 주 예수가 우리의 생명을 쥐고 계시며 또 생명의 중요한 주인이십니다. 이 사실을 그리스도의 인격 안에서 선언하셨습니다. 우리가 알다시피, 하나님의 아들이 우리를 위해서 구복하심은 친히 자신의 권능을 상실한 것이 아니라 오히려 자신의 권능을 숨기심으로써 부활의 증거를 견고케 하십니다. 어찌 하든지 주를 신뢰하는 확신을 통해서 예수 그리스도께서 사단과 죄악에서 승리하였습니다. 이로 인해서 우리가 하나님의 손에서 받는 모든 고통에서 담대히 극복하여 아버지 하나님의 보좌에서 칭송을 얻게 하십니다. 제가 이미 말했던 대로 그리스도가 온 세상을 다스리십니다. 그러기에, 이 약속을 요약하면, 우리가 감옥과 심판에서 로부터도 칭송을 받게 됨을 기억하시기를 바랍니다.

　　이제, 우리 주 예수 그리스도께서 천국의 영광으로 높임을 입기 전에 고난의 심장부에 내려가심이 확실히 필요했습니다. 만일 그가 자신의 엄위 만을 들어내었더라면, 어떻게 우리가 우리들을 용서해주는 사실을 어떻게 확신하겠습니까? 우리가 생명의 근원인 하나님의 아들로부터 자신을 분리한다면 그와는 아무런 관련이 없을 것입니다. 우리가 감히 그에게 접근할 수 없습니다! 우리가 항상 실망의 위기에 처함은 무한한 결점들로 인한 죄책 때문입니다. 그런고로 우리 주 예수 그리스도가 천국 안으로 높임을 받기 이전에 고난의 자리에 서지 않았더라면 무슨 일이 우리에게 생겼습니까? 우리는 항상 가련하고도 일시적인 존재로 끊임없이 곤란을 당했을 것입니다. 우리가 지독한 고통에 빠져 있음은 하나님의 진노가 우리들 위에 항상 머물기 때문입니다! 그러나 우리가 처음부터 정제함을 벋고서 극한 고통을 받았던 우리가 하나님을 향하여 화평을 입게 됩니다. 어제 제가 언급했던 대로 우리가 지금 알아 둘 점은 하나님께서 우리를 사랑하시기에 우리들에게 호의와 자비를 입혀줍니다. 그런데 우리가 아는 대로 예수 그리스도가 높임을 받음은 우리에게 분명한 결론을 줍니다. 우리가 그리스도를 통해서 아버지이신 하나님께서 주신 영광을 공유케 하십니다.

　　우리가 알아둘 점은 선지자가 말하는 바대로 "누가 그의 시대를 선포할 것인가?"이로써 그가 보여주는 것은 주 예수 그리스도의 부활이 효능과 권능이 유효하다면 일시적인 것은 사라집니다. 여기서 필연적인 것을 어떤 이는 "시대(時代)"를 주 예수 그리스도의 영원한 세대로 받아들입니다. 왜냐하면 그가 영원부터 아버지 하나님에 의해서 있었던 자였기 때문입니다. 다른 이들은 이런 의미에서 선지자들의 말씀에서 살펴봅시다. 그러나 제가 모든 일을 긴밀하게 살펴보건대 하나님께서 보여주는 것은 예수 그리스도에게 준 위엄은 그 자신과 그의 인격을 위한 것만이 아닙니다. 또 다른 편에서 사도 바울이 말한 것처럼 하루살이가 아닌 영원한 삶을 얻게 합니다(롬6:8-10).

그는 죄로 인해서 한번 죽으심은 이제는 그가 하나님을 위해서 살아서 영원히 죽지 않으려 합니다. 이로써, 그가 선언하는 바는 주 예수가 제공한 희생으로써 우리를 만족케 합니다. 이 은혜의 방편에 의해서 우리들을 온전케 하시고 또 성화케 합니다. 그런데, 하나님의 아들이 여러 차례 고난을 받을 필요가 없는 이유는 그가 단번에 우리의 모든 불의들을 제거할 능력이 있으며 또한 자신의 죽음과 고난을 통해서 담대하게 피난처를 준비하십니다. 우리는 확실하게 항상 하나님과의 화목케 해줍니다. 이제, 우리 주 예수 안에 있는 그 생명은 참으로 신령한 생명인데, 그가 갖고 있는 온전하신 영원한 생명입니다.

바울이 말한 대로 "그가 하나님을 향하여 살게 한다"고 하심은 주께서 전에 죽을 수밖에 없는 인간의 불행한 상황에서 모든 불행함을 면해줍니다. 그런데 예수 그리스도께서 고난을 당한 것은 모든 인간의 연약한 점들에서부터 벗어나게 합니다. 또한 그의 지체들로서 우리 안에서 같은 소망을 얻습니다. 그래서, 먼저 우리가 알아둘 것은 선지자가 선언한대로 주 예수는 다시 살아나시사 죽음을 이겼습니다. 그가 친히 무궁한 생명을 얻습니다. 또 두 번째로, 자신의 인격에서만이 아니라 모든 교회에 대하여, 시편의 말씀으로 증거하시를 하나님께서 높은 데로 올라가심은 그의 대적 자들로부터 약탈 물들을 취하십니다. 또 주 예수께서 그의 죽음 후에 높임을 받음으로써 모든 인간에게 유익과 교회의 공통적인 구원을 주십니다. 그런데, 주께서 사단과 죄를 정복했더라면, 그의 죽음은 우리로 하여금 이 모든 위기에서 구하십니다. 더욱이 우리가 이것을 승리 케 하십니다. 우리가 요약해서 기억할 본문입니다. 이 모든 것은 우리가 알아 둘 점은 그리스도 예수의 죽음과 고난을 우리 삶에 어떻게 적용하느냐에 달려있습니다. 그런데, 인자(人子)는 "고통과 심판 가운데도 높임을 입었습니다."이 본문에서 우리가 배울 수 있는 것은 실망가운데 낙심하고 있을 때 예수 그리스도가 우리 앞에 세워 두심은 우리의 고통을 아버지 하나님의 손을 통해서 구원케 하십니다.

그런고로, 우리가 고통을 해결하는 방편들은 예수 그리스도께서 대장이심으로 그의 발자취를 쫓음으로써 우리들의 머리로서 그 안에서 성취된 모든 것이 우리에게 속한 것이며 또 이 효과는 우리 각 신자에게 미칩니다. 그리고 "그의 시대"라고 말할 때에, 우리가 알 수 있는 것은 종국까지 자신의 몸과는 분리할 수 없습니다. 하나님의 상황은 우리와 전혀 다른 상황이지만 우리가 이 세상 뒤로 밀려나갈 수 없습니다.

왜냐하면 그가 항상 죽은 자가운데서 첫 열매가 되십니다. 그는 다시 살아난 자들의 첫 열매가 되었습니다. 그런데, 우리가 알아 둘 점은 하나님의 아들은 그의 본질과 그의 신령한 위엄에서도 불멸 적일 뿐만 아니라 그의 육체와 인생에도 그러합니다. 교회는 이 세상에서 지켜지는 바 예수 그리스도의 불멸성에 의해서 망하지 않습니다. 그런데, 우리가 교회의 항구적인 상태에 대한 확신을 갖게 됩니다. 우리가 커다란 괴로운 문제들을 봅니다. 하나님의 교회는 자주 망하는 것처럼 보일 정도로 폭풍이 불어닥치고 또한 풍랑이 커지고 너무 두려워서 "모든 게 끝장이다! 모든 게 사라졌어!"라고 말합니다. 우리가 이것을 체험적으로 목도(目睹)합니다. 하나님의 교회가 지탱케 하는 그 외상 적인 것은 모든 면에서 공격을 받을 때가 아닙니까? 교회가 수많은 공격을 받을지라도 전적으로 거꾸려 트림을 당하지 아니하는 이유는 무엇입니까? 그런데 우리가 그의 머리에 주의를 기울이십니다. 그러므로 우리 주 예수의 시대는 끝이 없으며, 그의 교회를 잘 보호하심은 오늘날에 처해 있는 더욱 강렬한 탄압에도 불구하고도 항상 우리를 견고케 하심은 하나님의 놀라운 섭리입니다. 이것은 신자들의 전체 공동체만을 적용하는 것이 아니라 우리 각자에게도 적용할 수 있습니다. 그러기에 우리가 알고 또한 설득할 일은 비록 우리의 삶에 있어서 한 순간이나 또 일분 안에 죽는다고해도, 우리가 여전히 영원한 생명을 공급받는 것은 주 예수 그리스도의 지체들이기 때문입니다.

이외에도, 이 세상을 살아가면서 동시에 배워둘 점은, 우리가 즐거워하는 삶은 현존하는 삶보다는 유업을 얻어 누릴 안식에 이르는 삶입니다. 그런데 우리가 영생을 소망하는 대로 그늘진 인생의 삶을 극복해 나갑니다. 우리가 자각할 점은 보이는 것들과 이 세상에 붙잡혀 살지 않는데 있습니다. 그 이유는 우리 모두가 여기에 머무르는 삶이기보다는 그리스도의 고난과 죽음을 통해서 하나님의 아들로부터 분리된 삶입니다. 그리스도가 없는 삶은 그리스도의 영원한 분 복이나 혹은 어떤 기업도 참여할 수 없기 때문입니다. 그래서, 우리가 하나님의 아들과 합류하기를 바란다면 이 세상에서 우리가 물러설 줄도 아십시다. 주의 가르침이 매우 고무적이고 또 강력하게 우리에게 영향을 줍니다! 이사야가 선언하는 것은 주 예수 그리스도의 시대는 영원하며 그리고 한 사람이 자신을 내어 던짐으로써 "누가 그의 시대를 선언하느뇨?"고 말씀하십니다. 그래서, 우리는 모든 시험들을 대항하여 싸우도록 경종을 줍니다. 그리고 우리가 이따금 여기저기에서 방해를 받거나, 또한 너무 분격함으로써 거반 죽게 되었더라도, 우리가 이 세상에서 저항하려고 투쟁하는 것은 우리에게 영원한 삶의 시대가 도래하기 때문입니다.

다시 말해서 주 예수 그리스도의 시대는 인간 감각으로나 입의 말로써 설명할 수 없습니다. 이것 위에다가, 주 예수 그리스도를 신뢰하는 문제는 그가 우리에게 부여하는 천국의 기업을 허락하시기에 유익한 경고로 수용합시다. 우리는 이 가르침을 잘 주의합시다. 우리가 알다시피 믿음은 들음으로 말미암아 온다는 것을 아무리 강조해도 지나치지 않습니다. 그러나, 우리는 하나님과 그의 성령으로부터 증거를 받읍시다. 이런 증거는 사람의 혀로는 표현하기가 어려운 것이 놀랍습니다. 이런 이유로 인해서, 우리들의 두려움 때문에 선하게 판단하는 것을 주저하지 맙시다. 하나님의 아들인 인자(人子)가 스스로 인간과 같이 되심은 놀랍고도 이해할 수 없는 신비입니다. 그가 자신을 죽음에 굴복하심은 우리로 하여금 죽음에서 건지시기 위함입니다. 지금은 우리가 연약한 중에서도 신앙을 견지하는 지속적인 생명을 갖게 하심은 그가 재림하는 그 마지막 날에 이르러서 온전한 삶을 이르게 합니다. 우리가 그것을 요약해서 기억할 본문으로 삼으십니다.

이제, 다시 한번, 선지자가 덧붙여 말씀하기를 "그가 산 자의 땅에서 끊어짐은 마땅히 형벌 받을 내 백성의 허물을 인함이라 하였으리요"라고 선포했습니다. 이 말씀은 우리가 최근에 선포했던 그 확증입니다. 다시 말해서, 주 예수 그리스도의 시대가 그의 인격에서만 아니라 그가 친히 연합했고 또한 불가분한 연합된 교회의 전체 적인 몸을 이룹니다. 그런고로 선지자는 우리에게 예수 그리스도와 연합할 수 없다면 주 예수 그리스도의 죽음과 고난은 무의미할 뿐입니다. 이제, 하나님의 아들이 세상에 내려오심을 생각해 볼 적에 참을 수 없는 참람된 행위로 인해서 고난을 받았습니다. 그가 참혹한 죽음을 당하여야 했으며 또 하나님의 심판이 그의 머리에 임하여 친히 우리들의 죄들로 인해서 징벌을 받으심으로써 그가 세상사람 가운데 가장 흉악한 범죄자로 여김을 받았습니다. 주께서 신자들에게 아무런 유익을 줄 수 없다고 한다면 얼마나 우스운 소리가 아니겠습니까! 그러기에, 이사야 선지자가 우리들에게 기억나게 하는 일은 주 예수가 상함을 받고 또 거꾸려 뜨림을 받았던 목적과 의도가 무엇인가를 분명히 보여줍니다. 이미 앞서 언구대로 우연히 일어난 것이 아닙니다. 누구든지 사람들의 의해서 억울하게 죽음을 당하게 되심은 우리가 하나님의 계획을 믿음의 눈으로 바라볼 적에 예수 그리스도가 희생을 통해 우리들의 죄를 속죄함에 있습니다. 그래서 이제 우리가 항상 결론을 내릴 점은 예수 그리스도가 자신을 위해서 홀로 고난만 받은 것이 아니라 그가 우리들의 죄악 때문에서 심한 고통과 시련을 받았습니다.

여기서, 맨 먼저, 우리가 주 예수의 고난과 죽음을 주목할 때에 우리 자신의 죄들을 이해하고 깨닫습니다. 하나님께서 자신의 무한대로 선하심을 보이심은, 사도 바울이 언급한대로 우리가 오직 주 예수 그리스도에 의해서 의롭다 하심을 입었습니다. 우리가 그의 죽음과 고난에 기댈 적에, 우리 자신을 담대하게 주님 앞에 드릴 때에 주께서 우리에게 영광을 입혀줍니다.

제가 말하건대, 사도 바울은, 이 가르침을 논의한 후에, 현재 가련한 죄인들이지만, 여전히 우리가 하나님에 의해서 버림받지 않게 하시고 친히 우리를 붙잡아 주시기 때문입니다. 그는 예수 그리스도의 이름으로 우리를 영접해주십니다. "그러므로 형제들아 내가 하나님의 모든 자비하심으로 너희를 권하나니 너희 몸을 하나님이 기뻐하시는 거룩한 산 제사로 드리라…" 예수 그리스도의 고난과 죽음에서 보여주는 것은 우리를 얼마나 사랑하시고 또 우리 영혼들이 얼마나 소중한 가를 보여주는 하나님의 무한대 하신 사랑의 증거를 보여줍니다. 그럼으로써, 우리가 죄가운데 잠을 잘 것이 아니라 어찌하든지 죄중에서도 주님을 영접합시다! 하나님이 친히 주 예수 그리스도의 인격 안에서 자유케 하심은 우리로 하여금 하나님을 향하여 대적하며 또 하나님의 정의를 훼방하면서 얼마나 그릇되게 거역했는지에 대한 죄인들의 악함을 깨닫게 해줍니다. 주 예수 그리스도 안에서 하나님이 보여주는 그 은혜로 인해서 항상 우리들은 회개로 나아가게 됩니다.

오늘 날 교황주의자들은 우리가 전하는 성경 적인 교훈을 교묘하게 거짓된 것으로 만들려고 시도합니다. 우리가 하나님의 은혜로운 선하심으로 인해서 구원을 받습니다. 그럼으로써 우리는 예수 그리스도 안에서 우리의 피난처를 얻습니다. 그로 인해서 의로움의 전적인 온전함을 얻습니다. 그들이 말하는 바 "실로, 각자가 자신의 마음대로 사는 것인데 하나님을 공격하는 불 공경함을 들어내지 않을 수 있겠습니까?" 이제, 사실인 바 이런 개들은 이런 식으로 짖어 대는 이유는 그들이 전혀 속죄함을 입지 않았기 때문입니다. 이 같은 여우들은 하나님과 모든 신앙을 조소하기에 자신들이 하나님의 법에 범죄 했던 바가 무엇인지를 전혀 이해하지 않습니다. 우리가 알아 둘 일은 그들 스스로 속죄할 수 있는 방법을 찾으며 삽니다. 그들이 미사곡을 부르고 있거나, 기도 송을 낭독하거나, 잡다한 일들을 행함으로써, 작은 장난감을 갖고있는 어린애처럼 하나님을 달래려는 처사가 아닙니까! 그와 같은 처사는 이런 하나님의 조소 자들이 복음의 교리에 대항하는 참람된 행위가 아닐 수 없습니다! 그러나 우리가 죄들을 알게 될 때에 또한 하나님의 무한대 하신 은혜의 목적을 우리들에게 전해줍니다. 우리가 고통과 두려움으로 신음하면서 죽어 가는 존재이며 더욱 하나님의 진노가 임합니다. 선지자가 여기에서 말하고자 하는 내용은 "예수 그리스도가 우리 때문에 상함을 입었습니다." 그가 보여주는 대로 우리가 주 예수 그리스도의 순전한 선하심으로 인해서 하나님과 화해를 입지 않는 한 예수 그리스도의 죽음과 고난의 참된 의미를 제대로 파악할 수 없습니다. 그럼으로써 우리는 하나님을 공격합니다. 이로써, 하나님이 우리의 심판자가 되며 또 대적자가 됩니다. 이제, 성경 안에서 이 사실을 분명하게 확증시켜 줍니다. 그러기에 우리가 이에 대하여 마음에 적용하며 이를 위해서 연구해 나가십시다.

이로 보건대, 우리가 아는 바같이 주 예수 그리스도께서 수고하고 무거운 짐을 진자이라고 부르십니다. 그들의 불의들 가운데 잠자고 있는 모든 자를 물리치심은 조금도 하나님에 대한 두려움이 없이 경건망동하는 자들을 저버립니다. 그러므로, 하나님으로부터 저버림을 입은 자들이 자신들의 모든 죄악으로 인해서 주 예수 그리스도께로 접근할 수 없습니다. 하나님께로 우리를 인도하실 때에 부르시는 목소리밖에 또 있겠습니까? 로마교도들은 마치 자만과 억측으로 자신들의 의로움으로 믿어보려고 합니다. 이 같은 자세는 우리 주 예수 그리스도가 주는 구원에 있을 수 없도록 하기에 구원의 문이 닫혀집니다. 그런데 왜 주께서 "내게로 오라고 합니까?" 또한 주께서 어떤 사람을 부르십니까? 온 세상에 대하여서도 그러합니다. 그는 정녕 온 세상을 향하여 부르러 왔습니다. 주께서 "무거운 짐을 지고 수고하는 자"를 향하여 성별 하여 부릅니다. 그의 도움을 필요로 하는 모든 자에게 찾아왔기에 누구에게나 무거운 짐을 함께 지자고 요구하지 않습니다. 우리가 진 짐으로 인해서 괴로워하고 또 신음하며 참을 수 없는 고통의 자리에서 주 예수께서 우리를 위해서 길을 열어놓고 기다리십니다. 그가 팔로 펼 치사 친히 우리를 영접해 주고 또한 그들의 마음에 고통 하는 자리에서 그런 사람들에게 복음을 전파하려고 보냈습니다.

그러므로, 우리가 주 예수 그리스도에 동화되도록 희생의 방식을 취했습니다. 다시 말해서, 우리가 자신에다가 그 무엇인가를 더 추가할 수 없습니다. 예수 그리스도께서 우리를 구원하심에 충족하시기에, 그는 친히 아버지 하나님으로부터 희생을 당하였습니다. 그런데, 우리가 하나님의 심판으로 인해서 두려움으로 떠는 가련한

버러지에 불과한 죄인들이 하나님의 위엄 앞에서 얼마나 해로운 존재인지를 알아야 합니다. 우리가 하나님의 정의를 반하며 살아왔지만 이제는 이 세상에서 그를 섬기고 또 영화롭게 합시다. 그럼으로써, 우리가 살아가는 생명의 길은 오직 우리 주 예수 그리스도께로 나아가는 길뿐입니다.

이제, 맨 처음에 대할 적에 선지자가 본문에서 "산 자의 땅에서 끊어짐은"이라고 말한 이유가 있습니다. 예수 그리스도가 높임을 받으며 또 하늘과 땅을 다스립니다. 우리가 볼 적에는 이 방편이 적절하게 보이지 않지마는 주께서 끊어짐을 받으셨습니다. 그런데 주께서 갖고 계시는 영광은 이 세상을 창조하기 전부터라는 사실을 사도 요한은 요한 복음 17장에서 확언하십니다. 그러므로, 예수 그리스도는 자신의 신령한 본질에 대하여 전혀 새로운 것을 부가하지 않습니다. 그가 죽음을 삼킴으로써 결국에 천국의 영광에 이릅니다. 그가 죽을 인간으로부터 정죄를 받는 것은 세상의 심판으로써 나서려는 것은 아닙니다! 그러기에 하나님은 인간 규범들 밖에서도 사역하기를 원하셨습니다.

우리가 하나님의 계획에 반대되는 어떠한 의견을 내세울만한 것은 전혀 없습니다. 우리가 알다시피, 주의 모사이신 주님이 우리의 구원의 목적과 근원이십니다. 그러기에 우리가 모든 겸손 아래서 하나님께 영광을 돌림은 자기의 아들이 산 자의 땅에서 끊어지기를 바랬던 바로 그 이유입니다. 선지자는 예수 그리스도가 비참한 죽음을 당하심은 보통 사람 같은 죽음이 아니라 오히려 자신을 완전히 비어놓아 기억할 수 없는 데까지 내포합니다. 모든 인간들도 죽어서 산 자의 땅에서 잊혀져 가지만 우리 주 예수 그리스도에게만 특별한 입장을 처합니다. 그의 죽음은 보통 사람들의 죽음과는 남다릅니다. 우리가 전했던 대로 그의 죽음은 깊은 수치가 있었고 또한 동시에 바로 하나님의 저주이었습니다. 그럼에도 주께서 지옥의 구렁텅이에서 사망을 이기고 또 사망의 고통을 이기시고 승리했습니다. 이를 행함으로써, 주는 자신의 본성가운데서 주권 적인 위엄을 지닙니다. 그러기에, 여기서 선지자가 제안하는 대로 사람들 가운데서 끊어짐을 당함은 목적이 없는 것이 아닙니다. 그래서 그가 친히 인간처럼 육체적인 본성을 취하심은 죽음을 통해서 위엄을 얻으십니다. 오늘날에도 우리들의 형제처럼 되시면, 또한 주께서 우리의 판단자가 되십니다. 그것은 바울 사도가 말했던 바로 그 교훈입니다. 그가 친히 "죽기까지 복종하셨으니... 십자가에 죽으심으로써 저주를 받았습니다." 이처럼 주는 "자신이 스스로 순종했습니다." 우리가 선지자로부터 선언했던 그 말씀에 주의합시다. 즉, 우리 주 예수 그리스도는 자발적으로 인내하였습니다. 우리가 하나님 앞에 죄인이었으며 또한 주께 대해서도 원수들이었지만, 본문이 말하는 예수 그리스도는 모든 위엄과 권능을 입은 자가 친히 복종하심으로 종의 형체를 취했습니다. 사도 바울이 말한 대로 자신의 멍에 아래 있는 자를 친히 짐을 지려고 했습니다. 그래서 주께서는 자신이 친히 순종함으로써 율법 아래서 성취합니다. 단지 그것은 순종만이 아닙니다! 그는 죽음의 공포 가운데서 땀과 피를 아끼지 아니하고, "아버지여, 가능하시면 이 쓴잔을 내게서 옮겨달라!"고 했으나 "나의 원대로 아니라 아버지의 원대로 이루어지게 해달라"고 고백했습니다.

그런고로 사도 바울이 고백한 대로 그의 아버지인 하나님이 그를 높이시고 또 모든 이름 위에 뛰어난 이름을 주었습니다. 그래서 모든 이가 그 앞에 굴복했습니다! 그래서, 우리가 알아야 할 점은 우리 본성가운데 그가 주권 적인 위엄을 세웠습니다. 우리는 예수 그리스도의 위엄 아래서 그 분만을 전적으로 신뢰합시다. 주께서 전 세계의 심판자가 되심은 어떤 위치에서 그러하십니까? 그가 스스로 우리 형제가 될 뿐만 아니라 그가 우리의 보석이 되었고 또 우리의 모든 연약함을 지탱해줍니다. 그가 하나님의 손에 의해서 얻어맞고 또 치심을 입은 것은 우리가 받을 모든 징벌로 오는 모든 상함에서 치료케 해주시기 위함이었습니다. 그래서, 그는 지금은 높임을 받으시기에 우리가 담대히 그에게로 나아갑니다. 악한 자이나 사단이라도 인자(人子)가 그의 대적 자들을 발 앞에 밟으실 때까지 다스릴 것을 시인합니다. 그러나, 우리의 입장에서 볼 적에, 주께서 자발적으로 하나님께 영예를 돌립니다. 주께서 자신의 본성 안에서 주어진 위엄 아래서 자신과 평화스러운 관계를 맺는 자에게 죄악을 대적하는 영광을 드러내십니다.

바로 이점에 대하여 예수 그리스도의 인격에서 이해하도록 누가가 분명히 설명합니다. 예루살렘의 성전에 들렸던 에티오피아 간다게의 내시가 이사야의 성경본문을 읽다가 주의 고난과 죽음에 대하여 궁금하던 차, 하나님에 의해서 보내졌던 빌립이 즉시로 천사로 이끌리어서 하나님을 사모하는 가련하고 맹목적인 이 내시에게 복음 진리의 지식으로써 깨우쳤습니다. 그가 성경 교훈을 해석할 때에 단 한번의 설교로도, 주 예수 그리스도께로 회심하여 주의 이름으로 세례를 받았습니다. 이 사건이 우리에게 보여주는 것은 먼저 우리가 주 예수 그리스도의 가르침에 대한 순전한 지각을 얻을 수 없다는 것입니다. 우리가 매일 전파하는 설교의 열매가 볼 수 없는 성경에 잘 알려지지 않은 부분에 대하여 무지함에 실망할 것이 없습니다. 하나님은 자신의 손을 펴사 불쌍히 여기심은 그가 자신의 참된 목적을 우리들에게 적용하는데 있습니다! 이와 같이 성경을 읽으면서 또한 스스로 적용하려는 이 가련한 사람에게 복음의 진의(眞意)를 몰랐던 우리가 주 예수 그리스도로 인해서 입은 회심을 견고케 해줍니다. 오히려 주께서 우리에게 시편에서 말하는 바를 쫓게 하려 함입니다. "오늘날, 네가 주의 음성을 듣게 되면 네 마음을 강퍅하게 하지 말라!" 그래서, 여기서 우리가 우리들에게 선포되는 가르침을 맛보아 하나님께 향하도록 참된 신앙의 변함없는 삶으로 나가도록 예수 그리스도를 수용합시다. 우리는 종국적으로 그를 통해서 신앙의 견실함을 이룹니다. 그리고 우리가 참으로 겸손해질 때에, 우리 하나님께 자신을 드림으로써 그에게 용서를 간구하는 비천한 우리들에게도 위대한 구속자의 이름으로 하나님의 신실한 보증으로써 고개를 높이 쳐들게 합니다. 그가 잠시동안 비천한 자리에 처하심은, 천국을 향하여 높임을 받으신 채로 하나님께로 돌아가셨습니다. 요한은 12장에서 "내가 땅에서 들리면 모든 사람을 내게로 이끌겠노라 하시니." 이제 우리는 하나님의 위엄 앞에 겸허하게 경외함으로 굴복하면서 허물들을 고백하면서 그에게 기도합시다(Calvini Oprea, Corpus Reformatorum, vol. 35, 636-648).

5.
예수 그리스도의 희생

그는 강포를 행치 아니하였고 그 입에 궤사가 없었으나 그 무덤이 악인과 함께 되었으며 그 묘실이 부자와 함께 되었도다. 여호와께서 그로 상함을 받게 하셨은즉 그 영혼을 속건 제물로 드리기에 이르면 그가 그 씨를 보게 되며 그 날은 길 것이요 또 그의 손으로 여호와의 뜻을 성취하리로다(사 53:10-11).

우리가 이미 살펴본 대로 선지자의 가르침에서 하나님과 우리 사이에는 증오가 있었기에, 예수 그리스도께서 우리들을 향한 문제의 응답이 되지 않았더라면 하나님의 진노를 수용할 방도가 전혀 없습니다. 인자(人子)가 고난을 받은 것처럼, 얼마나 우리 결점들의 해악이 크고 또한 하나님이 이런 점들을 싫어하는가를 잘 보여줍니다. 우리가 증거하고 또 서술했던 주 예수 그리스도의 죽음을 피상적이거나 무용하게 할 수 없습니다. 그래서, 주께서 우리에게 임할 심각한 고통을 당하심으로써, 자신의 무한정한 선하심과 사랑을 입혀주셨습니다. 그래서 우리는 하나님 앞에 얼마나 불의한 가를 묵상케 합니다. 이미 설명했듯이, 우리 주 예수 그리스도가 악한 죄인에 의해서 당한 모든 모욕과 수치가운데서도 모든 고초를 이깁니다.

"그 무덤"은 선지자가 표현하는 주 예수 그리스도가 모든 종류의 침범에 복속하였으며 또한 하나님께서 친히 복음서에서 보여주는 것처럼 잠시 주께로부터 저버림 받은 사람들을 완전하게 용서를 얻게 하십니다. 그러기에 예수 그리스도는 십자가에 못 박힘을 받았을 뿐만 아니라, 자신에게 대적하는 모든 말들과 모욕을 참으심은 절망의 자리에 있는 모든 이들을 될 수 있는 한 영접하는데 있습니다. 이 모든 고통을 시편 22편에서 증언했던 것처럼 가장 악하고도 최악의 추악한 말들로써 주를 향하여 내뱉었습니다. 그래서 우리는 악한 자들의 이런 외침을 듣습니다. "네가 만일 하나님의 아들이어 든 자기를 구원하고 십자가에 내려오라. 저가 남은 구원하였으되 자기는 구원할 수가 없도다. 저가 하나님을 신뢰하니 하나님이 저를 기뻐하시면 이제 구원하실 지라 제 말이 나는 하나님의 아들이라 하였도다!" 이 같은 언사를 보건대, 얼마나 주 예수가 악인의 손에 살해를 당할 뿐만 아니라 악인들이 그를 맹렬한 진노로 공격해왔습니다. 이 사건을 통해서 우리가 하나님 앞에서 얻는 은혜는 모든 수치가운데서 있고 또 사단이 아무리 우리를 너무 괴롭힐지라도, 모든 수욕을 극복해줍니다. 그러기에, 우리 주 예수가 모든 부끄러움과 사람들의 수치를 찾아내는 것은 하나님 앞에서 인간 안에 숨겨진 전적인 타락이 어떠한 가를 유념케 합니다.

선지자가 "부자"를 가르쳐서 가장 포악한 자라고 말했으며 또한 모든 해악을 끼치는 자로 일컫습니다. 우리가 알다시피 사람들이 신용이 있다는 말은 충분한 자금을 갖고 있다는 것을 인정하듯이 그들이 스스로 두려움과 억압으로 고통을 받으면 그들은 항상 자신들의 힘조차도 욕을 해댑니다. 정말로 악을 행하는 인간이 스스로 온전한 상태로 행동할 수는 없습니다. 인간이 가련하게 죄악된 행동을 취할 때, 인간 안의 죄악을 다 인식하지 못하는 경우가 허다합니다. 그러나 부자나 자신의 요체(要諦)를 스스로 극복하려는 자에게 모든 일이 합법적인 길이 열립니다. 간략하게, 선지자가 말하건대, 주 예수 그리스도가 사람들의 손에 의해서 포로로 붙잡힌 것은, 가장 비천한 인간으로서 아니라, 오히려 마치 벌레같이 모든 사람들부터 철저한 멸시를 받았습니다. 이것을 요약해서 첫 절에서 논의했습니다. 그런데 그는 "그럼에도 궤사가 없었고 범죄하지 아니했습니다".

여기서 보여주는 하나님의 아들은 그의 인격 가운데도 순전하시며, 또한 우리 모든 죄악을 친히 담당하시길 원했습니다. 우리가 강조하는 대로 피조물인 죽을 인생이 주 예수 그리스도의 고난을 힘입지 않으면 구원받을 수 없습니다. 그래서 선지자가 우리들에게 말씀하시기를 주께서 친히 고난을 받으심은 자신이 버림을 받을 일도 아니며 또한 주께서 어떠한 죄악을 범했던 것도 아닙니다. 그래서 주께서 친히 죄인들로 인하여 그토록 반대와 잔인한 폭력으로 고통을 입었던 것은 바로 우리들의 죄 때문이었습니다. 사실, 우리가 주 예수 그리스도의 생애를 묵상하고 있노라면 누구도 주님을 대적할 수가 없습니다. 제사장들이 빌라도에게 말했던 것처럼 만일 주께서 행악자라면, 주를 빌라도에게도 인도하지 아니했습니다. 실상, 예수 그리스도의 행악에 대하여 묻는다면 그가 행한 일은 이 세상에서 선한 일뿐이었습니다. 먼저, 그는 눈먼 자를 밝혀주며, 절름발이를 걷게 하며, 병든 자를 치료하며 또한 죽은 자를 일으켜 주셨습니다. 그리고 그는 배고픈 자를 먹여 주었습니다. 누구 나가 주님을 통해서 자비하심과 무한한 선하심을 볼 수 있습니다. 그런데 왜 그가 그토록 사람들에 의해서 핍박을 받았습니까? 확실히 이 모든 일을 어디에서든지 봅니다! 그러기에, 우리가 주 예수 그리스도의 순전함을 말할 때에 우리들의 허물들과 오점들로 이끌리는 이유는 무엇입니까? 여기서 선지자가 인자(人子)를 의롭다 하심에다가 주 안점을 둔 것이 아닙니다. 이 말로써는 우리가 말하기에 부적절합 니다. "보라, 그는 죄와 전혀 관련이 없었기에, 오히려 모든 세상 사 람에 의해서 마땅히 사랑과 존경을 입을 자로 태어났습니다." 이 사 실은 매우 참입니다. 우리 주 예수께서 모든 비난에서 면제되고 또 변호하는 가르침은 너무나 냉냉하기만 합니다.

　이제, 선지자는 더 분명하게 한층 높은 세계를 보여줍니다. 그 는 이것을 제안하는 두 조항들과 연계를 맺어줍니다. 다시 말해서, 하나님께서 독생자를 모든 잔인과 수치가운데 두었지만 주는 흠이 없었습니다. 인간들이 주님을 대적한다면 이것은 하나님의 섭리와 하나님의 모사에 의해서 일어나는 일입니다. 그들이 주를 향하여 진노하여 대드는 것처럼 우리로써 어떤 이유로든지 있을 수 없습니 다. 그러기에 이 모든 일이 "하나님의 손에 있습니다!" 비록 제사장 들과 일반 유대인들이나 경찰이 사단에 충동되어 참람된 말로 우리 주 예수에 대하여 대적하며 달려듭니다. 이것조차도 하나님의 작정 가운데 일어나는 것을 이사야 선지자가 말씀해줍니다. 인간들이 "이렇게 혹은 저렇게 행하는 일에 대하여" 우리 입장을 한정시킬 수 없습니다. 그러나 하나님께서 심판할 때, 마치 그가 최후 심판의 날 에 천국 보좌에 앉아서 독생자인 예수 그리스도를 행악자들과 악인 들 사이에 세워서 그들에게 모든 수치를 입게 될 자와 수치를 당하 지 않을 자를 판별합니다. 그런데, 인간들이 주 예수 그리스도를 위 해서 희생하거나 또한 아버지 하나님을 위해서 희생하지도 아니했 다고 사도 요한은 잘 보여줍니다(요 3:16, 요일 4:10). 하나님이 세 상을 이처럼 사랑하사 그의 아들 인격 가운데 선언하여 자신이 보 여줌으로써, 우리를 향한 더 괴로운 죽음을 보여줍니다.

　하나님의 예정가운데 주 예수 그리스도의 순전한 인격가운데 우리 죄들을 위해서 부어놓는 모든 책망과 수치를 사실 우리에게 받아야 하나 그가 홀로 담당했습니다. 그러기에, 우리가 알아 둘 점은 모든 피조물들은 스스로 무장하여 우리를 대항하도록 복수를 요구할 수도 있습니다. 게다가, 그들이 입이나 말이 없는 것이 아닌데도 그들이 모든 우리들의 수치들과 모든 부덕들을 들어냄으로 인해서 어찌하든지 우리가 천국 앞과 땅 앞에서 혼란을 가져옵니다.

우리가 맨 먼저 간직할 것은 이것입니다. 하나님은 그의 독생자가 분별없이 고통을 받거나 아니면, 하나님이 우리의 죄악들이 무엇인지를 극명하게 보여줄 필요가 있습니다. 즉, 우리 인간은 모든 면에서 비난받아야 합니다. 우리가 무엇에든지 혹은 어떤 일에서든지 고난을 받지 않을 수도 있습니다. 더욱이 우리는 자신에 대하여 너무 민감해서, 누가 우리의 명예를 훼손한다면, 우리가 직접적으로 즉시로 비난을 퍼붓고 싶을 것입니다! 그러나 이 본문은 우리가 정당하게 혹은 올바르게 책망을 받는 여부에 대하여 우리의 상태를 판단할 거리로써 거론하는 것은 아닙니다. 이제 우리가 주의할 점은 모든 오욕을 주 예수 그리스도의 인격 안에 담당한 수치로 인해서 하나님께서 우리를 회개로 초대해 주었습니다. 또한 우리는 우리 자신의 부끄러움으로 인해서 시험에 드는 것을 좋아하지 않았기에, 주께서 사람을 일깨워 줍니다. 우리들의 헛된 변명으로 덮어버리려는 인간의 죄악들에 대하여 주께서 우리로 하여금 우리 자신의 잘못된 수치를 인식케 합니다. 사도 바울은 회개의 열매가운데 이렇게 열거하는 것은, 우리가 과거에 살았던 사고방식은 낮은 곳에 눈을 두면서 살았기에, 하나님 앞에 탄식하며 우리 자신을 부끄럽게 만듭니다. 그러기에 누가 이러한 온전함 가운데 행할 수가 있겠습니까? 오히려, 우리는 위선의 죄들을 잊으려고 합니다. 그렇지만 하나님께서 과거에 대하여 청산하도록 인도하시나 우리는 여전히 핑계를 대면서 피하려고 듭니다.

그러기에, 우리가 주의할 점은 하나님과 그의 천사들 앞에 나가는데, 우리 결점들은 잘 알지도 못했을 뿐만 아니라, 게다가 우리의 숨길 수 없는 타락을 인하여, 우리 주 예수가 친히 책망을 받으셨습니다. 이것은 우연이 아니라, 하나님의 의지와 별도의 문제가 아니라 하나님이 정해두었던 천국의 심판입니다. 이제 우리 주 예수는 의로우시지만, 그는 정녕 친히 고통받는 고난의 짐을 지셨습니다. 그래서, 먼저 우리가 알아두어야 할 점은 모든 수치를 받아야 하며 게다가, 우리가 그 수치로부터 벗어나는 길은 오직 주의 인격 안에서 이루어짐을 만족케 하고 또 용서하는데 있습니다. 그런데 이것은, 하나님의 아들이 여기서 말하는 바 순전함과 온전함으로 향하는 목적과 이유가 있습니다. 이것은 그리스도를 대신하여 어떤 변명을 제기하려는 것이 아니라, 우리가 현재에 그의 도움을 힘입어 그로부터 사라지지 않는 구속함을 따라 갑시다.

이외에도, 선지자는 수많은 곤욕을 당함에도 불구하고 "그 입에 궤사가 없었다"고 분명하게 자신의 뜻을 피력합니다. 이제 사도 야고보가 말하는 바 "우리가 다 실수가 많으니 말에 실수가 없는 자면 곧 온전한 사람이라 능히 온 몸도 굴레 씌우리라"(야 3:2). 우리가 모든 죄악에 쉽게 넘어지기에, 주께서 우리의 손과 발을 붙잡아 우리로 하여금 하나님을 경외하는 삶으로 이끌어 줍니다. 반면에 그가 보여주는 모든 덕을 통해서, 인간의 언사가 얼마나 방탕과 무사려함, 거짓말 혹은 위선으로 가득한가를 인식케 합니다. 간략하게, 우리 주 예수 그리스도 안에서 증거 하는 모든 행위나 말씀에는 위선이 없기에, 오직 그만이 거룩함의 거울이었습니다. 이제 분명한 점은 우리가 감내할 수밖에 없는 모든 불행들이란 결국 죄악의 열매들이라는 점입니다. 하나님께서 우리의 조상 아담에게 입혀주었던 그의 온전함에 힘입게 하심으로써 모든 불의를 이 세상에서 그치게 하고 또 제해버립니다. 그런데 우리가 책망을 받는 것은, 우리 죄들의 열매입니다. 그래서, 우리가 결론을 내릴 수 있는 점은,

세상에서 우리 주 예수 그리스도 안에서는 한 점에 불과한 것이 아니라, 우리가 버림을 받을 정도로 진노를 받기에 충분한 징벌이었습니다.

선지자의 말씀대로 "그로 상함을 받게 하시기를 원하사"에서 "상함"이란 성경에서 매우 넓은 의미로 사용합니다. 우리가 여러 성경 구절에서 보는 대로 인간을 다양하게 묘사하는데 사용했습니다. 거기에는 반드시 가난과 병듦과 곧 비함이든지 또한 조소가 있습니다. 만일 한 사람이 칭찬하거나 혹은 선행을 격려하려는 은혜가 없기에, 무명한 중에 견뎌 나아가려고 신음하는 삶이야말로 성경은 "상함"이라 부릅니다. 간략하게, 선지자가 논의했던 그 내용으로 되돌아 가봅시다. 즉, 우리 주 예수는 상함을 입었기에, 더 이상 사람들 사이에 명망을 내세울 것이 없어 보입니다. 그가 하나님의 아들로서 영예로운 특별한 표적들도 항상 지닌 분도 아닙니다. 어쨌든, 그가 참으면서 보여준 그의 상함의 연약함은, 그가 특수한 능력이나 어떤 부여된 특별한 은사로 인해서 뛰어난 점을 보여주는 것 아니었습니다.

우리가 설명하고자 했던, 바로 그 일을 회상합시다. 즉, 주께서 하나님의 손을 통해서 고통을 받으면서 징벌 당했습니다. 그는 너무나 하나님의 무시무시한 심판의 고통을 겪었습니다. 다시 말해서, 그는 친히 육체로 가장 두려운 고통을 감수했습니다. 그가 이 모든 고통을 이겨내심은 아무리 가장 추악한 악당들이라 할지라도, 가치 있는 사람으로 다시 살리려고 했으니, 인자가 겪은 고통은 얼마나 심했겠습니까!

이렇게 행하심은, 하나님께서 주님을 아끼지 아니했던 것처럼, 주께서 우리의 편에서 우리를 아끼고자 했습니다. 여전히 그가 그렇게 행함으로써, 우리들에게 스스로 겸손할 수 있는 기회를 부여하여, 더 이상 머리를 쳐들거나 혹은 스스로 의롭게 여기려는 태도나 혹은 우리 뒤에 죄들을 숨기지 않게 하려는데 있습니다. 우리가 매일 이것들을 생각해볼 적에, 혼란을 겪겠지만 그리스도의 속죄함을 입는데 있습니다. 그러기에 이런 일이 작은 일이겠습니까? 갖가지 절도를 행하는 자와 탈취자가 왕이신 주님 앞에 죽을 죄인인 것을 시인하고 죄사함을 얻어 자유를 얻는데 있습니다. 만 왕의 아들이 친히 대신하여 형벌을 담당하고 죽으심으로써 모든 고초와 조소를 친히 받았습니다.

이제, 우리가 하나님의 사랑을 입었습니다! 보라 하나님의 아들인, 예수 그리스도가 죄수로 구속(拘束)됨으로써, 우리가 구원을 받았습니다! 그가 정죄받았으나, 우리는 자유함을 입었습니다. 그가 모든 비방들을 받았으나, 우리는 그로 인해서 영예를 입었습니다! 그가 지옥의 심연으로 내려갔지만, 천국이 우리에게 열려져 있습니다! 그런데, 우리가 이 모든 일들을 들어 볼 때에, 주께서 우리들의 부덕들을 잠재우고, 우리들을 너무 기뻐하사 자신을 주셨습니다. 그런고로, 우리는 성령의 내용을 잘 인식하며 또한 그 말씀을 헤아려 봅시다. "여호와께서 그로 상함을 받게 하시기를 원하사"라고 주께서 말했던 것처럼 주 예수가 우연히 고난의 자리에 오신 것이라고 생각해서 안 되는 이유는 하나님의 모사가 없이는 아무 일도 이룰 수가 없습니다! 또한 사도들이 사도행전에서 이것에 대하여 논의하고 있습니다. "하나님의 권능과 뜻대로 이루려고 예정하신 그것을 행하려고 이 성에 모였나이다"(행전4:28). 그런데, 원인이 없는 것이 아니지만, 선지자가 이것을 되돌아 보건대, 우리가 하나님을 세상의 심판자로 알게 되면, 예수 그리스도께서 그토록 심한 고초를 겪음으로써, 하나님 앞에서 모든 추악된 행실을 담당케 합니다. 이로 인해서 우리가 받는 유익이 많습니다. 이는 단 하루만이 아닌, 우리 생애의 모든 날을 위한 것입니다.

그럼으로, 우리가 참으로 적용할 교훈은 더욱더 그 교훈대로 살아가도록 합시다.

선지자가 더욱 더 확증하는 말씀가운데 "그가 자기 영혼의 수고한 것을 보고 만족히 여길 것이라"는 의미는 예수 그리스도가 사람들의 구속을 위해서 자신의 생명을 인간들의 허물들과 불의들을 위해서 바쳤습니다. 여기서, 또다시, 선지자가 우리들에게 제안하는 것은 하나님의 아들이 자발적인 순종에 있습니다. 그래서 그는 강제적으로 순종하는 것이 아니라 참된 희생의 제물로 들여집니다. 이런 연유로 사람들에 의해서 하나님께 드리는 제사의 관례이었습니다. 실로, 다시 말해서 그리스도의 순종은 자유의지와 헌신에서 비롯됩니다. 필연적으로, 우리 주 예수는 친히 죽음에 이르기까지 제물로 받쳐져서 스스로 버림을 입었습니다. 어제도 선언대로, 우리의 이 같은 반항은 하나님 앞에 다시 치료될 수 없는 것은 아닙니다.

그러나 그가 자신의 영혼을 주심은 다시 말해서, 우리가 담당할 정죄에 대하여 짊어지게 합니다. 그러기에 그의 죽음이 우리에게 전해주는 구원의 확신은 분명하지 않겠습니까! 그가 친히 요한복음에서 진술하고 있습니다. "나는 버릴 권세도 있고 다시 얻을 권세도 있으니 이 계명은 내 아버지에게서 받았노라."(요10:18). 그가 죽음을 당하게 되었을 때 그의 생명은 하나님으로부터 빼앗김을 받았습니다. 우리가 보건대 그를 십자가에 못박았던 사람들의 비인간적인 잔학무도한 처사는 폭발했습니다. 하나님의 숨겨진 작정대로 이 모든 일이 이루어지게 되었으니, 그들이 아무렇게나 원하는 대로 행하여진 것은 아닙니다. 우리가 이미 사도행전 4:28 "하나님의 권능과 뜻대로 이루려고 예정하신 그것을 행하려고 이 성에 모였나이다." 동시에 우리 주 예수는 자신을 넘겨주는 선고를 동의하고 또한 굴복했습니다. 이 모습을 그가 자신 영혼가운데 보여줍니다.

선지자가 특별히, "죄에 대하여" 언급합니다. 이 단어는 모든 제물들과 관련을 맺습니다. 인간이 허물을 범하여, 용서를 간청하게 될 때에, 자신을 희생 제물로 바치면서, "아! 나의 하나님이여, 주님 앞에 죽을죄를 지었나이다. 나는 흉악범이로소이다! 제가 받아야 할 형벌을 감당할 수가 없나이다. 더욱이 이 죄악으로 인해서 지옥으로 파멸하게 되었나이다! 그러나 여기에 치료 책이 있습니다. 여기에 하나님께 바쳐진 예수 그리스도의 희생으로 인해서 용서받을 길이 열렸습니다." 이것이 바로 "속건 제"입니다.

즉, 저주라는 사실에서부터 인간들이 저버림을 받음으로써 철저하게 지옥으로 파멸되는 존재같이 한 마리의 소나 양같이 바쳐진 제물입니다. 이 모든 것은 율법 아래 그림자로 행하여진 것이었습니다. 그런데, 우리 주 예수 그리스도가 "속건 제"라고 불리는 것은 우리가 저주를 인해서 그가 고통을 받았던 것은 그의 아버지 하나님에 의해서 우리에게 축복하십니다. 또한 우리가 그의 위엄에서 쇠락하는데 있지 아니하고, 오히려 우리들로 하여금 더욱 더 존귀함을 얻게 하십니다. 사도 바울은 고린도 후서 5장 21절에서 이렇게 말합니다. "하나님이 죄를 알지도 못하신 자로 우리를 대신하여 죄를 삼으신 것은 우리로 하여금 저의 안에서 하나님의 의가 되게 하려 하심이니라." 사도 바울이 말하는 주 예수 그리스도의 고난과 죽음의 열매가 선언하는 대로 선지자가 우리들에게 보여주는 점은 우리 주 예수 그리스도는 흠이나 점이 없는 순전한 분이라는 점입니다. 그러기에 그가 다른 사람들의 죄짐들을 짊어집니다. 이제, 그가 짊어졌던 것은 바로 그가 친히 "죄"가 되었은즉, 다시 말해서 그가 우리를 위해서 저주를 받았습니다. 어째서 그랬을까요? 하나님의 심판 앞에서 인정받는 개인적인 의로움을 입혀주기 위함입니다. 우리 주 예수 그리스도의 그 같은 순종은 우리들의 모든 불의들을 덮어주는 겉옷과 같습니다. 게다가 예수의 보혈은 우리를 정결케 해주며 성령에 힘입어서, 우리가 그 안에서 잠겨지고 또 예수 그리스도의 보혈로 뿌림을 받아서 사도 베드로가 말한 대로 온전함을 이룹니다.

다시 한 번, 우리의 부도덕함을 혐오할수록 스스로를 근신케 합니다. 인자가 참아 내었던 그 내용을 생각하면, 우리는 두려움이 사라지고 기쁨을 얻는 것이 놀라운 일입니다! 모든 의로움의 근원이신 그 분이 죄로 세우심을 입었습니다. 천국의 천사들까지도 축복하고 또 거룩하신 분이 저주를 입었습니다! 우리가 이런 교훈을 말할 때에 이해하기에 비록 생소하지만 우리는 주의 교훈에 적용시키는데 신중함이 필요합니다. 그런고로 인자가 그것을 인해서 왔는데 우리 인간이 그밖에 다른 방책을 얻을 수 있을까요? 확실히 없습니다. 우리가 쉽게 사람이나 천사들이나 그 무엇이든지, 우리를 돕는 것을 판별하는 것은 인자(人子)안에서만 우리의 피난처를 찾습니다. 그래서, 우리가 더욱 더 잘 알아둘 점은 선지자가 우리 주 예수 그리스도로 되돌아 갈 때에, 우리 자신이 먼저 설자리를 바로 서게 하며 또한 하나님의 측량할 수 없는 선하심을 높이게 하십니다. 하나님께서 친히 독생자를 보내시어 우리들을 위한 죄를 담당케 하심으로써, 주 예수 그리스도가 이것을 거부할 수도 없을 뿐만이 아니라 스스로 자신을 버리셨습니다. 주께서 친히 모든 저주에 이르는 두려움의 심연에까지 찾아오심으로써 구원을 성취하셨습니다.

이제, 이점에 대해서 우리가 기억될 점은 하나님 앞에서 사함을 받을 수 있는 유일한 다른 수단이 없습니다. 하나님 앞에 단번에 바쳐진 속죄에 대하여 만족케 하십니다. 제가 이미 말했던 것처럼 세상 사람은 하나님께 기도하는 것을 제대로 알지 못합니다. 또한 교황교도들이 하나님의 진노를 달래보려는 수많은 선행을 추구하려는 시도들도 잘 알고 있습니다. 교황교도들은 예수 그리스도의 완전한 구속을 믿지 못하고 있는 이유는 하나님의 은혜로운 선하심이 우리 죄들을 속죄해주건만 여전히 형벌이 인간에게 남겨져 있기에 각자가 스스로 속죄함을 얻을 수 있도록 행동한다는 점입니다. 이런 입장에서 로마교에서는 연옥이라는 교리가 세워졌는데, 우리의 삶에서 만족할 수 없는 내용인데 항상 어떤 조화내지 보유 물을 인정함으로써 교황교도들은 우리가 죄악의 형벌을 받아야 하며 또한 이 세상의 밖에 계신 하나님께 무언가의 공로를 세우도록 한다는 점입니다. 보라! 이런 가르침이 가련한 자를 미혹하여 사단의 거짓된 꿈들을 갖게 합니다. 이제 우리 이 가르침에 대하여 잘 관찰할 점은 즉, 율법아래서 하나님은 "네가 보기 좋은 대로 선을 이루라"고 말하는 것이 아닙니다. 그러나 하나님께서 율법 아래서 모든 의식들 가운데 제사 제도들을 세우심은 어떤 새로운 예배이나 혹은 은혜를 얻는 새로운 방편을 새롭게 고안하려는 점을 멈추는데 있습니다. 그래서 오늘날 우리 주 예수 그리스도의 죽음과 고난에 만족할 뿐만 아니라, 하나님이 우리들을 향하여 용서하시고 또한 은혜를 베푸시는 유일한 방편을 알려줍니다. 이럼으로써 주로 인해서 영접함과 양자 됨을 힘입어 그 선지자의 선언을 이룹니다. 이제 그가 말하기를 "그가 그 씨를 보게 되며 그 날은 길 것이요 또 그의 손으로 여호와의 뜻(즐거움)을 성취하리로다."

하나님께서 우리 주 예수 그리스도의 영광으로 다시 되돌아가게 이끕니다. 우리로 하여금 그에게로 확신대로 이끌게 하시며 또 그가 친히 사망을 정복했던 것처럼 우리는 스스로 의롭다 하심을 입을 수 없고 다만 그의 은혜로 말미암아 다시 살게 됩니다. 어떻게 저절로 정의를 가져올 수가 있을까요? 죽음만으로도 가당합니까? 또한 어떻게 생명을 가져옵니까? 그런데 그의 죽음의 희생에는 부활을 수반하며 그러기에 우리가 큰 확신을 갖습니다. 우리가 아는 대로 죄를 이기는 승리를 통해서 의롭다 하심을 입는 것입니다. 우리 안에서 있는 사망을 폐하시고 이제는 구원의 생명이 지배합니다. 이와 관련해서 그리스도 예수의 인격에 대하여 맨 먼저 말할 수 있는 것은 먼저 자신의 육체의 연약함에 따라서 죽음을 이미 선포하였습니다. 그리고 그의 성령의 신령한 권능에서 보여주는 바 부활은 주께서 주는 증거라는 사실입니다. "이 성전을 헐라. 내가 사흘만에 다시 세우리라." 그래서, 이것은 인자가 자신의 인격에 대하여 위대하게 보는 이유는 그가 세상에서 잠깐동안이라도 다시 죽어서 살리움을 입지 않을 경우에 해당하는 말이었기 때문입니다. 그런데 자기 제자들에게 자신을 명확하게 내어 보이심은 그들에게 부활의 증인들로서 세우심은, 그가 천국에 오르심은 인간의 조건의 연약함을 극복하는데 있습니다. 그러기에 이 사건을 통해서 우리가 그 안에 우리의 신앙을 발견합니다. 그가 전적으로 사망을 이겨내고 주가 되심을 들어내심으로써, 그가 친히 악마를 정복하였고 또한 자신을 이길 수 있는 것은 자신을 제물로 드려짐으로 인해서 우리가 전에 언급했던 대로 권능과 주권 아래서 영접과 높임을 받았기 때문이었습니다.

어쨌든지, 우리가 염두에 둘 점은 그리스도의 전체적인 몸에 속하심을 인식하는데, 예수 그리스도는 교회와 분리할 수가 없기 때문입니다. 사실, 말했던 대로, "그 씨를 보게 되며"라고 합니다. 우리가 예수 그리스도의 형제들 가운데 부르심을 입었습니다. 그러기에 우리는 다른 이름으로는 하나님의 자녀로 부를 수 없습니다. 하나님으로부터 독생하고 또 사랑을 입는 주께서 우리를 영접하고 또 그가 친히 자신을 우리와 함께 동참하시므로 양자를 삼아서 본질상으로 같은 무리로 삼았습니다. 그러나 이런 사실조차 그에게는 자녀처럼 그의 씨로 우리 존재를 보려는데 있습니다. 교회의 참된 씨가 무엇일까요? 사도 베드로가 복음의 말씀가운데 보여주는 것이 분명합니다(벧전1:23-25).

사실상 이사야 40장에서도 우리가 이미 살펴본 대로 잘 극명하게 보여줍니다(8절). 하나님의 말씀은 영원히 존속하는데, 우리가 부패하기 때문에 하나님의 말씀이 우리에게 유익을 더해주는 것은 성령에 의해서 우리에게 더해주는 것처럼 우리가 천국생활을 할 수 있도록 중생케 하는 씨가 됩니다. 그런데 우리가 주 예수그리스도께로 다가 설 때에 얼마나 복음이 하나님의 자녀로 이끌어 직무와 권리를 부여해주는 것일까요? 이것은 우리 주 예수 그리스도의 보혈이 우리로 하여금 참된 씨앗이 되어 살게 합니다. 그래서, 이유가 없는 것은 아니나, 그가 말하는 대로 오래 기간의 한 씨를 보게 합니다.

그래서, 우리가 다시 결론을 내리는 것은 우리 주께서 부활 안에서 만드신 유익은 개별적으로 자신만의 유익이 아니고, 우리로 하여금 공여(供與)자로 만들어 주고 또한 자신의 동료로 이끌어서 그의 몸의 지체로 세웁니다. 그런데, 어떻게 하나님께서 그의 자녀들로 인정합니까? 어떻게 우리가 교회의 지체가 됩니까? 어떻게 우리가 그의 군사로 부름을 입게 되었을까요? 우리가 이것을 되돌아보건대, 우리 주 예수와의 교제가운데서 하나님이 어떻게 자신의 자녀로 우리를 수용하느냐에 따라서 우리의 출생이 기인합니다. 여기에 우리의 첫 기원이 있습니다. 사람들이 자유로운 의지에서 자랑할 수 있겠지만 하나님의 은혜로 영접되었습니다! 그런고로 자신의 어머니 태에서 나온 것이라면 인간이 가치가 있는 것이 무엇이 있겠습니까? 그런고로, 우리가 알다시피, 인간에 대한 창조의 사역에도 예수 그리스도에 의해서 이루어졌습니다. 그러기에, 우리가 아무 것도 할 수도 없으며 게다가 우리의 힘으로 이끌어 낼 만한 것이 아무 것도 없습니다. 우리에게 전해주는 은혜로운 선하심은 주님으로부터 전적으로 받았습니다. 우리가 이것을 요약적으로 기억해야 할 내용입니다. 그런데도, 우리가 그의 죽음과 고난에서 훨씬 더 향기로움을 맛보게 합니다. 본문에서 말한 대로 "그 영혼을 속건

제로 드리기에 이르면(즉, 만족 이로든지 혹은 희생으로써) 그 씨를 보게 될 것입니다. 그러기에 우리 주 예수 그리스도의 고난과 죽음 안에서 부여하는 하나님의 선하심을 높이지 않는다면 구원의 모든 소망을 지워버립니다. 사실, 예수 그리스도 위에 거주하는 배제하려는 거만함을 갖은 자들은 주께서 십자가에 못 박히심을 인해서 우리들에게 보여주는 참된 목적을 알지못한다는 점을 보여줍니다. 그런 것이 없이 우리에게 무슨 일이 일어나겠습니까? 세상 가운데 전적으로 교회란 존속할 수가 없습니다. 모든 이에게 구원이 주어지는 것은 아닙니다. 간략하게, 축복의 소망이 모두에게 있다는 것이 아닙니다. 우리 모두가 전적으로 혼돈가운데 살았고, 전적으로 길을 잃은 것은 어떤 치료 책이 없으니 정죄를 받을 수밖에 없습니다. 만일 주 예수 그리스도께서 자신의 영혼을 구원하려기 보다는 이 방편을 통해서 우리를 구원하려고 했습니다. 성경에서는 자주 우리가 얼마나 고귀한 값을 지불되어 샀는가를 잘 보여줍니다. 그런데, 우리가 기억해야 될 내용입니다.

이제 그가 "그의 손으로 여호와의 뜻을 성취하리로다"고 말합니다. 그 단어 "뜻(기쁨)"이라고 선지자가 사용하는 의미는 인간 의지와 만족스런 자유로운 은혜를 보여줍니다. 우리 주 예수는 하나님의 뜻을 수행하는데 충분할 수 있도록 그의 자애로움으로 사랑의 의지를 갖게 합니다. 모세는 율법을 선포함으로써 하나님의 뜻을 수행하려고 노력했는데, 여전히 모든 사람에게 놀라울 정도로 천둥과 번개를 보여줍니다. 거기에는 죽음의 두려움만이 있습니다! 왜 그런 것입니까? 율법은 하나님의 진노만을 가져옵니다. 인간들은 율법아래서 두려운 정죄를 느끼게 되며 또 그들은 이로 인해서 놀람을 입습니다. 그러나 하나님의 다른 의지가 있는데, 그것은 예수 그리스도 안에 선언했던 내용입니다. 이 가르침은 주의 긍휼을 통해서 친히 우리를 수용하는 것은 우리 죄들을 제거하기를 바라는 것은 우리가 받아야 할 정죄에서부터 용서를 받습니다. 그런 만큼, 선지자가 말한 그 단어의 고유성은 "하나님의 기쁨(뜻)이 성취하리로다."고 말해줍니다. 여기서 "손"이라는 것은 예수 그리스도께서 우리의 구원을 위해서 하나님의 은혜의 분 여자이며 또 사역자가 됨을 보여줍니다. 하나님은 다른 방편에 의해서 우리를 죽음에서부터 멀어지게 합니다. 그러나 주께서 그것을 원하시는 것이 인간이 선하기 때문에 이루는 것이 아닙니다. 하나님께서 우리 주 예수 그리스도를 세우는 이유는 그를 통해서 우리로 하여금 되돌아가서 화목케 합니다. 간략하게, 주님을 통해서 우리는 구원을 얻습니다.

제가 여기서 결론에서 수합하고자 합니다. "그의 손으로 여호와의 뜻을 성취하리로다." 어째서 선지자는 이렇게 말하고 있습니까? 우리가 반항적이기에 많은 방해들이 있지만, 성령께서 우리들에게 다가와서 무엇이든 간에 도와주십니다. 또한 하나님의 은혜으로써 감화감동을 주어 은혜가운데 성취하십니다. 그러기에 마귀는 주 예수그리스도의 죽음과 고난이 우리에게 주는 유익과 열매를 우리들에게 전해줍니다. 사단은 인간의 악하고 패 역함을 통해서 훼방하지만, 이 부패함에서 벗어나도록 하나님의 무한한 선하심으로 승리케 하십니다. 결론적으로, 선지자가 이 본문에서 말하는 우리 주 예수 그리스도의 죽음과 고난은 세상사람을 구원하시기에 충분하십니다. 게다가 하나님께서 우리로 하여금 구속의 열매를 느끼고 또 체험하도록 이끌어 줍니다.

그럼으로써, 세상 안에 있는 교회는 우리를 항상 모여들게 하지만 마귀는 하나님의 건물을 뒤엎으려고 매번 노력을 다하며 음모를 꾸밉니다. 비록 예수 그리스도가 가져오는 승리를 빼앗으려고 할지라도, 주께서 은혜가운데서 사역 자와 분 여자가 됨으로서 사람들 가운데서 유익과 열매를 성취하십니다. 이것은 시편 2장 1-4절에서 말해줍니다. "어찌하여 열 방이 분노하며 민족들이 허사를 경영하는고? 그러나 하나님은 최종적으로도 자신의 경영을 이루십니다. 그들이 많은 계획으로 하나님을 대적하는 방해들이라도 주께서 저희를 비웃으시리로다." 그런고로, 우리가 유의할 점은 성령께서 우리에게 확증해주는 점은 우리 주 예수 그리스도의 효능은 하나님의 교회로 하여금 아무리 공격들과 시련과 곤경을 주려는 대적자의 머리인 사단이 격동할지라도 제압케 하십니다. "후대"라는 단어가 보여주는 것은 하나님이 우리 주 예수 그리스도의 죽음과 고난을 통해서 더욱 더 많은 결실을 가져옵니다. 또한 하나님께서 자신의 목적을 성취하려는 모든 방해하려는 간난(艱難)을 일어나서 승리하십니다.

이외에도, 우리가 각자가 이것을 적용합시다. 의심할 나위도 없이, 우리가 기세가 눌리고 또 죄에 사로잡힘을 받을지라도, 주께서 우리 안에서 행하신 온전함으로써 여전히 결점 있는 우리를 교정해줍니다. 어떻게 해서 그렇게 합니까? 우리가 주 예수 그리스도께로 나가야 합니다! 하나님께서 그의 손에 위탁하신 모든 직무를 수행함으로써 하나님의 사역을 대신하게 이릅니다. 그러기에, 우리가 만족할 점은 주께서 구원의 사역 자를 세우심은 주님으로부터 온 방편이 아니고서는 아무 것도 할 수 없습니다. 그러나, 사도 바울이 우리에게 언급하는 본문은 우리가 언급하고 보여주는 바, 주 예수 그리스도의 죽음과 고난의 열매에 동참자들이 되게 하십니다. 우리들에게 매일 전해주는 메시지를 들으십시오. 예수 그리스도께서 자신의 인격 가운데서 참아내는 고충만으로는 충분할 수가 없기에 그가 친히 희생제물이 되셨습니다. 그러나 우리가 복음으로 확신하는 바는, 그리스도 안에서 의롭다하심을 입은 것은 그가 친히 우리 죄들을 위해서 온전한 만족을 시켰기 때문이었습니다. 그 위에다가, 우리가 하나님을 기다림은 구속 자를 통해서 구속사역을 지속케 합니다. 또한 그가 가져올 수 있는 결론과 문제 점을 성취할 수 있게 더욱 더 구원을 이루십시다. 이제 우리가 하나님의 위엄 앞에 겸손한 경외를 가지고 구복하여 우리의 허물들을 알면서 그에게 기도합시다(Calvini Oprea, Corpus Reformatorum, volume 35, 648-661).

6.
예수 그리스도의 영적인 죽음

그가 자기 영혼의 수고한 것을 보고 만족히 여길 것이라 나의 의로운 종이 자기 지식으로 많은 사람을 의롭게 하며 또 그들의 죄악을 친히 담당하리라(사53:11).

그 선지자가 이 성경본문을 통해서 그가 말했던(다시 말해서, 하나님의 아들의 죽음은 무익한 것이 아니라, 세상의 구원을 위해서 놀라운 열매를 맺으리라고) 확증하고 있습니다. 그런데 이사야 선지자가 앞서 언급했던 것보다 더 놀라운 열매가 생깁니다. 왜냐하면, 맨 먼저, 그가 보여주는 예수께서 우리에게 향한 사랑을 "만족히 여길 것이라"고 증언에서 주께서 자신의 죽음을 통해서 영생을 얻게 합니다. 게다가, 두 번째로, 선지자가 보여주는 것은 자신의 육체만이 아니라 영혼도 고난을 받을 것이라는 점입니다. 우리가 아는 단어로써 "만족이 여김을 받을 것이요" 혹은 "흡족하게 됩니다"는 말은 위대한 바램의 이념을 내포하고 있습니다. 수많은 일들이 우리들에게 영향을 주지 않고도 일어나곤 합니다. 또 이같은 일이 생깁니다. 비록 그 일들이 아무리 우리에게 유익이 된다고 해도, 우리는 그 일에만 매달려만 있을 수가 없습니다. 한 사람이 많은 것들을 갖는다고 해서 스스로 만족하다고 여길 수는 없습니다. 그런 이유는 그가 가지고 있는 중요한 것이 있거나 그렇지 않으면 그가 전부를 가질 수가 없기 때문입니다. 그러나 선지자가 보여주는 대로 하나님의 아들에 대하여 전적으로 만족할 수 있는 이유는 자기 자신에 대하여 관련해서 말하기보다는 그에 의해서 가져올 교회를 바라보면서 말했습니다. 게다가 불쌍한 죄인들이 그들이 처하여 있던 저주받은 삶에서부터 하나님과 화목함으로써 얻어지는 천국의 유업을 얻게 하십니다. 간략하게, 우리가 여기서 주 예수 그리스도가 자기 자신의 인격에 대하여 얼마나 많이 관여했는가를 보여주기보다는 그가 인간을 향하여 쏟아놓는 사랑은 모든 만족을 채워주는 바입니다.

여기서, 다시 한 번, 우리가 그 점에 대하여 알아둘 점은 믿음으로 말미암아 우리 주 예수 그리스도 안에서 얻는 유익과 복음을 통해서 날마다 우리들에게 유익을 추구하는데 실망해서는 안됩니다. 그 선지자가 말하는 "그가 볼 것이며"라는 표현은 주가 우리 죄인들을 위해서 친히 죽음을 나타내었을 때에, 하나님이 자기 아들의 인격 가운데서 자신의 자비를 선언함을 포함해서 그의 성령에 의해서 이 죽음을 통해서 열매를 맺게 합니다. 게다가 그는 친히 참아 냈으며 또한 체험으로 알 수 있는 구원의 열매들을 들어냈습니다. 이럼으로써, 우리가 우리 주 예수 그리스도에 이르게 하는 이유이며, 또한 우리로 하여금 그리스도의 죽음과 고난의 열매의 분 여자들로 만들어서 신앙으로 주께로 이끌어줍니다. 그래서 우리로 하여금 의심할 나위 없이 우리의 심령을 넓혀 나가면서 하나님께서 이외에도 더 많은 은사들을 더하여 주십니다.

하나님께서 친히 원했던 것처럼 자기 아들을 우리의 구속 자로 삼으심은 그가 우리에게 가져 올 축복을 진실로 기뻐하려는데 있습니다. 그리고 우리가 아는 바는 그가 우리들을 위해서 참았던 모든 고통이 헛되지 않게 함입니다. 그러기에, 우리는 그의 교훈에서 이 구절에서 기억해 둡시다.

우리가 제안했던 두 번째 요점은, 여기서 보여주는 점은 예수 그리스도는 우리가 받아야 할 징벌을 아버지 하나님의 손에 의해서 매맞음과 상함과 고통을 당하시사, 자신의 영혼 가운데 심한 고통을 입었습니다. 이사야 선지자가 본문에서 말해 주는 것은 주께서 고난의 열매를 보여줍니다. 또한 그는 영혼의 구로와 고통을 당하심은 이런 의미입니다. 그런데, 그가 표현하고자 하는 예수 그리스도는 친히 육체로 인하여 큰 고통을 참으면서 십자가에 못 박혔을 뿐만 아니라 그는 그보다 훨씬 더 큰 고통을 당하는데 나아갔습니다. 다시 말해서, 그가 우리들을 위해서 슬픔을 당했을 뿐만 아니라, 게다가 그가 죽음의 슬픔을 겪으면서 우리를 의롭다 하심을 얻었습니다. 우리 주 예수가 왜 고난을 받았습니까? 이전 어떤 사람들보다 더욱 고난을 당했습니다. 만일 그가 육체적으로만 고난을 받았더라면 그는 육체만의 구속자일 것입니다. 그러나 우리가 그로부터 바랄 수 있는 중요한 소망은, 더 이상 죽음이 지배할 수 없도록 하나님의 저주로부터 우리를 자유케했습니다.

우리 주 예수가 친히 이런 역사들을 허락해 주었으며 또한 하나님 앞에서 다가와 친히 재판장 앞에 불쌍한 악행 자같이 그곳에서 서 주셨습니다. 우리가 알다시피 인간의 죄는 영혼과 육체가 분리하는 육체적인 죽음을 가져왔으며 또한 하나님이 우리 인간들에 대하여 정죄하는 그의 심판으로 인해서 두려워졌습니다. 그리고 그것은 어떠한 일입니까? 우리는 참아낼 수 없는 두려운 심판이 아니겠습니까! 그러기에, 우리 주 예수는 우리를 구원하고자 먼길에서 왔습니다. 바로 이 사실은 선지자가 지금 선포하는 그 내용입니다. 여기서 우리가 보는 것은 여전히 하나님이 우리를 얼마나 사랑하였으며 또한 우리에게 향하여 보여주는 그의 보배로운 풍성한 은혜와 무한정한 간절하심이 아니었던가요! 우리는 주 예수 그리스도가 우리의 구원을 위해서 행하였던 그 수고와 열정은 자신의 몸으로 친히 하나님의 심판을 받았으며 또 하나님의 입으로 선언했던 저주받을 무리들을 위해서 짊어졌습니다. 즉, 그가 친히 지옥으로 나가는 죽음을 삼켰습니다! 그런데 예수 그리스도는 그것을 느끼고 있었습니다! 사실상, 그가 친히 흘리는 피와 물을 볼 적에 천사들이 주를 돕고자 내려왔습니다. 그리스도의 죽음은 그토록 처절하게 슬픈 장면은 이 세상 어디에서도 찾아 볼 수 없는 현장이었습니다! 바로, 그 현장이 우리 주 예수 그리스도의 영혼의 "구로"와 "고통"이라고 표현할 수가 있습니다. 이제 이 사실에 대하여 사도 베드로가 말한 것처럼 주님은 죽음의 슬픔을 억제하기보다는 친히 이런 것들을 싸워 나아갔습니다. 그가 이 모든 슬픔들을 극복하여 승리를 거두었으나 크고도 매우 험난한 싸움을 통해서 이루어졌습니다.

이외에도, 이제 이 본문에서 보여주는 것은, 우리가 죽는다고 해도 예수 그리스도의 죽음이 우리에게 아무런 영향도 줄 수 없으며 게다가 그의 죽음이 우리에게 필요한 만큼 유익을 줄 수 없습니다. 우리가 지금 복속하는 죽음이란 하나님의 저주에 대한 하나의 경고가 되었습니다. 우리가 전적으로 죽음으로부터 면제되었더라면 주 예수 그리스도에 의해서 우리에게 주시는 은혜를 알 수가 없을 것입니다. 그래서 우리는 얼마나 겸손해져야 할 줄을 알아야 하며 또한 하나님이 우리에게 향한 자신의 진노를 알게 합니다. 주께서 죽음의 진노에서 우리를 면제할지라도, 우리가 관여치 않을 수 없습니다. 이처럼 우리가 신음하며 또 고통 하는 이유는 우리의 죄들로 인해서 주의 자비를 더욱 더 증대케 합니다. 그러기에, 현재 모든 사람들에게 보편적인 죽음이란 예수 그리스도에 대한 신앙을 갖은 자에게 적절한 말이 아닙니다.

그 이유는 그들이 세상으로부터 하나님을 향하여 살기 때문입니다. 그런데, 우리가 알아야 할 점은, 죽어 가는 우리가 그로부터 위로를 받으며, 또 하나님이 우리들을 향한 속죄를 인해서 이 악을 선으로 바뀌어지게 하며 또한 죽음을 통해서 전에 지은 죄로 죽은 상처를 치료하는 역할을 가져옵니다. 또한 그것은 어떠합니까? 우리가 두려워하지 않는 사실로부터 하나님은 엄정하게 재판할 것입니다. 게다가 그가 우리에게 진노를 보이지만, 우리를 위해서 예수 그리스도로 인해서 중보자가 되었을 때에 우리에게 향한 용서를 받습니다. 우리가 비록 절망가운데 있을지라도 우리를 놀라게 할 무시무시한 두려움이란 없습니다. 그러기에 우리는 하나님의 손에 자유롭게 위탁합니다. 예수 그리스도가 그의 성령으로 아버지 하나님께 말했던 것처럼 우리가 알아둘 점은 주께서 친히 우리 영혼들의 보호자로 나섰습니다. 왜 우리가 주의 손에 맡길 적에 그에게 속한 자는 누구든지 한 사람도 멸망할 수 없습니다(요 3:16;10:28). 그런데, 우리 주 예수는 심한 고통 가운데 있으며 게다가 그가 참을 수 없는 죽음의 다른 고통들보다 더한 것이었습니다. 그는 심판자로서 하나님을 체험하는 두려움은 마치 지옥의 고통들로써 참아냈습니다.

이제, 이로 인해서 하나님의 위엄으로부터 손상을 받았지만, 얼마나 주께서 베풀려 했던 구원이 얼마나 아름다운 지를 보여줍니다. 더욱이 주께서 우리의 영혼을 사랑하는 것인지 얼마나 보배로운 지를 알게 하는 동인(動因)이 되었습니다. 그런데, 우리가 이미 살펴본 대로 그가 심히 상함을 받았기에 사람들 가운데 흠모할 만한 모양도 없었지만, 그러나 이 멸절(滅絕)이 주를 더욱 더 높이게 했습니다. 사실, 하나님께서 세계의 창조가운데 자신의 무한정한 위엄과 그의 위대함을 보여주었습니다. 그러나 우리 주 예수 그리스도의 죽음과 고난을 통해서 하나님께 영광을 돌리는 것보다 더 놀라운 것은 없습니다. 그러기 위해서 그가 우리들을 위해서 친히 낮아졌으며 또한 거부당했습니다. 비록 그가 자신의 신성한 위엄을 모두 벗어버린 것이 아니었지만 그의 위엄들이 적당한 시점에까지 숨겨졌으며 또 사람들 사이에서도 인식할 수가 없었습니다. 여기서 선지자가 언급하는 것을 요약해서 말하자면 주 예수 그리스도는 고통가운데 있었습니다. 그럼으로 인해서, 우리가 전혀 그 주님을 잊어버리고 또한 그에 대하여 전혀 관심을 갖지 아니하였습니다. 그는 우리를 위해서 전적으로 헌신했고, 게다가 그는 우리를 위해서 육체와 영혼을 다해서 응낙하심은 전적으로 우리의 보증이 되었습니다.

그런데, 우리가 보건대 어중이떠중이가 오늘날 이 교리를 철폐하기를 좋아하는 것은 그 사람들에게는 경건이나 믿음도 없습니다. 마치 아침에 일어나 아무 것도 모르고 짖어대는 개들처럼 무지합니다. 교황주의자들에 향한 맹목적인 찬양자들은 그리스도의 구속의 의미를 제대로 이해하지 못한 채로 예수 그리스도가 지독스런 고난에 대한 올바른 이해 위에 서서 올바르게 신앙고백을 하지 못하고 오히려 편파적입니다. 사실 그들은 그리스도의 고난의 비밀을 전적으로 정의할 수가 없습니다. 비록 그들이 무언가 아는 말을 해댔을지라도 여전히 그것에 대하여 허튼 소리를 하다가 맙니다. 그들은 동굴 바닥에서 수도(修道)를 하거나 또한 악명이 높은 집들에서 나온 사람들보다 더 악한 수사들이었기에, 그들의 악취로 인해서 하나님의 교회까지도 오염을 시킵니다. 오늘날 이러한 악당들이 사역자들의 이름을 사칭하며 또한 직무를 갖고서 하나님의 교회를 돼지우리로 만들어 놓습니다. 경건도 모르는 개들이 하나님의 모든 은혜인 주 예수께서 주신 은총을 인간의 기억에서 지우려고 하거나 아니면 소멸케 합니다.

이제, 우리가 목도하는 바 사단은 그들을 사로잡아서 스스로 수치심 없는 신앙적인 변절인 매춘으로 나가기 때문에, 우리는 신앙의 이 조항을 더욱 사수합시다. 예수 그리스도가 세상의 재판장으로부터 정죄를 받았던 것은 아버지 하나님 앞에 죄사함을 얻게 함입니다. 그가 십자가에 못 박히심은 우리로 하여금 저주에서부터 구원받습니다. 그가 죽음에 이르기까지도 참으심은 우리로 하여금 죽음으로부터 자유를 주십니다. 이로 인해서 오늘날 우리에게 양심의 평화를 누리게 됨은 하나님께서 자애로운 자비로써 우리를 영접해줌으로써 구주를 받아들이게 되었습니다. 예수 그리스도가 자신도 느끼는 죽음의 공포가운데 친히 뛰어들어가, 자신이 친히 불쌍한 죄인같이 되었지만, 주는 흠없는 하나님의 어린양이었으며, 모든 거룩함과 온전함의 거울과 모형이었습니다. 그가 친히 마치 지옥의 심연에까지 내려가는 정죄를 받았던 것처럼 우리 죄인들의 응답과 해답으로써 우리들의 보증이 되셨습니다. 이외에도, 우리가 이미 말했던 대로 그는 이런 고통들을 정복하고 또 최초로 싸웠습니다. 그런데, 이것은 이사야가 표현했던 대로, 예수 그리스도가 자기 영혼가운데서 투쟁하는 삶이었습니다. 그런데 우리가 알다시피 예수 그리스도가 이 방편을 통해서 우리를 구속하고 또 충족해주고, 공급하여 친히 만족케 하셨습니다.

  오늘날, 그 사실을 알게 됨으로써 우리가 더욱 더 용기를 갖게 합니다. 참된 신앙이 주 예수 그리스도에 의해서 우리에게 가져왔던 측량할 수 없는 축복을 입게 된 사실입니다. 우리가 알아야 될 점은 우리를 위해서 그토록 큰 고난을 당하신 일이 전혀 헛되지 않다는 점입니다. 비록 우리는 하나님께 감사하지 않고, 또한 축복을 받으려고 열정적으로 주님에게로 나가지 않는 우리를 자신의 소유를 삼아 아버지 하나님과 화목케 하며 또 하나님의 자녀들로 삼았습니다. 이 점을 우리가 이 본문에서 되새길 요점입니다.

  이사야 선지자는 덧붙여서 "그가 자기 지식으로 많은 사람을 의롭게 하며" 또 "나의 의로운 종"라고 말합니다. "종"에 대하여 우리가 앞서 살펴본 대로 우리 주 예수 그리스도의 위엄에 하나도 손상이 되지 않습니다. 비록 그가 모든 피조물들의 주인이라도, 중보자의 인격 가운데 계시면서, 우리 본성 안에서 새롭게 다스립니다. 우리가 이미 부분적으로 살펴본 대로 사도 바울이 빌립보서 2장에서 논의했던 대로 그가 친히 스스로 종으로서 자처하고 또 그의 위치에서 자신을 겸손히 하였습니다. 그래서, 그가 "하나님의 종"으로 불리는 것이 헛된 일이 아닙니다. 그리고 우리가 하나님의 종이라는 사실이라는 점을 이상스럽게 여기지 않는 것은, 예수 그리스도가 하나님의 아들로서 인간의 종이 되셨기 때문입니다.

사도 요한이 17장 5절에서 말하는 바 하나님과 동등된 영광을 취할 자이지만 자신이 인간을 섬기려고 자진해서 낮추었습니다. 그럼에도 불구하고, 그것이 사실입니다. 그것이 그가 말했던 이유 중에 "내가 사람들 가운데 있음은 섬김을 받으려고 함이 아니요, 오히려 섬기려는데 있습니다." 그런고로 예수님은 자신을 사람들의 종으로 낮아지심으로 하나님의 종으로서 불림을 입었던 사실을 확증했습니다.

사실 제가 말하건대, 앞서 선언한 대로 아버지 하나님의 경륜에 따라, 그가 우리를 구속하지 않을 수 없습니다. 어떠한 방편도 없이, 하나님은 확실하게 우리를 구원할 수 있었습니다. 그런데 우리가 항상 전제하는 바대로 예수 그리스도에 의해서 우리를 샀던 생명이 필요했습니다. 이제, 이렇게 행하기 위해서, 필연적으로 그의 종이 되었다는 점은, 그가 자신의 아버지 하나님께 순종하는데 달리 방법이 없었습니다. 또 이러한 순종이 없이는 그가 우리 의 범죄들이나 불의들을 치료할 수 없습니다. 그런데도, 왜 그가 특별히 "종"으로서 불리면서도 또한 "의로운"자라고 하고 있습니까? 간략하게, 그 선지자가 선언하기를, 우리가 하나님을 거역하고 있기에 그의 성령에 의해서 우리들을 개혁하십니다. 주께서 여전히 지금도 애정으로 우리를 대하심으로써, 우리가 얼마나 무익한 종들인가를 알게 하시며 또한 발걸음마다 얼마나 걸림이 되는 삶을 살았는가를 보여줍니다. 또한 우리가 그에게 돌릴 수 있는 예배를 그에게로부터 받아들여집니다. 거기에는 늘 뒤돌아 살펴보건대, 그로부터 거부될 수 있는 의미도 포함됩니다. 즉 우리 주 예수그리스도의 순종과 봉사가 우리의 허물을 제거할 수 있었다면, 이제라도 하나님을 기쁘시게 하도록 우리의 만족을 부여했습니다. 그가 말하고 싶었던 내용을 이렇게 요약됩니다. 이로부터, 우리가 예수 그리스도를 통하여 의롭다하심을 받아 모이게 되었습니다. 그가 하나님이었을 뿐만 아니라 그의 순종의 권능 안에서 우리들을 온전케 하십니다.

그가 우리 본성을 취하여 우리에게 이루어질 수 없는 율법을 취하여 우리로써 능히 감당할 수 없는 율법을 능히 성취하십니다. 그런 연유로, 예수 그리스도가 우리의 구원을 위해서 자신을 다스리는 아버지 하나님께 순종케 하심으로써, 우리가 그로 말미암아 의롭다 하심을 입습니다.

특히, 그는 "지식"를 말하기를, 우리 주 예수는 그의 인격 안에서 성취된 필연적인 구원을 지식적으로는 성취하기란 충분치 않지만, 우리가 먼저 신앙으로 이해해야 합니다. 그런데 거기에는 반드시 지식을 필요로 합니다. 우리가 멸망하는 수많은 불신자들을 보노라면, 주 예수 그리스도의 고난과 죽음으로 섬김으로써 베푸시는 주의 은혜를 부인하고 또한 그의 거룩케 하시는 피를 발로 밟는 것이 얼마나 더 큰 죄악이 아니겠습니까? 그렇습니다, 주 예수께서 사막에서 높이 들려졌던 구리 뱀처럼, 인간의 모든 질병들을 치료하기 위함입니다. 그런데 우리편에서 그를 알지 못하고서는 그로부터 전혀 유익을 얻지 못합니다. 광야의 구리 뱀을 쳐다보는 자는 불 뱀에 물려서 죽어 가는 자들이 살아나는 것처럼 오늘날 우리에게 전해 주는 복음이 우리 주 예수 그리스도를 높이는 연단과 같습니다. 이것은 마치 주를 보여주는 깃발과 같고 또한 멀리부터 우리가 그를 반드시 쳐다보아야 합니다.

간략하게, 사도 바울이 말한 것처럼 전혀 애매모호한 것이 아닙니다. 복음이 전파되었을 때 우리는 주 예수 그리스도 안에서 나타났던 하나님의 은혜를 묵상해야 합니다. 그렇지 않으면 그는 그의 눈은 사단에게 사로잡힙니다. 그 사건에 대하여, 우리는 여기서 말했던 내용을 잘 주의합시다.

예수 그리스도는 지식을 통해서 의롭다 하심을 입어 자신에게 속하게 만듭니다. 이것이 사실인바 우리가 받은 구원의 실체는 이미 말했듯이 우리가 믿음으로 의롭다 하심을 입은 것이 예수그리스도를 배제하여 생기는 것이 아닙니다. 또한 하나님의 자비를 배제하는 것도 아닙니다. 오히려 하나님의 자비로 인도하여 그곳으로 향하여 행동케 합니다. 그런데 우리가 여전히 이 모든 일에 대한 더 용이한 지성을 가지려는 점에 대하여, 주의할 점은 먼저, 우리 자신 안에서 모든 것이 의롭다 하심에 있다는 것이 아니라는 점입니다. 그래서 우리는 다른 곳에서부터 우리의 의로움을 힘입어야 합니다. 왜냐하면 이런 방식으로 모든 일 가운데 우리의 삶을 규제한다면 율법과 하나님의 뜻과 관련되어져야 하기 때문입니다. 그러기에 우리가 먼저, 그에 의해서 수용되어져야 합니다. 그러면 왜 그렇습니까? 그 분만이 확실히 선하시기 때문입니다. 그 이유는 그가 선함의 근원이기 때문입니다.

다른 한편으로, 그가 자기 자신을 부인할 수 있기 때문입니다. 그런데, 우리가 하나님의 법에 대하여 우리 삶을 동화시킬 수 있다면 그가 요구하는 이러한 완전함을 소유해야 됩니다. 만일 예수 그리스도와 상관없이 이러한 온전함을 얻는다는 것은 사도 바울이 논쟁한 것처럼 우리들에게 무용한 일이 되고 맙니다(참조 롬 2장에서

8장과 갈 3,4장 비교). 그래서, 우리가 주 예수 그리스도로부터 우리들의 의로움을 힘입을 때에 비로소 그의 의를 추구하게 되며, 다시 말해서 우리가 그것에서부터 자유를 얻습니다. 그래서, 우리가 결론 내리는 점은 전세계가 죄 때문에 정죄를 받았으며 또한 하나님이 우리에게 보여주는 우리의 저주 때문에도 우리가 예수 그리스도에게로 꼭 나가야 됩니다. 이런 점이 확실합니다.

이제는, 고대 철학자들이 덕에 대하여 많이 말해왔습니다! 그들이 잘 사는 삶이란 하나님이 받으실 만한 것이 보편적인 의견이었습니다. 그러나 이 모든 것을 인해서 무슨 유익을 얻을 수 있습니까? 사람들 사이에 최고라고 하는 자이나 전적으로 무흠하다고 하는 자들에게는 단지 위선뿐이고 게다가 다른 이들이 모든 악에 치우치게 되거나 또 가장 현명하다고 생각하는 자들이나 또 다른 모든 사람들보다 더 유명하다고 생각하는 자들은 더 말할나위없이 해악이 너무나 큰 자들입니다. 그래서, 사람들은 자신이 바라고 또 생각하는 대로 덕스럽게 살아보려고 노력합니다. 그들이 취하는 모든 행동은 수많은 법들과 규제들 가운데 처신하지만, 하나님 앞에서 이 수단을 통해서 의로움에 이를 수가 없습니다. 왜 이룰 수가 없습니까? 우리 안에 죄가 뿌리박고 있기에 인간의 치료들로써 깨끗이 해결할 수가 없습니다. 간략하게, 우리가 인간들의 학교로 가서 선생님으로부터 덕에 대한 가르침을 받을지라도 전혀 의롭다하심을 입을 수 없습니다. 더욱 더, 보십시오! 모세가 증거 하는 대로 하나님은 참되고 또 온전한 의로움을 성취하시고 또 이루어 주십니다 (신30:15,19).

"보라 내가 오늘날 생명과 복과 사망과 화를 네 앞에 두었나니." 그럴지라도, 어떻게 율법이 우리를 의롭게 할 수 있습니까? 하나님께서 우리의 삶이 선과 거룩함으로 수용한다고 해도 우리가 율법과 조화를 이룰 수 있습니까? 율법은 반대로, 죽음만을 낳고, 오직 우리 정죄를 배가하여 하나님의 진노만을 일으킵니다. 보라! 성경 안에서 있는 율법에 대한 주제들이 잘 나타내어 보여줍니다(롬 7:7-25;4:15;5:5;엡 2:3).

그런데, 율법 그 자체로는 우리를 의롭다할 수 없습니다. 어떻게 인간들이 인간의 가르침과 규례와 규제들을 통해서 참된 의로움에 이를 수가 있겠습니까? 이제, 하나님의 율법이 우리를 어떻게 또한 왜 의롭다고 할 수 없는 것을 이미 벌써 논의했습니다. 하나님이 자신의 율법에서 보여주는 바는 마땅한 삶에 이르도록 이끌고, 우리편에서 아무런 방해를 하지 않습니다. 그런데, 하나님의 율법은 말합니다. 우리 마음을 전적으로 개혁할 수 없습니다.

하나님이 우리에게 보여주는 것은 바로 "이것이 내가 너에게 묻는 것이 이것입니다!" 그러나, 만일 우리들의 모든 욕망들과 애정과 생각이 그가 요구한바와 반대로 우리가 정죄를 받을 뿐만 아니라 내가 말했던 율법은 하나님 앞에 훨씬 더 유죄로 우리들을 정죄케 합니다. 이전에는 우리가 무지를 통해서 범죄 했습니다. 그러나 지금, 알기로는 우리가 그를 경시하였던 것처럼 하나님을 그 점에서 거부하는 일은 마찬가지입니다! 우리가 알다시피 자기 주인의 의지를 알았던 그 종이 이것을 행하지 않을 적에 갑절로 징벌을 받습니다. 율법이 말하는 바를 행하지 않는 것은 진노만을 가져옵니다. 즉, 하나님의 진노가 우리에게 분노가 큰 이유는, 우리가 율법에서부터 배울수록 우리에게 율법대로 행치 않은 자에게 사망이 다 가옵니다!(롬 5:12;6:16;7:5,10,13;8:2).

그러면 왜 그렇습니까? 우리가 율법가운데 보건대 전적으로 정죄받았고 또 잃어버린 죄인이었습니다! 또한 율법이 전적으로 생명의 길을 선언할 수 있습니까? 그러나, 분명하게, 우리가 이에 이를 수 없습니다. 그런데, 우리가 다른 양태로 의롭다 하심을 입었으니, 이것이 바로 복음 안에서입니다. 복음 안에서, 하나님은 "보라,

이것도 하고 또 저것도 하라!"고 말하지 않습니다. 단지 "나의 독생자가 너의 구속자임을 믿어라! 그의 죽음과 고난을 통해서 우리의 모든 죄악의 병을 치료합니다. 그의 보혈 안으로 들어가 보시라, 그러면 너의 죄가 씻음을 받을 것입니다. 너는 주의 보혈로 깨끗함을 입게 될 것입니다! 그가 나에게 바쳐진 그 제물에 의지하라, 그리고 어떻게 네가 의롭다 하심을 입는가를 보라!" 그로부터, 이제 복음이 우리로 하여금 예수 그리스도께로 되돌아가게 하며 또한 모든 의로움을 그 안에서 얻게 합니다. 왜냐하면 하나님의 무상적인 자비를 통해서 그가 친히 우리들을 만족케 합니다. 바로 이 것이 그의 지식에 의해서 의롭다 하심을 입습니다. 로마서 10장에서 사도 바울이 잘 논의하고 있습니다(1-13절). 율법과 복음에 대한 믿음에서부터 오는 양자간의 의로움에 대한 차이를 잘 보여줍니다.

하나님께서 말하는 율법도 의로움이 있기에, 율법은 "이런 일들을 행함으로써 그것들에 의해서 살게 될 것이다"고 말합니다. 이것이 사실인 바 만일 우리가 하나님의 모든 계명들을 행함으로써 우리 삶은 잘 규제되어 부도덕이나 흠이 없는 것으로 우리를 의롭게 보며, 또한 이 행실에 대한 보상이 따릅니다. 그런데 율법이 명하는 것을 누가 행할 수 있겠습니까? 우리가 전적으로 거역으로 나가기 때문입니다. 제가 이미 말했던 것처럼 우리는 하나님을 경시합니다. 그래서 우리는 율법의 의로움에 이를 수가 없습니다. 율법 앞에서는 우리들에게 남아 있는 것은 단지 하나님의 저주밖에 없습니다.

그러나 복음은 이렇게 말합니다. "보라, 말씀이 너의 마음과 입에 있느니라!" 또 어떠합니까? 사도 바울이 우리에게 말씀하기를 복음은 우리의 마음과 입에 두기에 우리는 예수 그리스도로 나가야 한다고 하십니다. 왜냐하면 그의 성령에 의해서 기록된 그 말씀이 구원의 교리로써 우리 안에서 새겨둠으로 우리가 귀로만 들으면 아무런 유익함을 얻을 수 없습니다.

　그러기에, 우리 주 예수 그리스도는 자신의 말씀을 심령에다가 품고 우리가 그에게 기도하면 구하는 순전하고 또 사랑스러운 은혜를 베풀어주십니다. 그것은 우리가 그의 지식에 의해서 우리가 의롭다하심을 입어 하나님을 기쁘게 하는데 문제가 제기됩니다. 마치 "주여! 주는 우리가 영접할 정도로만 가치 있는 존재이다!"는 것을 수용할 수 없습니다. 그러나, "우리가 고백하는 것은 우리는 너무나 불쌍한 죄인들이기에, 주님의 판단에 굴복하오며 또 우리 인간의 편으로는 아무 일도 할 수 없습니다. 오직 예수 그리스도만이 우리의 의로움을 대신할 수 있음을 압니다.".

　이같은 겸손으로 고백해야 합니다. 우리가 확신하는 바는 우리 주 예수 그리스도께서 지옥의 심연들과 입에서 우리를 이끌어 내기까지는 우리가 길을 잃은 존재이며 또한 정죄받은 피조물입니다. 이제, 우리가 이것을 고백하십니까? 우리가 알다시피 우리 주 예수는 우리들의 모든 불이행을 채워주십니다. 우리가 더럽고 추하지만, 예수 그리스도 보혈에 의해서 씻음을 받음으로써 깨끗함을 입습니다. 우리의 죄짐을 계산해본다면 하나님과 우리의 원수인 사단과의 사이를 하나님 아들의 고난과 죽음으로써 지불됨으로써 극복했습니다. 우리는 타락하여 혐오할 존재이지만, 우리 주 예수가 부여했던 희생은 향기로운 제물이 되어 우리 안에 있는 모든 악을 제거했습니다. 그런데 그것은 우리 주 예수 그리스도의 지식에 의해서 어떻게 우리가 의롭다하심을 입었는가를 보여줍니다.

　이제, 다가오는 이 교훈에서, 맨 먼저, 우리가 살필 점은 우리의 의로움을 추구하려고 들지 말고 우리 주 예수 그리스도의 인격 안에서 의를 찾으십시다. 따라서 주 예수 그리스도가 우리의 본성을 취하여 스스로 우리의 형제가 되셨습니다. 이처럼 우리가 주 예수 그리스도의 신적인 본질에 의해서 의롭다 하심을 입었다면, 우리 자신의 의로움을 버리는 것입니다. 우리는 결코 이것에 가까이 할 수 없습니다! 그러나 우리에게 주어진 의로움이란 그리스도의 인성가운데서 성취되어진 의로움이며, 또한 어찌하든지 그에게로부터 나온 의가 신비롭게 전해집니다. 그런데 왜 사단은 이 교훈을 뒤엎으려고 합니까? 심지어는 자신이 하나님인양 주 예수 그리스도가 자기 신자들만을 의롭다 한다고 꿈꾸는 광신자들도 있습니다. 그러나 제가 이미 말씀드렸 듯이, 우리가 자신의 의로움을 찾는 일은 무모한 처사입니다. 우리가 그에게로 이르기도 전에 실망과 쇠진하고 맙니다. 그러나, 반대로, 그가 친히 우리를 부르심은 중보자로서 우리로 하여금 그의 의를 힘입게 함입니다.

그래서, 우리가 주의할 점입니다. 또한 이외에도, 우리가 항상 이 지식으로 나갑시다. 그리고 우리 주 예수 그리스도를 통해서 얻는 축복을 불신자들이 대항하거나 또는 빼앗으려고 하기 때문입니다. 또한 우리는 복음서를 통해서 우리들에게 주는 증언에 대하여 우리 귀를 기울입시다. 우리는 어제도 사도 바울이 말하고자 하는 바를 언급했습니다(고후5:21).

"하나님이 죄를 알지도 못하신 자로 우리를 대신하여 죄를 삼으신 것은 우리로 하여금 저의 안에서 하나님의 의가 되려 하심이니라." 게다가 오늘날 이것이 복음에 의해서 성취되었습니다. "우리는 예수 그리스도의 이름으로 대사들이 되었다"고 사도 바울은 말합니다. "너희를 찾으심은 하나님과 화목케 하려 함이라." 사도 바울은 이 본문에서 이중 적인 화목을 제기합니다. 주 예수 그리스도가 우리를 위해서 희생하였을 때에 그리스도의 인격 안에서 이루어지는 화목과 또다른 하나는 하나님이 우리들에게 선언하는 바인 믿음으로 매일마다 얻는 화목입니다. 우리가 하나님을 진노하게 하였지만, 그는 항상 우리 허물들을 용서할 만반의 준비를 갖추었으며 또한 그것들을 발아래 놓음으로써 그가 제공하는 축복을 받아들이게 합니다.

그럼으로, 우리가 율법적으로 행하기보다는 나은 복음의 지식을 배워야 합니다. 또한 복음의 목적하는 바대로 예수 그리스도의 고난과 죽음에 동참자들로 세웁니다. 우리가 그의 몸에 접목하였으니 우리가 그의 지체들이 되었습니다. 또한 그는 우리들처럼 공통적인 교제를 나누어 복음으로 말미암아 온전케 했습니다. 그것이 바로 바울 사도가 말하는 것입니다(롬1:16).

"내가 복음을 부끄러워하지 아니하나니 이 복음은 모든 믿는 자에게 구원을 주시는 하나님의 능력이 됨이라"하심은 복음에 의하지 않고는 구원받을 수 없습니다. 마치 그의 아들의 인격 안에서 하나님이 우리에게 주시는 구원을 거절한다면 매일 우리를 초청하고 또 권면하심을 거절하는 경우가 됩니다. 우리가 이점에 대해 유념합시다. 이제도, 우리가 더욱 더 복음을 높이는 것은 교황주의가 복음을 불명확하게 만듦으로 인해서 가련한 영혼들이 쇠약하도록 전적으로 복음의 본질을 무지토록 만들기 때문입니다. 그들은 이런 방식으로 설교하기 때문에 여전히 그들은 가련한 백성을 의심과 불경건함으로 인도합니다. 그들은 하나님이 구속하심을 전혀 확신해 본 적이 없습니다. 심지어 교황주의자들은 우리가 하나님의 사랑에 근거로 하는 복음 적인 삶을 억측으로 보거나 어떤 관망 정도로만 여깁니다. 그러나 이런 행위는 우리 주 예수리스도의 고난과 죽음의 열매를 파괴하는 행위입니다! 그래서 우리는 복음을 통해서 우리를 사랑하여 하나님의 자녀된 약속을 수용합시다. 이것은 제가 이미 말했던 것처럼 우리가 하나님이 주시는 은혜를 칭찬하고 또한 높이는 삶이다. 그런데도 오늘날의 다수가 이 복음의 진리에서 떠나 버리고 말았습니다.

이제, 선지자가 "그가 많은 사람의 죄를 지며"라는 이 본문에서 그가 보여주는 교훈이 있습니다. 우리가 믿음을 통해서 의롭다

하심을 입는 것은 예수 그리스도가 당하였던 죽음과 부활에 대한 전체적인 이해를 통해서 하나님을 알고 믿는 자에게는 어떤 상상력으로 될 수가 없습니다. 우리는 믿음을 통해서 기뻐하는 희생의 제물로 인하여 우리의 허물들과 불의들을 그리스도가 담당했습니다. 교황주의자들이 어리석고 또 미련하기에, 믿음으로 의롭다함을 입는다면 그들은 이렇게 논쟁하려고 듭니다.

그런데 "우리는 주 예수 그리스도의 고난과 죽음을 통해서 믿음을 얻습니다!" 누군가가 말하기를 "우리가 열기(熱氣)로 덥다고만 할 수 있겠습니까? 그런데 이것은 태양에 의해서 이루어진 것이 아닙니까! 우리가 햇빛으로 비추임을 받지만, 사실은 태양에 의한 것입니다! 이제, 우리가 유의할 점은 신앙이라는 것은 복음으로 되돌아가는데 두 종류의 의로움이 있습니다. 율법에서 얻어지는 의는 하나님이 우리에게 했던 명령을 모두 성취하였을 때에 이루어집니다. 그러기에 우리는, 율법의 의로는 온전히 이룰 수가 없습니다. 그런데, 우리가 부족한 것은, 전적으로 율법의 의에서 벗어났기 때문입니다! 또다른 의가 있는데, 예수 그리스도 안에서 발견합니다.

우리 자신을 잘 성찰해보면, 우리들의 부도덕함을 인식하고 또한 우리가 놀랄 사실은 하나님께서 우리에게 한번 진노한다면 번개를 쳐서라도 멸망시킬 수 있습니다! 하나님은 이처럼 극단적인 조치를 취할 수도 있음에도 예수 그리스도를 통해서 우리들의 슬픔을 싸매는 치료 책을 제시해줍니다. 그가 우리들에게 확증하는 것은 그가 고난받음으로 인해서 우리에게 가져다주는 구원을 홀로 친히 이루었습니다. 바로 우리가 믿음에 의해서 의롭다 하심을 입었습니다.

그런데, 이사야 선지자는 사도 바울이 말하는 방식으로 말합니다. 그 교훈 하는 바는 맨 먼저, 주 예수 그리스도의 고난과 죽음을 통해서 고난의 의미를 숙고합시다. 더욱이 복음서에서 확신하는 예수 그리스도가 받은 고난이 어떻게 적용이 되는가를 살펴 볼진대, 하나님은 그의 죽음이 헛되지 않기를 바랐습니다. 그의 희생을 통해서 구원의 열매인 그리스도의 의에 넘치는 권능과 영향력을 미치었습니다. 그 본문에 대하여 요약해서 기억해둡시다.

그런데, 우리 주 예수 그리스도에 대한 이 지식은 헛된 일이 아닌 점을 유의합시다. 우리가 피상적으로 복음의 지식을 배우지 아니했더라면 주 예수가 구원의 유일한 근거로써 견고하게 붙잡으십니다. 하나님은 잃어버린 구원을 찾아 단번에 주신 그 자비하심에 힘입어 의로 여깁니다. 사실, 우리가 이 지식에 이르는데 성령의 조명을 받지 아니하면 불가능합니다. 우리에게 임재하시는 성령은 우리 안에서 역사 하여 오류 없는 증거를 보여 줍니다. 하나님이 친히 우리 안에서 역사하사 전에는 너무나 멀었던 사이를 풍성한 의가운데로 세워줍니다.

그런데, 보십시오 하나님은 복음을 전파하여 그 선을 이루어갑니다. 그러나 이것으로만 충족할 수 없습니다! 우리가 아는 바대로 신비적인 독일인처럼 믿음으로부터 나오는 성령에 의한 범주 안에서 관련지어 봅니다. 그러기에 우리는 주의 선에 힘입어 예수의 진실된 제자들이 됩시다. 이것이 이 교리의 열매를 체득하는 길입니다. 여기서 이사야 선지자가 보여주고자 하는 그 내용입니다.

이제, 예수 그리스도가 죄를 담당하였다는 사실을 거듭해서 말하는 것은 대속의 만족이 지옥의 골짜기에 빠져있을 때, 주 예수 그리스도를 통해서 구원을 받지 않았던가요? 하나님의 긍휼히 아니고서 죄를 이길 수 있습니까? 하나님께서 자기 손가락을 쳐들어도 전세계는 패망합니다. 그의 숨으로도 바위들을 녹이며 또 산들이 초같이 녹입니다! 그런데 하나님이 자신의 노염과 분노를 나타낸다면 이 세상이 아무리 견고할지라도 흩어버리고 말았을 것입니다! 또한 우리가 무엇으로 만들어져 있는가를 알고 보면 얼마나 비천한 피조물입니까? 하나님께서 엄정하게 심판자로서 우리를 심문할 때 어떻 겠습니까? 우리가 그의 목소리를 듣기 전에 그의 표시만으로도 지옥으로 삼켜버릴 수 있습니다! 그래서 우리의 죄악들은 정녕 감당할 수 없는 짐이었습니다. 이제, 우리들 가운데 많은 사람들이 있을지라도 우리의 연약한 어깨로는 지옥의 위기에서 벗어날 수 없습니다. 그런데 예수 그리스도는 연약한 육체로 고난받았음에도 그는 성령의 권능으로 모든 고난을 견뎠습니다. 사도 바울이 골로새서에서 말한 것처럼 그는 십자가상에서도 승리했습니다(골2:14,15).

그러므로, 선지자가 말하는 바를 되돌아가 봅시다. 또한 사도 베드로도 첫 번째 서신에서도 잘 설명해줍니다(벧전2: 24). "친히 나무에 달려 그 몸으로 우리 죄를 담당하셨으니 이는 우리로 죄에 대하여 죽고"라 말했습니다. 우리 주 예수 그리스도가 우리 죄들을 담당하여 도우려고 나무의 능력에 달린 것이 아니라 그가 나무에 달려서 죄들을 짊어지기 위해서 십자가상에 죽었습니다. 그가 하나님에 의해서 저주를 받았으며 또 우리가 받아야 할 모든 저주를 받았습니다. 그런데 그는 십자가의 죽음의 열매로 오늘날 그가 우리로 하여금 분 여자들로 삼으사 승리의 기쁨을 얻었습니다. 그럼으로써, 우리가 자신들의 죄짐으로 억눌림을 받는다면 이를 벗어나기 위해서 예수 그리스도께로 나가야 하며 또한 그 은혜의 방편을 인식합시다. 즉, 우리는 모든 죄짐들을 사함을 통해서 벗겨지기 때문입니다. 우리가 죄값을 지불하기 위해서 하나님 앞에서 얼마나 대가를 치러야 하는가에 대하여 상상할 필요가 없습니다.

그런데 우리가 항상 혼란가운데 시작되지만 죄짐을 다 벗을 수 있는 점은 예수께서 우리의 죄짐을 짊어졌기에 하나님의 심판에서 자 유함을 얻었습니다. 그래서 우리가 이 점을 요약해서 기억합시다. 예수 그리스도께서 제공했던 희생을 통해서 거룩함을 얻어, 하나님께 드리는 예배의 제물로 바쳐졌습니다. 오늘날 우리가 그리스도의 희생으로써 충만한 의로움을 얻었습니다. 그러기에 우리는 복음에 귀를 기울이십니다. 하나님께서 사랑으로 우리를 초대하심은 율법에서 이행할 수 없는 구원을 주심렵니다. "누구든지 율법 책에 기록된 대로 온갖 일을 항상 행하지 아니하는 자는 저주 아래 있는 자라 하였음이라."(갈3:10)(이것은 전적으로 구원으로부터 배제되었습니다).

그런데 여기서 우리들에게 선언하는 바는 불쌍한 죄인들이지만, 하나님은 적합한 치료책 을 준비해주십니다. 우리가 예수 그리스도로 말미암아 의롭다 하심을 입는 것은 가련한 거지들처럼 찾아오는 자에게 있는 죽음에서 벗어나게 합니다. 이외에도, 우리가 알아야 하는 것은 우리의 주님이 "의롭다"하심을 보이기 위하여 인간의 본성을 입고 찾아와 개별적으로 하나님께로 가까이 나아가는 축복을 주셨습니다. 게다가 우리가 말할 필요가 없는 것은 "누가 구름 사이로 승천할 자가 누구입니까?" 사도 바울이 모세에 대해 언급하면서 사용했습니다(롬10:6-8;신30:11-14). 복음이 우리들에게 전파되었을 때에, 하나님을 가까이 하는데는 긴말들이 필요치 않습니다. 예수 그리스도께서 하늘 보좌에서 친히 내려왔기 때문입니다! 이처럼 "누가 지옥으로 내려갈 자가 있느냐?"는 선언이 더 필요가 없습니다. 그리스도께서 친히 내려가셨으니 그가 중보자의 직무를 수행함으로써 우리로 하여금 의의 동반자들을 삼았습니다. 그래서 우리가 그로 인해서 의를 얻었습니다. 우리는 그리스도로 힘입어 아버지 하나님께 향한 충만한 신앙의 신뢰를 통해서 의심 없이 우리가 그를 부릅니다. 이제 우리가 하나님의 위엄 앞에서 겸손한 경외 심으로 우리의 허물들을 알면서 경배하면서 그에게 기도합시다(Calvin Opera, Corpus Reformatorum, volume 35, 661-674).

7.
예수 그리스도의 중보

"이러므로 내가 그로 존귀한 자와 함께 분 깃을 얻게 하며 강한 자와 함께 탈취한 것을 나누게 하리니 이는 그가 자기 영혼을 버려 사망에 이르게 하며 범죄자 중 하나로 헤아림을 입었음이라 그러나 실상은 그가 많은 사람의 죄를 지며 범죄자를 위하여 기도하였느니라 하시니라"(사53:12).

여기서 요약적으로, 선지자가 선언하는 점은 주 예수의 죽음을 통해서 사망을 정복했을 뿐만 아니라, 그의 대적 자들의 실체를 굴복시켜 포로로 삼았습니다. 예수의 승리가 있는 곳에는 이 역사가 따라옵니다. 주 예수는 이 세상의 소유물로 인해서 풍성함을 강조하지 않습니다. 최종적으로 우리가 말하는 것은 주께서 우리의 죽음을 향하여 싸웠습니다. 우리가 알다시피 세상의 주인이 되는 사단의 영역에 빠지면 우리 상황이 더욱 비참해집니다. 그리스도는 더 이상 죄가 지배하지 못하게 합니다. 이처럼 우리 주 예수는 그의 대적을 포로삼은 것은 이제부터 사단의 폭압에 눌리거나 아니면 죄로 인하여 종노릇할 것이 아니라, 온전히 이런 것들에서부터 해방하는데 있습니다. 사실상, 사도 파울은 시편을 인용하면서 하나님의 약속이 얼마나 성취되었는가를 확증합니다(엡4:8-10;시68:18).

　　하나님께서 위로 승천하심은 포로가 되어 사단의 종노릇에서 해방시켜서 사람들 사이에서 합당한 영광을 받기를 원하십니다. 사실 다윗은 여기서 상징적으로 말하기를 하나님이 위로 올라가심은 얼마 동안 친히 감추었기에, 어떤 도움도 없이 신자들이 혼동해서 탄식함은 악인이 극한 방탕에 탐닉하기 때문입니다. 그런데, 이 세상에는 이런 고통들이 있을 때 우리가 하나님을 부르짖음으로써 유익을 받고자 할 때에 주님을 저버리거나 또한 숨어서는 안됩니다. 이런 이유로, 반대하는 경우도 있습니다. 하나님이 교회의 대적을 파멸함으로써 교회의 목적을 보양(保養)할 때, 다윗은 찬송합니다. 그러나 사도 바울이 주 예수그리스도의 인격 안에서 성취합니다. 그 사실로부터 얼마동안 자신의 위엄을 숨기시고 사람들 사이에 평범한 자리를 취하였습니다.

　　그런데, 그가 말하기를 주께서 친히 가장 낮은 음부자리까지 내려가고 또한 그가 사람들로부터 멸시 당하심은 사람에게 명예뿐만 아니라 소유와 풍성함을 입혀주기 위함입니다. 시편에 증언대로 사도 바울은 스스로 대적 자들을 자신의 소유물로 삼아 은사를 베풀어줍니다. 우리가 피상적으로 보면, 이율 배반적인 진술같이 보이지만 주 예수는 자신만을 위해서 채워주는 분이 아닙니다. 그렇다면 그는 더 이상 필요가 없습니다. 그러시기에 주는 우리에게 유익한 풍성함을 입혀줍니다.

　　시편이 말하는 대로 싸우는 자들에게는 전리품을 나누게 할뿐만 아니라 가정을 잘 보살피는 여인들에게도 분 깃을 나누게 합니다. 이런 사실을 비추어 볼 때, 하나님이 독생자의 고난과 죽음을 통해서 신령한 축복들로 넘칩니다. 우리에게는 어떤 능력이나 재주가 없을지라도, 여인처럼 실패에서 실을 풀어서 물레 가락으로 풀어내는 한가한 태도를 보이지만, 또 한편에서는 다른 사람들은 전

투에 나갑니다! 그런데, 하나님이 예수 그리스도의 승리로 얻어지는 대적의 전리품을 주십니다. 비록 대적 자들이 아무리 강하고 또 강력할지라도 주의 인격을 위해서만이 아니라 우리가 알아야 할 점은 사단이 더 이상 우리를 주장하거나 혹은 지배할 수 없습니다.

그 이유는 우리가 하나님의 아들의 고난과 죽음의 공여자(供與者)가 되심은 복음의 수단으로써 이루어졌습니다. 그러므로, 우리는 주 예수 그리스도에게 복종합시다. 그는 우리 왕으로서 알고서 이 일을 신실하게 대합니다. 의심할 나위 없이 제일 먼저 그로부터 받는 것은 자유이고 다음에는 축복인데, 우리가 하나님의 손으로부터 축복을 받지 않는다면 허무합니다. 이제 우리를 살펴보건대 얼마나 비참한 자리에 있습니까! 이는 사단의 포로가 되었기 때문이 아닌가요! 그러므로 주께서 우리를 소유로 삼았다면 우리로 하여금 평화로운 기쁨 안에서 살라고 선언합니다. 간략하게 우리는 주의 소유와 영역이 됩니다! 그래서, 우리가 필요로 하는 것은 주 예수 그리스도의 고난과 죽음으로 우리 안에서 열매를 맺게 하며 또한 우리의 원수들을 정복시켜서 초토화시킵니다.

예수 그리스도가 발로 그의 대적자들의 목을 밟으심으로 인해서 대적들이 백방(百方)으로 우리를 해하려고 음모를 세울지라도 아무런 위해(危害)를 끼칠 수 없습니다. 본문에서 말하는 바 강한 자와 존귀한 자라고 하심은 우리가 강력함으로써 우리 대적들에게 경고들이나 무장으로 인해서 두려워하거나 또 놀라지 맙시다. 우리가 놀랄 일은 다른 한쪽에서 우리가 우리 약점을 볼 때에 마귀가 울부짖는 사자처럼 죄가 우리를 전적으로 지배하려고 대듭니다. 제가 말하는 대로 이로 인해서 우리를 놀라게 합니다. 주의 모든 대적 자들이 주 예수를 방해하려는 권능과 강력함이 그 무엇이든 지간에 대처하지 않고 오히려 그것들에 굴복을 당하는 것은 수많은 방해 공작을 통해서 우리의 자유를 빼앗아 가기 때문입니다.

그러나 주께서 우리의 손해를 유익으로 바꾸어 축복으로 변화시켜 줍니다. 이것이 악한 자의 두목인 사단의 의도하는 바이지만 심지어 많은 불신자들도 우리를 향하여 강력하게 공격합니다. 우리는 세상의 모든 사람이 우리를 반대하는 것을 봅니다! 만일 예수 그리스도가 모든 강력한 자와 힘있는 자를 굴복시킬 수 없다면 어떤 일이 생겼습니까? 그런고로, 맨 먼저, 우리가 이 본문에서 염두에 둘 점입니다.

예수 그리스도가 위로 올라가심은 우리의 대적 자들을 포로로 잡고, 그들을 전멸하고자 함입니다. 게다가 주께 영예를 돌릴 수 있는 은사들을 주심은 우리로 하여금 주의 은혜로 영적인 곤핍과 부족을 풍성케 함입니다.

이제, 자기 영혼을 버려 사망에 이르게 하며"라는 본문을 살펴봅시다. 다시 한번 주 예수의 자유의지로 자신을 희생하심을 "버려"라는 단어로 친히 자신을 주는 것을 전혀 후회치 않습니다. 비록 그가 연약해질지라도, 자신의 능력을 부여함은 항상 어떤 예비함으로 대처합니다. 그럼에도 자신을 버림은 자원하는 중심에서 이루어집니다. 그런고로 이 본문에서 우리들에게 보여주는 주 예수는 물처럼 흘려보내는 그의 생명을 받침으로써 사랑의 열정에서 비롯되었습니다. 그는 하나님과 인간 사이에 화목을 이루기 위해서 자원해서 희생 제물이 되었습니다. 이 일로 인해서 우리에게 찾아오셨기에 전혀 의심 없이 주를 전심으로 받아들입시다. 우리가 버림받아야 할텐데 주가 친히 버림당하심은 자신의 생명을 우리를 위해서 쏟아 놓았습니다. 이 사실을 접하게 되면서 우리가 그에게 더욱 가까이 접근하게 하심은 그가 우리에게 쏟는 무한정한 사랑 때문입니다.

이외에도 주 예수의 고난과 죽음의 열매가 지속적인 역사로 말미암아 영적인 풍요함을 얻습니다. 우리가 정녕 필요로 하는 많은 요구들을 주 예수는 돕습니다. 그가 친히 손을 펴서 우리를 돕지 않는다면 우리가 어떻게 살겠습니까? 분명한 사실은 우리는 홀로 살아 갈 수 없습니다! 그런데 주는 영적인 곤핍한 것들의 공급자가 되십니다.

사실, 성령의 모든 은혜들은 주 예수그리스도의 소유물의 한 부분입니다. 아버지 하나님은 그것들을 가지고서 주님을 풍성케 하심은 우리가 빼앗긴 영적인 부요들을 마귀가 사람들 사이에서 성령의 능력을 훼방하여 누리지 못하게 합니다. 이제 성령의 은사들로 풍성해지는 것은 모든 훼방들을 취하여 가셨기 때문입니다. 제가 이미 말했던 대로 이 세상에서 우리에게 반대되는 것을 통해서 우리들의 유익과 구원에 이르게 하며, 주 예수를 통해서 모든 우리들의 대적들을 물리칩니다.

이제 특별히 말하는 점은 "범죄자 중 하나로 헤아림을 입었음이라 그러나 실상은 그가 많은 사람의 죄를 지며 범죄자를 위하여 기도하였느니라 하시니라"하심입니다. 우리가 이미 앞서 살펴본 대로 주께서는 많은 죄인들의 죄를 짊어지셨습니다. 우리가 질 수 없는 형벌을 담당했습니다. 우리는 하나님 앞에 너무 연약해서 살아나갈 수 없습니다. 우리가 우리 죄를 담당해 보겠다면 이 세상의 어떤 방편으로도 죄사함을 줄 수 없습니다. 그런데 주예수는 우리에게 위안을 주시기 위해서 스스로 찾아오셨기 때문입니다.

그는 모든 불의로 인하여 고소 당하였으며, 정말로 하나님 아버지 앞에 자신을 받침으로써 죄 값을 지불하였습니다. 어떤 한 사람이 지불할 수 없을 정도로 빚을 지고 있다면 채권자에게 허리를 굽히면서 어찌할 바를 몰라 할 것입니다. 짓누르는 무거운 짐을 진 사람은 너무나 무겁고 또 지쳐서 어깨를 축 늘이게 됩니다. 이처럼 우리가 빚진 자들인데 죽을 인생에게 빚진 것이 아니라 살아있는 하나님께 빚지고 있습니다. 성경에서 말하는 대로 우리의 죄악으로 인하여 하나님의 무서운 진노 가운데서 속죄하는데 금이나 은으로 속량할 수 있겠습니까? 그런데 보십시오! 우리 모두 인생들에게는 주 예수가 인간의 죄악을 지지 않는 한 영원한 죽음의 심판이 기다립니다! 사실, 주께서 우리를 위해서 바치고 또한 우리들의 허물을 온전케 하고 모든 일들 가운데 승리하는 권세로 다스리지 않았더라면 우리가 받을 고초를 생각해 보십시오? 그러기에 주 예수가 많은 이들의 죄악들과 불의를 짊어지심이 얼마나 귀합니까!

"많은"이라는 말이 "모두"라는 동류로 사용될 수 있습니다. 사실 우리 주 예수는 온 세상 사람을 위해서 나타나셨으며 그가 말했던 "하나님이 세상을 사랑 하사 독생자를 주셨으니"라는 약속은 서너 사람에게만 해당하는 말이 아닙니다. 그런데 우리가 유념할 점은 복음은 "그를 믿는 자마다 멸망하지 않고 영생을 얻게 하리라."고 증거 합니다. 그런데 이 사실은 주 예수께서 모두를 위해서 고난 당하심은 위대한 인물이나 혹은 작은 인물이나 누구에게나 해당하심으로써 그 안에서 구원을 얻습니다. 주로부터 떠나 있거나 또한 그들의 악행을 인해서 스스로 주로부터 멀리 떠나 있는 불신자들에게는 이중적인 죄인입니다. 자신들의 불의를 거짓으로 변명하는 것은 믿음의 축복을 받을 수가 없습니다!

그러므로 우리가 배우는 점은 큰 무리가 예수 그리스도께로 다가갈지라도 각자가 받을 은혜는 전혀 방해받지 않습니다. 만일 죽을 사람으로부터 구조를 요청하는 문제로 누군가가 "내게 간청하여 이런 심각한 문제에서 건져 주시오"라고 말한다면 또한 만일 다른 사람이 대신하여 왔거나 혹은 일 백명이 모여서 간청할지라도 어떤 어려운 도움을 청하는 사람을 돕는 분이 계십니다. 우리가 목이 마르거나 배가 고플 적에 어떤 사람이 12 인분으로 도와줄 수도 있습니다. 그러나 여러 사람들이 와서 한꺼번에 먹어 치울 수 있는 것을 한 사람이 그렇게 할 수 있겠습니까! 그러기에 사람들 가운데 많은 사람들로부터 도움을 받으며 또 구조를 받습니다.

그렇습니다! 우리가 예수 그리스도께로 나아갈 적에 그의 능력에 대한 우리의 부족에 대한 두려움이란 전혀 없습니다. 게다가 우리 각자가 그로부터 충분한 공급을 받습니다. 주께서 아무리 쇠약해져도 그 안에서 누구든지 채움을 받습니다. 그럼으로 우리가 주께로 가서 그의 백성이 되고자 할수록, 그로 인해서 부족함을 채워주십니다! 그래서, 우리가 그 점을 유의하는 분명한 사실은 선지자의 말대로 주가 많은 자들의 죄를 짊어졌습니다. 다시 말해서 우리가 이웃들에게 시기할 것도 없으며 또한 돕지 않는다 고해서 실족해서는 안됩니다. 즉, 우리는 너무나 세상 사람들과는 다르기 때문입니다. 이 본문을 분명하게 기억합시다.

이외에도, 성경은 "범죄자 중 하나로 헤아림을 입었음이라"고 했습니다. 여기서 우리가 맨 먼저 주께서 두 강도들 사이에서 십자가형을 받은 것을 유념합시다. 우리가 받아야 할 모든 심판을 홀로 받았습니다. 또한 주께서 하나님 앞에서 모든 죄들과 허물들을 해결했습니다. 이 말씀에 대해서 이사야의 증언을 마가가 증언합니다 (막15:27, 28).

주 예수께서 두 강도 사이에 못 박히심을 당하는 것은 가시적으로 두 강도들같이 흉악한 죄를 범한 수치를 나타냅니다. 주는 우리가 범한 악행으로 받을 형벌과 하나님의 진노로부터 면죄하려고 받은 고초이었습니다. 그는 우리를 지옥에다가 내던지지 아니하고 오히려 우리로 하여금 천국의 천사들과 동행하여 전적으로 하나님의 봉사에 전념케 하며, 의로운 주를 위해서 살게 하는데 있습니다. 우리가 이러한 유익을 입음으로써 예수 그리스도께서 찾아오셔서 친히 악행 자들 가운데 여김을 받아 사람들 가운데 수치로 인한 부끄러움을 전부 감수하였습니다. 주 예수 그리스도의 책망이 우리 위에 높이 드러나심은 우리로 하여금 모든 정죄와 죄가 지배하지 못하도록 면제했습니다. 그가 우리의 죄들을 덮으시고 또 제거하지 않는 한 구원을 어디에서 찾습니까? 사도 바울이 말한 대로 하나님의 아들이 우리의 구속이 되심이 아니고서는 다른 방편으로써 구원이 없습니다. 다시 말해서 그가 죄로 빚진 삶을 값을 지불하였습니다. 그럼으로 인해서 지금 우리가 죄사함과 용서함을 입었습니다. 그런데 이 목적을 이루도록 선지자는 두 가지 일을 병행하여 우리들에게 보여줍니다. 주 예수 그리스도를 위하여 영광을 돌리도록 하기 위해서 친히 모든 부끄럼을 개의치 아니 하사 우리로 하여금 주의 영광에 이르는 열매를 거뒀습니다.

주 예수 그리스도께서 이 일을 행하심은 겸손을 나타냄이지 결코 어떤 만족스런 원인을 단순히 제공하려는 것이 아닙니다. 우리가 부족한 것을 그 안에서 발견케 함이며 또한 우리가 의와 속죄를 얻게 합니다. 그래서 예수 그리스도께서 다시 세상을 향하여 찾아 오실 적에 더 이상 두려워하지 않음은 그가 세상에서 따르는 부끄러움을 처음부터 십자가상에서 죽으심으로 담당하였습니다.

그러므로 우리가 알게 된 것은 그가 사단과 죄를 승리케 해주었고, 의로움을 주시었고 또한 심판의 정죄에서 면제하셨습니다. 이러한 방식으로 우리가 하나님께로 나가서 의롭다 하심을 입는 분명한 증거를 가져왔습니다. 우리가 이런 식으로 영광스런 큰 소리를 들음으로써, 이미 심한 두려움의 심판에서 건짐을 입었습니다. 이것이 이사야 선지자가 우리들에게 다시 한번 말하고자 하는 요점입니다. 이 모든 일들 후에 그가 덧붙여서 범죄자를 위하여 기도하였다고 증언합니다. 이 본문에서 우리에게 보여주는 예수 그리스도의 고난과 죽음을 통하여 제사장의 직무를 수행합니다. 이 사역이 없었더라면 우리가 구원을 얻었다는 분명한 확신을 알 수 없었습니다.

그런 측면에서 미루어 볼 적에 주 예수 그리스도의 고난과 죽음은 죄들을 제거했던 제사였습니다. 그의 보혈로 말미암아 우리들을 정하게 합니다. 또한 주의 순종하심으로 우리의 반역을 제거하시며 또한 우리들로 하여금 의를 얻게 했습니다. 이로써 우리가 그의 의로 인해서 크게 기뻐합니다!

그러나 이것만이 전부가 아닌 이유는 하나님의 부르심에 힘입어서 우리가 구원을 받았습니다(요엘2:32;행전2:21;롬2:13). 그러나 어떻게 우리가 하나님께로 접근할 수 있겠습니까? 우리가 하나님을 향하여 담대함으로 나가서 기도할 적에 "우리 아버지!"라고 큰 목소리로 부르짖습니다. 우리가 아버지라고 부르게 하신 분을 알지 못하고서 하나님께로 개별적으로 나아가며 또 그의 백성이라고 자랑할 수 있겠습니까? 우리가 예수 그리스도께로 나가지 않는다면 우리를 위해서 그토록 수고하는 대변자이나 변호사를 어디에서 찾습니까? 선지자가 결론 부분에서 논의하면서 부가하고 싶어했던 점이 있습니다. 말하자면 예수 그리스도가 범죄자를 위해서 기도하였다는 점입니다. 이제 자신을 핍박했던 자들을 위해서 하나님께로부터 십자가상에서 용서와 은혜를 간청했습니다. "아버지 저희들을 용서하여 주옵소서 저희들이 알지 못하고 행하나이다!"(눅23:34). 이 기도는 우리 주 예수가 불의한 자와 자신의 대적자들이 잔인하게 취급하면서 십자가에 달려 죽게 했던 무리들을 위한 용서의 기도입니다! 이사야가 이 기도의 특별한 의미를 부여하는 일은 주 예수그리스도가 제사장이심을 선포하길 바랬습니다. 그런데다가 그가 여기서 죄인을 위해서 기도했다는 점을 잘 유의합시다. 여기에다가 그가 하나님의 백성의 죄악까지도 담당하여 많은 사람들의 불의를 짊어졌습니다. 그런데 이사야 선지자는 예수 그리스도가 기도했던 사람들을 위해서 다른 주제로 돌립니다.

즉, 그는 그들을 "범죄자들"라고 호칭합니다. 주는 하나님의 백성을 대할 적에도 가장 의롭고 또한 가장 뛰어난 백성에게도 속죄함을 필요로 여기는 것은 그들이라도 예수 그리스도의 보혈로 씻음을 받아야 온전해집니다.

이런 점에도 마찬가지인데, 우리가 교회의 지체가 되거나 또는 하나님의 군대의 일원으로써 인정하려면 우리가 알아둘 점은 예수 그리스도는 우리 구속자라는 점을 알아야 합니다. 그리고 많은 무리들이 그에게로 다가와도 두려워하지 아니함은 그가 친히 우리들을 구원하기에 넉넉하기 때문입니다! 이외에도, 본문에서 우리가 범죄자들로 말해짐은 우리들의 죄들을 확실하게 생각함으로써 사람들 안에서 찾을 수 있는 광폭 함과 뻔뻔함을 알게 합니다. 우리가 하나님 앞에 있는 것보다 더욱 우리가 죽을죄인들 앞에서 더욱 수치이나 혹은 염치를 알게 합니다.

이제, 여기서 선지자는 이 모든 교만함과 위대한 이 성령으로 외치는 죄인들이란 그가 마치 "불행한 자들입니다! 당신은 누구이며 너희 아버지처럼 하나님을 아버지라고 부를 것이라고 짐작이라도 할 수나 있었겠습니까? 이런 존 귀가 어디에서 옵니까? 누가 하나님의 엄위하신 존 전에 설 수나 있겠습니까? '아니 내가 하나님의 자녀라니? 그가 말하길 "너희는 불 의한 행악자들이기에 하나님 앞에서는 일이 너희의 심판자 앞에 섭니다. 너희가 마땅히 두려울 뿐만 아니라 전적으로 혼란을 겪습니다! 그러나 여러 분에게 보증이 되는 유일한 처방책이 있습니다. 하나님의 이름을 부르는 일입니다. 여러 분이 중보자의 권능과 중보로 인해서 안전한 요새에 이릅니다. 그리고 이런 일이 없다면 구원의 소망이란 존속할 수 없습니다. 그 이유는 우리는 자신들의 죄들로 인해서 길을 잃은 자들이기 때문입니다! 그러면 당신에게 인자가 필요하심을 인정하면, 그는 중보자로서 우리를 도우십니다. 게다가 그가 제사장의 직무를 갖고서 우리를 위해 중보 합니다.

본문에서 왜 선지자가 여기서 "불 의한"자로 또는 "범죄자"로 특별히 불렀는가에 대하여 우리로 하여금 하나님께로 가까이 갈 수 없는 존재이기에, 우리가 그 안에서만 온전히 피난처로 정하지 않는 한, 전적으로 우리의 심령은 훼손되고 또한 혼동에 빠집니다. 또한 그리스도가 제사장 적인 중보의 기도를 하지 않았다면 우리가 멸망당할 것이 뻔한 일입니다. 우리의 영적인 가련함과 불행 가운데서 타락했기 때문입니다.

이제 우리가 겸손함으로써 우리 주 예수 그리스도께로 나간다면 그리스도의 이름으로 그 말씀을 증거 하는 주님을 압시다! 게다가 그를 통해서 하나님의 자녀로 은혜롭게 불러줍니다. 그래서 우리가 기도하기를 "하늘에 계신 우리 아버지"고 고백합니다. 우리가 꼭 인식할 점은 우리 입들은 부정한데도 우리가 "우리 창조주"만을 하나님이라고 부릅니다. 우리까지도 자기 자녀들로 붙잡아 주십니다. 그런데 예수 그리스도는 우리들을 위해서 말씀을 주었을 뿐만 아니라 우리들의 요구들과 기도들은 주님을 통해서 응답의 약속을 주셨습니다. 성경 히브리서 마지막 장에서 이렇게 말씀합니다(히 13:6,15).

우리가 하나님께 찬송과 모든 기도로 제사를 드리는 것은 그가 우리들의 중보자이기 때문입니다. 게다가 오늘날에도 그의 이름으로 우리가 하나님을 우리 아버지라고 부릅니다. 그것이 우리가 자유롭게 영광을 돌릴 수가 있는 것은 그가 우리를 자기 자녀로 삼으시기 때문입니다. 우리가 이 구절에서 어떻게 실천할 것인가를 살펴봅시다. 이제 우리가 살필 것은 주 예수가 자기의 사람을 위해서 기도함으로써 이것을 확증합니다. 요한 복음 17장에서 자세하게 보여줍니다.

"거룩하신 아버지여 나는 세상에 더 있지 아니하오나 저희는 세상에 있사옵고 나는 아버지께로 가옵나니 거룩하신 아버지의 이름으로 저희를 보전 하사 우리와 같이 저희도 하나가 되게 하옵소서... 내가 비옵는 것은 이 사람들만 위함이 아니요 또 저희 말을 인하여 나를 믿는 사람들도 위함이니 ... 내게 주신 영광을 내가 저희에게 주었사오니 이는 우리가 하나가 된 것같이 저희도 하나가 되게 하려 함이니이다."(요17:11-22).

우리가 볼 때에 인자가 기도하실 때에 실로 영원하신 하나님이신 그리스도께서 아버지 하나님 앞에 간청하는 자처럼 낮추셨습니다. 우리가 그의 이름으로 여기에서 무한하신 하나님의 선하심을 맛볼 수가 있게 되지요? 그러면 맨 먼저 우리가 항상 말해지는 바를 붙잡읍시다. 우리가 그에게 기도하는 것처럼 예수그리스도의 이름으로 기도하지 아니하는 한, 그를 부르는 것은 하나님의 이름 앞에 부패한 일입니다. 왜 그럴까요? 우리 입들은 더럽혀지고 또한 오염되었기 때문입니다. 게다가 우리가 타락해서 우리 안에서 해악이 있습니다. 그런데 우리 주 예수께서 간청하는 자로서 우리 인격 가운데 찾아와 하나님께 간 구하심은 오늘 날 우리들의 기도를 위해서 버팀목이 되었습니다.

이사야가 말한 대로 예수 그리스도는 불의한 자를 위해서 기도했을 뿐만 아니라, 그가 친히 선언하는 바 모든 세상 사람을 위해서만 기도한 것이 아닙니다. 그 이유는 그들 가운데는 불의를 기뻐하고 또한 고집스럽게 죄악에 빠져 살려고 하는 자들이기 때문입니다. 이런 자들은 하나님의 자녀들에게만 보장된 축복과 특권을 빼앗겼습니다. 그러나 주께서 말하는 내용을 경청합시다. "내가 비옵는 것은 이 사람들만 위함이 아니요 또 저희 말을 인하여 나를 믿는 사람들도 위함이니"(요17:20).

그런고로 오늘 우리가 알아둘 점은 제자들과 주 예수 그리스도의 사도들과 교제를 나누기를 원합니다. 또 그가 영단 번으로 제물이 되심은 기도를 통해서 우리를 섬기며 또한 우리 모든 기도를 응답하기 위해서 문을 활짝 열어 놓았습니다. 우리가 믿음의 순종 안에서 복음의 교리를 수용합니다. 그래서 우리는 우리의 요구를 청하는 문제에 대하여 의심할 나위가 없는 것은 우리가 아는 대로 예수 그리스도가 기도하심은 더 이상 말할 나위가 없습니다. "또한 어떻게 주께서 기도의 역사가 우리에게 미친 영향에 대하여 확신합니까?" 우리는 복음을 믿읍시다. 그리고 우리는 사도들과 제자들을 따라서 연합합시다. 또 영원하시고 또 변함없는 진리의 하나님의 아들을 단호하게 반박할 수 있습니까? 이제 그의 입에서부터 선포되는 복음의 교리를 믿는 자들에게는 이 기도에 동참합시다. 또한 주는 이것을 사용합니다. 그런고로 비록 한편에서 우리가 가련한 악행 자로서 하나님께 가까이 할 수 없을 정도로 부족한 존재입니다.

이제 복음의 수단에 의해서 복음과 관련된 그 약속들에 대한 믿음을 대할 때에 우리는 하나님을 만납니다. 그가 우리를 받으실 만한 존재로 여기는 이유는 그의 독생자가 우리를 위해서 중보하기 때문입니다.

그러기에 오늘 날 우리가 하나님을 아버지라고 부르며 또 예수 그리스도의 친교를 나누게 되었습니다. 이사야가 말하는 대로 "보라 나와 및 여호와께서 내게 주신 자녀들이(종들이)"(사8:18). 그가 그곳에서 자신을 들어내심은 맨 먼저(이사야 8장에서 선언하는 바 대로)에는 그의 모든 군대도 포함합니다. 그가 말한 대로 "여호와께서 내게 주신 사람들"입니다. 이제 그가 말하기를 그의 아버지 하나님을 섬김 가운데 나타나서 그에게 주어진 사람들과 함께 역사 합니다. 그래서 우리가 이 기도와 하나님의 모든 찬송들 가운데 동참함은 예수 님께서 다른 사람의 음조를 따른 것이 아니라, 다시 말해서 우리가 기도할 때에 이끄는 리더 가수를 따르는 것과 같습니다. 한 목소리에 적합한 화음으로 화답합니다. 우리가 천국의 천사들과 같은 음조를 가질 수가 있다면 놀라운 특권입니다. 그러나 인자가

"오라 내가 너를 인도하리라 내가 너를 위해서 말씀을 주리라!"고 친숙하게 말하심으로써 우리가 얼마나 기뻐하지 아니하겠습니까? 이외에도 율법에서 보여주는 대로 대제사장은 하나님께 제물만이 드릴뿐만 아니라 기도까지 포함합니다. 그런데 고대적인 입장 아래서 비춰 볼 때에 제사장이 피 흘림이 없이는 하나님이 받으실 만한 중보 기도를 할 수 없습니다.

제사장의 중보 기도는 백성의 죄를 사함 받도록 이끌기에, 하나님은 버림받기에 합당한 죄인들에게도 자비를 베풉니다. 보라! 예수 그리스도는 모든 율법의 마침이 되사, 그의 인격 안에서 이 사역을 성취하십니다. 우리의 죄들을 속죄하기 위해서 자신의 보배로운 피를 흘림으로써 율법 아래 있는 소나 양의 피로써가 아닌 성령으로 인치 심을 받은 자신의 피를 흘림으로써 우리가 그 안에서 거룩함을 입었습니다. 그러나 피 흘림을 뿌려 주는 예수는 기도를 수반합니다. 또한 그가 중보자로 불림을 받는 것이 그가 우리를 위해서 기도하기 때문입니다.

사도 바울이 말한 바와 같이 한 하나님이며 또 한 중보 자가 사람으로 오신 이가 바로 주 예수입니다. 그가 말하는 바대로 "한 하나님이며 예수 그리스도이신 그가 하나님의 영원한 말씀이며 하나님과 동등 된 본질과 영광과 위엄을 갖춘 자입니다." 이제 그가 말하는 바는 말로만이 아닌 "한 분 하나님이십니다". 게다가, "하나님과 사람들 사이에 한 중보자로서 인간으로 오신 예수 그리스도이십니다." 그가 말했던 것처럼 "보라 하나님의 아들이면서도 친히 우리 본성을 취하여 오셔서, 우리와 같이 되심은 이제 우리를 위해서 기도하시기 때문입니다."

이제 구약 시대의 제사장들이 제사를 들이기 전에 자신을 위해서도 속죄의 기도가 있은 후에 제사장들을 포함해서 모든 백성의 죄들을 위해서 제사를 드렸습니다. 그러나 우리 주 예수는 자신에 대한 제사를 드릴 필요가 없었습니다. 그가 친히 범죄 했던 죄악에 대하여 회개할 필요가 없었기 때문입니다. 그는 단지 우리의 범죄를 위해서만 기도했습니다. 이것이 로마서 8장에서 사도 바울이 하나님께 담대하게 나아갈 수 있음을 보여줍니다. 사도 바울은 하나님께 당당하게 나아갈 수 있음에 대하여 이렇게 증언합니다. "누가 우리를 대적하리요? 우리가 많은 대적 자들이 있지만 우리가 놀라지 않습니다. 우리에게 삶의 기회를 줄 수가 있는 자가 누구이겠습니까? 누가 우리의 판단 자이겠습니까? 우리를 위해서 기도하시는 우리의 중보 자이신 예수 그리스도이시기에 하나님과 우리들 사이에 안전을 도모해줍니다. 우리에게 은혜를 입혀 주는 자입니다."

그래서 우리가 고개를 들고서 담대히 하나님 앞에 나아갈 수가 있습니다. 더 나아가서 하나님의 심판 보좌에 계신 하나님 앞에 설 수가 있음은 하나님과 우리들 사이에 예수 그리스도가 계시기 때문입니다. 그런데 우리가 여기서 유념해야 할 말은 "중보"입니다. 분명히, 매번 우리 주 예수그리스도의 죽음에 대하여 설교할 적에 우리로 하여금 그가 제사하며 동시에 기도를 드리면서 그가 친히 영단 번으로 제사를 들임으로써 그의 구속력으로 구원하십니다. 오늘날 예수 그리스도가 그의 아버지 하나님 앞에 무릎을 꿇어 간 구하심은 그가 항상 우리의 간구 자가 되심입니다. 그런데 주가 어떻게 해서 중보자가 되십니까? 그의 고난과 죽음에 의해서이며, 그날에 그가 자신을 바치면서 했던 기도에 의해서입니다. 더욱이 그것에 의해서 여전히 우리에게 지금도 말하시는 그 소리가 지금도 들으십니다. 우리 모든 기도들이 그리스도의 중보 없이 무슨 기도이던지 부패한 기도일 뿐입니다.

사실상 신자들이 스스로 하나님께 기도하려고 할 때마다 그들이 (교황 주의자들이 하는 것처럼 성수를 뿌리면서 주문을 외우는 마술 하는 것처럼 주절거리는) 주 예수 그리스도의 피흘림에 의해서 기도해야 순전합니다. 또한 깨끗한 기도가 되어야 향기로운 제물로 하나님께서 흠향하십니다. 이 위에다가 우리가 알아둘 점은 주 예수 그리스도가 하루만을 위한 제사장이었을 뿐만 아니라 오늘날까지 제사장의 사역을 수행하여 항상 우리로 하여금 구속의 열매를 맺게 하십니다. 이제 우리가 이 사역에 대하여 잘 알면 알수록 신자들이 수많은 미신들과 그릇된 행위로 빠지지 않습니다. 우리가 알다시피 교황주의자들이 가련한 방황하는 짐승들처럼 하나님께 향하여 나가는 길이나 통로를 바로 잘 알지 못하기 때문입니다. 그들은 헤아릴 수 없는 많은 후견인들과 보호자들이 있어 그들의 뒤를 추모합니다.

그들이 흔히 읽어대는 기도문에 따라서 그들이 말하는 바 고안된 헌신을 좇는 것은 실상은 예수 그리스도가 받을 영예를 찬탈하는 일입니다. 그런 처사에 대하여 예수 그리스도를 전혀 만족케 할 수 없습니다. 교황 주의자들을 사로잡고 있던 마귀가 하나님을 변호하려는데 대하여 격노하면서 대어듭니다. 그런데 하나님이 예수 그리스도의 제사장 직무를 선언함으로써 각 사람에게 바른 신앙의 길을 이끌어 줍니다. 오늘날 교황주의자들에 의해서 주장하는 성모 마리아가 중보자로 봅니다! 그들의 기도는 악마에게 하는 기도이며 마치 하나님과 우리 주 예수 그리스도를 부인하는 처사입니다. 성모 마리아라도 그들에 대하여 판단하지 않을 수가 없는 것은 마리아를 혐오할 우상으로 만들어서 우리 주 예수 그리스도의 제사장의 위엄을 손상시키는 일입니다. 실로 이런 행위는 하나님의 거룩한 맹세를 소멸케 하고 또한 모든 성경을 거짓되게 만들어 놓는 처사입니다. 교황 주의자들은 분명하게 바라는 것은 성모 마리아가 그들을 도울 것이며, 내가 말했듯이 그녀는 교황 주의자들을 돕기는커녕 그들이 그녀에게 욕되게 합니다. 그 이유는 그들이 그녀의 얼굴을 부끄럽게 허물 되는 행동이며 그들이 그녀를 "중보자"로 부를 때에 보다 더욱 부끄럽게 만드는 일이 됩니다. 어째서 그러합니까? 예수 그리스도가 아버지 하나님에 의해서 제사장으로 세움을 입었습니다. 또 어떻게 그럴 수가 있겠습니까? 이는 하나님과의 거룩한 맹세로 이루어진 일입니다. 그가 친히 이렇게 말씀하셨습니다. "내가 맹세하나니 내가 뉘우치지 아니하리라."(히7:21).

. 그러면 우리가 알아둘 점은 우리가 예수 그리스도에 기초가 됩니다. 다시 말해서 우리 주 예수 그리스도의 중보 위에 섭시다. 왜냐하면 (에베소서 3장에서 사도 바울이 말한 대로) 우리가 하나님께 가까이 접근하며 또한 우리 주 예수 그리스도에 의해서 인도함을 받도록 자신을 들어냅니다. 우리가 말함으로써 그곳에서도 우리가 은혜를 받습니다. 이제 교황주의자들이 무엇을 원하고 있습니까? 그들이 우리 주 예수 그리스도의 제사장 직분을 말살하려고 하는 한 그들에게 아무 것도 얻지 못합니다. 또 그들이 미신적인 뻔뻔함으로 하나님의 변개치 않는 작정을 뒤엎으려는데, 그들이 어떻게 해서 소망스런 약속이 있겠습니까? 그런고로 우리가 결론을 내릴 수 있는 것은 교황 주의자는 모든 교리를 매장하고 맙니다. 어찌해서 그럴까요? 제가 분명히 아는 바 로마교도들은 우리가 하나님 앞에 무가치한 존재라는 사실에 대하여 경감시키려 합니다. 이것이 사실입니다! 또 누가 이것을 의심하겠습니까? 그럴지라도 우리가 추구해야 할 일은 예수 그리스도의 위엄을 고려하여 추구합시다. 이것은 오직 예수 그리스도에게서만 이룰 수 있습니다. 그런데 그들이 성모 마리아나 미가엘 천사 사도들을 의지하는 자로 삼고 더욱이 그들이 세상에 존재하지도 않았던 성자들을 숭배하거나 교황의 변덕에 의해서 제정된 성자들을 숭배합니다. 실로 이 일은 지옥의 심연으로 빠져듭니다. 또한 그들의 후원자들과 변호 자들을 의존하려 합니다!

그러나 여전히 우리가 교황 주의자들에 동의하여 그들의 성자를 숭배한다면 전에도 존재하지 않았던 성자들과 반 신적이고 또 환영을 쫓는 결과가 되고 맙니다. 사도들이든지 순교자들이든지 그들의 삶을 신성화시키는 일은 다른 사람들에게 변호사로 삼아서 안 됩니다. 성모 마리아는 머리가 되신 주 예수 그리스도가 없이 하나님 앞에서 은혜를 받을 수 없습니다. 그녀도 구속 자로서 예수 그리스도가 필요하며 그야말로 우리들의 진정한 구속 자이십니다. 사도들이나 순교자들이나 족장들이나 선지자들이 모든 사람에게 공통적인 구속 자에게로 되돌아갑시다. 우리가 교황 주의자들이 추구하는 것을 찾는다면 무엇을 얻겠습니까?

그래서 사도들이 예수그리스도에 대하여 우리들에게 언급하는 바 부드럽게 주께서 "내게로 오라!"고 초청합니다. 우리가 뒤로 물러서거나 또 방황하지도 말고 하나님께 담대히 가까이 나갑시다. 그가 이렇게 말하심은 선지자들만이 아니고 혹은 사도들이나 순교자들만이 아니라 성모 마리아에게도 해당됩니다. 그러기에 그가 우리를 붙잡으려고 노력하는 것은 바로 우리들에게 주님이 필요로 합니다. 우리가 배워야 할 점은 우리가 여기저기로 헤매고 다닐 것이 아니라 주가 교황 제도의 심연과 혼란에서 끌어내어 우리에게 주실 축복을 받으십시다.

그래서 그가 우리로 하여금 어떻게 문을 열고서 주께로 나갈 수 있는가를 보여줍니다. 다시 말해서 예수 그리스도가 우리의 중보 자이기 때문입니다. 우리가 그곳에 머물어야 하지 이리 저리로 방황하지 맙시다. 그 이유는 우리의 기도가 하나님의 말씀에 서지 않는 한, 위선적이고 또한 하나님이 그런 기도들을 물리칩니다! 그러므로 믿음으로 기도를 하지 않는 한 분명한 응답이 없습니다. 다시 말해서 하나님의 진리에서 합당한 기도를 합시다. 이제 우리가 믿음의 기도로 응답을 받고자 한다면, 하나님의 뜻에 부합되며 또한 그가 명하는 대로 기도합시다.

다시 말해서 예수 그리스도가 우리의 중보자이며, 또한 변호사가 이심을 붙잡으십시다. 그런데 그가 주는 훈계의 기초에 설 때는 우리는 결코 바람에 흔들리는 갈대가 되어서 않됩니다. 이같은 교훈을 우리에게 자주 말하는 이유가 있습니다 "네가 나의 이름으로 내 아버지께 구하라 그러면 너희에게 주리라." 또한 우리가 율법아래 있는 자들이라도 복음아래에 사는 자들처럼 예수 그리스도로 향하여 전진하는 삶을 멈추지 맙시다. 구약시대인 율법 시대의 신자들에게도 예표 적으로 신앙이 주어졌습니다.

그들이 말했던 "주여, 그리스도의 얼굴을 보여주옵소서 당신의 기름 부음을 입은 자의 사랑으로 주여, 우리들에게 응답하여 주옵소서! 오, 영원하신 하나님! 우리의 기도를 들어주옵소서 당신만이 우리의 주님이시기 때문입니다!"고 다니엘이 고백함을 다윗은 시편에서도 자주 언급합니다. "우리의 주님이시기 때문에" 약속하신 구속 자이며 또한 우리에게 가까이 계신 분입니다.

그러나 예수 그리스도 더욱 분명하게 말씀하십니다. "내 이름으로 내 아버지께 구하지 않는 한 아무 것도 얻을 수 없습니다. 이제 구하라 그러면 너에게 응답하리라." 그가 말했던 것처럼 "그의 직무가 중보자가 되심을 알 때까지 아버지 하나님 앞에 그는 우리를 위한 중보 자입니다." 사실 그가 아직 하늘에 올라가지 아니했지만, 성전의 성막을 찢기 우기까지 중보가 상달됩니다. 그러나 지금은 우리가 개별적으로 그에게 이를 수 있는 이유는 성전의 성막이 찢겨졌고 또한 예수 그리스도가 성전에 들어오셨습니다. 그가 육체적인 성전으로 들어온 것이 아니라(율법 시대의 제사장들처럼) 하늘의 성전인 하나님의 위엄과 하나님의 보좌에 이르러서 은혜를 얻습니다.

이런 방식으로 하나님의 보좌는 우리를 두렵게 하는 위엄이 아니라 여전히 그가 부드럽고 자애로운 아버지처럼 우리들을 부르심은 제사장의 중보와 은혜방편에서 이루어졌습니다. 그런데 주 예수 그리스도의 중보가 항상 우리에게 주는 큰 유익이며 신빙하는 요새가 됩니다. 그러기에 우리가 그에게 다가갈 때에 "누구든지 주의 이름을 부르는 자는 구원을 얻으리라"는 신앙적인 자유로운 체험이 됩니다. 또한 요엘의 선지자의 예언대로 예수가 탄생하기 이전에 율법 시대에 사는 신자들이라도 우리가 확신한대로 행하듯이 실례를 통해서 (제가 말하건대 우리가 율법아래서 전형화 된 온전함과 성취) 우리의 변호사이신 주 예수 그리스도를 통해서 하나님을 부릅시다! 우리가 진리 안에 느끼는 것처럼 그는 항상 우리를 위해서 중보하심으로써 우리의 모든 간 구를 응답하십니다. 이제 우리가 하나님의 위엄 앞에서 겸손한 경외함으로써 자신의 허물을 알고서 그에게 기도합시다(Calvini Opera, Corpus Reformatorum, vol 35, 675-688).

부 록

본 문

[칼빈의 생애와 설교에 대한 도서]

<생 애>

1. Aalders, W. J., *Roeping on Beroep bij Calvijn.* 1943.
2. Beza, Theodore., *The Life of John Calvin.* In "Tracts relating to the Reformation, V., 1. Edinburgh: The Calvin Translation Society, 1844. Also published separately.
3. Breen, Quirinus. *John Calvin : A Study in French Humanism.* Grand Rapids: Wm. B. Eerdmans Pub. Co., 1931.
4. Cadier, Jean. *The Man God Mastered. Translated.* Translated by O. R. Johnston London: Inter-varsity Fellowship, 1960.
5. Beeke, Joel R., *Assurance of Faith: Calvin, English Puritanism, and the Dutch Second Reformation.* New York: Peter Lang, 1991.
6. Calvin, John. Ed., John Dilienbergner. Num. 2., Scholars Press, American Academy of Religion, 1975. Chong Shin University 신BX 9420. A32 C35
7. *GOD-Center Living or Calvinism in Action, A Symposium By the Calvinstic Action Committee, Baker Book House,* Grand Rapids, Michigan, 1951.
8. *Ioannis Calvinioprea Quae Supresunt Omnia* Ediderunt, Guilielmus Baum Edu Cunitz Eduardus Reuss, Volminis X. Pars Prior. Brunsviage, Apud C. A. Schwestscke Et Filium.(M. Bruhn.) 1871. Tractatuum Theologiocorum Appendix. Continentur Hoc Volumine (Asterisco notamus quae apud Bezam desiderantur) Prolegomena page. IX-XV Chong Shin University BX9422 C35 V.10 C.2 (Corpus Reormatorum. Volumen. XXXVIII.)

9. Calvin, John. *Selected Works of John Calvin:* Tracts and Letters by Henry Beveridge;Jules Bonnet - Grand Rapids: Baker Book House 1983, v.1-7. Chong Shin University. BX 9418 S 454.

10. *Calvini Opera Selecta,* Barth & Guilemus Niesel. Barth, Petrus ed., Netherland, Monch ii in Aedibus(1826) V.1 - V.5. Chong Shin University. BX 9420 O 637

11. Calvin, Jean. *A Prayer by John Calvin.* ER.61.1980. ICSK BN 027-24-1813

12. Calvin, Jean. *How Men should Pray,* The fellowship of the saints, an anthology of Christian devotional Literature, 1948, 267-273. ICSK BN 027-24-1811

13. Calvin, John. *The Form of Prayers and Songs,* Tans., by Ford Lewis Battles. Letter to the Reader, John Calvin Theological Journal 160-261. ICSK BN 027-24-1810

14. Calvin, John, *Letters of John Calvin,* selected & edited., Bonnet, Edingburgh: The Banner of Truth Trust, 1990.

15. Doumergue, E. *Jean Calvin Les hommes et les choses de son temps, Laussanne* 1889-1927. 7 Volume.

16. Doumergue, Emile. *Calvin and the Reformation,* New York: Fleming H. Revell. 1909. 260. Chong Shin University. BX 9422.2 S8.

17. England, H. *Gott und Mensch bei Calvin.* Müzich, 1934.

18. Ganoczy, A. *Le Jeune Calvin* : *Genese et evolution de sa vocation reformatrice,* Wiesbaden, 1966.

19. Geisendorf, P. F. *l' Univesite de Geneve,* Geneva, 1959.

20. Grell, Ole Peter. *Calvinist Exiles in Tudor and Stuart England,* Scholar Press, 1996. ISBN 1-85928-340-3 Chong Shin University BX9458. G7 G74

21. Hall, A. M Charles. *With the Spirit's Sword John Knox Press,* Richmond, Virginia, 1968. Chong Shin University. BX 9418 H 26.
22. J. Graham Miller, *Calvin's Wisdom,* The Banner of Truth, 1996.
23. Kerr, Hugh T., ed. *By John Calvin.* New York: Association Press, 1960.
24. Kolfhaus, W. *Christgemeinschaft nach Johannes Calvin,* 1939.
25. _____*Vom Christlichen Leben nach Johannes Calvin,* 1949.
26. Kromminga, Carl. *Man Before God's Face in Calvin's Preaching,* Grand Rapids, Calvin Theological Seminary, 1961, 47p. 21cm. ICSK BN 35-17
27. Lyle D. Bierma, *German Calvinism in the Confessional Age,* Baker Academic, Fall 1996.
28. Mackinnon, James. *Calvin and the Reformation.* New York: Russell & Rusell, 1952.
29. Marshall, Gordon. Presbyterians And Profits. *Calvinism and the Development of Capitalism in Scottland, 1560- 1707.* Oxford: Clarendon Press, 1980. p.406. Chong Shin University. HC 257 S4
30. Monter, E. M. *Calvin's Geneva.* New York, 1967.
31. Naef, H. *Les Origines de la Reforme a Geneve,* Genva, 1936.
32. Niessel, W. *Calvins Lehre vom Abebdmahl.* Müich, 1930.
33. Parker, T. H. L. *Portrait of Calvin,* The Westminster Press, Philadelphia, 1954,1961.
34. Calvin. John, Commentary on The Book of Psalms, Vol. I., Trans., Rev. James Anderson, Grand Rapids Michigan: WM. B. Eerdmans Publishing Company, 1963.
35. Calvin, John, (*Selected Works of John Calvin Tracts and Letters, Editor.*, by Henry Beveridge and Jules Bonnet, Vol 6., Letter,

CCCXCIII., Part 3(1554-1558), Grand Rapids, Michigan: Baker Book House, 1983.

<설 교>

1. Andrews, Lancelot. *Ninety-Six Sermons.* 5. volumes. Oxford, 1841-43.
2. Barth, Karl. *Homiletics,* trans., Geoffrey W. Bromiley and Donald E. Daniels, Louisville, Kentucky, Westminster/John Knox Press, 1991.
3. Bavinck, Herman and others, *Calvin Memorial Addresses. Art.on: Politics, Education, Art, Missions.* Richmond, Va.: Committe on Pub., Presbyterian Church in U. S. A., 1909.
4. Buscarlet, D. *Calvin predikers a Saint-Pierre, La Catherdrale de Geneve*, 1954, 72-77. ICSK BN O27-20-1509
5. Caldesaigue, E. *Calvin Predicateur, Retheotic Ev 3.* 1943, 368-531. ICSK BNO27-21-1620
6. Calvin, John. *Sermons on Job, Trans.* by Arthur Golding(1574), The Banner of Truth, 1996.
7. Calvin, John. Sermons on Deutronomy (1555-6), Trans. by Arthur Golding(1583), The Banner of Truth, 1996.
8. Calvin, John. *Sermons on Timothy And Titus,* (번역서는 1579년에 프랑스에서 출간), The Banner of Truth, 1996.
9. Calvin, John. Sermons on Galatians, Trans. by Kathy Childress. by English Arthur Golding(1574), The Banner of Truth, 1996.
10. *Calvin, John. The Gospel According to Isaiah.* Trans., Leroy Nixon. Grand Rapids: Wm. B. Eerdmans Pub. Co., 1953.
11. Calvin, John. *The Deity of Christ and Others Sermons.* Grand Rapids, Mich.: Wm. B. Eermans Pub. Co., 1950.
12. Calvin, John, *The Mysteries of Godliness and other Sermons,* New

York Soli Deo Gloria Publications, 1999.
13. Calvin, John, *Sermons on 2Samuel ch. 1-13.* trans., Douglas Kelly, Edinburgh: The Banner of Truth Trust, 1990.
14. Calvin, John. *Calvin's Old Testament Commentaries, Genesis,* Vol. 1. trans., John King, Grand Rapids, Michigan: Wm. B. Eerdmans Publishing Company, 1948.
15. Calvin, John. Calvin's New Testament Commentaries, *The Epistles of Paul to the Romans and Thessalonians,* trans., Ross. Mackenzie, Grand Rapids, Michigan: Wm. B. Eerdmans Publishing Company, 1973.
16. De Witt, John R. *The Character of Reformed Preaching,* BT 176, 1978, 15-17. ICS-K BN 027-51-2757
17. Dunn, Samuel. *The Best of John Calvin,* Baker Book House, Grand Rapids, Michigan, 1981. First Pub., 1837 by Teg and Son(London). Chong Shin University 신 BX9426 D75.
18. Ford Lewis, Battles. *Interpreting John Calvin,* Baker Academic, 1996. Edited by Robert Bebedetto.
19. Gagnebin. B. l'Incroyable histore des Sermons de Calvin. Geneva, 1955.
20. Ed., Gamble, C Richard., *Calvin and Hermeutics* Vol.6., *Calvin's Work in Geneva* V., 3., (vol.1-7). Garlamd Pub., Inc. New York & London, 1992.
21. Ganebin, B. *L'Histoire des Manuscripts des Sermons de Calvin.* (SC II, pp. Xiv. ff.).
22. Gerstner, John H. *Calvin's Two Voice Theory of Preaching,* Ref. R 13/2. 1959/60,15-26. ICSK BN 027- 30-2022
23. Gibson, Geroge Miles, *Preaching in the Reformed Tradition, Mccormick Speaking,* 1957. 13-15. ICSK BN O27-30-2021

24. Göhler, A. *Calvins Lehre von der Heiligung.* Berin, 1931.
25. Hunter, A Mitchell. *Calvin as a Preacher,* Expost 30. 1918/9 462-464. ICSK BN 027-31-2077
26. Johnson, George. *Calvinism and Preaching,* EVQ 4.1932. 244-256. ICSK BN 027-32-2087
27. Lischer, Richard. *Theories of Preaching* (Selected Readings in the Homilitical Tradition), John Calvin, The Internal Testimony of the Spirit, 309-312. The Labyrinth Pre -ss, Durham, North Carolina.
28. Mülhaupt, E. *Die Predigt Calvins, ihre Geschite, ihre Form und Ihre religioe Grundgedanken.* Berlin, 1931.
29. Murray, John. *Calvin on Scripture and Divine Sovereignty.* Grand Rapids: Baker Book House, 1960.
30. Nixon, Leroy. *John Calvin, Expository Preaching.* Grand Rapids: WM. B. Eerdmans Pub. Co., 1950.
31. Oberman, Heiko A. *Preaching and the Word in the Reformation.* TTO 18.1961/2 16-29. ICSK BN 027-36-2222
32. Parker, T. H. L. *The Oracles of God,* Lutterworth Press, 1947.
33. Parker, T. H. L. T*he Doctrine of the Knowledge of God* (A Study in the Theology of John Calvin), Great Britain Oliver & Boyd, 1952.
34. Parker, T. H. L., *The Oracles of God.* An Introduction to the Preaching of John Calvin. London and Redhill: Lutterworth Press, 1947.
35. Parker, T. H. L. *Calvin's Preaching.* Westminster John Knox Press, 1992, 202. Chong Shin University. BX9418, 342.
36. Parker T. H. L. *Calvin's Old Testament Commentaries,* T. & T. Clark, 1996.(칼빈의 강의와 설교).
37. Parker. T. H. L. *Calvin's Preaching,* T. & T. Clark, 1996.
38. Parker, T. H. L. *Commentaries on Romans 1532-1542,* T. & T. Clark,

1996.

39. Parker, T. H. L. *Calvin's Doctrine of the Knowledge of God,* Edinburgh, 1969.

40. Parker, T. H. L. *Calvin's New Testament Commentaries.* Grand Rapids. Eerdmans,1971.

41. Reyburn, H. Y. *John Calvin, his life, letters and work,* London, 1914.

42. Roget, A. *Histoire du peuple de Geneve depuis la Reforme jusqu' a l' Escalade. Geneva,* 1870-87. 7 volumes.

43. Stauffer, R. *Les Sermons inedits de Calvin sur le Livre de la Genese. In Revue de Theologie et de Philosophie,* N. S. 98, 1, 26-36. Lausanne, 1965.- *Ein Englische Sammulung von Calvinpredigten. In Der Prediger Johannes Calvin,* 47ff. (Nach Gottes Wort Reformiert, Heft 17) Neukirchen, 1966.

44. Ten Hoor, F. M. *Calvijn en de Opleiding tot den Dienst des Woords.* 327-334. ICSK BN O27-48-2269

45. Torrance, Thomas F. *The Hermutics of John Calvin,* T. & T. Clark, 1996.

46. Walker, W. *John Calvin, the Organizer of Reformed Protestantism 1509-1564.* New York, 1906. and 1910.

47. Wallace, Ronald S. *Calvin Geneva and the Reformation,* T. & T. Clark, 1996.

48. Wallace, Ronald S. *Calvin's Doctrine of The Christian Life,* Wm. B. Eerdmans Publishing Company Grand Rapids, Michigan, 1961.

49. Warfield, B. B. *The literary History of the Institutes of the Christian Religion* Philadelphia, 1909.

50. Calvini Opera. Corpus Reformatorum. Brunsvigae, 1863-1900, Vol. IIIV.

[칼빈의 생애와 설교에 대한 도서]

■ 국내서적

<생 애>
1. 강경림, 칼빈과 니고데모주의, 서울: 기독교문서선교회, 1997.
2. 김수만, 칼뱅주의, 서울: 도서출판 한글, 1994.
3. 김재성, 칼빈의 삶과 종교개혁, 서울: 이레서원, 2001.
4. 김재성, 칼빈과 개혁신학의 기초, 수원: 합동신학대학원 출판부, 1997.
5. 김봉일, 요한 칼빈의 목회관 연구, 서울, 총신대목회신학원, 1981. 38. 25cm. ICSK 도서번호35-8
6. 고광필, 기독교강요 요약, 서울: UBF 출판부, 2000.
7. 권호덕, 종교개혁 신학의 내포적 원리, 서울: 도서출판 솔로몬, 1998.
8. 권태경, 종교개혁자들의 정치사상, 서울: 요나출판사, 1995.
9. 글래디스 바, 꼬뱅, 칼빈, 깔뱅, 유제덕 역, 서울: 도서출판 호산, 1996.
10. 나용화, 칼빈과 개혁신학, 서울: 기독교문서선교회, 1994.
11. 나용화, 칼빈의 기독교 강요개설, 서울: 기독교문서선교회, 1993.
12. 벤 자민 B. 월필드, 칼빈, 루터, 어거스틴, 한국칼빈주의연구원 편역, 서울: 기독교문화협회, 1986.
13. 도널드 매킴 편, 칼빈 신학의 이해, 이종태 역, 서울: 생명의 말씀사, (1991)2001.
14. 디모디 토우, 존 칼빈의 생애와 업적, 임성호 역, 도서출판 하나, 1998.
15. 데오르르 베자, 존 칼빈의 생애와 신앙, 서울: 목회자료사, 1999.
16. W. J. 부스마, 칼빈, 이양호, 박종숙 공역, 서울: 도서출판 나단, 1993.
17. 리샤르 스토페르, 종교개혁, 박건택 역, 서울: 기독교문서선교회, 1989.

18. 로날드 S. 웰레스, 칼빈의 기독교생활의 원리, 나용화 역, 서울: 기독교문서선교회, 1988.
19. 루이스 W. 스피츠, 종교개혁사, 서영일 역, 서울: 기독교문서선교회, 1983.
20. 마틴 로이드 존스, 청교도 신앙 그 기원과 계승자들, 서울: 생명의 말씀사, 1990(2000).
21. 버나드 램, 성경해석학, 권혁봉 역, 서울: 생명의 말씀사, (1974) 1993.
22. 빌헤름 니이젤, 칼빈의 신학사상, 영역, 헤롤드 나이트, 기독교문화사 역, 기독교학술연구원, 1997.
23. 성경과 개혁주의신학, 한석 오병세 박사 회갑기념논집, 서울: 개혁주의신행협회, 1986.
24. 오토 베버, 칼빈의 교회관, 김영재 역, 서울: 풍만출판사, 1994.
25. 이근삼, 칼빈. 칼빈주의, 부산: 고신대 출판부, 1972.
26. 이덕용, 목회자로서의 요한 칼빈에 관한 연구 서울, 총신대 목회신학원. 1981. 33. 25cm. ICSK 도서번호 35-7
27. 이장식, 기독교사상사 2권., 서울: 대한기독교서회, (1966) 1992.
28. 이종성, 칼빈, 서울: 대한기독교출판사, 1983.
29. 이은선, 칼빈의 신학적 정치윤리, 서울: 기독교문서선교회, 1997.
30. 이양호, 칼빈의 생애와 사상, 서울: 한국신학연구소, 1997.
31. 이형기, 종교개혁 신학사상, 서울: 장로회 신학대학 출판부, 1984.
32. 임마누엘 스티켈르거, 하나님의 사람 칼빈, 박종숙.이은재 공역, 서울: 도서출판 나단, 1992.
33. 에밀 두메르그, 칼빈 사상의 성격과 구조, 이오갑 역, 서울: 대한기독교서회, 1996.
34. 에이 엠 렌위크, 스코틀랜드 종교개혁사, 홍치모 역, 서울: 생명의 말씀사, 1980.

35. 요셉 리챠드, 칼빈의 영성, 한국칼빈주의연구원 편역, 서울: 기독교문화협회, 1986.
36. 유선호, 칼빈의 성찬론, 서울: 도서출판 하늘 기획, 1996.
37. 박건택 편역, 종교개혁사상선집, 서울: 개혁주의신행협회, 2000.
38. 박세환, 존 칼빈의 신학사상과 설교, 서울: 도서출판 영문사, 2001.
39. 박세환, 링컨과 성경 그리고 정치, 서울: 개혁주의신행협회, 1998.
40. 박해경, 칼빈의 기독론, 서울: 도서출판 로고스, 1999.
41. 박해경, 칼빈의 신학과 복음주의, 서울: 아가페문화사, 2000.
42. 빌헬름 니이젤, 칼빈의 신학, 이종성 역, 서울: 대한 기독교서회, 1973
43. 사무엘. 던 편. 김득룡 역, 요한 칼빈의 신학진수, 서울: 성광문화사, 1985.
44. 송광택, 하나님 중심의 삶, 서울: 할렐루야서원, 1993.
45. 전경연, 심일섭 편, 칼빈의 생애와 그 신학사상, 서울: 신교출판사, (4292), 1959.
46. 장 카디에, 칼빈, 하나님이 길들인 사람, 이오갑 역, 서울: 대한기독교서회, 1995.
47. 정성구 편저, 칼빈의 생애와 사상, 서울: 세종문화사, 1979.
48. 정성구, 칼빈주의 사상과 삶, 서울: 기독교문서선교회, 1978.
49. 정승훈, 종교개혁과 칼빈의 영성, 서울: 대한기독교서회, 2000.
50. 존 칼빈, 칼빈의 기도론, 김성주 역, 서울: 풍만 출판사, 1994.
51. 존 칼빈, 칼빈의 성경관, 김성주 역, 서울: 풍만 출판사, 1994.
52. 존. 칼빈, 칼빈의 경건, 서울: 크리스챤 다이제스트사, 1991.
53. 존 칼빈, 칼빈의 신앙과 삶, 권태경 역, 서울: 도서출판 지혜원, 1990.
54. 존 칼빈, 기독교 강요, 1, 2, 3, 4권 김문제 역, 서울: 세종문화사, 1977.
55. 존 칼빈, 사돌레토에의 답신, 성만찬 소고, 박건택 편역, 서울: 도서출판 바실래, 1989.
56. T. H. L. 파커, 칼빈의 모습, 김재준 역, 서울: 대한기독교서회,

(1950), 1973.
57. T. H. L. 파커, 죤 칼빈의 생애와 업적, 김지찬 역, 서울: 생명의 말씀사, 1986.
58. 필립 홀트롭, 기독교강요연구 핸드북, 박희석, 이길상 역, 서울: 크리스챤다이제스트사, 1997.
59. 프랑수아 방델, 칼빈, 김재성 역, 일산: 크리스챤다이제스트사, 1999.
60. 최봉기 편, 해석학과 실천, 대전: 침례신학대학 출판부, 1989.
61. 최정만, 칼빈의 선교사상, 서울: 기독교문서선교회, 1999.
62. 크리스토프 융겐, 칼빈이 말한 그리스도인의 사회참여, 서울: 실로암 출판사, 1993.
63. 한국칼빈학회, 최근의 칼빈의 연구, 서울: 대한기독교서회, 2001.
64. 한국칼빈학회, 칼빈신학해설, 서울: 대한기독교서회, 1998.
65. 한국칼빈학회, 칼빈신학과 목회, 서울: 대한기독교서회, 2000.
66. 한신대, 칼빈신학의 현대적 이해, 오산: 한신대출판부, (1978),1998.
67. 황정욱, 칼빈의 초기 사상연구, 오산: 한국대학출판부, 2000.
68. 홍치모, 종교개혁사, 서울: 성광문화사, 1977.
69. 홍치모, 북구 르네상스와 종교개혁, 서울: 성광문화사, 1984.
70. 홍치모 편저, 칼빈과 낙스, 서울: 성광문화사, 1991.
71. Henry R. Van Til, 칼빈주의 문화관, 이근삼 역, 서울: 영음사, 1972.
72. 헨리 R. 반틸, 칼빈주의 문화관, 편집부, 부산: 성암사, 1993.
73. 헨리. 미터, 칼빈주의, 박윤선. 김진홍 역, 서울: 개혁주의신행협회, 1959.
74. 헨리 미터, 칼빈주의, 근본주의 신복윤 역, 서울: 성광문화사, 1994.
75. 헨리 미터, 칼빈주의 증보수정판., 폴. 마샬., 칼빈주의의 기본사상, 박세환 편역, 서울: 개혁주의신행협회, 2000.
76. 해럴드 휘트니, 기독교강요산책, 윤두혁 역, 서울: 생명의 말씀사, 1997.

77. 후스토 L. 곤잘레스, 기독교사상사(III), 현대편., 이형기, 차종순 역, 서울: 대한예수교장로회 총회출판국, 1988.
78. 휴 T. 커어 편, 칼빈의 기독교 강요, 유원열 역, 서울: 기독교연합신문사, 2000.
79. 기독교사학연구 제 7집, 이승구, 칼빈의 신앙이해에 대한 연구, 83-111, 서울: 기독교사학연구소, 2000. 12.

<설 교>

1. 김성환, 평신도를 위한 칼빈주의 해설(하권), 서울: 영음사, 1975.
2. 곽안련, 강단의 칼빈, 서울, 신학지남 1934. 7월 호. 한국 칼빈주의 연구원 도서번호 027-42-2-176
3. 로널드 S. 월레스, 칼빈의 말씀과 성례전신학, 정장복 역, 서울: 장로회신학대 출판, 1996.
4. 로이드 M. 페리, 현대인을 위한 성서적 설교, 서울: 은혜출판사, 1994.
5. 리챠드 스토페르, 칼빈의 설교학, 박건택 역, 서울: 나비출판사, 1990.
6. 박건택 편, 칼빈과 설교, 서울: 도서출판 나비, 1988.
7. 벤자민 팔리 편역, 칼빈의 십계명 설교, 박희석 역, 서울: 성광문화사, 1991.
8. 시드니 크레이다누스, 구속사적 설교의 원리, 권수경 역, 서울: 도서출판 학생신앙운동, (1989)1995.
9. 안명준, 칼빈의 성경해석학, 서울: 기독교문서선교회, 1997.
10. 요한 칼빈, 요한 칼빈의 설교, 장공 역, 서울, 신학지남 1943.7월 호 한국 칼빈주의 연구원. 027-43-2-10.
11. 정성구, 칼빈주의와 설교, 서울, 신학지남 1977. 9월 호. 한국 칼빈주의 연구원 도서번호 12. 정성구, 칼빈의 설교연구, 서울, 신학지남 1979. 봄호, 여름호.
13. 정성구, 칼빈의 설교구상, 서울, 총신대학교 목회 신학원, 1977. 73p.

26cm. ICSK 35-9
14. 정성구, 칼빈주의와 설교, 서울, 총신대학교 목회신학원, 12p. 24cm. ICSK 35--14
15. 정성구, 개혁주의 설교학, 서울: 총신대학교 출판부, 1993.
16. 조셉 하로투니언, 칼빈주석의 정수, 이종태 역, 서울: 생명의 말씀사, 1994.
17. 존. 머레이, 칼빈주의의 성경관과 주권사상, 나용화역, 서울: 기독교문서선교회, 1994.
18. 존. H. 리스, 칼빈의 삶의 신학, 이용원 역, 서울: 한국장로교출판사, 1996.
19. 존 칼빈, 칼빈의 사무엘 하 설교 I., 김동현 역, 서울: 도서출판 솔로몬, 1993.
20. 존 칼빈, 칼빈의 사무엘 하 설교 II., 김동현 역, 서울: 도서출판 솔로몬, 1994.
21. 존 칼빈, 칼빈의 사무엘 하 설교 III., 김동현 역, 서울: 도서출판솔로몬, 1995.
22. 존 칼빈, 칼빈의 사무엘 하 설교 IV,, 김동현 역, 서울: 도서출판솔로몬, 1995.
23. 존 칼빈, 에베소서 강해, 상권. 김동현 역, 서울: 도서출판 솔로몬, 1995.
24. 존 칼빈, 에베소서 강해, 상권. 하권. 김동현 역, 서울: 지평서원, 1996.
25. 존 칼빈, 갈라디아서 강해, 상권, 김동현 역, 서울: 도서출판 서로사랑, 2000.
26. 존 칼빈, 갈라디아서 강해, 하권, 김동현 역, 서울: 도서출판 서로사랑, 2001.
27. 존 칼빈, 칼빈의 욥기 강해, 욥과 하나님, 서문강 역, 서울: 지평서원,

1991.
28. 존 칼빈, 에베소서 강해, 배상호 역, 서울: 기독교문서선교회, 1984.
29. 존 칼빈, 깔뱅의 요리문답, 한인수 역, 서울: 도서출판 경건, 1995.
30. 존 칼빈, 칼빈 주석 구약30권, 편찬 위원회, 서울: 성서 교재간행사, 1980.
31. 존 칼빈, 칼빈 주석 신약 10권, 편찬위원회, 서울: 성서 교재간행사, 1980
32. 존 칼빈, 칼뱅 예레미야 설교, 박건택 역, 서울: 기독교문서선교회, 2000
33. 존 칼빈, 목회서신, 김동현 역, 서울: 지평서원, 1996.
34. 존 칼빈, 예정론 핵심설교, 임원주 역, 예루살렘 출판사, 2000.
35. 제이 E. 아담스, 설교 연구, 정양숙, 정삼지 공역, 서울: 기독교문서선교회, 1994.
36. T. H. L. 파커, 칼빈과 설교, 김남준 역, 서울: 도서출판 솔로몬, 1993.
37. T. H. L 파커 편역, 칼빈의 이사야 설교(53장), 김동현 역, 도서출판 솔로몬, 1992.
38. 한국교회문제연구소, 목회자와 설교(1), 총신대학교 부설 한국교회 문제연구소 편, 1988.
39. 한제호, 성경의 해석과 설교, 서울: 도서출판 진리의 깃발, 1995.

SERMONS WHICH WERE TAKEN DOWN WHEN DELIVERED, AND PUBLISHED SINCE CALVIN'S DEATH

1. *Sermons(3) on Mechisedec; Abraham's courage in rescuing Lot, and his godliness in paying Tythes. Four on Abraham's Faith, and three*

on his Obedience. Translated by T. Stocker, Gent. Lond. 1592. 8vo.
2. Sermons(16)on the Decalogue. Translated by J. Harmar. Lond. 1579, 1581, 4to.
3. Sermons(220) on Deutronomy. Translated by A. Golding. London. 1583, folio.
4. Sermons Samuel. Geneva. 1604. folio.
5. Sermons(159)on Job. Translated by A. Golding. Lond. 1574, 1580, 1584, folio.
6. Sermons(3) on the 46th Psalm. Translated by W. Warde. Lond. 1562, 12mo.
7. Sermons(22)on the 119th Psalm. Translated by A. L. London .1569. 8vo.
8. Sermons on Hezekia's Song. Translated by A .L. Lond. 1569, 8vo.
9. Sermons(22)on the first five chapters of Jeremiah. Translated. Lond. 1578, 1620, 4to.
10. Sermons on the last eight chapters of Daniel. Translated by A. Golding. Roch. 1565, folio.
11. Sermons on Jonah Translated by N. Baxter. Lond. 1578, 4to.
12. Sermons on the beginning of the Harmony of the Three Gospels.
13. Sermons on the 10th and 11th chapters of 1 corinthians.
14. Sermons(43)on Galatians. Translated by A. Golding. Lond. 1574. 4to. by R. N. 1581, 4to.
15. Sermons on the Ephesians. Translated by A. Golding. Lond. 1577, 4to.
16. Sermons on Timothy and Titus. Translated by L. T.(Lenoard Tompsom). Lond. 1579, 4to.
17. Sermons(27) on the Divinity, Humanity, & .of Christ. Translated by

T. Stocker. Lond. 1581, 4to.

18. *Sermons on Election and Reprobation. Translated by J. Field. Lond. 1579, 4to.*
19. *Sermons(4) on Matters very Profitable for our Time. Translated by F. Field. Lond. 1579, 4to.*
20. *Sermons(2)on Patience and Assurance. Translated. London. Without date. 8vo.*
21. *Sermons(2) on Psalm, xvi., 3., and Heb. xiii.13. Lond. 1584, 4to.*

판 권
소 유

존 칼빈의
신학사상과 설교

2001년 7월 15일 1판 1쇄 인쇄
2001년 7월 20일 1판 1쇄 발행

지은이 ● 박　세　환
발행인 ● 김　수　관
발행처 ● 도서출판 영　문

등록 / 제 03-01016호 (1997. 7. 24)
주소 / 서울시 용산구 한강로2가 70번지
전화 / 편집부 · 796-7198
　　　영업부 · 793-7562
　　　F A X · 794-6867

ISBN 89-8487-056-0　　03230

값 10,000원

* 본서의 임의인용·복제를 금합니다.
* 파본·낙장은 교환해 드립니다.